高等院校"十三五"规划教材——经济管理系列

人力资源管理概论

杨 涛 许亚平 郝海滨 编著

清华大学出版社
北京

内 容 简 介

人力资源管理课程是工商管理专业的核心课程，是阐述开发人力资源、提高人力资源素质以及如何合理使用人力资源的理论、原则、方法的科学。本书作为教学用书，从人力资源管理的基础知识入手，以人力资源规划、招聘与选拔、培训与开发、绩效管理、薪酬管理、劳动关系管理六大模块为核心，结合企业具体实际案例，使学生在树立现代人力资源开发与管理理念，熟悉人力资源管理全过程的同时，培养其综合运用人力资源的核心技术和管理沟通、人际交流、职业生涯设计等人力资源管理的技巧，解决现代管理中如何提高员工个体的积极性、创造性和人力资源整体竞争优势的有关问题，培养其从事人力资源管理工作的能力，并为今后的工作奠定基础。

本书内容深入浅出，选用的都是我国企业比较新的案例，理论与实践结合紧密，适合作为普通高校管理类相关专业本专科学生的教材，也可作为研究生的学习用书，以及广大管理人员的自学用书。

本书封面贴有清华大学出版社防伪标签，无标签者不得销售。
版权所有，侵权必究。举报: 010-62782989, beiqinquan@tup.tsinghua.edu.cn。

图书在版编目(CIP)数据

人力资源管理概论/杨涛，许亚平，郝海滨编著. —北京: 清华大学出版社，2018（2022.12重印）
（高等院校"十三五"规划教材——经济管理系列）
ISBN 978-7-302-49896-4

Ⅰ. ①人… Ⅱ. ①杨… ②许… ③郝… Ⅲ. ①人力资源管理—高等学校—教材 Ⅳ. ①F243

中国版本图书馆 CIP 数据核字(2018)第 055465 号

责任编辑: 魏 莹　李玉萍
装帧设计: 刘孝琼
责任校对: 王明明
责任印制: 宋 林

出版发行: 清华大学出版社
　　　　网　　址: http://www.tup.com.cn, http://www.wqbook.com
　　　　地　　址: 北京清华大学学研大厦 A 座　　邮　编: 100084
　　　　社 总 机: 010-83470000　　邮　购: 010-62786544
　　　　投稿与读者服务: 010-62776969, c-service@tup.tsinghua.edu.cn
　　　　质量反馈: 010-62772015, zhiliang@tup.tsinghua.edu.cn
　　　　课件下载: http://www.tup.com.cn, 010-62791865
印 装 者: 北京鑫海金澳胶印有限公司
经　　销: 全国新华书店
开　　本: 185mm×260mm　　印　张: 20.25　　字　数: 490 千字
版　　次: 2018 年 5 月第 1 版　　印　次: 2022 年 12 月第 6 次印刷
定　　价: 56.00 元

产品编号: 078345-01

前　言

从教 20 多年来，随着与企业的接触越来越多，我们更加认识到企业通过创新驱动和转型升级走可持续发展之路已经成为我国经济改革的主要方向和战略选择。在现代知识经济与经济全球化快速发展的背景下，企业必须通过变革创新提升自己的长期盈利能力，企业组织不仅要重视自己的经济绩效，还要关注社会绩效，树立良好的社会形象。而企业的变革创新关键在于人力资源和对人力资源的管理。

本书是人力资源管理方面的教材。本着传播知识、培养人才的目的，我们借鉴了西方发达国家和我国人力资源管理理论研究与管理实践方面的最新优秀成果，经过深入的分析、提炼，形成了符合国际人力资源管理教材惯例的框架和体系，同时，国内外优秀企业的人力资源管理实践案例丰富了本书的内容。本教材采用的案例多为国内企业案例，更加符合普通一本院校培养实用性人才的需求。相信读者通过本书的学习，能够掌握有关人力资源管理的理论、政策、制度、流程、方法与技术等较为全面的专业知识，能更有针对性地为工业企业服务。

本书共分九章，第一章为概论和理论基础部分，主要介绍人力资源管理在组织层面、部门层面的基本情况，分析人力资源管理发展的历史进程、现实所面临的挑战与问题以及未来的发展趋势，同时，对人力资源管理的理论基础进行阐述，进而又从企业管理者的角度对人力资源管理的政策与实践展开论述，目的是使读者能够建立起关于组织人力资源管理全景式的概念与框架，为后面知识的学习打下良好的基础。第二章到第九章从人力资源管理的职能角度对人力资源管理活动进行全面深入的介绍，具体内容包括人力资源规划、工作分析、招募甄选、职业生涯管理、人力资源培训与开发、绩效管理、薪酬管理、劳动关系管理，目的是使读者了解人力资源管理实践的有关内容，掌握相关知识、技能与方法。

本书每章章前均有学习目标、导入案例，目的是使读者了解各章具体介绍哪些人力资源管理问题，并通过与各章内容有关的具体案例的分析，带领读者开始各章内容的学习。章后有本章小结、复习思考题和案例分析。本章小结对全章内容进行概括与提炼，归纳出知识点，便于读者掌握要领，加深印象；复习思考题帮助读者复习学习过的基本知识，并引发读者对所学内容进行更加深入的思考；案例分析将给出企业经营中常见的一些问题或成功的经验与做法，使读者能够将所学知识与企业的实际情况加以对照，提高运用所学知识分析实际问题的能力。

本书适合用作本科生及管理类研究生教材，也可供企业的各级各类管理者、人力资源管理专业人员以及其他有志于了解人力资源管理相关理论知识的人士学习和使用。

　　本书是在三位人力资源管理专业任课教师的辛勤努力下共同完成的，具体分工如下：杨涛编写第一章、第二章和第三章；许亚平编写第四章至第七章；郝海滨编写第八章、第九章。全书稿由杨涛、许亚平审定。

　　本书在编写过程中参考和引用了国内外学者大量的研究成果，在此向所有著述者表示衷心的感谢！在本书的编写过程中我们得到了华北理工大学的全力支持与帮助，在此表示衷心的感谢！同时感谢威景(北京)文化有限公司对本书提供的案例及咨询服务！

　　由于作者水平有限，疏漏之处在所难免，敬请广大读者批评指正。

编　者

目 录

第一章 人力资源管理概述 ... 1

第一节 人力资源 ... 2
一、人力资源的概念 ... 2
二、人力资源的特征 ... 5
三、人力资源在社会经济发展中的作用 ... 6

第二节 人力资源管理 ... 8
一、人力资源管理的概念、内容和意义 ... 8
二、人力资源管理的基本功能 ... 10
三、传统人事管理与现代人力资源管理 ... 11
四、人力资源管理的原则 ... 12

第三节 人力资源管理的演进 ... 13
一、人力资源管理的历史沿革 ... 13
二、战略的人力资源管理理论 ... 15
三、人力资源管理在我国的发展 ... 16

第四节 中国人力资源管理的环境和未来发展趋势 ... 17
一、人力资源外部环境分析 ... 17
二、人力资源内部环境分析 ... 18
三、中国企业人力资源管理现状 ... 20
四、人力资源管理的未来发展趋势 ... 21

本章小结 ... 22
复习思考题 ... 22
推荐阅读 ... 22

第二章 人力资源规划 ... 25

第一节 人力资源计划概述 ... 28
一、人力资源计划的概念和形式 ... 28
二、人力资源计划的作用 ... 29
三、人力资源规划的内容 ... 29
四、制订人力资源计划的程序 ... 31

第二节 人力资源需求预测 ... 32
一、企业进行人力资源需求预测要考虑的因素 ... 32
二、预测人力资源需求前需调查的内容 ... 33
三、人力资源需求的预测方法 ... 33

第三节 人力资源供给预测 ... 37
一、企业内部人力资源供给需考虑的因素 ... 37
二、企业外部影响因素 ... 37
三、人力资源内部供给预测方法 ... 38
四、人力资源外部供给预测 ... 42
五、企业人力资源的平衡 ... 43

本章小结 ... 44
复习参考题 ... 44
推荐阅读 ... 45

第三章 人力资源管理的基础——工作分析 ... 47

第一节 工作分析概述 ... 48
一、定义和工作分析公式 ... 49
二、工作分析的基本术语 ... 50
三、工作分析的内容 ... 51
四、工作分析的意义 ... 52
五、工作分析的程序 ... 54

第二节 工作分析的方法 ... 56
一、观察法 ... 56
二、面谈法 ... 58

三、问卷调查法 59
　　四、其他分析工具 60
第三节　工作说明书的编写 62
　　一、工作描述 62
　　二、任职资格 67
第四节　工作评价 70
　　一、工作评价的作用 70
　　二、工作评价的方法 71
第五节　工作设计 75
　　一、工作设计的含义 75
　　二、工作设计的步骤 76
　　三、工作设计的内容 77
　　四、工作设计的方法 78
　　五、工作设计综合模型 78
本章小结 80
复习思考题 80
推荐阅读 80

第四章　招募与聘用 83

第一节　人员招聘概述 84
　　一、招聘的含义与作用 84
　　二、招聘的流程 85
第二节　招聘渠道与方法 88
　　一、内部招募 88
　　二、外部招聘 89
　　三、内部招募与外部招聘的比较 94
第三节　员工选拔中的面试和测试 95
　　一、员工选拔面试 96
　　二、员工选拔测试 100
　　三、评价中心测试 102
　　四、其他甄选测评方法与技术 104
第四节　员工录用 107
　　一、录用决策 107
　　二、招聘评估 108
本章小结 111
复习思考题 111
推荐阅读 111

第五章　职业生涯管理 113

第一节　职业 118
　　一、职业的含义 118
　　二、职业的分类 118
　　三、社会职业的发展趋势 120
第二节　职业生涯理论 123
　　一、职业生涯的含义 123
　　二、职业选择理论 123
　　三、职业生涯发展阶段理论 126
第三节　职业生涯管理理论 129
　　一、职业生涯管理的内涵 129
　　二、职业生涯发展管理理论 130
　　三、影响职业发展决策的因素 131
第四节　职业生涯设计 133
　　一、职业发展模式 133
　　二、职业发展道路的特点 134
　　三、职业生涯设计 136
　　四、职业生涯的开发 137
　　五、大学毕业生的职业生涯建议 140
本章小结 141
复习思考题 141
推荐阅读 141

第六章　人力资源的培训与开发 143

第一节　培训与开发概述 145
　　一、培训与开发的含义 145
　　二、培训与开发的作用 145
　　三、员工培训与开发的原则 146
　　四、培训与开发的类型 147
第二节　培训与开发的过程 149
　　一、培训需求分析 149
　　二、培训计划制订 150
　　三、培训计划实施 151
　　四、培训效果评估 152
第三节　培训与开发的主要技术
　　　　 及方法 154
　　一、演示法 154

二、专家传授法 155
三、团队建设法 159
第四节 培训效果评估 160
一、培训效果评估概述 160
二、培训效果评估的标准 160
三、培训效果评估的方法 163
本章小结 164
复习思考题 164
推荐阅读 165

第七章 绩效管理 167
第一节 绩效与绩效管理综述 168
一、绩效的概念 168
二、绩效管理 169
三、绩效管理与人力资源管理的关系 170
四、绩效管理的误区 172
五、企业绩效管理的模式 176
第二节 绩效评估的实施 180
一、绩效评估的目的 181
二、绩效评估的原则 181
三、绩效评估的主体 182
四、关键绩效指标的设定 183
五、绩效考评的方法 187
六、绩效评估方法的选择 194
七、绩效评估中的潜在问题 195
第三节 绩效反馈 199
一、考绩面谈 199
二、绩效改善 200
本章小结 202
复习思考题 202
推荐阅读 202

第八章 薪酬设计与管理 205
第一节 薪酬概述 206
一、薪酬的概念及构成 206
二、薪酬的外部影响因素 209
三、薪酬的内部影响因素 212

第二节 薪酬体系的设计 213
一、薪酬体系设计的模型 213
二、薪酬设计与管理中的十大要点 214
三、薪酬决定 215
第三节 薪酬管理实务 225
一、薪酬的常规管理 225
二、薪酬调整 227
三、特殊群体的薪酬管理 227
四、奖金支付方法 229
本章小结 233
复习思考题 233
推荐阅读 233

第九章 劳动关系管理 235
第一节 劳动关系概述 237
一、劳动关系的含义及内容 237
二、劳动关系的类型 238
三、劳动关系的主体 238
四、处理劳动关系的原则 241
五、和谐的劳动关系是实现企业人力资源管理目标的保证 241
六、劳动关系的特点 241
七、劳动关系的实质：冲突与合作 243
第二节 劳动关系的历史和制度背景 246
一、早期工业化时代的劳动关系 ... 247
二、管理时代的劳动关系 249
三、冲突的制度化 251
四、成熟的劳动关系 253
五、新的矛盾和问题 255
第三节 劳动法——调整劳动关系的法律 256
一、劳动法与劳动关系 257
二、工资的法律保障 260
三、工作时间和休息休假 267
四、劳动安全与卫生 275
五、工作场所的规则 279

第四节　劳动合同管理 282
　　　　一、劳动合同概述 282
　　　　二、劳动合同的订立 283
　　　　三、劳动合同的履行 285
　　　　四、劳动合同的变更与续订 285
　　　　五、劳动合同的解除和终止 286
　　　　六、员工离职管理 289
　　　　七、集体合同 291
　　第五节　当代劳动关系的发展和问题 293

　　　　一、跨国公司的劳动关系 293
　　　　二、主要国家劳动关系制度的
　　　　　　发展 301
　　　　三、中国劳动关系的发展趋势 308
　　本章小结 313
　　复习思考题 313
　　推荐阅读 313

参考文献 315

第一章

人力资源管理概述

【学习目的与要求】

通过本章学习,要求了解、掌握人力资源管理的基本知识,它是进一步学习的基础。具体要求如下:

1. 了解人力资源的特征及其在社会经济发展中的作用。
2. 了解人力资源管理的内容、原则和意义。
3. 了解传统人事管理与现代人力资源管理的区别。
4. 掌握人力资源管理的概念和基本功能。
5. 理解人力资源。

【重点】

人力资源管理的概念和基本功能。

【难点】

人力资源的正确理解。

【应用】

会辨别人力资源管理与人事管理的区别。

【引导案例】

　　香格里拉，一个耳熟能详的名字。从 1971 年新加坡第一家香格里拉酒店开张，香格里拉不断向国际迈进；以中国香港为大本营，今天的香格里拉已成为亚洲地区最大的豪华酒店集团。以下是深圳香格里拉大酒店总经理王德贤接受《深圳商报》记者的采访。

　　问：香格里拉始终提倡要创造一个既有利于员工事业发展，又有助于实现他们个人生活目标的环境，您是如何帮助员工发展的？

　　答：酒店业是一门有关人的生意，我们要充分照顾的是我们的客人、员工和经营伙伴。以人为本，以客为先，公平、公正和透明的管理是我的原则。在香格里拉，大家都是领导者，即使不领导别人，也在领导自己。

　　我们深知员工是酒店最重要的资产，是我们的内部客人，因为只有快乐的员工才能有满意的客人。集团建立了员工发展机制并开展各种活动，争取成为备受拥戴的雇主。如人才本地化、内部招聘、员工进行跨部门/跨酒店培训、员工授权体系、有效的工作表现评估系统及接班人计划，等等，将酒店的事业与个人的发展更紧密地联系在一起。

　　我们还不断地培养本地员工，一则我们确信本地人才的能力，再则我们重视与日俱增的国内客人，并希望通过本土化的服务吸引更多的本地客人。我们对于国内市场紧锣密鼓的拓展工作更充分地说明了我们对国内客人这一巨大市场的重视。

　　王德贤，出生于 1960 年，新加坡国籍。他在香格里拉工作了 21 年，曾就职于全球多处香格里拉酒店，从礼宾部服务员到前厅部经理到房务总监直到总经理，担任过多种职务。

　　由此可见：

　　(1) 人力资源被当作企业的一项资产来进行管理，而不仅仅是流动的工具。

　　(2) 人力资源作为企业保持长久竞争优势的一种战略性资源，能够比其他竞争手段更为有效，因为它的管理实践是非常难以看见和难以模仿的。

　　(3) 除了和企业明确的战略保持一致以外，人力资源部门还应该特别关注企业文化对员工的影响，隐含的文化网络和系统对员工往往有着更深层的影响。

　　在企业不断提高竞争力和努力完成各种使命的过程中，人力资源管理起着至关重要的作用。本案例是典型的服务行业人力资源管理案例。它说明：香格里拉酒店的人力资源管理理念是"员工是酒店最重要的资产"，承认提供让顾客满意的服务来自于"快乐的员工"。酒店本身是不会带来财富的，只有通过酒店的灵魂即最宝贵的资产——"员工"提供人性化的服务才能实现价值。"只有让员工始终快乐"，酒店的高附加价值才能源源不断地创造出来。其实，人性化的人力资源管理，才是香格里拉在经营中的竞争优势。

第一节　人　力　资　源

一、人力资源的概念

(一)区分人力资源和人力资本

　　人力资本的概念和相关理论最早由美国芝加哥大学教授、诺贝尔经济学奖获得者西奥多·舒而茨提出。当时有些经济学家提出多种理论来揭开"二战"后世界经济迅猛发展之谜，但都认为应归功于自然资源和资本资源；只有到了 20 世纪 50 年代末 60 年代初，舒而茨才提出了人力资本理论，并成功地解决了古典经济学家长期未能解决的难题——"经济增长的源泉是什么"，解开了当代富裕之谜。他认为，人力资本才是国家和地区富裕的源泉。这种理论突破了只有厂房、机器等物质性资源才是资本的局限，把国家地区和企业在教育保健、人口、迁移等方面投资所形成的人之能力的提高和生命的延长也看作是资本的一种形态。

舒而茨认为，人力资本是通过对人力资源投资而体现在劳动者身上的体力、智力和技能。他指出，人力资本是另一种形态的资本，与物质资本共同构成了国民财富，而这种人力资本的有形形态就是人力资源，这种资源是企业、地区和国家生产与发展的要素之一，而且是非常重要的要素。尤其令人欢欣鼓舞的是，舒而茨的人力资本投资理论对人类的未来持乐观态度，他认为决定人类前途的并不是空间、土地和自然资源，而是人口的素质、技能和知识水平。

总体来看，人力资源可以从广义和狭义两方面来理解。

1．广义的人力资源

什么是人力资源，广义地说，智力正常的人都是人力资源。

2．狭义的人力资源

狭义的人力资源有以下几种定义。

(1) 能够推动整个经济和社会发展的具有智力劳动能力和体力劳动能力的人口的总和，它体现为数量和质量两个指标。

(2) 一个国家或地区有劳动能力的人口的总和。

(3) 具有智力劳动能力和体力劳动能力的人口的总和。

(4) 包含在人体内的一种生产能力，若被开发出来，则成为现实的劳动生产力，否则，就是潜在的劳动生产力。

(5) 能够推动整个经济和社会发展的劳动者的能力，即处于劳动年龄的已直接投入建设的人的能力。

(6) 一切具有为社会创造物质文化财富、为社会提供劳务和服务的人。

以上概念有的侧重于人力资源的数量，有的侧重于人力资源的质量。这里，我们定义人力资源为企业组织内外具有劳动能力的人口的总和，具体表现为数量和质量两个方面。

(二)人力资源的构成

人力资源的构成，主要包括人力资源的数量和质量两个方面。

1．人力资源的数量

人力资源的数量体现为人力资源的绝对数量和相对数量。

(1) 绝对数量：是指一个国家或地区具有劳动能力、从事社会劳动的人口总数。

绝对数量=劳动适龄人口-适龄人口中丧失劳动能力的人口+适龄人口之外具有劳动能力的人口。

具体来说，人力资源的绝对数量包括以下几个部分：

① 适龄就业人口，构成人力资源的大部分；
② 未成年劳动者或未成年就业人口；
③ 老年劳动者或老年就业人口；
④ 就业人口或待业人口；
⑤ 就学人口；
⑥ 从事家务劳动的人口；
⑦ 军队服役的人口；
⑧ 其他人口。

前四部分是现实的社会劳动力供给，具有直接性和已开发性；后四部分并未构成现实的社会劳动力供给，具有间接性和尚未开发性，是人力资源的潜在形态。人力资源数量构成如图1-1所示。

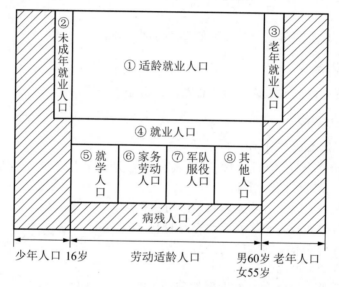

图 1-1　人力资源数量构成图

(2) 人力资源的相对量：

人力资源率：是指人力资源的绝对量占总人口的比例，是反映经济实力的重要指标。

(3) 影响人力资源数量的因素：

① 人口总量及其再生产状况；
② 人口的年龄构成；
③ 人口迁移。

2．人力资源的质量

(1) 定义：人力资源所具有的体质、智力、知识、技能水平及劳动者的劳动态度。常体现为劳动者的体质水平、文化水平、专业技术水平、劳动积极性。

(2) 衡量指标：

① 健康卫生指标，如平均寿命、婴儿死亡率、每万人口拥有的医务人员数量、人均摄入热量等；

② 教育状况指标，如劳动者的人均教育年限、每万人中大学生拥有量、大中小学入学比例；
③ 劳动者的技术等级状况指标；
④ 劳动态度指标。

(3) 影响人力资源质量的因素：
① 遗传和其他先天因素；
② 营养因素；
③ 教育方面的因素。

3．企业人力资源的数量和质量

(1) 企业人力资源的数量：其绝对数量=企业内在岗员工+企业外欲招聘的潜在员工；其相对数量(企业人力资源率)=企业人力资源绝对数量/企业总员工数，是企业竞争力的表征指标之一。

(2) 企业人力资源的质量：与上述宏观方面的人力资源质量相同。

需要指出的是：人力资源在数量和质量上均随时间而动态变化，宏观方面的人力资源在一定时间内则是相对稳定的。

二、人力资源的特征

人力资源是进行社会生产最基本最重要的要素，与其他资源相比，它具有如下特征：

(一)能动性

能动性是人力资源区别于其他资源最根本的区别，指人不同于其他资源处于被动使用的地位，它是唯一能起到创造作用的因素，能积极主动地、有意识地、有目的地认识世界和利用其他资源去改造世界，推动社会和经济的发展，因而在社会发展和经济建设中起着积极和主导作用。

人力资源的能动性具体体现在以下几个方面。

1．自我强化

通过接受教育或主动学习，提高知识、技能、意志、体质等方面的素质。

2．选择职业

在市场经济环境中，人作为劳动力的所有者可以按自己的特长和爱好自主择业。选择职业是人力资源主动与物质资源相结合的过程。

3．积极劳动

人在劳动过程中，会产生敬业、爱业精神，能有效地利用其他资源为社会和经济发展创造性地工作。

(二)可再生性

人力资源的有形磨损是指人自身的疲劳和衰老，这是一种不可避免、无法抗拒的损耗；人力资源的无形磨损是指个人的知识和技能由于科学技术的发展而出现的相对老化。后者的磨损不同于物质资源不可继续开发，而是通过人的不断学习、更新知识、提高技能可以持续开发。

人力资源的这一特点要求在人力资源的开发与管理中注重终身教育，加强后期培训与开发，不断提高其德才水平。

(三)两重性

两重性是指人力资源既是投资的结果，同时又能创造财富，因而既是生产者，又是消费者。

首先，个人和社会都会在人力资源上进行投资(如教育投资、增进体力的投资)，且投资的大小决定人力资源质量的高低，最后体现为劳动者的体力、智力和技能，因而从这个角度讲，人力资源是消费者，是个人和社会投资的结果，以至于成为一种资本——人力资本，但这种投资或消费行为是必需的，是获得人力资源投资后期收益必不可少的先期投入。

其次，由于在人力资源上的投资所形成的人力资本具有高增值性，并且，经济学家的研究表明，对人力资源的投资无论是对社会还是对于个人所带来的收益要远远大于对其他资源投资所带来的收益。

(四)时效性

时效性是指人力资源的形成、开发和利用都要受时间限制，而且在能够从事劳动的不同年龄段(青年、壮年、老年)其劳动能力也不尽相同。此外，随着时间的推移，科技不断发展，人的知识和技能相对老化而导致劳动能力相对降低。

(五)社会性

人会受到其所在民族(或团体)的文化特征、价值取向的影响，因而在人与人交往、生产经营中，可能会因彼此行为准则不同而发生矛盾。人力资源的社会性特点，要求人力资源管理中要注重团队建设和民族精神，强调协调和整合。

三、人力资源在社会经济发展中的作用

(一)人力资源对社会经济的多方面作用

(1) 人力资源是社会经济迅速发展、民族振兴、国力增长的决定性因素。

(2) 人力资源是提高企业竞争力，促进社会经济发展的核心动力：21世纪的竞争，将主要是科技的竞争、智力的竞争、知识的竞争，归根到底是作为知识和技能"承载者"的人力资源的开发及其潜能充分利用的竞争。

(3) 人力资源是推动经济增长更为重要并且起决定性作用的因素：

人类的生产活动是劳动者与生产资料相结合的过程。人是生产过程中最积极、最活跃、最富有创造性的因素，是生产过程的主体。因此，人的潜能的充分发挥是经济发展的核心和原动力。"二战"前，各国经济增长的基本因素主要是土地、矿产等自然资源和有

形资本。但"二战"后，美国等国的经济发展迅速，自然资源的增长却慢于经济的增长；一些自然资源匮乏的国家如日本和新加坡却取得了经济增长的奇迹，而某些发展中国家虽然进行了大量的投资，却未能改变贫穷的地位。由此可见，要素中除了自然资源和资本资源外，还有一种更为重要的、起着决定性作用的因素，就是人力资源。

现代经济理论也认为，现代经济增长主要取决于四方面因素：①新的资本资源的投入；②新的可利用自然资源的发现；③劳动者的平均技术水平和劳动效率的提高；④科学、技术和社会知识储备的增加。后两项因素都与人力资源密切相关，他们对人力资源的质量起决定性作用。所以，人力资源决定了经济的增长，经济学家也因此将人力资源称为第一资源要素。

我们可以用名人名言来说明人力资源的重要性。现代管理大师彼得·德鲁克曾经说过："企业只有一项真正的资源：人。"IBM公司总裁华生也说过："你可以搬走我的机器，烧毁我的厂房，但只要留下我的员工，我就可以有再生的机会。"现代社会竞争激烈，企业所拥有的各种资源又是有限的，如何用最好的资源使企业获得最大的经济效益，增强竞争力？从一个国家或整个世界来看，资源也是有限的，如何用有限的资源最大限度地满足人类的需要？这是企业、学者们思考的一个现实问题。幸运的是，这个问题被经济学家所解决。由于人力资本资源具有低投入高产出的特征，人力资源的重要性已被广泛认识。美国微软公司、我国深圳华为公司、青岛海尔集团、广东容声电冰箱厂无一不是依靠人才而获得成功和辉煌的。

综上所述，人力资源的重要性主要体现在：人力资源在推动经济增长的基本要素中起决定性作用。

(二)不同国家对人力资源重要性的态度

1. 发达国家

对于发达国家来说，其资本资源较为丰富，自然资源也得到了较为充分的利用，其对经济增长的作用不断下降，同时，对这两种资源的获得越来越依赖于科学技术和知识，越来越依赖于具有先进的生产知识和技能的劳动者本身的努力，追求的难度也在不断增大。因此，这些国家的经济增长将主要依靠劳动者的平均技术水平和劳动效率的提高以及科学、技术与社会知识储备的增加。为此，一方面，发达国家在国内加大人力资源开发的力度，增加人力资源率，提高人力资源的质量；另一方面，发达国家正在不断地从发展中国家引进高素质的人才，增加和提高人力资源的数量和质量。号称最发达的市场经济国家——美国，一向重视人才开发，并以吸引外籍人才而著称，从而在科技人才及经济的竞争力排行榜上名列榜首，成为世界科技、经济和军事强国。

2. 发展中国家

由于发展中国家缺钱、物，受过教育、培训的人力资源不足，即缺乏人力资本，所以，不断增加资本资源的投入，同时开发和利用耕地自然资源，那么对经济增长的促进作用肯定会高于发达国家，因而许多学者强调，尽管资本是制约发展中国家发展的瓶颈，但是，这些国家发展的历史又表明，单纯寻求更多的资本资源和自然资源，并不是真正切实可行的发展道路。例如，20世纪80年代，巴西等拉美国家一度单纯强调资本的重要性，大量举借外债，从而陷入债务危机。一方面，任何资本资源和自然资源在发挥现实作用时都离不开相应的科学技术和知识技能的运用，更离不开人的能动性。另一方面，更多的自然资源的开发和更多资本资源的取得，同样需要科学技术的应用和具有相应知识技能水平的劳动者的努力。没有与经济发展相适应的科学技术和知识技能，发展中国家就无法有效利用可能获得的极其宝贵的资本和有限的自然资源。

以上分析表明，劳动者的平均技术水平和知识技能水平及其应用程度是经济增长的关键，这两个因素与人力资源的质量密切相关，因此，一国经济发展的关键在于如何提高人力资源质量，即人力资源的开发是生产发展和经济增长最重要的因素，也是社会进步的一个基本条件。许多统计资料表明，一个国家经济发展程度与该国的人力资源状况是正相关的，即一个国家人力资源质量的高低决定了其经济状况。

3. 中国

中国的人力资源开发和管理正面临着巨大的挑战。中国拥有世界上最丰富的人力资源数量，但是丰富的人力资源数量与人均占有自然资源不足、资金匮乏之间形成了强烈的反差。而且，巨大的人力资源数量和低水平的人力资源质量又处于不平衡状态，农村剩余劳动力转移的强劲压力和国民经济技术结构优化存在诸多矛盾，企业冗员走向社会是建立现代企业制度的必然结果，但又和社会经济稳定产生摩擦。因而，我们面临着人力资源结构的重新布局，面临着人力资源整体素质的全面提高，面临着人力资源管理体制的调整转换，总的来说，面临着人力资源开发与管理政策、机制等多方面的变革和创新。这既是挑战，又是机遇。它要求我们扬人力资源数量丰富之长，补人力资源质量相对不高之短，变人力资源数量优势为质量优势，并将其转换为经济竞争优势。中国的问题和希望都在于人力资源的开发和管理。21世纪中国经济和社会发展的成败取决于能否有效地开发和利用自己丰富的人力资源。

综上所述，人力资源作为生产要素越来越受到各国政府和管理阶层的普遍关注。人们的视野已经越来越多地由物质资本转向人力资源的开发和利用。围绕人力资源的开发和管理，正进行着一场"没有硝烟"的战争，并最终决定各国的未来，而胜利将属于人力资源开发利用的成功者。正是人力资源的重要性，使得对人力资源的开发和管理工作也日趋重要。目前，企业人力资源管理部门已逐渐由原来非主流的功能性部门，转而成为企业经营业务部门的战略伙伴。人力资源管理者的职责逐渐地从作业性、行政性的事务中解放出来，更多地从事战略性的人力资源管理工作。许多国外企业，由一位副总直接负责人力资源管理，以此提高人力资源的战略价值，保证公司的人力资源政策与公司的发展战略相匹配。

第二节 人力资源管理

一、人力资源管理的概念、内容和意义

(一)人力资源管理的概念

人力资源开发与管理指的是为实现组织的战略目标，组织利用现代科学技术和管理理

论,通过不断地获得人力资源,对所获得的人力资源进行整合、调控及开发,并给予他们报偿以有效地开发和利用之的活动过程。

(二)人力资源管理的内容

1. 从横向来看

人力资源管理包括量的管理和质的管理,其中质的管理更为重要。

(1) 人力资源量的管理:是指根据人力与物力变化,对人力进行恰当的培训、组织和协调,使人力与物力经常保持最佳比例和有机结合,使人与物都充分发挥最佳效应,做到事得其人,人尽其才,有效使用。

(2) 人力资源质的管理:是指对人力资源心理和行为的管理。就个体而言,主观能动性是人力资源质的重要方面——积极性和创造性的基础,而人的思想、心理活动和行为则是人的主观能动性的表现。就群体而言,群体会有内耗问题,因而只有群体中的每个个体在思想观念上一致,在感情上融洽,在行动上协作,才能使群体出现 1+1>1 的群体整合效应。很多企业,规模小的时候不会出现问题,规模一大,管理的瓶颈就会出现,其实质就是对人的管理。因为规模一大,人与人之间、人与工作之间、人与组织之间的冲突、矛盾就多了,此时管理协调就显得很重要。现代人力资源管理致力于对人进行质的管理,包括对个体和群体的思想、心理、行为的协调、控制和管理,以充分发挥人的主观能动性,实现企业目标。

2. 从纵向来看

若是一个组织如企事业单位,其人力资源管理的内容主要包括对员工的招聘、录用、选拔、任用、调配、考核、培训、奖励、晋升、工资、福利、社会保险以及劳动关系的处理,等等;若是一个地区或者国家,则人力资源管理包括人力资源的预测、人事监督、人事信息、人员分布、人员流动控制等宏观方面的管理内容。

更为通俗地说,人力资源管理的内容可概括为选人、育人、用人、留人。

(三)人力资源管理的意义

1. 实现事得其人,人尽其才

人力资源管理并不直接管理社会劳动过程,而是对社会劳动过程中人与人、人与事之间的相互关系进行管理,其目的是社会劳动过程中人与事、人与人、人与组织的相互适应。

2. 实现对人力资源的组织、协调、控制和监督

组织就是在知人识事的基础上,因事择人,达到人与事的最佳结合;协调就是根据人与事的变化及时调整两者的关系,以保持人事相宜的良好状态;控制就是采用行政的、组织的、思想的种种办法,防止人与事、人与人、人与组织关系的对抗;监督就是对组织、协调、控制人力资源活动的监察。

3. 提高人力资源利用率,增强企业竞争力

人力资源管理并不是使人消极被动地适应工作的需要,而是根据个人能力的特点,将其安置在能充分施展才华的最佳工作岗位上，根据其才智和能力的提高，及时调整工作岗位，使其才能得以充分发挥。因此，人力资源管理不是消极静态的管理，而是积极动态的管理，这种动态管理可以提高人力资源利用率，进而促进企业生产率的提高和竞争力的增强。

4. 提高员工的工作生活质量和工作满意度

工作生活质量(简称 QWL)，是指组织中所有人员，通过与组织目标相适应的公开交流渠道，有权影响决策改善自己的工作，进而使员工有更强的参与感、更高的工作满意度和更少的精神压力。它集中反映了员工在工作中所产生的生理和心理健康的感觉。

二、人力资源管理的基本功能

(一)获取功能

获取功能主要包括人力资源规划、招聘和录用。为了实现企业的战略目标，人力资源管理部门要根据企业结构和战略目标，确定职务说明书与员工素质要求，制订与企业目标相适应的人力资源需求与供给计划，并根据人力资源的供需计划展开招聘、考核、选拔、录用与配置等工作，这是进行人力资源管理的第一步。只有首先获取了人力资源，才能对其进行管理。

(二)整合功能

现代人力资源管理奉行人本主义，强调个人在组织中的发展，个人的发展势必会引发个人与个人、个人与组织之间的冲突，从而产生一系列问题。所以，人力资源的第二个职能就是解决这些冲突，使员工之间和睦相处，协调共事，我们称之为整合功能。整合就是使员工之间和睦相处，协调共事，取得群体认同的过程，也是员工与组织之间个人认知与组织理念、个人行为与组织规范的同化过程，因而又称为人际协调功能与组织同化功能。其主要内容包括：①组织同化，即个人价值观趋同于组织理念，个人行为服从于组织规范，使员工与组织认同并产生归属感；②群体中人际关系的和谐，人与组织的沟通；③矛盾冲突的调解与化解。

例如，日本的人力资源管理中，企业内教育非常发达。其特点有三个：①道德培养与技能培养相结合。由于受儒家思想的影响，日本企业非常重视员工的人品和情操的培养，树立员工对企业的忠诚度和归属感。②培训的指导思想是"农业式的办法育人"，即以一个人本身拥有的成长可能性为根本，挖掘其潜能，协助其成长，企业热心于教育不仅从自身利益出发，而且兼顾职工自我实现的需要，尽量避免个人与组织的冲突。③采用工作轮换制的培训方式，即让职工每隔 3~5 年进行一次职务轮换，更换工种或工作部门，这样既培养了知晓企业全局的"通才"，又可以促进不同工种间员工的相互理解和协调。

(三)奖酬(激励和凝聚功能)

奖酬是指对员工为组织所作的贡献而给予奖励的过程，具有人力资源管理的激励与凝聚职能，因而是人力资源管理的核心。其主要内容为：对员工绩效进行考评，设立合理的奖酬制度并给予公平合理的工资、奖励和福利。

(四)调控功能

调控功能是指对员工实施合理、公平的动态管理过程，如晋升、调动、奖惩、离退、解雇等，它具有控制与调整职能。

(五)开发功能

开发功能是人力资源开发与管理的重要职能，包括人力资源数量与质量的开发，本课程只限于质量的开发。人力资源质量的开发是指对组织员工素质与技能的培养与提高，以及对其潜能的充分发挥，从而最大地实现其个人价值。

三、传统人事管理与现代人力资源管理

1．传统人事管理

(1) 内容：开始局限于人员招聘、选拔、分派、工资发放、档案保管等较琐碎的具体工作，后来逐渐涉及职务分析、绩效评估、奖酬制度设计与管理及员工培训活动的规划与组织等。

(2) 性质：基本上属于行政事务性的工作，其活动范围有限，以短期导向为主，主要由人事部门职员执行，很少涉及组织高层战略决策。

(3) 在组织中的地位：传统人事活动被视为低档的，技术含量较低，无须特殊专长，只属于执行层次的工作，无决策权可言，因而不被人们所重视。

2．现代人力资源管理与传统人事管理的主要区别(表 1-1)

表 1-1　现代人力资源管理与传统人事管理的主要区别

比较项目＼比较对象	传统人事管理	现代人力资源管理
工作性质	行政事务性 短期性	战略决策性 未来长期性
地位	低档的、执行层次的	战略性和整体性
对人的地位的看法	与其他资源同等重要	第一资源，且具开发性、能动性
显效性	难显效	提高经济效益
人性观	经济人	社会人、自我实现的人
管理模式	压制性、督促式管理	人格化管理

3．现代人力资源管理的战略地位

首先，现代人力资源管理从行政性的、单纯的业务管理及技术性管理活动的框架中脱离，成为组织战略与策略管理具有决定意义的活动，因而比传统的人事管理更具战略性、整体性和前瞻性，具体体现在：人力资源部门的主管出现在企业的高层领导中，并有人出

任企业的最高领导。通过调查欧洲1000家大型企业的资料表明，50%以上企业的人事主管都是由董事兼任。这表明人力资源管理部门在企业中的地位较高而且具有权威。另外，财务管理与市场营销等课程，都会强调各自所涉及的工作、部门在企业中的重要地位。那么，到底哪个部门权威最大，地位最高，这不是某个部门说了算，也不是老总说了算，而是由市场决定的。我们从企业内部各个部门地位的变迁中可以看出时代背景和市场环境的变化。

有人曾对欧洲企业几十年来的用人情况作过如下分析：1945—1955年的10年间，由于"二战"导致商品极度匮乏，企业大多从生产人员中选拔高层主管；1955—1965年的10年间，由于市场饱和，产品滞销，企业大多从销售人员中选拔高层主管；1965—1975年的10年间，由于合资经营、跨国经营的出现，财务问题日趋复杂，企业大多从财务人员中选拔高层主管；自1975年以来，由于市场竞争加剧，尤其是企业的竞争已转向知识和科技的竞争，知识和科技的载体——人才问题越来越成为企业在竞争中制胜的关键。这时，企业选拔高层主管的注意力开始转向人力资源管理部门。由于人力资源部门的主管出现在企业的高层领导中，人力资源管理部门就开始直接参与企业的战略决策。由此，有学者提出企业经营已进入人力资源导向时代。

其次，从企业经营的发展过程中，我们不难发现企业经营历经了从生产导向到市场导向的演进过程。在生产导向阶段，企业重视生产，其特点是大量生产；到了市场导向，企业重视市场研究、市场趋势、消费者的需求和消费者的满意度。经历了生产导向和市场导向，学者们认为目前正在进入人力资源导向时代。

最后，知识化、网络化及全球化的根本特征和企业竞争的格局决定了人力资源管理在企业经营发展中的重要地位。在这个新的时代，企业的竞争将基于核心能力的竞争。根据麦肯锡咨询公司的观点，所谓核心能力是指某一组织内部一系列互补的技能和知识的结合，它具有使一项或多项业务达到竞争领域一流水平的能力。核心能力的培育将基于对知识的管理。在国外出现一个类似于CEO、CIO的CKO(Chief Knowledge Officer)工作，中文叫首席知识官或知识总监，其责任是促进员工知识和技能水平的提高，确保组织在高科技时代的竞争力。

综上所述，我们可以看到人力资源管理在企业战略和策略管理中的地位和重要性。

四、人力资源管理的原则

1. 任人唯贤原则

任人唯贤，是指根据人的才能合理安排工作，而不是论资排辈，更不是任人唯亲，只有这样，才会使人才资源得到合理配置、高效使用。同时，由于人的能力是在不断发展变化和不断提高的，因此对人的安排是一个动态的过程，而不是一职定终身。

2. 注重实绩原则

注重实绩，是指评价工作人员工作好坏、能力高低，只能以其工作的实际成绩为依据。工作实绩可以反映一个人的思想政治水平、敬业精神（即其劳动态度）、专业实际能力、精力等状况，是选拔、奖惩以及职务升降的主要依据。当然，注重实绩并不是简单地以实绩对员工进行取舍和褒贬，应该考虑环境、群体、偶然等各种因素进行全面分析评价，而不能简单地肯定或否定。

3．激励原则

激励就是运用各种有效的方法调动人的积极性和创造性。人的能力分为潜在能力和显在能力，潜在能力是指人本身的各种因素决定的一种可能能力。一般来说，显在能力是指人在实际工作中发挥出来的能力，潜在能力和显在能力是不等量的，除了客观因素外，最主要的是人本身的积极性高低的影响。有关研究表明，一个人如果工作积极性很高，他可以发挥出 80%～90%的才能；反之，如果没有积极性和主动性，就只能发挥其才能的 30%左右。所以，人力资源管理要坚持激励原则，采取各种激励措施，最大限度地提高工作人员的工作积极性和创造性，做到人尽其才。

4．竞争原则

竞争指人力资源管理部门必须引进人才竞争机制，让领导者和所有工作人员放开手脚，展开竞争。市场经济的一个最大特点就是"开展竞争"，通过竞争优胜劣汰，实现资源合理流动和高效配置。作为第一重要的资源要素，人力资源自然也要坚持竞争原则。

人力资源管理中坚持竞争原则，主要应做好以下几方面工作：

(1) 在用人方面必须坚持德才兼备，能者上，不称职的下，杜绝一切形式的任人唯亲和各种照顾。

(2) 各层次工作人员的录用和提拔，要通过公开平等的考试(考核)择优任用。

(3) 工作人员的职务升降要以实绩为主要依据，并与工作人员的考核与使用结合起来。

(4) 改革单一的委任制为聘任制、考任制、选举制等多种任用制度形式，实行个人和用人单位双向选择制度。

5．精干原则

精干是指在设置组织机构时，要根据机构的职能任务来组织职工队伍，即因事设岗、设人，既要有合理的层次和系统，又要有相互间合理配比和有机的结合，以形成一个具有最佳效能的群体。坚持精干原则就是要改变那种机构臃肿、层次重叠、人浮于事的状况。根据精干原则人力资源管理部门要严格按机构大小，按岗位的职责、任务配置工作人员，做到以事设职、以职选人。

6．民主监督原则

人力资源管理的直接对象是人，而人是最复杂的，这就决定了人力资源管理的复杂性和艰巨性，因而人力资源管理要坚持民主监督原则，即实现人力资源的民主管理，提高透明度，克服神秘化。

第三节　人力资源管理的演进

一、人力资源管理的历史沿革

关于人力资源管理的发展，可以从两个不同的方面来进行研究，即人力资源管理实践的发展和人力资源管理理论的发展。但由于管理实践和管理理论两者之间相辅相成、相互促进的关系使得我们往往难以将两者截然分开，因此，对人力资源管理发展历史的研究，往往都是综合了理论发展和实践推进两个方面的内容、相互交织而形成的。美国华盛顿大学的 W.L.French(1998)提出：早在 1900 年年初，现代人力资源管理的内容已经形成，以后的发展主要是在观点和技术方面的发展。French 将人力资源管理的发展划分为六个阶段。

1. 第一阶段：科学管理运动

在 20 世纪初，以泰罗和吉尔布雷思夫妇为代表，开创了科学管理理论学派，并推动了科学管理实践在美国的大规模推广和开展。泰罗针对以前企业管理实践的弊端提出了科学管理的理论，其主要内容可以概括为以下四个方面：

(1) 对工人工作的每一个要素开发出科学方法，用以代替旧的经验方法。

(2) 科学地挑选工人，并对他们进行培训、教育和使之成长(在过去则是由工人自己挑选工作，并尽可能进行自我培训)。

(3) 与工人衷心地合作，以保证一切工作都按已形成的科学原则去办。

(4) 管理者与工人在工作和职责的划分上几乎是相等的，管理者把自己比工人更能胜任的各种工作都承揽过来(在过去几乎所有的工作和大部分责任都推给工人)。泰罗及其后继者吉尔布雷思夫妇的理论对美国工业管理产生了巨大的影响，极大地推动了美国工业生产率的提高。从泰罗的科学管理理论中，我们可以看到人力资源管理(或人事管理)理论和方法的雏形。在科学管理阶段，主要注重通过科学的工作设计来提高工人的生产率，同时，注重采用科学的方法对员工进行招聘和挑选，用企业的系统培训来取代以前的自我培训，以提高工人的生产率。并且，科学管理理论还创造出了最初的劳动计量奖励工资制度——"差异计件率系统"，并最早提出了将生产率改进所获得的收益在企业和工人之间分享的思想。这些理论都对现代企业人力资源管理的发展产生了重要的影响。

2. 第二阶段：工业福利运动

工业福利运动几乎与科学管理运动同时展开。美国全国现金公司在 1897 年首次设立了一个叫作"福利工作"的部门，此后，"福利部""福利秘书""社会秘书"等名称相继出现。设立这些部门或工作的主要目的是改善工人的境遇，听取并处理工人的不满意见，提供娱乐和教育活动，安排工人的工作调动，管理膳食，照顾未婚女工的道德品行等。总之，它是基于关心工人福利的主张而建立起来的一套有关企业员工管理的思想体系。这种福利主义的人事管理观点也成为现代企业人事管理的来源之一。

3. 第三阶段：早期的工业心理学

以"工业心理学之父"雨果·闵斯特伯格(Hugo Munsterberg)等人为代表的心理学家的研究结果，推动了人事管理工作的科学化进程。雨果·闵斯特伯格于 1913 年写的《心理学与工业效率》标志着工业心理学的诞生。在第一次世界大战和第二次世界大战期间，测验用于军方选拔和安置人员取得了极大的成功，此外，试图把机器的特点和人的特点相互匹配的因素测定技术也开始发展并得到应用。随之，工业心理学得到了飞速的发展，并开始用于商业中的人事选拔和测评。这样，工业心理学就从人与工作的关系、人员的选拔和测评等方面对人事管理产生了极大的影响，使人事管理开始从规范化步入科学化的轨道。

4．第四阶段：人际关系运动时代

20世纪30年代，著名的霍桑实验的研究结果使管理从科学管理时代步入人际关系时代。1924—1932年，梅奥等人在位于芝加哥的西屋电器公司的霍桑工厂进行了著名的霍桑实验。该实验证明，员工的生产率不仅受到工作设计和报酬的影响，而且更多地受到社会和心理因素的影响，即员工的情绪和态度强烈地受到工作环境的影响，而这种情绪和态度又会对生产率产生强烈的影响。因此，采用行为科学理论，改变员工的情绪和态度将对生产率产生巨大的影响。这在管理实践领域引发了人际关系运动，推动了整个管理学界的革命。在人际关系运动阶段，人力资源管理发生了很多变革，包括在企业中设置培训主管、强调对员工的关心和支持、增强管理者和员工之间的沟通等都作为新的人事管理方法被企业所采用。至此，人力资源管理开始从以工作为中心转变到以人为中心，把人和组织看成是相互和谐统一的社会系统。

5．第五阶段：劳工运动

雇佣者与被雇佣者的关系，一直是人力资源管理的重要内容之一。从1842年美国麻州最高法院对劳工争议案的判决开始，美国的工会运动快速发展，1869年形成了全国网络。

1886年，美国劳工联合会成立。大萧条时期，工会也处于低潮。到1935年，美国劳工法案——瓦格纳法案(Wagner Act)的颁布，使工会重新兴盛起来。罢工现象此起彼伏，缩短工时、提高待遇的呼声越来越高，因此出现了集体谈判。到20世纪六七十年代，美国联邦政府和州政府连续颁布了一系列关于劳动和工人权利的法案，促进了劳工运动的发展，人力资源管理成为法律敏感行业。对工人利益和工人权利的重视，成为组织内部人力资源管理的首要任务，因此，在今天西方国家的人力资源管理中，处理劳工关系，使企业避免劳动纠纷诉讼，也成为人力资源管理的重要职能。

6．第六阶段：行为科学与组织理论时代

进入20世纪80年代，组织管理的特点发生了变化。在日趋激烈的竞争环境中，企业越来越强调对外部环境的反应能力和根据外部环境进行变革的组织弹性，并以此为基础增强企业的竞争力。因此，在这个阶段，人力资源管理的特点是将组织看作一个系统，而人则是这个系统的组成部分；另一方面，组织又是整个社会系统的一个子系统，这样就形成了现代组织理论和行为科学的管理思路，即人力资源管理要符合组织的要求，符合提升企业竞争力的要求。这就进一步要求从单个的人上升到组织人，把个人放在组织中进行管理，强调文化和团队的作用，这也成为人力资源管理的新特征。

二、战略的人力资源管理理论

战略的人力资源管理理论的内核是"适配"。适配的思想起源于生物进化论，认为处于充满风险和变化的环境之中的生命体，其生存和发展取决于是否能与所处的环境状态相一致。这一思想被引入后，学者们便着迷于探索人力资源管理与企业环境、战略等相关要素间的适配，并相信良好的适配能为企业带来更高的绩效。

1984年，迈尔斯和斯诺提出了一个具有重要影响的人力资源管理与企业战略相适配的理论模型。根据不同的战略对企业组织的不同要求，迈尔斯和斯诺为每一种企业战略设计了不同的人力资源管理实践组合(见表1-2)。

表1-2 迈尔斯和斯诺的人力资源管理与企业战略适配模型

战略类型		防御型	分析型	探索型
企业特征		低等程度的创新	中等程度的创新	高等程度的创新
人力资源管理实践	人力资源规划	广泛的规划	适度的规划	有限的规划
	人事	强调内部培养	内部培训与外部招聘兼顾	注重外部招聘
	绩效评估	评估行为 评估个人和团队 纵向比较	评估行为与结果 评估个人、团体和部门 纵横比较相结合	评估结果 评估部门 横向比较
	薪酬	以组织结构层次和职位为依据 追求内部公平 薪酬是对员工的补偿	组织结构层次、职位和绩效相结合 兼顾内、外部公平	以绩效为依据 追求外部公平 薪酬是对员工的激励
	培训与开发	广泛地进行培训与开发	适度地进行培训与开发	有限地进行培训与开发

把人力资源战略作为公司重要的竞争战略，或者从战略的角度考虑人力资源管理问题，把人力资源管理与公司的总体经营战略联系在一起，是20世纪90年代后期企业人力资源管理的重要发展。在这个阶段，人力资源管理成为整个企业管理的核心，其原因在于人们已经达成共识：在国际范围的市场竞争中，无论是大公司还是小公司，要想获得和维持竞争优势，核心的资源是人力资源。20世纪80年代后期，美国各行业开始对这一趋势予以重视，有影响的商业杂志和学术期刊纷纷发表有权威的文章，讨论这种变化和可能带来的问题。诸如"人事主管成为新的公司英雄"(Meyer, 1976)，"人力资源管理进入新时代"(Briscoe, 1982)，"人力资源经理不再是公司无足轻重的人"(Business Week, 1985)，"人力资源总监影响首席经营官的决策"(Penezic, 1993)等充满诱惑性的文章，成为反映这个时期特征的重要指标。

三、人力资源管理在我国的发展

1. 我国古代人事管理的思想

中国具有5000多年的文明史，在古代文化典籍之中蕴藏着丰富的人事管理的思想，在人才的重要性、如何选拔人才、如何使用好人才等方面都有过精辟的论述。例如，关于人才的重要性，唐太宗的名言"为整治要，唯在得人"就把"得人"看作"为政"的关键。

2. 我国近代人事管理概况

鸦片战争后，中国演变为半殖民地半封建社会，这时的人事管理带有浓厚的封建色彩，这时大型企业开始学习引进泰罗的科学管理的方法，开始对人员进行比较规范的管理。

3．新中国成立以来的人力资源管理的发展

新中国成立以来，我国的人力资源发展可以分为两个阶段：改革开放前和改革开放后。随着社会主义改造的完成，我国建立起社会主义制度的同时也确定了计划经济体制，这个时期我国根本没有真正意义上的"人力资源管理"。党的十一届三中全会以来，特别是改革开放以后，随着我国经济体制改革的不断深入，国有企业的劳动人事工作也在不断地进步，进行了国有企业人事管理的改革，为人力资源管理在我国的发展奠定了基础。

进入 21 世纪后，随着知识经济的发展，人力资源管理也进入了一个新的阶段——知识与信息管理阶段，也有学者称为智慧管理阶段。这一时期的人力资源管理不仅仅是解决组织和人之间的关系，而是解决人们知识的获取、知识的应用、知识的再创新问题。尤其进入新经济阶段，不再是简单的对员工行为进行管理，而主要是对员工的智慧进行有效的管理，而且要借助知识系统，借助知识管理作为重要的工具提升企业的竞争优势。

第四节　中国人力资源管理的环境和未来发展趋势

企业外部环境是对企业外部的政治环境、社会环境、技术环境、经济环境等的总称。它由存在于组织外部、通常短期内不为企业高层管理人员所控制的变量所构成。企业内部环境由存在于组织内部、通常短期内不为企业高层管理人员所控制的变量所构成，具体包括企业的组织结构、文化、资源三部分。

一、人力资源外部环境分析

(一)政治法律环境

企业经营离不开国家特定的政治制度、方针政策和法律环境的影响。企业制订和实施任何人力资源战略，都必须符合国家和地方政府主管部门发布的各种劳动法律、法令和法规，这是企业能够正常、永续经营的重要保证。目前，我国已经实施的《劳动法》《工会法》《妇女法》等法规对人力资源管理实践有重要的影响。

(二)经济环境

经济环境是影响人力资源管理的主要外部环境因素，国家经济发展状况直接影响着社会的劳动力供需，从而对企业人力资源战略产生重要影响。经济发展强劲必然拉动各行业的发展，使劳动力需求增加，劳动力价格上升，企业人力资源成本也势必提高。相反，如果经济发展缓慢，则劳动力需求降低，价格下降，企业劳动力成本将会大大降低。

(三)劳动力市场

劳动力市场是企业外部的人员储备，从这个市场中可以找到企业所需要的各种员工，因此劳动力市场的变化也会影响企业劳动力的变化。在劳动力市场中，劳动力参与率、人口平均寿命、特定岗位的素质和技能要求、经济发展水平与产业结构等都会影响市场中劳

动力的变化。企业制订人力资源战略，必须确定一定时期内劳动力需求的种类和数量，必须了解社会劳动力的供给、构成以及对特定人力资源的市场需求，才能有的放矢，掌握主动。我国目前的劳动力市场有大量的中层技术人员和销售人员，但缺乏高端的管理技术人才。

(四)自然环境

自然资源日益短缺，能源成本趋于提高，环境污染日益严重，政府对自然资源管理的干预不断加强，所有这些都会直接或间接地给企业带来威胁或机会。目前我们面临的自然环境相当稳定。

(五)科学技术环境

企业经营中的技术变革对企业经营产生了深刻的影响，随着技术与产品更新周期越来越短，导致现有岗位不断发生变化，不断出现的新岗位要求有更多掌握着新知识、新技术、新技能的员工来胜任。因此，企业要密切关注科技发展动向，预测本企业业务及岗位对工作技能需求的变化，制订和实施有效的人力资源开发计划。

(六)社会文化环境

社会文化环境是指一个国家和地区的民族特征、文化传统、价值观、宗教信仰、教育水平、社会结构、风俗习惯等情况。社会文化是经过千百年逐渐形成的，它影响和制约着人们的观念和思维，影响着人们的行为。社会文化的影响主要反映在人们的基本信仰和行为方面。

二、人力资源内部环境分析

(一)公司战略

企业战略是制订和实施人力资源战略的前提，不同的企业战略要求设置与其相匹配的人力资源战略。因此，企业必须明确企业经营宗旨及战略目标，根据总体战略的要求，确定一定时期内人力资源开发利用的总目标、总政策、实施步骤及总预算安排，并制订一套完善的业务计划进行落实(见表1-3)。

表1-3　与公司战略对应的人力资源战略重点

战略类型	公司战略特点	人力资源战略重点
稳定型战略	企业追求既定的或与过去相似的经营目标；企业规模保持现状或略有增长；企业创新较少	保留核心员工；重视员工的职业生涯发展和精神激励
收缩型战略	企业规模缩小；控制费用；具有明显的短期性	员工的解雇工作和剩余员工的管理；提高培训的针对性和有效性；优化薪酬结构；严格控制人工成本总额
增长型战略	市场增长率较快；利润水平超过行业平均水平；倾向于采用非价格手段竞争；企业发展立足于创新；主动引导环境的改变	人力资源的补充工作；并购或结合企业的人力资源整合问题；提高员工技能

(二)与企业文化相匹配的人力资源战略

人力资源管理的最高层次就是运用企业文化进行管理,因此,企业文化与人力资源战略有着紧密的联系(见表1-4)。企业的价值观引导并规范着员工的行为,使他们知道应该怎么想、怎么做;企业精神能激发员工的积极性和创造性;优秀的企业文化不仅协调着员工之间的关系,还可以将企业中的各种成员凝聚在一起使企业在发展中更具稳定性。

表1-4 与企业文化匹配的人力资源战略

企业文化	人力资源战略
官僚式企业文化	吸引式人力战略
发展式企业文化	投资式人力战略
家庭式企业文化	参与式人力战略

1. 吸引战略

(1) 通过丰厚的薪酬吸引人才,从而形成一支稳定的、高素质的员工队伍。
(2) 常见薪酬制度包括利润分享计划、奖励政策、绩效奖酬、附加福利。
(3) 成本高,要控制员工数量。
(4) 招聘和培训费用低。

2. 投资战略

(1) 通过聘用数量较多的员工,形成一个备用人才库,以提高企业灵活性,并储备多种专业技能人才。
(2) 注重员工的开发培训。
(3) 注意培养良好的劳动关系。
(4) 管理人员责任重。

3. 参与战略

(1) 通过授权,鼓励员工参与决策,自我管理。
(2) 重视团队建设。
(3) 在培训方面注重沟通技巧、团队合作技巧等内容。

(三)与企业不同阶段相匹配的人力资源战略

案例启迪:星巴克不同发展阶段与HRS的配合

20世纪80年代初,星巴克只是一家只有一个重点产品的区域性公司。这个时期的人力资源部门主要是由一群聪明、有主意和头脑、以事业为中心的行政管理人员组成的,他们常常陷于日常事务的处理中。这期间的报酬和福利有美国退休金制度中的内容。

20世纪90年代初,星巴克成为全国性公司,拥有多条产品线。这个时期的人力资源经理发展成为项目经理,并进一步强化HRM职能,加强了人力资源职能的主动服务工作。报酬和福利成为全面薪酬的一部分。

20世纪90年代后期,公司实现国际化,公司经营的产品多元化。这一时期公司开始执行一体化的国内、国际人力资源计划，以支撑公司的业务发展。人力资源部为企业的发展提供业务咨询和战略管理的协助。公司还给予了员工公司股票的买卖权。

21世纪以来，星巴克作为跨国连锁经营企业，组织机构复杂，人员多样化，薪酬福利有明显差异，一线员工流动率高，企业实施EHR战略。

图1-2所示为企业不同发展阶段的人力资源战略要点。

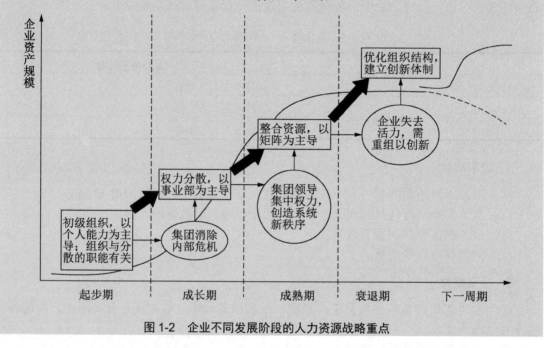

图1-2 企业不同发展阶段的人力资源战略重点

(四)与高层管理者的领导风格相匹配的人力资源战略

以人为中心的领导，反映了人性化的管理方法，更加关注人际关系管理与情感管理。

以工作为中心的领导，人力资源管理者只是扮演回应者和执行者的角色，重点放在员工选拔、报酬与惩罚问题上。

三、中国企业人力资源管理现状

中国企业人力资源管理现状如下：

- 大多数企业的人力资源管理还处于传统行政性人事管理阶段。
- 大多数企业普遍缺乏人力资源规划与相关政策。
- 人力资源管理的框架体系尚未建立起来，仍有许多人力资源管理的功能尚未完善。
- 人力资源部门定位太低，无法统筹管理整个公司的人力资源。

国内企业不缺乏先进的人力资源管理思想，却十分缺乏如何将这些先进的人力资源管理思想转化为适合中国企业特点的、可操作的制度、措施的技术手段、途径。员工普遍对薪酬福利现状不满，难以有效激励员工努力工作。

中国不同所有制企业面临的危机比率如表1-5所示。

表 1-5　中国不同所有制企业面临的危机

企业性质 危机类型	国　有	中外合资	外商独资	私　营
人力资源危机	59.8	59.1	41.1	52.4
行业危机	40.8	59.0	55.8	55.9
产品/服务危机	48.3	42.4	29.5	31.5
计算机技术危机	28.2	25.8	30.5	32.9
客户丢失	15.5	24.2	24.2	18.9
财务危机	10.3	18.2	21.1	22.4
天灾人祸	11.5	12.1	17.9	9.1
其他危机	15.5	13.6	29.5	27.3

四、人力资源管理的未来发展趋势

人类社会已经迈进了一个以知识为主宰，以全球化、信息化、市场化快速发展为特征的新经济时代。具有知识和技能的人力资源已经成为企业最重要的资产，对它的占有是企业取得竞争优势和保持企业旺盛生命力的关键要素。同时，随着时代的变化，社会经济的发展，科学技术的进步，全球竞争的加剧，人力资源管理正面临着一系列前所未有的挑战与冲击。这些都迫切地要求企业人力资源管理体系不断地发展与完善，使得人力资源管理在 21 世纪主要呈现出以下几大发展趋势。

1. 人力资源管理战略化

人力资源管理战略化，是指企业将人力资源管理从停留在处理具体事务的战术层次上提升到结合企业经营方式参与企业战略决策的战略层面上，即企业实施战略性人力资源管理。莱特与麦克马安(Wright & Mcmahan)于 1992 年对战略性人力资源管理(SHRM)的定义是：为使企业能够实现其目标所进行和所采取的一系列有计划、具有战略性意义的人力资源部署和管理行为。战略人力资源管理强调人力资源管理与企业战略的匹配与契合，认为人力资源是组织获得竞争优势的首要资源，人力资源管理的核心职能是参与战略决策，其目的是在保证人力资源管理与企业战略保持高度协调一致的基础上实现企业目标，提高组织的绩效。

2. 人力资源管理外包化

人力资源管理外包是在 20 世纪 90 年代企业实施"回归主业，强化核心业务"的大背景下风行起来的一种新的企业战略手段。它的兴起与企业人力资源管理的战略转变密切相关。人力资源管理外包化是指公司或企业将人力资源管理的部分或全部工作委托给外部的专业人力资源管理服务机构代为处理的行为。

3. 人力资源管理 E 化

人力资源管理 E 化即 EHR，是指在先进的计算机软硬件的基础上，通过一套现代信息技术手段，以达到降低成本、提高人力资源管理效率、改进员工服务模式以及实现人力资源信息共享与有效整合解决方案的目的。

4．人力资源管理柔性化

所谓人力资源柔性化管理，是指在尊重人的人格独立与个人尊严的前提下，在提高广大员工对企业的向心力、凝聚力与归属感的基础上，采取信任—指导—感化—自控的方式，在人们心目中产生一种潜在的说服力，把组织的意志变为员工的自觉行动。其最大优势在于它能够将人本管理与环境变化有机结合，并且从内心深处激发每个员工的内在潜力、主动性和创造力。

5．人力资源的价值链管理

人力资源价值链(HR Value Chain)指的是一个从良好的人力资源管理实践出发，最终导致较高组织绩效的一系列相关产出活动所组成的价值增值过程。在这个增值过程中，良好的人力资源管理实践是基础。在此基础上依次推动雇员产出、组织产出及财务和市场产出的提升并最终导致组织绩效的提高。

本 章 小 结

1. 人力资源概念及其与相关概念的关系。
2. 人力资源管理的发展史。
3. 人力资源管理的职能。
4. 人力资源管理的环境。
5. 人力资源管理面临的挑战。

复 习 思 考 题

1. 如何理解人力资源？
2. 如何理解人力资源管理？
3. 人力资源管理的职能主要体现在哪些方面？
4. 人力资源管理的发展经历了哪几个阶段？每个阶段的特征是什么？
5. 怎么理解人力资源战略和企业战略的关系？
6. 人力资源管理者应该具备哪些能力？
7. 企业不同发展阶段的人力资源管理的侧重点是什么？

推 荐 阅 读

1. 彼得·德鲁克. 管理的时间[M]. 北京：机械工业出版社，2006.
2. 加里·德斯勒. 人力资源管理[M]. 北京：中国人民大学出版社，2012.
3. 劳伦斯·S.克雷曼. 人力资源管理：获取竞争优势的工具[M]. 北京：机械工业出版社，2009.

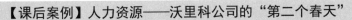

第一章 人力资源管理概述

【课后案例】人力资源——沃里科公司的"第二个春天"

1983年11月3日,美国《纽约时报》在商业版上,刊出一篇题为《日本人管理好了一家美国的工厂》的长篇报道,在美国企业界引起轰动。

由美国沃里科公司管理了15年的弗里斯特市电视机厂,是著名的希尔斯公司的协作厂家。该厂生产的电视机多由希尔斯公司经销。这家电视机厂一度曾有员工2000人,无论从产值、规模还是职工数量上来说,都是阿肯色州弗里斯特市的重要企业,在当地的企业界举足轻重。

但是沃里科公司由于管理不善,屡屡出现质量问题,致使弗里斯特市电视机厂陷入重重困境。厂里生产的电视机居然有10%过不了本厂的质检关,必须返修才能出厂。销出的电视机由于质量不佳,用户怨声载道,造成产品大量积压,工厂的财政状况难以为继。不得已厂方只能大量裁员,职工人数减少了3/4,只剩下500人。此举一出,人心大乱,工人们更是无心生产,工厂到了几乎倒闭的地步。

作为销售商,希尔斯公司对弗里斯特市电视机厂的产品质量大为恼火,大量返修的电视机不仅增加了他们的工作量,更是败坏了希尔斯的声誉。看到电视机厂一片混乱的景象,希尔斯公司又为它的前途而担忧。

为了扭转厂方的不利局面,由希尔斯公司出面派人前往日本的电器制造业中心——大阪,邀请久负盛名的日本三洋公司,购买弗里斯特市电视机厂的股权,并进一步利用日本的管理人员和技术人员,来领导这家工厂。

三洋电器公司对希尔斯的建议迅速做出反应。1976年12月,三洋公司开始大规模购入弗里斯特市电视机厂的股份,并取得了对该厂的控股权。1977年1月,三洋公司派出了大批管理人员和技术人员,接管了弗里斯特市电视机厂。

日本人到达目的地后,马上发现他们面临着双重困难。一方面,同日本工人比起来,美国工人的劳动纪律性差、生产效率低,因此生产出的产品质量差;另一方面,工厂中的工人乃至整个城市的居民,并不十分欢迎日本人的到来,战后形成的对日本人的轻视和不满情绪,仍在起作用。

显然,日本管理人员无法采用在日本惯于使用的管理方法。除了文化和习惯方面的因素,还有民族感情方面的问题。然而,生产效率必须提高,产品质量必须改善。

三洋公司总经理井植聪,对派去的日本人员约法在先:要融入当地的大众生活中,参加当地的社会事务,不要把自己圈在一个"小东京"里,重要的是打破民族间的隔阂。

日本管理人员到达弗里斯特市后,先后办了三件事,令美国人大开眼界。

日本管理人员没有采取严厉的措施,相反,他们首先邀请电视机厂的所有员工聚会一次,大家坐在一起喝咖啡,吃炸面包圈。然后,又赠送给每个工人一台半导体收音机。这时,日本经理对大家说,厂里灰尘满地、脏乱不堪,大家怎么能在这样的环境中生产呢?于是,由日本管理人员带头,大家一起动手清扫厂房,又把整个工厂粉刷得焕然一新。

几个月后,工厂的生产状况逐步改善,厂方对工人的要求又开始增加了。日本管理人员一反大多数企业招聘员工的惯例,不去社会上公开招选年轻力壮的青年工人,而是聘用那些以前曾在本厂工作过,眼下仍然失业的工人。只要工作态度好,技术上没问题,而且顺应潮流的人,厂方都欢迎他们回来应聘。日本人解释说,以前干过本行的工人素质好、有经验，容易成为生产好手，所以才雇用他们。

最令美国人吃惊的是，从三洋公司来的经理宣布，为了在弗斯特市电视机厂建立和谐的工作关系，他们希望与该厂的工会携手合作。三洋公司的总裁亲自从日本来到弗里斯特，同工会代表会面。他的开场白，是他在第二次世界大战后在美国谋生的经历。他曾在好莱坞为著名电影评论家赫达·霍珀做过服务员，每次当他替霍珀找开门厅时，总是看到伊丽莎白·泰勒等大明星正伫立门前。他的一席话，马上赢得了工会代表们的欢迎。双方很快达成协议，共同努力为工厂的发展而奋斗。日本总裁说："我们公司信奉联合工人的原则，希望工会协助公司搞好企业。"请全体员工吃东西，然后大家一起动手搞卫生，对美国人来讲已是件新奇事；专门雇请以前被辞退的工人，就更是少见的事；而公司的总裁亲自会见工会代表，恳请双方合作并建立起良好的关系，这在劳资关系一向紧张的美国，是实属令人吃惊的举动。

日本人刚来时，很看不惯美国工人在生产线上边干活边吸烟，把烟灰弹得到处都是的样子。在同工会商议后，日本管理人员提出车间内禁烟。由于取得了工会的支持，工人们一声不响地接受了此项命令。

在日本人管理该厂期间，工人只举行过一次罢工，而且问题很快得到解决，厂方和工会都表示这次罢工事件没有伤害相互的感情。

弗里斯特市工业委员会主席瓦卡罗说："这些日本人真行，每天早上七八点钟就上班干活了，一天要工作9到11个小时，星期六都有很多人自愿加班。从前的那些管理人员可差远了，他们9点钟才进厂，翻翻当天的报纸邮件，口述一封回信，11点钟准时去俱乐部打高尔夫球，玩到下午3点才回厂，东晃一会儿西荡一会儿，就到下班回家的时间了。"在这个工厂工作了12年的欧文弗说："这些管理人员照顾工人们的情绪，生产上强调质量，强调清洁卫生，并且劝导工人要爱护机器设备。管理部门还征求工人的意见，大家一起商量提高生产效率，改善产品质量和工作条件。"到1983年，弗里斯特市电视机厂日产希尔斯牌微波炉2000台、彩色电视机5000台(其中有30%用三洋的商标)，98%的产品质量合格，可直接投放市场。厂里的经营状况大大改善。

1983年的一个周末，电视机厂2000多名工人和管理人员，和弗里斯特市的市民们一起来到市广场的草坪上举行酒会，庆祝该厂的迅速发展。工业委员会主席瓦卡罗说："电视机厂是我们市的命脉，而三洋公司则是我们的支柱。"

案例思考题

1. 沃里科公司是怎样从瘫痪状态重新走向"第二个春天"的？
2. 在日本人接管弗里斯市电视机厂时所面临的两个问题中，你认为哪一个是主要矛盾？为什么？
3. 试分析：日本人管理电视机厂的指导原则是什么？
4. 请思考日本与美国的人力资源管理有哪些差异，如何解释？

第二章

人力资源规划

【学习目的与要求】

本章介绍人力资源规划的基本概念、形式、作用和程序,以及人力资源供需预测与平衡,旨在通过本章学习使读者了解人力资源规划的制订程序,掌握人力资源供需预测和平衡。

本章的具体学习要求如下:

1. 了解人力资源规划的概念、类型。
2. 了解人力资源规划的作用,掌握人力资源规划制订的程序。
3. 掌握人力资源供需预测方法。

【重点】

1. 人力资源计划制订的程序。
2. 选用合适方法进行人力资源需求的预测。
3. 选用合适方法进行人力资源供给的预测。

【难点】

人力资源需求、供给预测的实务操作,如运用总体需求结构分析预测法、人力资源成本分析预测法、人力资源发展趋势分析预测法来预测企业将来的人力资源需求量,运用马尔柯夫矩阵来预测企业内部人力资源的流动情况。

【应用】
1. 会进行人力资源需求与供给预测的实务操作。
2. 会进行人力资源供需平衡的操作。

【引导案例】怎么办？

　　王竞是恒远信息咨询服务公司的项目经理。两年前，他获得工商管理硕士学位后，就进入恒远信息咨询服务公司。因为硕士期间他对人力资源管理和开发做了大量的研究，所以对客户的服务也主要集中在人力资源管理和开发方面。他自认为对人力资源管理具备足够的理论和实践经验。

　　某天，他收到一封来自春兴公司的邀请信，请他对公司进行综合诊断。看着桌上的邀请信，王竞想起了一周前给春兴公司做的一次培训。春兴公司是近两年刚刚发展起来的私营公司，由于良好的市场前景，这家公司的发展速度非常快。就在两周前，春兴公司请恒远信息咨询服务公司对他们的中层经理进行管理培训，原因是他们经理的知识不能满足公司快速发展的需要。他们对培训提出的要求是：既要系统地介绍管理知识，又最好能有一些可以操作的东西。正是在这样的情况下，王竞准备的课程是"人力资源管理：绩效考核"。

　　根据前几位咨询师反馈的信息，王竞知道：如果不是公司有明确的规定，即不认真参加培训的员工，将被扣除本年度奖金，听课的人会减少一半。王竞的讲课时间安排在下午2:30—6:00，直到2:45，那些经理才陆续到达教室。听课的经理中主要有生产部经理梁超、计划办公室主任张卫国、营销部经理葛洪旗、人事部经理赵建、研究发展部经理王志扬、财务经理杨兆丰，还有一些经理助理。

　　王竞注意到，有些经理一走进教室，就做好了睡觉的准备。"看来不能按以前设想的样子去上课了！"他暗想。"我想，今天听课的除了人事部的赵经理外，其他人对听课的兴趣都不大。如果是这样，与其光听我一个人讲，不如我们一起讨论一些管理问题。难得各位经理都在，大家在春兴公司这几年，与企业一同发展。经过大家的努力，企业有了良好的发展势头。不过，随着企业规模的扩大和来自外部市场竞争的加剧，我们正在并且将要面临许多挑战。大家不妨从各自的角度谈谈自己在工作中遇到的与人有关的主要问题。"

　　这样一个开场白，让有些经理感到吃惊，那些想睡觉的人也有了精神。

　　沉默了几分钟后，研究发展部的王志扬说："王先生，我先介绍一下技术发展部。我们这个部门的前身是春兴公司的一个办公室，当初只有我和经理助理小沈两个人。我是从市第一电子设备厂退休的，退休后也没什么事，但总也放不下自己的研究。在两年前的招聘会上，刘亮总经理聘请我到春兴公司做技术顾问。刚开始，我们的工作仅仅是维修设备，做一些简单的设计。这两年，随着企业发展的要求，我们在产品设计开发、技术引进等方面做了大量的工作，同时招聘了一些大专院校的本科生、研究生充实我们的技术力量。目前，让我最头疼的是，或者说挑战是：技术人员跳槽的太多了。经常是一些学生，在这里工作了半年或一年后，就离开春兴公司，去了其他电子公司。我们也做了很多思想工作，可他们说那边的工资高，有更多的晋升机会。现在，我们部门被他们搞得人心惶惶。"王竞刚想再问点什么，营销部经理葛洪旗举手示意。"我们营销部应该是春兴公司规模最大的部门了，我们在华北、东北和华东都建立了自己的经销网络和维修机构。上半年的统计，我们的市场份额大概有 35%，比上年增长了 40%。应该说，公司确立的紧抓服务的营销战略是对的。其实今天您的课我是很想听的，因为就在上个月，东北地区的销售经理给我写的信对我的震动很大。他说：公司单纯的以销售额来评价各个地区销售业绩的政策影响了东北区的销售。因为不管从消费者数量，还是从收入来说，东北区都明显不如其他两个地区。而公司制订年初目标时，对这方面的考虑似乎不够充分。他还说，销售人员的士气有些低落。我想请问，对于这种情况，我们应该采取什么样的考核手段或者方式来激励员工呢？""我看我们还是把想说的说出来，然后再讨论吧！"生产部经理梁超大声说，"我们部门的问题和你的关系很大咧。"他冲着赵建摇了摇手。

"为什么这么说呢？你们每次提出培训要求，我们不都积极地安排。你们说一线员工感到工作压力大，我们还专门安排了羽毛球比赛和卡拉OK。""还有什么？"赵建有些不高兴。

"你先别生气，听我慢慢解释。根据质检部门的抽查和顾客服务部门的反馈，产品质量出现下滑。上个月，我们召开班组长会，大家讨论的结果是，有些工人的操作不符合规定。3个月前，我们曾经提出了对员工的培训要求。因为是出国培训，你们就选派了那些平时表现好的员工。"

"那当然，我们就是要让所有的员工知道，只有努力工作，才会有更好的机会。"

"这我不管，那些没有得到培训的员工，以前的技术就需要提高，这次又失去了培训机会。现在，不仅技术有缺点，而且情绪低落。虽然我们安排了一些文体活动，但似乎没有彻底解决他们的思想压力。我真的很担心，如果这种状态继续下去，产品质量将很难得到保证。"

财务经理杨兆丰一欠身，慢慢地说："我们部门的人员较少，类似的问题倒不多。我经常遇到的比较麻烦的问题是：如何给我的财务人员分工。有时候有些人非常忙，而有些人又没有事做。坦率地说，财务部门的效率不高。"

王竞整理了一下自己的记录，发现计划办公室主任张卫国还没有发言，于是就问："张主任，你的主要工作职责是什么呢？"

"我们的主要任务是做好企业的整体计划，包括企业的发展计划、生产计划等，有时还会同财务部门做预算。"

"有人力资源计划吗？""人力资源计划？这好像是人事部的事，是吧，赵经理？"

"人事部每年都有一个计划，很简单的，主要是有关招聘和薪酬方面。"

"在座的其他人，还有什么问题？"王竞接着问。

又过了一会儿，王竞说："这些问题都不是孤立的，它们之间都互有联系。所以任何单纯的就问题论问题，是很难有一个妥善的解决方法。今天，我也不想就某一个问题妄下断语，如果有可能，我希望我们能一起解决。"

思考题：

春兴公司在人力资源管理方面遇到的问题有哪些，导致这些问题最根本的原因是什么？

第一节　人力资源计划概述

一、人力资源计划的概念和形式

(一)人力资源计划的概念

人力资源计划是为了实现企业的战略目标，根据企业目前的人力资源状况，为了满足未来一段时间企业的人力资源质量和数量的需要，在引进、保持、利用、开发、流出人力资源等方面工作的预测和相关事宜。

人力资源计划的必要性：随着企业规模的扩大、人员的增多和经营环境日趋复杂多变，人力资源开发与管理受到越来越多的企业内部和外部因素的影响。为降低未来的不确定性，更好地帮助企业应付未来的变化，解决和处理复杂的问题，人力资源管理应首先进行人力资源计划这项工作，这是人力资源管理的基础。有效的人力资源管理计划是通过对企业在不同时期、不同内外环境、不同企业战略目标下人力资源供求的预测，来确保企业对人力资源需求的满足，以保障企业战略目标的实现。换句话说，人力资源计划通过对企业内外人力资源供给和需求的预测，为企业生存、成长、发展、竞争及对环境的适应和灵活反应提供人力支援和保障。

(二)人力资源计划的形式

人力资源计划一般分为劳动力计划、人力资源计划和战略性人力资源计划三种形式。

1. 劳动力计划

劳动力计划是最基本的人力资源计划，属于短期计划。它的内容一般比较简单，主要规划具体部门的用人需求，负责人员招聘与解聘。

2. 人力资源计划

人力资源计划是企业主要的人事管理计划，属于中短期计划。它涉及的内容较广，包括分析组织外部条件和内部因素、预测组织人员的需求和供给、制订人力资源计划(包括人员招聘计划、人员晋升和调动计划、开发和训练计划、辞退和退休计划、绩效评估计划和职业生涯发展计划)。其核心内容是企业对人力资源需求和供给的预测。

3. 战略性人力资源计划

战略性人力资源计划是从战略管理角度考虑人力资源，它一般是长达 3～5 年的长期人力资源计划。近几年，企业相当重视战略性的人力资源计划。因为它是企业根据自身发展的特点和环境的变化，以综合的、整体的发展观念制订人力资源计划，以保证将人力资源调配到适当的岗位。战略性的人力资源计划具有前瞻性，对经营业务与环境预先做出反应，因而能维持企业的竞争优势。

二、人力资源计划的作用

1. 保证企业目标的完成

人力资源计划是实现企业战略的基础计划之一。企业为实现其战略目标，会制订各个部门各个方面的业务计划，例如，生产计划、财务计划等，人力资源计划和企业其他方面的计划共同构成企业目标体系。可以说，制订人力资源计划的最终目的就是确保企业实现经营战略，经营战略一旦确定，下一步就是要有人去执行和完成，人力资源计划的首要目的就是有系统、有组织地规划人员的数量与机构，并通过工作设计、人员补充、教育培训和人员配置等方案，保证选派最佳人选完成预定目标。

2. 能更好地适应环境的变化

现代企业处于多变的环境之中，一方面，内部环境发生变化，如管理哲学的变化、新技术的开发和利用、生产与营销方式的改变等都将对组织人员的机构与数量等提出新的要求；另一方面，外部环境的变化，如人口规模的变化、教育程度的提高、社会及经济的发展、法律法规的颁布等也直接影响组织对人员的需求，影响员工的工作动机、工作热情及作业方式。人力资源计划的作用是让企业能更好地把握未来不确定的经营环境，及时调整人力资源的构成，以适应内外环境的变化，保持竞争优势。

3. 提高人力资源的使用效率

提高人力资源的使用效率主要体现：第一，它能帮助管理人员预测人力资源的短缺和冗余，对企业需要的人才作适当的储备，对企业紧缺的人力资源发出引进与培训的预警，以纠正人员供需的不平衡状态，减少人力资源的浪费或弥补人力资源的不足。第二，有效的人力资源计划，可以使管理层和员工明确人力资源开发与管理的目标，充分发挥员工的知识、能力和技术，为每个员工提供公平竞争的机会。第三，它有助于客观地评价员工的业绩，极大地提高劳动积极性。第四，通过人力资源计划，可以更好地向员工提供适合个人发展的职业生涯发展计划，提高员工工作质量，开发员工潜能，最终提高组织对人的使用效率。总之，有效的人力资源计划能使企业保持合理的人员结构、年龄结构和工资结构，不会有断层的压力和冗员的负担。

三、人力资源规划的内容

(一)人力资源总体规划

(1) 人力资源数量规划是依据企业未来业务模式、业务流程、组织架构等因素确定未来企业各部门人力资源编制以及各类工作人员配比关系，并在此基础上制订企业未来人力资源需求和供给计划。

组织中不同层次的员工由于对组织的责任不同，工作性质和内容不同，对整个组织的作用也不同。高层负责战略制订和组织的整体运作；中层是桥梁，主要"上传下达"；基层承担具体工作。

(2) 人力资源素质规划是依据企业战略、业务模式、业务流程和组织对员工的行为要求,设计各类人员的任职资格,具体包括企业人员的基本素质要求、人员基本素质提升计划以及关键人才招聘、培养和激励计划。

(3) 人力资源结构规划是指依据行业特点、企业规模、未来发展战略重点以及业务模式,对企业人力资源进行分层分类,同时设计和定义企业工作种类和工作责权界限等,从而理顺各层次、各类工作上的人员在企业发展中的地位、作用及相互关系。

【案例】某矿业集团的人力资源规划

1. 背景

以改革为动力,以市场为导向,坚持"以煤为主,多业并举"的基本发展战略,以开发煤炭资源和培育大型煤炭生产基地为重点,以发展开采技术、洁净煤技术和煤炭深加工技术为手段,优化产品结构,提高煤炭产品附加值,提升品牌形象,不断开拓新的市场空间,增强市场竞争的能力和实力,增加企业效益,争取在2015年以前成为全国煤炭重点骨干企业。同时,努力开发与煤炭相关的非煤产业,通过技术改造进一步扩大现有火力发电和机械制造的规模,稳定发展建筑安装和房产开发,加大制药新产品的开发力度。

2. 集团发展战略对人力资源的要求

(1) 在人员结构方面,根据煤炭行业的特殊情况和公司以煤为主的战略,必须有一批实践经验丰富、煤矿专业知识扎实的工程技术人才和安全生产管理人员。同时,根据生产经营状况,适当调整各部门的人数,解决目前一线、二线人员结构不合理的问题,淘汰不合格人员。

(2) 在人员数量方面,今后集团的总产量规模要扩大到30万吨,所需的采掘人员数量会大大增加,后勤部门人员的数量应大量减少。

(3) 在人员素质方面,改变现有知识结构,使之与岗位需求相匹配。对于作业工人,要提高其作业水平。在业务骨干和中层管理人才这一层次,要求具有业务岗位工作多年、有一定管理经验的人员,针对目前总体年龄偏大的问题,要降低人员的平均年龄。在高级管理人才这个层次上,要求具有丰富管理经验的经营管理人才,具有经营决策的能力。

(二)人力资源业务规划(见表2-1)

表2-1 人力资源业务规划

规划名称	目 标	政 策	预 算
人力资源补充计划	类型、数量、层次、人员素质结构改善	人员资格标准、人员来源范围、人员起点待遇	招募甄选费用
人力资源配置计划	部门编制、人力资源结构优化、职位匹配、工作轮换	任职条件、工作轮换的范围和实践	按使用规模、类别和人员状况决定薪酬预算
人力资源接续计划	后备人员数量保持、人员结构改善	选拔标准、提升比例、未提升人员安置	职位变动引起的工资变动
人力资源培训与开发计划	培训的数量和类型、提高内部的供给、提高工作效率	培训计划的安排、培训时间和效果的保证	培训与开发总成本

续表

规划名称	目标	政策	预算
工资激励计划	劳动力供给增加、士气提高、绩效改善	工资政策、激励政策、激励方式	增加工资奖金的数额
员工关系计划	提高劳动效率、员工关系改善、离职率降低	民主管理、加强沟通	法律诉讼费用
退休解聘计划	劳动力成本降低、生产率提高	退休政策及解聘程序	安置费用

四、制订人力资源计划的程序

(一)确立企业的发展战略与目标

由于人力资源计划的最终目的是确保企业实现经营战略，所以制订人力资源计划首先要明确企业发展的经营战略目标。例如，当一个企业采取低成本战略时，应制订以严格控制成本为目标的人力资源计划；当一个企业决定向信息产业中的电子商务发展时，则人力资源计划中应说明企业需求电子商务专业人员的数量与结构，这些专业人员在组织内部与外部的供给情况，以及通过什么方式使员工在数量与结构上满足企业需要。只有企业人力资源计划建立在企业发展战略目标基础之上，才能为企业实现发展战略目标提供人员及其技能的保障，也才能保证企业有效地实施发展战略目标。

(二)调查阶段

主要调查制订人力资源计划所需要的信息资料，调查的主要内容包括两个方面。

1. 影响企业外人力资源供需的各种因素

影响企业外人力资源供需的各种因素，包括劳动力市场结构、供给与需求状况、劳动力择业心理等因素，人口发展趋势中的人口性别比例、年龄构成、地区比例等因素，宏观经济发展趋势、当地经济发展前景、科技发展趋势及其对人力资源供需的影响，以及政府的政策法规等因素。

2. 企业内部人力资源状况的调查

企业内部人力资源状况的调查，即是对企业内部人力资源供需和利用情况的调查，重点调查目前各类员工的规模、人员变动和流动状况、知识结构、工作能力、技术和经验专长等方面的特点。

由于此项信息是人力资源规划的基础信息之一，因而被企业所重视，目前许多企业人力资源管理部门借用人力资源数据库来完成此项调查工作，数据库所含内容一般包括员工的姓名、性别、出生年月、出生地、工作年限、技术等级、工作经历、教育背景、培训及证书、外语能力、绩效评估、薪酬福利等。

具体调查内容如下。

- 现有企业资料的内容：包括公司的工作分类及职务，公司现有员工数量，每个岗位人员数量，表现评价，岗位任期，工作的变化和重新分配等。
- 现有员工的个人资料：包括员工的基本情况(主要包括姓名、年龄、性别、籍贯、宗教、婚姻、家庭情况、健康状况等)，员工工作情况(主要指参加工作时间、用工方式、在本企业的就职岗位和服务时间、最近的评价资料等)，员工技术与能力(主要指受教育状况、参加各种学习项目的情况、最近的培训经历、各种资格证明、以前的工作经验、工作以外的爱好和活动等)。
- 员工年龄结构分析：计算平均年龄，按年龄组统计分析各类员工、各工种及各类职务人员的年龄结构，可将年龄组的统计资料用表格的形式或在坐标轴上以曲线图的形式表示出来。
- 员工的素质水平：员工的知识技能水平，员工的思想素质和企业文化价值观，员工群体的知识技能层次结构。
- 冗员情况和员工队伍稳定状况分析。
- 员工的思想素质和企业文化价值观。
- 员工群体的知识技能层次结构。

(三)制订规划阶段

制订规划阶段包括制订总体规划、具体业务规划和相应的人事政策。

在制订各项具体业务计划时要全面考虑，注意各项业务计划间的相互关联性，而不能分散地作个别单一的计划。

(四)规划实施、评估与反馈阶段

规划实施、评估与反馈阶段是指将人力资源总体规划与各项业务计划付诸实施，根据实施结果进行人力资源规划评估，并及时反馈评估结果，以修正人力资源规划。

注意：

(1) 人力资源规划要随影响因素变化作相应变更，即人力资源规划是一个动态工作过程，具有滚动性质。由于组织内外诸多不确定因素的存在，造成组织战略目标不断变化，因而以实现战略目标为最终目的的人力资源规划也要作相应调整，不断修正。

(2) 注重人力资源规划的制订与实施的同时，还要重视人力资源规划的评估工作。因为规划成功与否来自对它的正确评估，否则不可能知道规划正确与否，不可能知道其缺陷所在，也就不可能有效地指导组织的人力资源开发与管理。

(3) 评估结果要及时反馈，以及时修正规划。

第二节　人力资源需求预测

人力资源需求分析是企业为实现既定目标而对未来所需人员数量和类型的估计，分为宏观分析和微观分析。

一、企业进行人力资源需求预测要考虑的因素

(1) 企业规模的变化。

(2) 企业经营方向的变化。
(3) 企业技术与管理的变化。
(4) 人员流动比率。
(5) 工作的工作量。

二、预测人力资源需求前需调查的内容

(1) 组织结构设置、工作设置及其必要性。
(2) 现有员工的工作情况、定额及劳动负荷情况。
(3) 未来的生产任务计划,生产因素的可能变动情况。

三、人力资源需求的预测方法

1. 定性判断法

1) 专家征询法

专家征询法是指由若干位有经验的专家或管理人员作直觉判断进行预测的一种方法。这种方法适用于环境变动不大,组织规模较小,尚缺少信息资料的情况,其缺点是易受人际关系、群体压力的影响,另外,若干位专家也难集中在一起。

2) 德尔菲法

德尔菲法是指邀请某一领域的一些专家或有经验的管理人员对某一问题进行预测并最终达成一致意见的结构化的方法。具体操作程序如下:确定需咨询的内容并转化为意义十分明确的预测问题——将预测问题以一定的逻辑顺序排列形成书面的问卷形式——函寄给已选定的各位专家——各位专家在背靠背、互不通气的情况下回答预测问题,并寄回——组织者对各位专家的回答进行梳理和归纳,并将归纳结果再次邮寄回各位专家——各位专家结合归纳结果重新考虑预测问题,并再次寄回——组织者再次梳理和归纳,并再寄回。如此反复,经过3~4次的反馈,专家的意见将趋于集中。

> ××企业人力资源需求德尔菲法预测
>
> 调查表
> 预测项目:××企业从事IT信息产业的X专业与Y专业的合理人才结构比例的上一轮调查结论:
> 1. Y专业不需要,2人回答,占4.44%,主要理由是_____;
> 2. 1:0.5(X:Y)10人回答,占22.22%,主要理由是_____;
> 3. 1:1(X:Y)15人回答,占33.33%,主要理由是_____;
> 4. 1:1(X:Y)15人回答,占24.44%,主要理由是_____;
> 5. 1:1(X:Y)15人回答,占15.56%,主要理由是_____。
> 中位值 1:1
> 四分值区间[1:0.5; 1:1.5]
> 您的新预测:X:Y为_____
> 您的结论:_____

此方法的优点是避免了人际关系、群体压力，以及难以将各位专家在同一时间集中在同一地方的缺点，适用于短期(常为一年内)的预测问题。

此方法操作的关键点：一是如何提出意义明确的预测问题；二是如何将专家意见进行梳理和归纳。

2．定量分析预测法

1) 比例法

人员的需求量根据过去的数据按照一定的比例进行预测(见表2-2)。

表2-2　人员需求量(比例法)

年　份		产　量	检验员	校验员：产量
实际	-3	1500	150	1∶10
	-2	1800	180	1∶10
	去年	2000	180	1∶11
计划	明年	2200	200	1∶11
	+2	2500	210	1∶12
	+3	2750	230	1∶12

2) 趋势预测法

例如，某企业过去9年的人力资源数据如表2-3所示，请预测未来3年的人力资源需求？

表2-3　某企业过去9年的人力资源数据

年度	1	2	3	4	5	6	7	8	9
人数	340	380	390	440	470	500	540	620	670

可以用Excel根据拟合方程推算后3年的人力资源需求(见图2-1)。

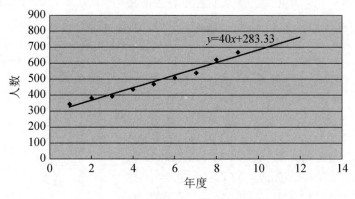

图2-1　某企业后3年的人力资源需求

或用公式：

$$NHR = P[1+(b\% - c\%)T]$$

式中：P：目前现有的人力资源；

$b\%$：企业计划平均每年发展的百分比；

$c\%$：企业计划人力资源发展与企业发展的百分比差异；

(如企业计划人力资源发展百分比为 5%，而企业发展百分比为 15%，说明企业发展了 15%，而人员未同步增长，只增长了 5%，体现了人力资源效率的提高，提高了 15%-5%=10%)。

T：未来一段时间的年限。

例如，某公司目前的人力资源是 500 人，计划平均每年以 15%的速度发展，计划人力资源发展与企业发展的百分比差异是 10%，3 年后需要多少人力资源？

根据公式：

P=500；$b\%$=15%；$c\%$=10%；T=3

所以

NHR=575(人)。

3) 总体需求结构分析预测法

计算公式：

$$NHR=P+C-T$$

式中：NHR：未来一段时间需要的人力资源；

P：现有的人力资源；

C：未来一段时间需要增减的人力资源(主要由生产计划的调整所引起，可正可负)；

T：由于技术提高或设备改进后节省的人力资源(即效率提高所引起的人力资源的节省)。

这种方法考虑生产计划和技术的改正，因而既能确保生产计划的完成，又能充分挖掘技术进步对人力资源的节约。

例如，某公司目前员工 200 人，在 3 年后由于业务发展需要增加 100 人，但由于技术提高后可以节省 25 人。

根据公式：P=200；C=100；T=25

所以 NHR=200+100-25=275(人)。

4) 人力资源成本分析预测法

$$NHR = \frac{TB}{(S+BN+W+O)\times(1+a\%)^T}$$

式中：NHR：未来一段时间内所需要的人力资源；

TB：未来一段时间内人力资源预算总额；

S：目前每位员工的平均工资；

BN：目前员工的平均奖金；

W：目前每位员工的平均福利；

O：目前每位员工的平均其他支出；

$a\%$：企业计划每年人力资源成本增加的平均百分比；

T：未来一段时间的年限。

这种方法更多地从企业的财务预算出发，确保有多大的财务能力来配备多少员工，因而比较经济，但可能由于财务预算有限，人力资源不足，从而导致生产计划量难以完成。

例如，某公司 3 年后人力资源预算总额是 300 万元/月，目前每人的平均工资是 1000 元/月，每人的平均奖金是 200 元/月，每人的平均福利是 720 元/月，每人的平均其他支出是 80 元/月。公司计划人力资源平均每年增加 5%。

TB=3000000；S=1000；BN=200；W=720；O=80；a%=5%；T=3

根据人力资源成本分析预测公式：

$$NHR = \frac{3000000}{(1000+200+720+80) \times (1+5\%)^3} = 1296(人)$$

5) 人力资源学习曲线分析法(见图 2-2)

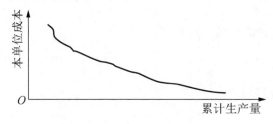

图 2-2 经验曲线或学习曲线

生产率预测法的公式：

$$NHR = \frac{TP(生产总量)}{XP(个体平均生产量)}$$

例如，一家销售公司计划明年销售 1000 万元的产品，每个推销员平均每年销售 50 万元产品，那么明年需要多少推销员？

根据公式：NHR=1000 万/50 万=20(人)。

随着生产量的增加和生产经验的积累，工人的操作熟练度提高，劳动效率随之提高，从而带来成本的降低，从而呈现了如图 2-3 所示的反向关系的经验曲线。

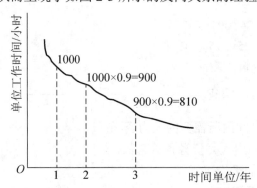

图 2-3 经验曲线经相应转换用于人力资源需求的预测

由原始曲线作相应变换，可得出用于人力资源需求预测的曲线。纵轴的单位成本变成单位产品的工作时间，横轴的生产经验积累换成时间，因为员工的生产经验随工作时间的延长而增加，以时间为单位就可以表示出员工工作经验的积累。于是经上述转换后的新曲线表示随着员工工作年限的延长(实为工作经验的积累)，完成同样的工作任务，所需的时间越来越少，于是单位产品上人力资源的花费成本也随之下降。更深层次的意义在于，若企业的工作任务量或业务量不变(即生产规模不变)，随着时间的推移，其人员的需求量会随着员工工作经验的积累而呈下降趋势。

> **【案例】奇妙的经验曲线**
>
> 近年来，某通信公司发展迅速，产值、利润连年以几何级数递增，但是随着公司的发展，原有的一套报酬制度明显不适应新的形势，无法充分调动员工的积极性。为此，公司通过一家咨询公司设计了一套完整的薪酬制度。在薪酬调整过程中，真正起关键作用的却是经验曲线的长短。
>
> 所谓经验曲线，是指随着时间的增加，某个人对某个岗位、某项工作的熟悉程度也必须随之增加，他的经验以及他对这项工作的理解也会越来越深，从而有利于他改进工作方法，提高工作效率，更好、更合理地完成本职工作。需要说明的是，这种经验也不是永远增加的，随着时间的推移，经验的积累将越来越慢，直至停止。
>
> 以信息交换研发经理和门卫为例。信息交换研发经理的工作性质决定了其经验曲线累积效应十分重要，随着经验的积累，其进行研究开发的能力也会有很大提升，薪酬也应相应增加。对门卫而言，经验曲线累积效应就很小。

第三节　人力资源供给预测

人力资源供给分析是指为满足企业对员工的需求，对将来某个时期，企业从其内部和外部所能得到的员工的数量和质量进行的估计，需要进行外部影响因素分析和内部影响因素分析。

一、企业内部人力资源供给需考虑的因素

(1) 人员离职与流失情况。

$$离职率 = \frac{在某一年内离职的人数}{在某一年内的平均雇用人数} \times 100\%$$

$$稳定率 = \frac{服务一年或一年以上的人数}{一年前雇用的总人数} \times 100\%$$

$$留任率 = \frac{一定时期后仍留任的人数}{原来的人数} \times 100\%$$

(2) 在职人员的年龄分布。

(3) 企业内部人员的流动：包括升职、降职和水平流动(或工作轮换)三种情况。

(4) 现有人力资源的运用情况：包括负荷情况、缺勤情况、工时利用情况、部门间的均衡情况。

二、企业外部影响因素

(1) 宏观经济形势。
(2) 政府的政策法规。

(3) 劳动力市场状况。
(4) 人口状况。
(5) 社会就业意识和择业心理偏好。

外部人力资源的来源主要有失业人员、退伍军人、大学毕业生、其他组织流出人员。

三、人力资源内部供给预测方法

1. 内部员工流动可能性矩阵图

企业内部员工每年都在流动，了解流动趋势就可以预测人力资源在企业内部将来可能的供应量。

工作级别由高到低分别从 A~D，也可更多，起止时间若是去年到今年，则为员工流动调查表；若是今年到明年，则为员工流动可能性矩阵图见表2-4。

表2-4 员工流动可能性矩阵图

工作级别		终止时间				流出（离职）	总量
		A	B	C	D		
起始时间	A	0.70(留任率)	0.10	0.05	0	0.15	1.00
	B	0.15(晋升率)	0.60	0.05	0.10	0.10	1.00
	C	0	0	0.80	0.05	0.15	1.00
	D	0	0	0.05	0.85	0.10	1.00

同岗交叉点的数字为该岗的留任率，如 A、B、C、D 四岗的留任率各为 0.70、0.60、0.80、0.85；低岗到高岗的为该低岗的晋升率，如 B 晋升为 A 的晋升率为 0.15；高岗到低岗的为该高岗的降职率，如 B 降为 C 的降职率为 0.05。

2. 马尔可夫分析矩阵图

此种方法与上一种流动可能性矩阵图十分相似，除提供留任率、晋升率、降职率外，还增加了各岗现任员工数量，因而利用此种方法可预测将来某时期各岗员工的数量（见表2-5）。

表2-5 马尔可夫分析法

		人员调动的概率				
		A	B	C	D	流出
	A	0.7	0.1	0.05		0.15
	B	0.10	0.6	0.10	0.10	0.10
	C			0.80	0.10	0.10
	D			0.05	0.85	0.10

续表

	现有员工数	A	B	C	D	流出
A	60	42	6	3		9
B	70	7	42	7	7	7
C	50			40	5	5
D	100			5	85	10
终止期员工数	280	49	48	55	97	31

3．继任卡法(替补图法)

继任卡法就是对每一位可能的内部候选人进行跟踪，对他们晋升或调动的可能性加以总结评价并绘制成表，以此来分析和设计组织内高素质人力资源的供给状况。

(1) 继任卡的一般形式见表2-6。

表2-6 继任卡的一般形式

A			
B			
C	D		E
C_1	1	D_1	B_1	A_1
C_2	2	D_2	B_2	A_2
C_3	3	D_3	B_3	A_3
C_E	紧急继任者		D_E	B_E

表格说明：
- A 填入现任者晋升可能性，且用不同颜色表示晋升可能性大小——甲级(红色)表示应立即晋升，乙级(黑色)表示随时可以晋升，丙(绿色)表示在 1～3 年内可以晋升，丁(黄色)表示在 3～5 年内可以晋升。
- B 填入现任者的职务；C 填入现任者的年龄，仅是为了考虑何时退休之用；D 填入现任者的姓名；E 填入现任者任现职的年限。
- 1、2、3 分别代表三位继任者。
- C_1、C_2、C_3、D_1、D_2、D_3、B_1、B_2、B_3、A_1、A_2、A_3 分别表示三位继任者的年龄、姓名、职务和晋升的可能性(和现任者的字母含义一样)。
- 最后一行为紧急继任者(如当现任者突然死亡、突然辞职等)在年龄、姓名、职务方面的情况。

(2) 继任卡的运用。

例如，某公司销售副总经理吴大伟 50 岁，任现职已 5 年，晋升为总经理的可能性为乙级；三位销售副总经理继任者的情况如下：周志新，45 岁，销售部经理，晋升为销售副总经理的可能性为乙级；朱仁明，41 岁，市场部经理，晋升为销售副总经理的可能性为丙级；陈晓东，36 岁，销售助理，晋升为销售副总经理的可能性为丙级。显然紧急继任者为周志新(表 2-7)。

表 2-7 继任卡实例

乙(黑色)			
销售副总经理 B			
50 岁	D 吴大伟		5 年 E
45 岁	1	周志新	销售部经理	乙(黑)
41 岁	2	朱仁明	市场部经理	丙(绿)
36 岁	3	陈晓东	销售助理	丙(绿)
45 岁	紧急继任者		周志新	销售部经理

(3) 继任卡的作用。使企业不会由于某个人的离去而影响工作；显示某些员工需要经过一段时间的培训和实践才能晋升(如丙级需要 1~3 年的时间)；使员工分析和看到自己的职业生涯道路，有利于调动员工的积极性，也可以显示某些员工需要经过一段时间的培训和实践才能晋升，这样有助于员工能力的提高，又有助于提高晋升人员的水准，从而及早为自己设计发展的目标。

4. 技能清单

技能清单是用来反映员工工作能力特征的列表，这些特征包括员工的工作经历、培训背景、持有的资格证书及工作能力的评价等内容。技能清单是对员工竞争力的一个反映，可以用来帮助预测潜在的人力资源供给。表 2-8 所示为 2014 年某公司管理岗位人员接替统计表。

表 2-8 2014 年某公司管理岗位人员接替统计表

单位：人

序号	管理人员	2014 年		2015 年预测						接替方式	
		现有人数	年末人数	定员标准	流出人员	退休人员	增补计划	后备人才	提升受阻	外部招聘	内部升任
1	高层管理	4	5	6	0	0	+1	—	—	—	1
2	中层管理	19	16	20	−1	−2	+7	4	3	—	7
3	直接主管	47	29	35	−1	0	+7	23	16	—	7
4	一般管理	135	118	130	−2	−2	+16	8	1	16	—
合计		205	168	191	−4	−4	31	35	20	16	15

一般来说，技能清单应包括如下七大类信息(见表 2-9)。

(1) 个人数据：年龄、性别、婚姻状况。

(2) 技能：教育背景、工作经验、培训经历。

(3) 特殊资格：专业团体成员、特殊成就。

(4) 薪酬和工作历史：现在和过去的薪酬水平、加薪日期、承担的各种工作。

(5) 公司数据：福利计划数据、退休信息、资历。

(6) 个人能力：在心理或其他测试中的测试成绩、健康信息。

(7) 个人特殊爱好：地理位置、工作类型。

表 2-9 技能清单示例

姓名：		职位：		部门：	
出生年月：		婚姻状况：		到职日期：	
教育背景	类别	学校		毕业日期	主修科目
	大学				
	研究生				
技能		技能种类		所获证书	
训练背景		训练主题	训练机构	训练时间	
志向	是否愿意从事其他类型的工作？			是	否
	是否愿意到其他部门工作？			是	否
	是否愿意接受工作轮换以丰富工作经验？			是	否
	你最喜欢从事哪种工作？				
你认为自己需要接受何种训练？	改善目前技能和绩效的训练				
	晋升所需的经验和技能训练				
你认为自己可以接受何种工作？					

姓名：刘伟	性别：男	出生年月：1976 年 6 月
工号：67908	部门：财务部	填表日期：2014.8.18

关键词			教育程度		
词	描述	活动	学位	专业	年份
1. 会计	税务会计	监督和分析	1. MBA	工商行政管理	2003 年
2. 审计	电脑记录	分析	2. BS	数学	1997 年

工作经验		受训经历	
1991—1995 年	在 A 店任会计主管	1.《管理技能》	2005 年
1995 年至今	在 C 银行任审计部经理	2.《团队建设》	2007 年

学术团体：中国会计协会、中国管理协会	**毕业证书**：中国注册会计师 2005
外语：英语(流利)、日语(能阅读)	曾工作、居住地点：北京、福州、厦门
备注：	
员工签名： 直属上级签名：	人力资源部签名：

四、人力资源外部供给预测

人力资源外部供给预测实质就是分析社会劳动力资源的供给状况,而社会劳动力供给状况受人口数量与结构、经济与技术、社会文化教育等外界条件的影响。因而当企业预测外部人力资源供给时,应考虑以下因素,当然就考虑范围来看,更重要的应是企业所在地区的因素。

1．人口因素

人口因素具体又包括以下两点。

(1) 本地区人口总量与人力资源率:它们决定了该地区可提供的人力资源总量,且这两个因素与人力资源总量成正比。

(2) 本地区人力资源的总体构成:它决定了在年龄、性别、教育、技能、经验等层次与类别上可提供的人力资源的数量与质量。

2．经济与教育因素

(1) 本地区的经济发展水平决定了对外地劳动力的吸引能力,显然经济发展水平越高,对外地劳动力的吸引力就越强,本地的劳动力供给也就越充分。如广州、深圳等地补充的劳动力更多。

(2) 本地区的教育水平,特别是政府与组织对培训和再教育的投入,直接影响劳动力供给的质量。

3．劳动力市场状况

(1) 本地劳动力平均价格/外地劳动力平均价格。

(2) 本地区劳动力的择业心态、工作价值观及择业模式,如深圳劳动者的平均年龄较低,年轻一族有不同于传统的工作价值观,他(她)们认为"拼命工作,喜欢花钱;只有当把手里的钱花光花尽,才会真正有一种强烈的危机感,而这种危机感会促使你更好地把握机会甚至创造机会,更积极地去发挥主观能动性;也就是说会花钱,才能挣更多的钱。"这不仅是一种新型的工作价值观,也是一种生活方式,更是一种生活哲学。现在深圳有号称"月光一族"(即把当月工资全部花光)的"新新人类"。

(3) 本地区地理位置对外地人口的吸引力,如沿海地区对外地人口的吸引力较大。

(4) 本地区外来劳动力的数量与质量。

4．科技因素

科技对人力资源供应预测的影响主要体现在以下三个方面。

(1) 掌握高科技的白领员工的供给量增大。高科技发展和在各行各业中的运用,使得对掌握高科技的人员的需求量急剧上升,从而推动了教育界对掌握高科技人才的培养,使劳动力市场中掌握高科技的劳动力增加。

(2) 由于办公室自动化的普及,使企业对中层管理者的需求量大规模削减,从而导致中层管理者的供给量相对缩减。

(3) 科技发展使人们从事生产的时间越来越少，闲暇时间越来越多，因而服务行业的劳动力需求增加，从而导致该行业劳动力供给的增加。如我国下岗职工主要在服务性行业再就业。

5．相关的政府政策、法规

本地政府从本地经济和保护本地劳动力就业机会出发，都会在参考国家有关法令的基础上颁布一些政策法规，如防止外地劳动力盲目进入本地劳动力市场、严禁童工就业、员工安全保护法规等。

五、企业人力资源的平衡

企业完成人力资源供需预测以后，就可以确定对劳动力的净需求，而在确定净需求后，就可以制订相应的人力资源政策，以保持人力资源的平衡，即达到净需求，既无多余，也无短缺。企业平衡劳动力资源有两种人事政策：一是解决人力资源缺乏的政策；二是处理冗员的政策。

(一)人力资源缺乏时的政策

主要政策方法包括以下几点：
(1) 重新调整企业各部门人员，将人员补充到空缺岗位。
(2) 实行加班加点方案，延长工作时间。
(3) 招聘正式职工、临时工和兼职人员。
(4) 提高设备和员工的工作效率。
(5) 部分业务转包或外包。
(6) 增加新设备。

(二)人力资源富余时的政策

主要政策包括以下几个方面：
(1) 扩大有效业务量，例如，提高销量、提高产品质量、改进售后服务等。
(2) 培训员工。部分富余员工可以通过培训提高自己的素质、技能和知识，以利于走上新的工作岗位。
(3) 提前退休。
(4) 降低工资，其实质是可能间接地导致部分人员离职。

其中，前两个政策运用得好，实质上是把人员富余危机当作一次企业发展的机会，因而是相当积极的，但企业未必能做，因为这是对企业家的一种挑战；后两个政策属于中策，在企业中运用得最多，也较易起作用。

上述平衡供需的方法在实施过程中具有不同的效果，表2-10对各种供需平衡方法进行了比较。

表 2-10　供需平衡的方法比较

方　　法		速　度	员工受伤害的程度
供给大于需求	裁员	快	高
	减薪	快	高
	降级	快	高
	工作分享或工作轮换	快	中等
	退休	慢	低
	自然减员	慢	低
	再培训	慢	低
供给小于需求	加班	快	高
	临时雇用	快	高
	外包	快	高
	培训后换岗	慢	高
	减少流动数量	慢	中等
	外部雇用新人	慢	低
	技术创新	慢	低

　　由于企业人力资源供给与需求的不平衡不可能是单一的供给大于需求或者供给小于需求，往往会相互交织在一起，出现某些部门或者某些职位的供给大于需求，而其他部门或者职位的供给小于需求的现象。例如，关键职位的供给小于需求，但是普通职位的供给大于需求，因此企业在制订平衡供需的措施时，应当从实际出发，综合运用这些方法，努力使人力资源的供给和需求在数量、质量以及结构上达到平衡匹配。

本 章 小 结

　　本章首先介绍了人力资源计划的有关理论知识，如人力资源计划的要领作用和制订程序，然后介绍了人力资源供给、需求预测的实务操作，同时简单阐述了人力资源供需求平衡的两种人事政策方法。

复习参考题

1. 人力资源规划包括哪方面的内容？
2. 常用的人力资源规划预测技术有哪些？适用于什么情况？
3. 人力资源平衡的措施有哪些？

推 荐 阅 读

1. Jay R. Get what you want at work: complete personal skills guide for career advantage[M]. London: Financial Times Management, 2002
2. [美]苏珊·E.杰克逊. 管理人力资源：合作伙伴的责任、定位与分工[M]. 北京：中信出版社，2006

【章末案例】五金制品公司的人力资源规划

冯如生几天前才调到五金制品公司的人力资源部当助理，就接到了一项紧迫的任务，要求他在 10 天内提交一份本公司 5 年的人力资源规划。虽然老冯从事人力资源管理工作已经多年，但面对桌上的一大堆文件和报表，不免一筹莫展。经过几天的整理和苦思，他觉得要编制好这个规划，必须考虑下列各项关键因素：

首先是本公司现状。公司共有生产与维修工人 825 人，行政和文秘性白领职员 143 人，基层与中层管理干部 79 人，工作技术人员 38 人，销售人员 23 人。其次，据统计，近 5 年来职工的平均离职率为 4%，没理由预计会有什么改变。再者，按照既定的扩产计划，白领职员和销售人员要新增加 10%～15%，工程技术人员要增加 5%～6%，中、基层干部不增也不减，而生产与维修的蓝领工人要增加 5%。

有一点特殊情况要考虑：最近本地政府颁布了一项政策，要求当地企业招收新职工时，要优先照顾妇女和下岗职工。本公司一直未曾有意排斥妇女或下岗职工，只要他们来申请，就会按同一种标准进行选拔，并无歧视，但也未予特殊照顾。如今的事实却是，销售员除一人是女性外其余全是男性；中、基层管理干部除两人是女性外，其余也都是男性；工程师里只有三个是女性；蓝领工人中约有 11%为女性或下岗职工，而且都集中在底层的劳动岗位上。

此外，五金制品公司刚开发出几种有吸引力的新产品，所以预计公司销售额 5 年内会翻一番，冯如生还得提出一项应变计划以备应付这类快速增长。

思考题：
1. 老冯在编制人力资源规划时要考虑哪些情况和因素？
2. 如果你是老冯，你会制订出什么样的招工方案？

第三章

人力资源管理的基础——工作分析

【学习目的与要求】

本章主要介绍人力资源开发与管理最基本的作业——工作分析的基本概念、内容与作用,以及工作分析的过程与基本方法。通过本章学习,旨在了解和掌握工作分析的基本概念、过程与基本方法。

【重点】

工作分析的基本方法。

【难点】

工作说明书的编写。

【应用】

1. 能够在参考已有资料的基础上编写工作说明书;
2. 运用主要的工作分析方法来收集工作分析所需要的资料。

【引导案例】工作职责分歧

> 一个机床操作工把大量的液体洒在机床周围的地板上，车间主任叫操作工把洒在地板上的液体打扫干净，操作工拒绝执行，理由是任职说明书里并没有清扫的条文。车间主任顾不上去查任职说明书上的原文，就找来一名服务工做清扫工作。但服务工同样拒绝，他的理由是任职说明书里同样也没有这一类工作，这个工作应该由清杂工完成，因为清杂工的责任之一是做好清扫工作。车间主任威胁服务工说要解雇他，因为这种服务工是分配到车间来做杂务的临时工。服务工勉强同意，但是干完以后立即向公司投诉。
>
> 有关人员看了投诉以后，审阅了这三类人员的任职说明书：机床操作工、服务工和清杂工。机床操作工的任职说明书上规定：操作工有责任保持机床的清洁，使之处于可操作状态，但并未提及清扫地板；服务工的任职说明书上规定：服务工有责任以各种方式协助操作工，如领取原料和工具，随叫随到，即时服务，但也没有包括清扫工作。清杂工的任职说明书确实包括各种形式的清扫工作，但他的工作时间是从正常工人下班以后开始的。
>
> 问题：
> 1. 在实际工作中，你是否也遇到过类似的问题？
> 2. 你是否考虑过原因所在，如何解决？

第一节 工作分析概述

管理者经常遇到的困惑：
- 为什么有人工作量很大，怎么也做不完？
- 为什么有人没活干，整天喝茶看报纸？
- 为什么会有人工作相互重叠，有功劳大家争，有责任没人担？
- 为什么会有工作没人去做，贻误战机？
- 为什么招聘的员工，常常不符合要求？
- 为什么不能完成客观的绩效考核，勤无奖懒无罚？
- 为什么公司付出了巨大的薪资总额，而员工仍在抱怨工资太低、福利太少？
- 为什么员工抱怨公司没有提供足够的培训学习机会？
- 为什么公司投入了培训却没有达到期望的效果？
- 为什么有的员工不知道自己该做些什么？
- 为什么主管难以确切地评价下属员工的工作成绩是好是坏？

为什么会产生这些问题？因为——
- 我们并不了解每个人的工作量是多少；
- 我们并不了解到底需要多少工作人员；
- 我们并不了解如何有效地考核员工的工作；
- 我们并不了解如何有效地发挥每个人的作用；
- 我们并不了解员工的职业生涯；

- 我们并不了解员工到底需要什么。

问题的提出：我们该怎么办？我们应该做工作分析！

现代企业的人力资源管理的发展，从整体上来看主要表现出两方面的趋势：一方面是强调人力资源管理的战略导向；另一方面是强调人力资源管理各功能模块的系统整合。而工作分析在上述两个趋势中都扮演着关键性的角色。对于前者，工作分析是从战略、组织、流程向人力资源管理职能过渡的桥梁；对于后者，工作分析是对人力资源管理系统内在各功能模块进行整合的基础与前提。正是由于工作分析在组织与人力资源管理中这种关键性的角色，使其得以在发达国家的企业的人力资源管理中至今仍起着不可替代的基础性作用，对于中国企业而言，工作分析是探索现代化管理之路的重要环节。

一、定义和工作分析公式

(一)定义

工作分析是对组织中某个特定工作的目的、任务或职责、权力、隶属关系、工作条件、任职资格(即从事该工作的工作人员所应具备的条件)等相关信息进行调查、收集与分析，以便对该工作做出明确的规定，然后加以系统、科学地描述和规定的活动。简而言之，就是一个确定工作的任务、活动和责任的过程。工作分析的结果是形成工作描述与任职说明及相关文件，以便管理人员使用，其本身也构成人力资源管理信息库的主要内容。它既是人力资源开发与管理中必不可少的环节，又是其前提。

由于组织的总体任务过于庞大，任何个人都无法完成，那么如何把总体目标分解成个人力所能及的任务及责任？这些任务需要具备哪些能力、技巧和个人特征的人员去完成？需要招聘多少人员？在挑选人员时，需要注意什么因素？如何训练员工？用什么标准测量员工的绩效？我们在做出这些决策之前，必须先对有关工作做出明确规定，然后进一步确定完成这些工作需要怎样的行为，这个过程就是工作分析。工作分析的主要内容就是了解各种工作的特点以及胜任各种工作的人员的特点。这是一个企业有效地进行人力资源开发与管理的重要前提。

(二)工作分析公式

国外人事心理学家从人事管理角度，提出了工作分析公式(The Job Analysis Formula)，即①Who(谁来做)，②What(做什么)，③For whom(为谁做)，④Why(为什么做)，⑤When(何时做)，⑥Where(在哪里做)，⑦How(如何做)，⑧How much(报酬)(见表 3-1)。这就是工作分析所要研究的事项。

表 3-1 6W2H

Who(谁来做)	包括责任人以及所需人员的学历、知识、技能、经验等资格要求
What(做什么)	包括确定工作内容与工作责任
For whom(为谁做)	工作中与其他职位发生的关系及相互之间的影响

续表

Why(为什么做)	工作目的,即这项工作在整个组织中的作用
When(何时做)	工作的时间安排
Where(在哪里做)	工作地点和环境
How(如何做)	工作程序、规范和相对的权力
How much(报酬)	为此项工作支付的报酬或费用是多少

总之,工作分析就是工作分析人员通过收集的数据和信息,描述工作中如何使用设备,安排工作和分工,叙述工作程序、绩效标准等作业过程,是规定工作人员需要完成什么任务,如何完成这种任务及为什么这样做等,然后再根据这种信息,进一步确定从事这种工作所需要的知识、技能、能力和其他因素。简而言之,它是说明工作的任务和完成任务的条件。

二、工作分析的基本术语

1. 工作要素

工作要素是工作中不能再分解的最小动作单位。例如,从工具箱中取出夹具,盖上瓶盖,将夹具与加工件安装在机床上,开启机床等均是工作要素。

2. 任务

任务是为了达到某种明确目的所从事的一系列具体活动。它可以由一个或多个工作要素组成,如工人加工工件、打字员打字都是一项任务。

3. 责任(职责)

责任是指个体在工作岗位上需要完成的主要任务或大部分任务。它可以由一项或多项任务组成。例如,车工的责任是加工零件、检验加工件的质量、维护与保养机床;打字员的责任包括打字、校对、简单机器维修等系列任务。

4. 工作岗位

工作岗位是指根据组织目标为个人规定的一组任务及相应的责任。一般来说,工作与个体是一一匹配的,也就是有多少工作就有多少人,二者的数量相等。例如,为了达到组织的生产目标,必须搞好生产管理,包括生产计划、生产统计、生产调度等,为此设置生产计划员、生产统计员、生产调度员、生产科长等工作。各个工作都有其责任和任务。

5. 工作

工作是指一组重要的责任相似或相同的工作。如果在政府机关,工作具有工作地位和工作位置双重含义。在政府工作人员系列中,厅长、处长等都是工作地位的意思,再如第一副厅长、第二副厅长,其工作均是副厅长,但其工作地位(即其任务和责任)不一样。在企业中，通常把所需知识技能及所使用工具类似的一组任务和责任视为同类工作，从而形成同一工作、多个工作的情况，既一职(务)多(职)位。例如，生产计划员、生产统计员、生产调度员、经济核算员等都是一个工作。

三、工作分析的内容

工作分析的内容取决于工作分析的目的与用途。有的组织的工作分析是针对现有的工作进行分析，为了使现有的工作内容与要求更明确或合理化，以便制订切合实际的奖励制度，调动员工的积极性；有的是对新工作的工作规范做出规定，以便选择合适的人选；还有的是为了改善工作环境，提高安全性。因此，这些组织所需要进行的工作分析的内容和侧重点不一样。另外，由于组织不同，各组织内的各项工作不同，因此各项工作的要求与组织提供的工作条件也不一样。一般来说，工作分析包括两个方面的内容：①确定工作的具体特征；②找出工作对任职人员的各种要求。前者称为工作描述，后者称为任职说明。

(一)工作描述

工作描述具体说明了工作的物质特点和环境特点，主要解决工作内容与特征、工作责任与权利、工作目的与结果、工作标准与要求、工作时间与地点、工作岗位与条件、工作流程与规范等问题。工作描述没有统一的标准，通常包括以下几个方面。

1. 工作名称

指组织对从事一定工作活动所规定的名称或工作代号，以便对各种工作进行识别、登记、分类以及确定组织内外的各种工作关系。工作名称应当简明扼要，力求做到能识别工作的责任以及在组织中所属的地位或部门，如一级生产统计员、财务公司总经理就是比较好的工作名称，而统计员、部门经理则不够明确。如果需要，工作名称还可有别名或工作代号。

2. 工作活动和工作程序

工作活动和工作程序是工作描述的主题部分，必须详细描述，列出所需的内容。它包括所要完成的工作任务与承担的责任；执行任务时所需要的条件，如使用的原材料和机器设备；工作流程与规范；与其他人的正式工作关系；接受监督以及进行监督的性质和内容等。

3. 物理环境

工作描述要完整地描写个人工作的物理环境，包括工作地点的温度、光线、湿度、噪声、安全条件等，还包括工作的地理位置，可能发生意外事件的危险性等。

4. 社会环境

这是迎合当前人力资源管理的实际而提出来的，是工作的新趋势。它包括工作群体中的人数及相互关系，工作群体中每个人的个人资料，如年龄、性别、品格等；完成工作所要求的人际交往的数量和程度；与各部门之间的关系；工作点内外的公益服务、文化设施、社会习俗，等等。

5．聘用条件

聘用条件主要描述工作人员在正式组织中有关工作安置等情况。它包括工作时数、工资结构及支付方法、福利待遇、该工作在组织中的正式位置、晋升的机会、工作的季节性、进修机会，等等。

(二)任职说明

任职说明即任职要求，它说明担任某项工作的人员必须具备的生理要求和心理要求，通常包括以下几个方面。

(1) 一般要求，包括年龄、性别、学历、工作经验。

(2) 生理要求，包括健康状况、力量与体力、运动的灵活性、感觉器官的灵敏度。

(3) 心理要求，包括观察能力、集中能力、记忆能力、理解能力、学习能力、解决问题能力、创造性、数学计算能力、语言表达能力、决策能力、交际能力、性格、气质兴趣爱好、领导能力等。

表 3-2 所示为某任职说明范例。

表 3-2 某银行贷款助理

工作名称：公司贷款助理
年龄：25～35 岁
性别：男女不限
工作经验：在银行工作 3 年以上
体能要求(属生理要求范畴)： 视力良好，能听见 20 英尺以外的说话声；对数字口头表达能力强；有充沛的体力巡访客户；能用手书写；无严重的疾病和传染病。
知识与技能(属心理要求范畴)： 良好的语言沟通能力，如倾听与提问能力；具有一般会计能力；有良好的财务能力；有良好的综合分析能力，能对财务文件进行研究分析；有能力代表公司形象；具有销售技能；具有企业管理与财务知识，具有银行信用政策和知识，熟悉和银行相关的法律知识与术语；能熟练运用计算机；有独立工作能力，能适应高强度的工作；具有面试能力；对经济/政治事件有分析能力
其他特性 具有驾驶执照；愿意偶尔在下班后或周末加班，能每月/周出省出差；愿意在下班后参加各种活动；平时衣着整洁

四、工作分析的意义

工作分析对于组织和个人都是十分重要的。对组织而言，它是人力资源管理最基本的工具，通过工作分析，能够确定完成组织目标的工作和人员特点；对个人而言，工作分析能够向个人提供资料，帮助个人判断自己是否能获得和胜任该工作，以便明确自己努力的方向。综合来看，工作分析通常对组织起到如下作用。

1．为组织结构及其设计提供基础

组织有目标，为达到目标有一系列的任务和职责。所以，组织有各种工作。通过工作分析，组织可以分清各种工作的角色及其行为，为组织结构和设计打下基础。工作分析通过明确组织中工作的性质、职责、要求以及工作间的相互关系，合理地设计工作，尽量避免工作重叠和劳动重复，提高组织的工作效率与和谐气氛。

2．制订人力资源计划的依据

人力资源计划的目标是保证组织发展中对人员的需求，而面对未来，组织需要什么样的人、需要多少人，只有在工作分析的基础上才能确定。工作分析中的工作描述，介绍了有关工作任务、性质、工作职责等多方面的内容；工作说明书对从事该工作的工作人员的知识、技能、经验等多方面的要求做出了明确规定，从而为人员补充培训计划、晋升计划、配置计划等人力资源计划的制订提供了客观依据，有利于组织发展中"人"与工作的相互适应。

3．使工作评价和报酬达到公平和公正

工作分析能够为工作评价和员工报酬决策提供信息。我们知道分配原则之一是"按劳分配""同工同酬"。然而这个"劳"如何衡量，某一工作的劳动量是多少、劳动难度有多大、应负的责任有多大，从而应该获得多少报酬，这些都需要通过工作分析来确定。所以，工作分析能帮助有关人员客观地评价工作状况，确定这个工作中员工的劳动强度、所负责任、所需知识的多少或能力的大小，等等，进而帮助有关人员决定这个工作应得的合理报酬(有助于各项工作合理报酬的确定)。

4．使招聘活动有明确的目的

工作分析还是组织招聘员工的依据。员工招聘是组织补充人员的主要方法，所招聘的人员应该满足组织的需要，能够胜任所要从事的工作。因而要求招聘者清楚胜任该项工作应具备的资格条件，否则招聘活动将漫无目的，结果也会很糟糕。工作说明书恰好相应地说明了某项工作任务对任职者在生理和心理等各方面的要求，为设计招聘面试和笔试的内容提供了参考依据，使员工招聘任用有了一个明确的目的和标准，有利于组织选拔合格人才。

5．使人员换岗更有效率

录用员工并不总被分配在固定的岗位上，随着员工工作能力的变化，他们的工作岗位要作相应调整。那么到底指派其从事何种工作？回答这个问题，首先要有一个非常清楚的工作条件的轮廓，和完成这些工作需要什么样的人；如果对工作描述是模糊的，则指派员工的决策就不正确，换岗的工作效果也较差。

6．使培训和开发员工有合理的方向

培训一个员工需要较高的成本，使用工作分析能帮助人力资源管理部门确定员工的能力和技术、需要训练的内容，从而使培训开发具有针对性，节省培训人员的支出。

7. 为业绩评价提供客观标准

业绩考评是人力资源管理的主要内容之一。员工业绩评价标准应根据其完成的工作确定。工作分析的结果可以用来作为区别有效与无效操作的标准，以保证比较合理、公平地评价员工的业绩。

8. 帮助明确劳动关系

工作分析提供的信息有助于企业主和工人之间的劳务谈判，同样也有益于解决劳资纠纷司法方面的争议。因为工作分析提供与工作有关的信息，企业主和工人都可以利用这些信息合理争取自己的权益。

9. 有利于工程设计和方法的改进

设计设备时，必须了解操作者的潜力，协调好设备与设备操作者之间的关系。由于工作分析能明确人与设备的关系，因而有助于改进工程设计和方法。

10. 有利于重视作业的安全

有些工作在没有分析以前，其安全性如环境条件与个人劳动保护防范常常被忽略；而进行工作分析，则会发现其中的一些不安全因素，将这些不安全因素记录下来，以便应用新技术来改变不安全情况或告知员工注意防范。

五、工作分析的程序

工作分析时需要观察工作活动行为的特征，与有关人员面谈，编制和审查工作分析材料，编写工作说明书。一般包括准备阶段、调查阶段、分析阶段和汇总完成阶段四个阶段。

(一)准备阶段

首先，确定工作分析的目标，如企业为了制订培训政策或薪资政策而需要了解各工作的特点，即企业明确工作分析目标就是明确工作分析的结果将用于何处。

其次，围绕已明确的工作分析目标，人力资源部门需要解决四个方面的问题：一是确定需要哪种信息类型；二是信息的形式；三是使用什么方法收集工作分析所需的资料；四是由谁来分析资料。

1. 确定工作分析需要的信息类型

工作分析需要的信息类型其实质就是规范的工作描述应包括的几个方面的内容或要素，即工作活动和工作程序、物理环境、社会环境、个人条件。其中，第四个方面的内容由工作描述中的聘用条件变为个人条件，两者稍有不同，个人条件的具体内容包括与工作有关的知识、技能，如需要的教育训练、工作经验等，个人态度、能力倾向、身体特征、人格、兴趣等。

在确定工作分析所需要的信息类型时，应根据工作分析的目标确定需要什么样的信息以及重点应放在哪一方面的信息内容上。

2．工作分析的信息形式

工作分析的信息形式分为定量和定性或介于两者间的某个点上等三种形式。典型的定性形式是用词语表示工作分析结果，一般性地描述工作内容、工作条件、社会关系和个性要求等内容。定量信息是使用数量单位表示测量的结果，如工作中的氧气消耗量、单位时间内的产量、单位时间内的差错次数、工作小组的规模、能力测量的标准和对工作的评定分，等等。

3．工作分析(信息收集)的方法

工作分析的方法实质上就是收集工作分析所需的信息资料的方法，一般有观察法、面谈法(包括个人访谈法和小组访谈法)以及与专家进行的技术会议、问卷、工作日记法、关键事件记录、设备设计信息、工作活动记录等。

4．确定由谁来收集信息

收集信息的人员可以是组织内部或外部的咨询员、工作分析专家、管理者和工作的承担者；若组织规模很大，而且不同区域有独立的报酬管理，工作分析则由这些部门的分析人员完成。信息收集人员收集信息所需的仪器设备，可以是照相机、生理记录仪等。另外，企业要选择有分析能力、写作技巧、善于沟通和熟悉业务的人员担任分析员的工作，并对他们进行工作分析的培训。

(二)调查阶段

调查阶段是一个收集信息的实质性过程，要全面地调查工作过程、作业环境、工作性质、难易程度、责任、人员条件等内容。分析人员应该通知被调查的员工，利用问卷调查法和功能分析法等收集与工作有关的信息。这种调查分析一般针对工作和人员两个方面展开。

关于工作的调查分析要针对工作本身来进行。对某项工作应承担的工作的各个构成因素进行调查和分析，确定和描述该工作的工作性质、内容、任务和环境条件；同时还要研究一个工作的具体工作活动，考察与这个工作有关的所有方面，明确此工作本身的特点。

针对人员进行的要研究每一工作的任职者所应具有的基本任职条件。它是在工作描述的基础上，分析、研究并确定担任该项工作的人员应具备的工作能力、知识结构、经验、生理特征和心理特征等方面，它解决的问题是什么样的人可以从事这项工作。应当说明的是，人员的调查分析只是分析从事工作的人员的最低要求，而不是从事工作的最佳人选的要求。

(三)分析阶段

该阶段的主要任务是对前面阶段围绕工作和人员所作的调查分析进行深入全面的总结分析。具体工作包括以下三个方面：

(1) 仔细审核、整理获得的各种信息。

(2) 创造性地分析、发现有关工作和工作人员的关键成分。

(3) 归纳、总结出工作分析的必需材料和要素。

(四)汇总完成阶段

汇总完成阶段是工作分析的最后阶段。此阶段的任务就是根据工作分析规范和信息编制"工作描述书"与"任职说明书"。具体工作包括以下几个方面：

(1) 根据工作分析规范和经过分析处理的信息草拟"工作描述书"与"任职说明书"。
(2) 将草拟的"工作描述书"与"任职说明书"与实际工作进行对比。
(3) 根据对比结果决定是否修正和如何修正，甚至是否需要进行再次调查研究。
(4) 若需要，则重复2~3步工作，尤其是特别重要的岗位，可能对"两书"作多次修订。
(5) 形成最终的工作分析的"工作描述书"与"任职说明书"。
(6) 将"两书"运用于实际工作中，并收集运用的反馈信息，以不断完善"两书"。
(7) 对工作分析的工作本身进行总结评估，并将"两书"归档保存，为今后的工作分析提供借鉴和信息基础。

第二节 工作分析的方法

工作分析方法就是收集与工作分析有关的信息资料的方法，最常用的是面谈法、观察法和结构问卷调查法。近年来，工作分析中较多利用各种工作分析调查表，在职人员根据表格或问卷描述工作。下面主要讨论观察法、面谈法和问卷调查法三种重要的工作调查法。

一、观察法

观察法是指分析人员借用人的感觉器官、观察仪器或计算机辅助系统实地观察、描述员工的实际工作活动过程，并用文字、图表和流程图等形式记录、分析和表现有关数据。

(一)类型

从观察方法来划分，包括流程图法、运动研究法和工作样本分析法。从观察者是否兼具工作者双重身份来划分，包括参与性观察与非参与性观察两种形式：前者是指观察者本人兼具工作者和观察者的双重身份，这时观察者的身份通常是保密的；后者是指观察者不兼具工作者和观察者的双重身份，而只有观察者一个身份。工作分析中通常用非参与性观察。

(二)观察法的使用原则

在运用常用的非参与性观察法时，应坚持以下原则：

(1) 观察员的工作应相对稳定，即在一定时间内，其工作内容、程序、对工作人员的要求没有明显变化。
(2) 适用于大量标准化的、周期较短的以体力活动为主的工作，不适用于以脑力活动为主的工作。
(3) 要注意工作行为本身的代表性。
(4) 观察人员应尽可能不要引起被观察者的注意和干扰他们的工作。

(5) 观察前要有详细的观察提纲(见表3-3)和行为标准。

表3-3 工作分析观察法提纲(部分)

被观察者姓名：	日期：
观察者姓名：	观察时间：
工作类型：	工作部分：

观察内容：
1. 什么时候开始正式工作？_____
2. 上午工作多少小时？_____
3. 上午休息几次？_____
4. 第一次休息时间从_____到_____？
5. 第二次休息时间从_____到_____？
6. 上午完成多少件产品？_____
7. 平均多长时间完成一件产品？_____
8. 与同事交谈几次？_____
9. 每次交谈约多长时间？_____
10. 室内温度_____℃？
11. 上午抽了几支香烟？_____
12. 上午喝了几次水？_____
13. 什么时候开始午休？_____
14. 出了多少次品？_____
15. 搬了多少次原材料？_____
16. 工作地噪声分贝是多少？_____

(三)观察法的适用范围

观察法特别适用于分析那些在一段时间内，工作内容、工作程序、对工作人员的要求不会发生明显变化的工作，是搜集非语言行为资料的初步方法。它在收集非语言行为资料方面明显优于问卷调查法，观察人员通过直接观察工作所获得的资料比通过工作人员自己描述工作更能深入和全面地了解工作信息。此外，该方法还能观察自然环境或工作场合中工人做什么及如何做等情况。

(四)观察法的缺点

第一，分析人员难以控制可能影响工作活动的外部变量，造成观察的结果不准确；第二，适用对象有局限，它容易观察以体力为主的工作特征，对以智力活动为主的工作特点难以观察；第三，观察的结果难以用数量表示，大部分以文字形式表示，不利于统计分析；第四，观察的样本数通常较少，观察研究的样本比问卷的样本少，而且观察所需要的时间较长，因此影响所收集信息资料的全面性和时效性。

二、面谈法

面谈法是由工作分析人员通过与有关人员或小组进行面对面的交谈,获取与工作有关的信息,包括个人访谈法和小组访谈法。该方法能提供标准与非标准工作信息,也能提供身体和精神方面的信息。

(一)面谈法的原则

面谈法的原则包括以下三个方面:
(1) 面谈者掌握谈话的主动权,但不能强迫被面谈者说话。
(2) 面谈者的行为和态度应当诚恳,表现出对被面谈者的真正关心。
(3) 面谈者应当引导谈话内容,取得所需信息。

(二)面谈的一般过程

面谈分为准备、开局、过程控制和结束四个阶段。
(1) 准备阶段:将面谈安排通知到每一位被面谈者,选定能保证面谈私密性的合适场所,不使用表示面谈者与被面谈者的身份标志。
(2) 开局阶段:面谈者先作自我介绍,建立和睦气氛,使双方都处于自然轻松的气氛之中;然后讲清楚面谈的目的、面谈内容、被面谈者合作的重要性;引导并鼓励对方谈话。
(3) 过程控制:控制面谈内容——面谈者应按照工作逻辑顺序提问并鼓励被面谈者说话,而不应探讨如抱怨不满、劳动关系、工资等方面的内容;控制面谈的针对性和时间——若被面谈者离题太远,无针对性时,则面谈者应及时把话题拉回。
(4) 结束阶段:面谈者用一定的方式表明面谈趋于尾声,如概括从被面谈者那儿获得的信息、已完成的主要面谈内容,本次面谈所获信息的价值作用。

> **访谈提纲示例:**
> 1. 请您用一句话概括您的工作在本公司中存在的价值是什么,它要完成的主要工作内容和要达成的目标是什么?
> 2. 请问与您进行工作联系的主要人员有哪些?联系的主要方式是什么?
> 3. 您认为您的主要工作职责是什么?请至少列出 8 项职责。
> 4. 对于这些职责您是怎样完成的,在执行过程中碰到的主要困难和问题是什么?
> 5. 请您指出以上各项职责在工作总时间中所占的比重。(请指出其中耗费时间最多的三项工作)
> 6. 请指出您的以上工作职责中最为重要、对公司最有价值的工作是什么?
> 7. 组织所赋予您的最主要的权限有哪些?您认为这些权限有哪些是合适的,哪些需要重新界定?
> 8. 请您就以上工作职责,谈谈评价这些职责是否出色地完成的标准是什么?
> 9. 您认为在工作中您需要其他部门、其他工作为您提供哪些方面的配合、支持与服务?

三、问卷调查法

问卷调查法是以问卷形式调查工作的任务和职责。

(一)调查问卷的类型

调查问卷分为结构性问卷和非结构性问卷。前者是对某工作任务与职责的大量描述，由员工选择与判断哪些是本工作的任务与职责；后者是事先不提供任何有关某工作的任务与职责的描述，而是由接受问卷调查的员工结合平时工作体会来说明填写。一般调查问卷介于两者之间，既有结构性问卷，也有非结构性问卷(见表3-4)。

表3-4　调查问卷范例

姓名_____　　　　工作名称_____
部门_____　　　　工作编号_____
主管姓名_____　　主管工作_____

1．任务综述(请简单说明你的主要工作)_____
2．特定资格要求(说明完成由你承担的工作需要什么学历、证书或许可)_____
3．设备(列举为完成本职工作，需要使用的设备或工具等)

　　　设备名称　　　　　　平均每周使用小时数
　　_____　　　　　_____
　　_____　　　　　_____

4．日常工作任务(请你尽可能多地描述日常工作，并根据工作的重要性和每项工作所花费的时间由高到低排列)_____
5．工作接触(请你列出在公司或公司外所有因工作而发生联系的部门和人员，并依接触频率由高到低排列)_____
6．决策(请说明你的日常工作中包含哪些决策)_____
7．文件记录责任(请列出需要由你准备的报告或保存的文件，并说明文件交给谁)_____
8．工作条件(请描述你的工作环境与条件)_____
9．资历要求(请描述胜任本工作的人最低应达到什么要求)
最低教育程度_____
专业或专长_____
工作经历_____
工作年限_____
特殊培训与资格_____
特殊技能_____
10．其他信息(请写出前面各项中没有涉及的，但你认为对本工作很重要的其他信息)_____
填表人：　　　　　　　　　　　　日期：

(二)问卷调查法的优点和缺点

(1) 优点：获得信息速度快，能在短时间内同时调查许多员工；结构性问卷所获取的信息比较规范化、数据化，因而便于统计分析。

(2) 缺点：问卷结构及事先应提出什么问题难度较大，比较费时；由于是"背靠背"的一种方法，因而不易了解接受问卷调查者的工作态度与工作动机等较深层次的内容。

四、其他分析工具

(一)关键事件记录法

关键事件记录法是通过管理人员和员工记录工作行为中的关键事件，即使工作成功或失败的行为特征或事件，然后对它们进行分类，总结出工作中的关键特征和行为要求。

具体来说，关键事件记录包括以下几个方面的内容：

一是记录导致事件发生的原因和背景；二是记录员工特别有效或多余的行为；三是记录关键行为的后果；四是记录员工自己能否支配或控制上述后果。

下面是一项有关销售的关键事件记录，通过记录分类，总结出销售工作中的 12 种行为：

(1) 对用户、订货和市场信息善于探索、追求。
(2) 善于提前制订工作计划。
(3) 善于与销售部门的管理人员交流信息。
(4) 对用户和上级都忠诚老实，讲信用。
(5) 能够说到做到。
(6) 坚持为用户服务，了解和满足用户的要求。
(7) 向用户宣传企业的其他产品。
(8) 不断掌握新的销售技术和方法。
(9) 在新的销售途径方面有创新精神。
(10) 保护公司的形象。
(11) 能熟练地结算账目。
(12) 工作态度积极主动。

(二)实验法

实验法是指主动控制一些变量，引起其他变量的变化来收集工作信息的一种方法。

实验法分为实验室实验法和现场实验法。企业常用的是现场实验。

实验法中要坚持以下原则：尽可能获得被试验者的配合；严格控制各种变量；设计要严密；变量变化要符合实际情况；不能伤害被试验者。

例如，装卸工装卸车上的货物，一般是四人合作，30 分钟可以装满一辆 10 吨的货车。在实验中，可先由两人合作，再由三人合作，最后由五人合作，任务都是装满一辆 10 吨的货车，看结果各用了多少分钟，其中哪一组合效率最高。其中，合作的人数是自变量，而装货所需的时间是因变量，最后，通过实验即可知道合作者人数与装货效率间的关系。

(三)工作日志法

工作日志法是指让员工以日记的形式按照时间顺序记录工作过程，然后经过归纳提炼,获得工作信息,要求及时、具体、真实、完整(见表3-5)。

表3-5 工作日志示例

姓名:　　　　　　　职位:　　　　　　　从事本业务的工龄:
所属部门:　　　　　直接上级:
填写日期:自　　年　月　日至　　年　月　日
说明:
1. 在每天工作开始前将日志放在手边,按照工作活动发生的顺序填写,切勿在一天结束后一并填写。
2. 严格按照表格要求填写,不要遗漏任何细小的工作。
3. 请您提供真实的信息,以免损害您的利益。
4. 请您注意保管,防止遗失。

日期			工作开始时间		工作结束时间	
序号	工作活动名称	工作活动内容	工作活动结果	时间消耗	备注	

工作日志法的主要用途是作为原始工作信息搜集方法,为其他工作分析方法提供信息支持。使用工作日志法进行工作分析需要注意以下操作要点。

1. 单向信息

工作日志法是一种来源于任职者的单向信息获取方式,而单向信息交流方法容易造成信息缺失、理解误差等系统性或操作性错误,因此在实际操作过程中,工作分析人员应采取措施加强与填写者的沟通交流,削弱信息交流的单向性,如事前培训、过程指导、中期辅导等。

2. 结构化

工作日志是一项所获信息相当庞杂的工作信息收集方法,后期信息整理工作量极大,因此在工作日志填写表格设计阶段,我们应按照后期分析整理的要求,设计结构化程度较高的填写表格,以控制任职者填写过程中可能出现的偏差和不规范之处,以减少后期分析的难度。

3. 适用条件

在理论界,对于工作日志法的信任问题存在一定的争议——由任职者自己填写的信息是否可信?实践证明:由于工作所包含的工作活动数量、内容的庞杂性以及大量的重复性,使得"造假"成为相当困难或微不足道的事情。当然,对于组织中的核心关键岗位,其职责或者重大,或者稳定性差,因此工作日志法不宜作为主导方法。

4. 过程控制

在工作日志填写过程中,工作分析人员应积极参与填写过程,为任职者提供专业帮助与支持,另外项目组也可组织中期讲解、工作分析研讨会等跟踪填写全过程,力图在日志填写阶段减少填写偏差。

(四)参与法

参与法又称工作实践法，是指工作分析人员亲自参与工作活动，体验工作的过程，从中获得工作分析的第一手资料，适用于短期内可以掌握的工作，比如肯德基服务员的工作。

第三节 工作说明书的编写

通过对信息的收集、分析与综合，最终形成工作分析的成果——工作说明书。在工作说明书中，主要包括两个核心内容，一是工作描述；二是任职资格。

一、工作描述

工作描述是对工作本身的内涵和外延加以规范的描述性文件。其主要内容包括工作的目的、职责、任务、权限、业绩标准、工作关系、工作的环境条件、工作的负荷等(见表 3-6)。工作描述包括核心内容和选择性内容，前者是任何一份工作描述都必须包含的部分，这些内容的缺失会导致我们无法对本工作与其他工作加以区分；后者并非是任何一份工作描述所必需的，可由工作分析专家根据预先确定的工作分析的具体目标或者工作类别，有选择性地进行安排。

表 3-6 工作描述的内容

分类	内容项目	项目内涵	应用目标
核心内容	工作标识	工作名称、所在部门、直接上级工作、薪资范围等	
	工作概要	关于该工作的主要目标与工作内容的概要性陈述	
	工作职责	该工作必须获得的工作成果和必须担负的责任	
	工作关系	该工作在组织中的位置	
选择性内容	工作权限	该工作在人事、财务和业务上做出决策的范围和层级	组织优化、工作评价
	履行程序	对各项工作职责的完成方式的详细分解与描述	绩效考核、上岗引导
	工作范围	该工作能够直接控制的资源的数量和质量	管理人员的工作评价、上岗引导
	职责量化信息	职责的评价性和描述性量化信息	工作评价、绩效考核
	工作条件	工作存在的物理环境	工作评价
	工作负荷	工作对任职者造成的工作压力	工作评价
	工作领域特点	上岗引导/工作评价	

1. 工作标识

工作标识是关于工作的基本信息，是某个工作区别于其他工作的基本标志。通过工作标识，可以向工作描述的阅读者传递关于该工作的基本信息，使其能够获得对该工作的基本认识。

2. 工作概要

工作概要，又称为工作目的，是指用非常简洁和明确的一句话来表述该工作存在的价值和理由。根据前面关于工作理解模型，我们可以知道，任何工作的存在价值都在于它能够帮助组织实现其战略目标，因此，对该工作目的的获取一般都通过战略分解的方式得到。在这一目标分解的过程中，一般需要通过对以下几个问题的回答来完成：

组织的整体目标的哪一部分与该工作高度相关？

该工作如何对这部分组织目标做出贡献？

如果该工作不存在，组织目标的实现将会发生什么问题？

我们究竟为什么需要该工作的存在？

工作概要书写示例如表 3-7 所示。

表 3-7 工作概要书写示例

工作依据	工作行动	工作对象	工作目的
根据公司的销售战略	利用和调动销售资源，管理销售过程、销售组织、关系，开拓和维护市场		促进公司经营销售目标实现

3. 工作范围

所谓工作范围，是指该工作的任职者所能掌控的资源的数量和质量，以及该工作的活动范围，它代表了该工作能够在多大程度上对企业产生影响，在多大程度上能够给企业带来损失。该部分信息并非所有工作描述中的必备内容，而是往往用于管理工作、以工作评价为目标的工作描述。工作范围常常采用清单的方式来表达，主要包括人力资源、财务资源和活动范围三部分内容。

工作范围示例如表 3-8 所示。

表 3-8 工作范围示例

项 目	内 容
人力资源	直接下级的人数与级别、间接下级的人数与级别等
财务资源	年度预算、项目成本、年度收入(营业额)、年度利润、销售回款等
活动范围	根据工作的不同存在着较大的差异，例如，销售工作"每星期接待客户的人数"，人事经理"每星期进行内部沟通的次数"等

4. 工作职责

所谓工作职责，主要指该工作通过一系列什么样的活动来实现组织的目标，并取得什么样的工作成果。它是在前面的工作标识与工作概要的基础上，进一步对工作的内容加以细化的部分。工作职责的分析与梳理，主要有两种方法，一种是基于战略的职责分解，另一种是基于流程的职责分析。

基于战略的职责分解：它侧重于对具体职责内容的界定，主要回答的是"该工作需要通过完成什么样的职责，来为组织创造价值？"

> **实施步骤：**
>
> (1) 确定工作目的：根据组织的战略和部门的职能职责定位确定该工作需要达成的目的。
>
> (2) 分解关键成果领域：通过对工作目的的分解得到该工作的关键成果领域。所谓关键成果领域，是指一个工作需要在哪几个方面取得成果，来实现工作的目的。关键成果领域，可以利用鱼骨图作为工具对工作目的进行分解而得到。
>
> (3) 确定职责目标：即确定该工作在该关键成果领域必须达成的目标(取得的成果)。因为职责的描述是要说明这项职责主要做什么以及为什么而做，因此，从成果导向出发，应该在关键成果领域进一步明确所要达成的目标，并且所有关键成果领域的目标都与工作的整体目标之间存在整体与部分的逻辑关系。
>
> (4) 确定达成职责目标的行动：即确定该工作为了取得达成这些职责目标，需要采取的行动。职责目标表达了在该工作中为什么要完成这些职责，而确定行动则表达了任职者到底要进行什么样的活动，来达成这些目标。
>
> (5) 形成初步的职责描述：通过将上述四个步骤得到的职责目标与行动相结合，我们可以得到关于该工作的基本职责的初步描述。

基于流程的职责分解：侧重于对每项工作职责中的角色与权限进行理顺，主要回答的是"在每项工作职责中，该工作应该扮演什么样的角色？应该如何处理与流程上下游之间的关系？"一般来说，职责描述应遵循以下书写规则：

(1) 必须采用"动词+名词+目标"或者"工作依据+动词+名词+目标"的书写格式。

(2) 必须尽量避免采用模糊性的动词，如"负责""管理""领导"等。

(3) 必须尽量避免采用模糊性的数量词，如"许多""一些"等，尽可能表达为准确的数量。

(4) 必须尽量避免采用任职者或其上级所不熟悉的专业化术语，尤其要尽量避免用管理学专业的冷僻术语。如确实有采用术语的必要，须在工作说明书的附件中予以解释。

(5) 当其存在多个行动和多个对象时，如可能在行动动词和对象之间引起歧义，需要分别进行表述。

5. 工作权限

工作权限，是指根据该工作的工作目标与工作职责，组织赋予该工作的决策范围、层级与控制力度，该项目主要应用于管理人员的工作描述与工作评价，以确定工作"对企业的影响大小"和"过失损害程度"。另外，通过在工作说明书中对该工作拥有的工作权限的明确表达，可以进一步强化组织的规范化、提升任职者的职业化意识，并有助于其职业化能力的培养。

工作描述中的工作权限并非来自于对工作本身的分析，而是来自于组织内部《分权手册》赋予该工作的权限。在实际的工作分析操作中，工作权限一般包括三个部分：人事权限、财务权限和重大的业务权限，其分别和《分权手册》中的人事管理分权、财务管理分权、业务与技术管理分权等不同板块相对应。

6. 业绩标准

业绩标准，又称为"业绩变量"，是在明确界定工作职责的基础上，对如何衡量每项职责的完成情况的规定。它是提取工作层级的绩效考核指标的重要基础和依据，在以考核为导向的工作描述中，业绩标准是其所必须包含的关键部分。但是，业绩标准不是简单地等同于绩效考核中的考核指标，它主要告诉我们应该从哪些方面和角度去构建该工作的考核指标体系，而没有提供具体的操作性的考核指标。

业绩指标的提取主要有以下操作性的思路：

- 直接以结果为导向，将职责所要达成的目标的完成情况作为业绩标准。
- 分析在职责完成的整个过程中存在哪些关键点，从这些关键点中找到对整个职责的完成效果影响最大、最为重要的关键点，来作为业绩标准。
- 反向提取，主要是回答这样一个问题："该项职责如果完成得不好，其负面影响可以表现在哪些方面。"

业绩指标的筛选主要遵循以下基本要求。

- 关键性：即业绩标准变量对该职责的最终完成效果的影响程度。影响程度越大，则该业绩变量越可取。因此，最终结果标准比从关键控制点中寻找出来的过程性标准更好。
- 可操作性：即业绩标准是否可以转化为实际能够衡量的指标，包括是否可以收集到准确的数据或者事实来作为考核该标准的依据；是否可以量化，如果不能量化，则是否可以细化，以避免单纯凭感觉打分的现象发生。
- 可控性：即该业绩变量受到任职者的工作行为的影响有多大，是更多受到任职者的控制，还是受到外部环境的控制。一般认为，如果任职者对该业绩变量的控制程度小于70%，则认为该变量必须舍弃。
- 上级认可：业绩变量的选取还必须得到该工作的上级的认可。

7. 工作关系

工作描述中所提到的工作关系主要包括两部分：一部分是该工作在组织中的位置，用组织结构图来进行反映；另一部分是该工作任职者在工作过程中，与组织内部和外部各单位之间的工作联系，包括联系的对象、联系的方式、联系的内容和联系的频次等(见表3-9)。

表3-9 工作联系示例

内 外	联系对象(部门或单位)	联系的主要内容
与公司总部各部门的联系	财务部	薪酬预算、薪酬发放
行政部	文件、档案管理	
总部各部门	人员招聘、培训、调动、考核	
与公司子公司的联系	子公司人事部	业务指导
子公司总经理	业务协商	
与公司外部单位的联系	人才市场、高校、猎头公司	人员招聘
外部培训机构	人员培训	

8. 工作压力因素与工作环境

工作压力因素主要指由于工作本身或工作环境的特点给任职者带来压力和不适的因素。在薪酬理论中，这样的因素应该得到额外的补偿性工资，因此它常常作为工作评价中的要素出现。工作描述中的这部分内容，就是要为工作评价提供与压力相关的工作信息。由于知识型员工的薪酬因素很少考虑这样的内容，因此，高科技企业的工作说明书中，往往不会包含这项内容。

在众多工作压力因素中，我们主要关注工作时间的波动性、出差时间的百分比、工作负荷的大小这三个方面的特征。这些特征在工作描述中被划分为若干等级，进行等级评定，从而为工作评价直接提供信息。

工作环境条件，主要针对操作工人的工作描述，其目标是界定工作的物理环境在多大程度上会对工人造成身体上的不适或者影响其身体健康。在制造类企业中，这部分内容是传统的"岗位分析"的核心内容。随着后工业化时代的到来，该部分已经逐步丧失了其传统地位，尤其是针对管理人员和专业人员的工作分析，对"工作环境"的界定已无实际意义。

【案例】

中国某电信分公司客服中心业务管理岗位职责及任职资格说明书

部门名称	客户服务中心	岗位名称	客服中心业务管理
直接上级	中心主任	岗位等级	主管
直接下级			
工作职责			
1. 负责制订、完善用户投诉的闭环管理流程及有效运转			
2. 负责处理疑难投诉和重要投诉的用户回复和回访			
3. 负责及时分析影响用户投诉的主要因素、协助制订有效解决方案			
4. 负责制订质检管理、综合管理的工作标准及监督考核			
5. 为系统建设提出业务需求			
6. 协助完成信息采编和员工培训工作			
7. 完成领导交办的其他事项			
任职资格			
1. 学历要求		本科及以上(第一学历)	
2. 专业要求		通信、计算机、管理等专业	
3. 年龄要求		30岁以下	
4. 岗位经验与资质要求		3年以上相关工作经验	
5. 知识技能要求		具备通信、计算机、客户服务技巧等知识	

续表

6. 能力要求	基本要求	计算机操作、协调沟通和文字处理能力
	特殊要求	较强的发现解决问题能力
7. 职业操守		严谨、敬业
职业发展		
一、可晋升的岗位		
二、可轮换的岗位		

二、任职资格

任职资格(Qualification)，是指与工作绩效高度相关的一系列人员特征。具体包括：为了完成工作，并取得良好的工作绩效，任职者所需具备的知识、技能、能力，以及个性特征要求。工作分析中的任职资格，又叫做工作规范，仅仅包含上述变量的一部分，并且表现出不同的形式。例如，关于"任职者乐于做什么"，其影响因素包括态度、价值观、动机、兴趣、人格等多方面的心理特质(统称为个性)，但是，为了提高工作分析的可操作性，我们往往只选取上述诸多因素中与工作绩效密切相关，并且具有高度稳定性和可测性的因素，作为工作说明书的一部分。

构建工作的任职资格主要包括以下四种途径：

(1) 以工作为导向的推导方法，是从工作本身的职责和任务出发，分析为了完成这样的工作职责与任务，需要任职者具备什么样的条件。然后，将这种基于职责、任务推导出来的任职者特点与企业事先构建好的素质清单进行对照，将素质要求的普通描述转化为系统化、规范化的任职资格书写，这样就形成了该工作的任职资格。

(2) 以人员为导向的推导方法，则是从导致任职者获得成功的关键行为或高频率、花费大量时间的工作行为出发，分析任职者要从事这样的行为，需要具备什么样的素质特点。然后，再将这样的素质要求与事先构造的素质清单进行对照，将其转化为系统化、规范化的任职资格语言。

(3) 基于定量化工作分析方法的任职资格推断，是一种介于逻辑推导与严格的统计推断方法二者之间的一种技术。它并不对所测工作的工作绩效与素质要求的相关性进行数据分析，而是依赖于定量化问卷所测得的该工作的工作维度得分，根据已经建立的各维度与素质之间的相关性，来判断该工作需要什么样的素质。

(4) 基于企业实证数据的任职资格体系，目的在于通过建立任职资格中的各项要素与任职者的实际工作绩效的关系，对任职资格要素进行筛选。该方法通过统计手段，保证了任职资格与工作绩效的高度相关，因而是一种高度精确而有效的方法。

但是，由于进行任职资格要素与工作绩效的相关分析需要大样本，无法针对某一工作单独采用，但却可以针对企业全体员工进行施测，用于建立企业各工作所共同需要的任职资格要素以及某一工作簇所需要的任职资格要素；基于公共数据资源的任职资格体系是借助于现有管理学、组织行为学、人力资源管理实证研究中的成熟结论来判断某工作的任职资格。工作分析中的任职资格主要包括显性任职资格和隐性任职资格两大类。显性任职资格主要是以三个部分来代替,包括正式教育程度、工作经验或职业培训、工作技能;隐性任职资格主要是指承担工作所需的内在的能力和素质要求。

(1) 正式教育程度。

对正式教育程度,存在两种不同的度量方法。一种是用完成正规教育的年限与专业来加以界定,另一种是以任职者实际所达到的教育水平与职业培训来进行确定。

(2) 工作经验。

对工作经验的度量可以采用两种不同的尺度:社会工作经验、司龄与公司内部职业生涯。

(3) 工作技能。

工作技能,是指对与工作相关的工具、技术和方法的运用。事实上,工作所要求的工作技能会随着工作的不同存在很大的差异,但在工作说明书中,为了便于对不同工作的技能要求进行比较,我们只关注其中少数几项对所有工作均通用的技能,包括外语技能、计算机技能与公文处理技能(见表3-10)。

表3-10 工作技能书写示例

技能模块	主要项目要求或等级	选 择
外语	(1)不需要 (2)国家英语四级,简单读写 (3)国家英语六级,具备一定的听说读写能力 (4)英语专业,能熟练使用英语表达	
计算机	(1)办公软件 (2)MIS系统 (3)专业软件	
公文处理	(1)仅需看懂一般公文 (2)熟悉一般公文写作格式,能够起草基本的公文, 　 且行文符合要求 (3)能抓住公文要点,并加以归纳整理 (4)具有较强的文字表达能力,言简意赅,行文流畅	

(4) 培训要求。

培训要求主要指作为该工作的一般任职者的培训需求,即每年需要多长时间的工作培训,培训的内容与培训的方式如何等。企业的培训活动往往需要和企业整体的培训体系设计相衔接,以整个企业的培训开发的政策、制度和模块为基础。培训要求时间的度量往往以周为单位,表示该工作一年内需要累计多长时间的培训;培训方式的界定主要分为在岗培训、脱岗培训和自我培训三种。

(5) 隐性任职资格(工作能力要求)。

确定工作的能力要求的基础,来自于企业的整体能力模型和分层分类的能力体系的建立,即需要根据企业的整体竞争战略和文化,提出企业员工需要具备什么样的能力,从而形成企业分层分类的能力要素库,这一要素库将成为后面对各工作簇和具体工作能力要素选取的基础。

企业分层分类的能力要素体系主要包括以下几部分。

- 通用要素：公司所有工作的任职者都必须具备的能力要素。
- 共用要素：公司某一职种(或职簇)的工作任职者必须具备的能力要素，但又不包括在通用要素之中。
- 特殊要素：公司的某个工作的任职者所必须具备的个性化的能力要素，并且不包括在通用要素和共用要素之中。

例：
职务名称：招聘专员
所属部门：人力资源部
直接上级职务：人力资源部经理
职务代码：XL-HR-018
工资等级：9～13
一、职务说明
(一)职位概要：为企业招聘优秀人才
(二)工作责任
(1)根据企业发展情况提出人员招聘计划。
(2)执行企业招聘计划。
(3)制订、完善和监督执行企业的招聘制度。
(4)制订企业招聘工作流程。
(5)安排应聘人员的面试工作。
(6)管理应聘人员的资料。
(7)鉴别应聘人员的资料和证件。
(8)建立与维护企业人才数据库。
(9)完成直接上级交办的各项工作任务衡量标准。
(三)衡量标准
(1)工作档案的完整性在95%以上。
(2)应聘人员资料的完整性达到100%。
(四)工作关系
(1)与各部门经理密切配合。
(2)经常与人才市场管理部门和各高校的就业中心联系。
(3)与公司IT部门技术人员联系。
(五)职业发展道路
　　招聘经理、人力资源部经理。
二、任职资格
(一)生理要求
年龄：23～35岁。
健康状况：无残疾、无传染病。

声音：普通话发音标准、语音和语速正常。
(二)知识和技能要求
1. 学历要求：本科，大专以上需从事专业工作3年以上。
2. 工作经验：3年以上大型企业工作经验。
3. 专业背景要求：曾从事人事招聘工作2年以上。
4. 英文水平：达到国家四级水平。
5. 计算机：熟练使用各类办公操作软件。
(三)特殊才能要求
1. 语言表达能力：能够准确、清晰、生动地向应聘者介绍企业情况；并准确、巧妙地解答应聘者提出的各种问题。
2. 文字表述能力：能够准确、快速地将希望表达的内容用文字表述出来，对文字描述很敏感。
3. 观察能力：能够快速把握应聘者的心理。
4. 逻辑处理能力：能够将多项并行的事务安排得井井有条。
(四)综合素质
1. 有良好的职业道德，能够保守企业人事秘密。
2. 独立工作能力强，能够独立完成布置招聘会场、接待应聘人员、评价应聘者非智力因素等事务。
3. 工作认真细心，能认真保管好各类招聘相关材料。
4. 有较好的公关能力，能准确地把握同行业的招聘情况。
(五)其他要求
1. 能够随时准备出差。
2. 不可请1个月以上的假期。

第四节 工作评价

在以工作分析为基础的人力资源管理体系中，工作评价扮演了较为重要的承上启下的作用。首先，工作评价展示了组织、战略认可的报酬要素，从而实现了组织战略与报酬体系的有效衔接，对企业发育和获取核心竞争力提供了明确的操作导向；其次，工作评价是企业建立内在工作序列和报酬体系的基础性工具，是薪酬体系"内部一致性"的集中体现；最后，工作评价的操作过程本身就是组织和员工建立良好、明确的心理契约的途径，同时有效地传达了组织对员工在工作职责、能力要求等方面的期望。

一、工作评价的作用

工作评价是工作分析所获取的信息最为重要的运用途径之一，在以工作为基础的人力资源管理体系中，工作评价主要有以下用途。

(1) 建立工作价值序列：工作价值序列是根据工作对于组织的相对重要性的排序，区别于组织内部行政序列以及技能序列(虽然具有一定的相关性)。通过工作评价能将组织内部的工作分别归于一定的等级之中,作为薪酬设计的基础。

(2) 设计薪酬体系:工作评价所得到的工作价值序列是薪酬体系设计的基础环节,是确定工作基本薪酬的主要依据。

(3) 解决劳资纠纷:工作评价为员工薪酬的确定提供了客观依据和法律基础,是解决与薪酬有关的法律纠纷的重要工具。

二、工作评价的方法

最常见的工作评价技术包括以下四种。

- 工作分级法:是指由经过培训的有经验的测评人员,依据对工作所承担责任、困难程度等基本情况的了解,通过比较每两个工作之间的级别关系(重要程度),来确定所有工作序列的一种方法。
- 工作分类法:是指通过建立明确的工作等级标准,将各个工作划入相应等级的一种方法。其前提是不同等级的工作对技能和责任要求不同,在这一显著特点的基础上,将工作划分出一套等级系统。
- 要素计点法:是指通过对特定工作特征的分析,选择和定义一组通用性评价指标并详细定义其等级作为衡量一般工作的标尺,将所评价的工作依据各个指标打分、评级后,汇总得出工作总分,以这种标准来衡量工作的相对价值。
- 因素比较法:是指根据工作通用的工作特征,定义工作的评价要素等级,并以此评价关键工作,由于关键工作应得报酬是可知的,因此在评价其他工作时,只要与关键工作的各个要素进行比较,就可以得出各评价要素应得的货币价值。

(一)工作分级法

工作分级法仅仅以各项工作在组织所取得成就中的相对价值或贡献为基础,对工作从高到低进行排序。分级法是最简单、最快捷、最容易被员工理解和解释的方法,而且它的操作成本低,然而,它会导致许多问题,在职位数量较多时,误差较大。

常见的工作分级方法有以下几种:

1. 配对比较排列法

配对比较排列法通过建立一个工作比较矩阵,将所有的工作两两组合比较,价值较大频数最多的职位便是最高等级的工作(见表 3-11)。

2. 交替排序法

交替排序法理解起来比较简单,但操作起来比较复杂。在这种方法中,评价者将所有工作排在一张纸上,然后依据以下操作步骤执行:

第一步,评价者先判断出在所有工作中价值最高的一个,将工作名称写在另一页纸上的第一行,然后将原来那页纸上的工作划掉。

第二步,判断在所有工作中价值最低的一个,将它的名字从原来那页纸上划掉,将工作名称写在另一页纸上的最后一行,以此类推。

第三步，在剩下工作中选择价值最高的。

第四步，选择价值最低的，整个过程一直持续到所有工作都进行了排序。

表3-11 职位配对比较表格

	1	2	3	4	5	6	7	8	9	10	高价值频数合计
1. 看门员											
2. 档案员											
3. 计划员											
4. 安装工											
5. 焊工											
6. 磨工											
7. 装修工											
8. 接线员											

3. 工作分级法存在的问题

工作排序法的操作简单直观，但同时存在较多问题，具体表现在以下几个方面：

(1) 由于没有明确的比较标准，造成评价的结果带有一定的主观性，很难从理论上找到合适的理由。

(2) 使用工作排序法的评价者必须对每个职位都相当熟悉，尤其工作数量较多的组织中使用这种方法较为困难。

(3) 在工作数量较大的时候，采用比较的方法进行排序存在较大的误差，同时也会带来较大的工作量，比如配对比较排序法的比较次数是呈几何级数增加的，50个工作则需要 50×50÷2＝1225(次)。

(二)工作分类法

工作分类法是以员工所从事的职务和责任为基准，将企业中所有的职位，按其工作的性质、任务的繁简难易程度、责任的大小、承担本项工作的资格及条件加以分析比较，并根据一定的标准，使每一个职位都归入适当的等级档次，以作为支付劳动报酬和任用、考核、晋升、调配、奖惩职工的基本依据。

1. 工作分类的作用

(1) 使人员任用工作更具有针对性，有助于实现因岗择人，使人与事科学地结合起来。

(2) 是实现同工同酬，建立公平、合理的工资制度的基础和依据，有助于调动工作人员的工作积极性。

(3) 是对各类工作人员进行考核、升降、奖惩、培训管理的依据。

(4) 是控制企业的编制、防止机构膨胀、人浮于事的重要手段。

2. 工作分类的方法

(1) 横向分类——工作性质(质)。

横向分类即根据岗位工作性质的相似程度，将岗位区分为岗类、岗群、岗系等类别的过程。岗系是指工作性质完全相同的岗位系列。若干工作性质邻近的岗系可以划归为一个岗群，若干工作性质大致接近的岗群又可以划归为一个岗类。

(2) 纵向分类——工作轻重程度(量)。

纵向分类是指在岗位评价的基础上，根据工作量的相似程度，将岗位划分为岗级、岗等的过程。区分岗级是将同一岗系中的所有岗位，按工作轻重程度划分为若干级别。区分岗等就是将各类岗系的岗级按其岗位工作轻重程度(相对价值)作相互比较，凡程度相当的岗系的岗级，则列入同一阶层，这种阶层就是共同的岗等。

(三)要素计点法

1. 确定评价范围

确定职位评价范围取决于组织的需要。组织内部的职位通常是多样化的，结构较为复杂，因此准确合理地划分组织内部职位横向类别，建立差异化的职位评价方案是职位评价成功与否的前提条件。如组织内部通常包括职能管理类、研发类、营销类、操作类等职位，除去纳入到基于人的人力资源管理体系之中的研发类或技术类职位以外，其余的职位类别均可以建立起特色的职位评价方案。在确定职位评价范围后应选择部分有代表性的标杆职位，作为建立职位评价方案的基础。

2. 进行职位分析

职位分析是职位评价的信息基础，在确定职位评价范围后应对所有职位进行系统性的职位分析。职位分析对于职位评价有两方面的意义：一是职位分析提供建立职位评价方案所需的基础信息，尤其在组织自我开发个性化的职位评价方案时；二是职位分析提供的关于职位的详细信息，是进行职位评价操作的首要信息源泉。

3. 选取报酬要素(评价指标)

报酬要素的选择是职位评价的关键环节之一，组织在进行职位评价时，可以选择现有的系统性的职位评价方案，也可以根据组织特点开发个性化的职位评价方案。前者通常是完整的经过大量实证检验的系统性方案，可信度较高，但是由于缺少对战略组织的把握，其适用性存在一定问题，需要根据组织的实际情况进行修正；后者则需要大量专业化的工作，其首要目标是确定目标职位的报酬要素，后面将会详细说明报酬要素的选择方法。

4. 建立指标等级定义

每个指标代表整个职位价值的一个方面，为了使评价人员使用统一的评价口径，减少职位评价的系统误差，我们必须清晰界定指标本身和指标的等级定义。

5. 赋予指标权重

各职位评价指标按照一定的规则进行加总就构成了职位评价的总体得分，但通常并不是简单的加总，而是对各评价指标采用不同的权数。指标权重的确定应以指标的相对重要性为基准，重要的指标赋予较大的权重，各指标的权重之和为 100%。

6. 标杆职位试测

职位评价方案初步确定后，接下来很重要的工作就是对标杆职位进行测试，根据职位评价方案的各项指标，给标杆职位评分，得到最终评价结果，对标杆职位评价的结果进行横向和纵向比较。横向比较是指比较同一职位等级中各职位之间的评价结果是否合理，其差距是否在组织所能接受的范围之内；纵向比较是指比较不同层级之间的职位评价结果的差距是否真的反映了职位之间的差异，其激励性、可接受性、公平性是否满足要求。一般来说，通过标杆职位试测，我们应注意评价结果的以下结构性问题：

- 职位之间评价总分的差异(可以采用诸如回归分析、方差分析等统计工具)。
- 指标等级定义是否能真正区分职位之间的差距，指标各等级的赋分是否合理。
- 指标权重分配是否合理，指标是否完整(是否有重要的、区分度较高的指标被遗漏)。

7. 方案修正

根据上述试测结果，对职位评价方案进行修正。

8. 方案推广

将修正的职位评价方案扩展至非标杆职位，完成对所有职位的评价，建立职位价值序列。

(四)三种职位评价方法的比较

在国内外企业中，要素计点法是最常用的职位评价方法，其理论和实践经验也相对成熟丰富(见表 3-12)。

表 3-12 工作评价方法比较

方　法	优　势	劣　势	适用范围
工作分级法	➤ 简便易行 ➤ 能够节约企业进行职位评价的成本 ➤ 便于向员工解释	➤ 不适于职位较多的组织 ➤ 很难找到既了解所有工作职位，又能客观地评价它们的测评人员 ➤ 如果工作职位的数目增多，则每两种工作职位的比较次数将呈指数形式上升 ➤ 特别依赖测评人员的判断，而测评人员在进行职位比较过程中又都有自己的认识，测评要素的说明仍然给主观意识留有充分余地	对于工作职位相对较少的机构，可以说是一种比较简便的方法，适用于小规模企业

续表

方　法	优　势	劣　势	适用范围
工作分类法	➢ 对于管理人员和雇员，这种方法更多的是从职位等级的角度考虑问题，而不是从单独的职位方面考虑问题。这使得人事管理和工资管理相对容易一些 ➢ 可以将各种工作纳入一个体系内	➢ 编写职位等级说明比较困难 ➢ 对许多职位确定等级比较困难。有些职位的等级归属很明确，而有些则似乎可以归属到二三个等级之中。在这种情况下，确定职位的等级则可能因主观因素干扰影响测评结果 ➢ 假如据此确定报酬，这种方法还难以充分说明职位评价和等级确定的合理性	组织中存在大量类似的工作时，这种工作评价尤其有用，适用于大规模企业
要素计点法	➢ 通俗易推广，由于特定的职位评价方法具有明确界定的指标，因此职位评价方案有很强的适应性 ➢ 在定义职位评价指标时保有了大量原始调查数据，有利于根据组织的变化进行动态分析与管理 ➢ 明确指出了比较的基础，能够有效地传达组织认为有价值的因素	➢ 相对于前两种定性的方法，这种方法要耗费大量的时间和成本 ➢ 通常它缺乏对评价要素选择的明确原则，以说明选取的这些要素能否解释和衡量工作价值，因此在制订职位评价计划时，系统地选择评价要素是关键的一步 ➢ 由于这种方法操作的复杂性，造成企业与员工解释和沟通存在难度 ➢ 评价要素一旦形成，由于重新进行评价需要耗费大量的时间和成本，随时间变化要素调整的难度较大，容易形成僵化	适用于大规模的企业中的管理类工作

第五节　工作设计

一、工作设计的含义

工作设计(job design)是指为了有效地达到组织目标与满足个人需要而进行的工作内容、工作职能和工作关系的设计。也就是说，工作设计是一个根据组织及员工个人需要，规定某个岗位的任务、责任、权力以及在组织中工作的关系的过程。

工作设计的主要内容包括以下几个方面：

(1) 工作任务——要考虑工作是简单重复的，还是复杂多样的，工作要求的自主性程度怎样，以及工作的整体性如何。

(2) 工作职能——指每项工作的基本要求和方法，包括工作责任、工作权限、工作方法以及协作要求。

(3) 工作关系——指个人在工作中所发生的人与人之间的联系，谁是他的上级，谁是他的下级，他应与哪些人进行信息沟通等。

(4) 工作结果——主要指工作的成绩与效果，包括工作绩效和工作者的反应。

(5) 对工作结果的反馈——主要指工作本身的直接反馈(如能否在工作中体验到自己的

工作成果)和来自别人对所做工作的间接反馈(如能否及时得到同级、上级、下属人员的反馈意见)。

(6) 任职者的反应——主要是指任职者对工作本身以及组织对工作结果奖惩的态度，包括工作满意度、出勤率和离职率等。

(7) 人员特性——主要包括对人员的需要、兴趣、能力、个性方面的了解，以及相应工作对人的特性要求等。

(8) 工作环境——主要包括工作活动所处的环境特点、最佳环境条件及环境安排等。

一个好的工作设计可以减少单调重复性工作的不良效应，充分调动劳动者的工作积极性，也有利于建设整体性的工作系统。

二、工作设计的步骤

为了提高工作设计的效果，在进行工作设计时应按以下几个步骤来进行。

1. 需求分析

工作设计的第一步就是对原有工作状况进行调查诊断，以决定是否应进行工作设计，应着重在哪些方面进行改进。一般来说，出现员工工作满意度下降和积极性较低、工作情绪消沉等情况，都是需要进行工作设计的现象。

2. 可行性分析

在确认工作设计之后，还应进行可行性分析。首先，考虑该项工作是否能够通过工作设计改善工作特征，从经济效益、社会效益上看，是否值得投资。其次，考虑员工是否具备从事新工作的心理与技能准备，如有必要，可先进行相应的培训学习。

3. 评估工作特征

在可行性分析的基础上，正式成立工作设计小组负责工作设计，小组成员应包括工作设计专家、管理人员和一线员工，由工作设计小组负责调查、诊断和评估原有工作的基本特征，分析比较，提出需要改进的方面。

4. 制订工作设计方案

根据工作调查和评估结果，由工作设计小组提出可供选择的工作设计方案，工作设计方案中包括工作特征的改进对策以及新工作体系的工作职责、工作规程与工作方式等方面的内容。在方案确定后，可选择适当部门与人员进行试点，检验效果。

5. 评价与推广

根据试点情况及进行研究工作设计的效果进行评价。评价主要集中在三个方面：员工的态度和反应、员工的工作绩效、企业的投资成本和效益。如果工作设计效果良好，应及时在同类型工作中进行推广应用，在更大范围内进行工作设计。

三、工作设计的内容

1. 工作内容的设计

工作内容的设计是工作设计的重点，一般包括工作的广度、工作的深度、工作的完整性、工作的自主性以及工作的反馈五个方面。

(1) 工作的广度。即工作的多样性。工作设计得过于单一，员工容易感到枯燥和厌烦，因此设计工作时，应尽量使工作多样化，使员工在完成任务的过程中能进行不同的活动，保持工作的兴趣。

(2) 工作的深度。设计的工作应具有从易到难的层次，对员工工作的技能提出不同程度的要求，从而增加工作的挑战性，激发员工的创造力和克服困难的能力。

(3) 工作的完整性。保证工作的完整性能使员工有成就感，即使是流水作业中的一个简单程序，也要是全过程，让员工见到自己的工作成果，感受到自己工作的意义。

(4) 工作的自主性。适当的自主权力能增加员工的工作责任感，使员工感到自己受到信任和重视，认识到自己工作的重要性，使员工工作的责任心增强，工作的热情提高。

(5) 工作的反馈。工作的反馈包括两方面的信息：一是同事及上级对自己工作意见的反馈，如对自己工作能力、工作态度的评价等；二是工作本身的反馈，如工作的质量、数量、效率等。工作反馈信息能够使员工对自己的工作效果有一个全面的认识，能正确引导和激励员工，有利于工作的精益求精。

2. 工作职责的设计

工作职责设计主要包括工作的责任、权力、方法以及工作中的相互沟通和协作等方面。

(1) 工作责任。工作责任设计就是员工在工作中应承担的职责及压力范围的界定，即工作负荷的设定。责任的界定要适度，工作负荷过低、无压力，会导致员工行为轻率和低效；工作负荷过高、压力过大，又会影响员工的身心健康，导致员工的抱怨和抵触情绪。

(2) 工作权力。权力与责任是对应的，责任越大权力范围越广，否则二者脱节，会影响员工的工作积极性。

(3) 工作方法。包括领导对下级的工作方法，组织和个人的工作方法设计等。工作方法的设计具有灵活性和多样性，不同性质的工作根据其工作特点的不同采取的具体方法也不同，不能千篇一律。

(4) 相互沟通。沟通是一个信息交流的过程，是整个工作流程顺利进行的信息基础，包括垂直沟通、平行沟通、斜向沟通等形式。

(5) 协作。整个组织是有机联系的整体，是由若干个相互联系、相互制约的环节构成的，每个环节的变化都会影响其他环节以及整个组织运行，因此各环节之间必须相互合作、相互制约。

3. 工作关系的设计

组织中的工作关系，表现为协作关系、监督关系等各个方面。

通过以上三个方面的岗位设计，为组织的人力资源管理提供了依据，可以保证事(岗位)得其人、人尽其才、人事相宜；优化了人力资源配置，为员工创造出更能发挥自身能力、提高工作效率、提供有效管理的环境保障。

四、工作设计的方法

工作设计的方法有多种，但其中心思想是工作丰富化，而工作丰富化的核心是激励的工作特征模型。

1. 工作专业化

工作专业化是一种传统的工作设计方法。它通过对动作和时间的研究，把工作分解为许多很小的单一化、标准化、专业化的操作内容和程序，并对工人进行培训和激励，使工作保持高效率。这种工作设计方法在流水线生产上应用最广泛。

2. 工作扩大化

工作扩大化的做法是扩展一项工作包括的任务和职责，但是这些工作与员工以前承担的工作内容非常相似，只是一种工作内容在水平方向上的扩展，不需要员工具备新的技能，所以，并没有改变员工工作的枯燥和单调。

3. 工作丰富化

所谓的工作丰富化是指在工作中赋予员工更多的责任、自主权和控制权。工作丰富化与工作扩大化、工作轮换都不同，它不是水平地增加员工工作的内容，而是垂直地增加工作内容。这样员工会承担更重的任务、更大的责任，员工有更大的自主权和更高程度的自我管理，还有对工作绩效的反馈。

4. 工作轮换

工作轮换属于工作设计的内容之一，是指在组织的不同部门或在某一部门内部调动雇员的工作，其目的在于让员工积累更多的工作经验。

5. 工作特征再设计

工作特征再设计是一种人性化的设计方法，是指针对员工设计工作而非针对工作特征要求员工。它主要表现为充分考虑个人存在的差异性，区别地对待各类人，以不同的要求把员工安排在适合他们独特需求、技术、能力的环境中。

五、工作设计综合模型

无论是工作轮换、工作扩大化还是工作丰富化，都不应看作是解决员工不满的灵丹妙药，必须在在职设计、人员安排、劳动报酬及其他管理策略方面进行系统考虑，以便使组织要求及个人需求获得最佳组合，从而最大限度地激发员工的积极性，有效实现企业目标。因此，在管理实践中，人们根据组织及员工的具体需要探索了工作设计的综合模型。综合模型着重要求企业管理人员分析和评价在工作设计、规划发展和贯彻过程中许多环境变量可能产生的影响，包括工作设计的主要因素、绩效成果目标因素、环境因素、组织内部因素和员工个人因素等。

一个成功有效的岗位设计，必须综合考虑各种因素，既需要对工作进行周密的有目的的计划安排，并考虑到员工的具体素质、能力及各个方面的因素，也要考虑到本单位的管理方式、劳动条件、工作环境、政策机制等因素。具体进行岗位设计时，必须考虑以下几方面的因素。

1. 员工的因素

人是组织活动中最基本的要素，员工需求的变化是岗位设计不断更新的一个重要因素。岗位设计的一个主要内容就是使员工在工作中得到最大的满足，随着文化教育和经济发展水平的提高，人们的需求层次提高了，除了一定的经济收益外，他们希望在自己的工作中得到锻炼和发展，对工作质量的要求也更高。

只有重视员工的要求并开发和引导其兴趣，给他们的成长和发展创造有利条件和环境，才能激发员工的工作热情，增强组织吸引力，留住人才。否则随着员工不满意程度的增加，带来的是员工的冷漠和生产低效，以致人才流失。因此，设计岗位时要尽可能地使工作特征与要求适合员工个人特征，使员工能在工作中发挥最大的潜力。

2. 组织的因素

岗位设计最基本的目的是为了提高组织效率，增加产出。岗位设计离不开组织对工作的要求，具体进行设计时，应注意以下几个方面：

(1) 岗位设计的内容应包含组织所有的生产经营活动，以保证组织生产经营总目标的顺利有效实现。

(2) 全部岗位构成的责任体系应该能够保证组织总目标的实现。

(3) 岗位设计应该有助于发挥员工的个人能力，提高组织效率。这就要求岗位设计时全面权衡经济效率原则和员工的职业生涯和心理上的需要，找到最佳平衡点，保证每个人满负荷工作，使组织获得生产效益和员工个人满意度两个方面的收益。

3. 环境因素

环境因素包括人力供给和社会期望两个方面。

(1) 岗位设计必须从现实情况出发，不能仅凭主观愿望，而要考虑与人力资源的实际水平相一致。例如，在人力资源素质不高的情况下，工作内容的设计应相对简单，在技术的引进上也应结合人力资源的情况，否则引进的技术没有合适的人使用，会造成资源的浪费，影响组织的生产。

(2) 社会期望是指人们希望通过工作满足些什么。不同的员工其需求层次是不同的，这就要求在岗位设计时考虑一些人性方面的东西。

在21世纪，激励越来越受到管理者的重视，因为它是对员工从事劳动的内在动机的了解和促进，从而使员工在最有效率、最富有创造力的状态下工作。岗位设计直接决定了人在其所从事的工作中干什么、怎么干，有无机动性，能否发挥其主动性和创造性，有没有可能形成良好的人际关系等。优良的岗位设计能保证员工从工作本身寻得意义与价值，可以使员工体验到工作的重要性和自己所负的责任，及时了解工作的结果，从而产生高度的内在激励作用，形成高质量的工作绩效及对工作高度的满足感，达到最佳激励水平，为充分发挥员工的主动性和积极性创造条件，组织才能形成具有持续发展的竞争力。

本 章 小 结

本章主要介绍了工作分析的定义、描述的基本术语、内容、意义及程序，同时对工作分析最常用的面谈法、观察法和结构问卷调查法作了简要介绍。

复习思考题

1. 什么是工作分析？它主要收集的是哪些方面的信息？
2. 工作分析的主要方法有哪些？评价各种方法的优缺点及适用条件。
3. 工作说明书包含的内容有哪些？
4. 工作设计的内容有哪些？

推 荐 阅 读

1. 边文霞. 岗位分析与岗位评价[M]. 北京：首都经贸大学出版社，2011.
2. 邹艳春. 人力资源管理理论与实务[M]. 北京：中国人民大学出版社，2014.

【案例】A 公司(房地产)工作分析案例

A 公司是我国中部省份的一家房地产开发公司。近年来，随着当地经济的迅速增长，房产需求强劲，公司有了飞速的发展，规模持续扩大，逐步发展为一家中型房地产开发公司。随着公司的发展和壮大，员工人数大量增加，众多的组织和人力资源治理问题逐渐凸显出来。

公司现有的组织机构，是基于创业时的公司规划，随着业务扩张的需要逐渐扩充而形成的，在运行的过程中，组织与业务上的矛盾已经逐渐凸显出来。部门之间、职位之间的职责与权限缺乏明确的界定，扯皮推诿的现象不断发生；有的部门抱怨事情太多，人手不够，任务不能按时、按质、按量完成；有的部门又觉得人员冗杂，人浮于事，效率低下。

公司的人员招聘方面，用人部门给出的招聘标准往往十分含糊，招聘主管无法准确地加以理解，使得招来的人大多差强人意。目前的许多岗位不能做到人事匹配，员工的能力不能得以充分发挥，严重挫伤了士气，并影响了工作的效果。公司员工的晋升以前由总经理直接决定。现在公司规模大了，总经理几乎没有时间与基层员工和部门主管打交道，基层员工和部门主管的晋升只能根据部门经理的意见来做出。而在晋升中，上级和下属之间的私人感情成为决定性的因素，有才干的人并不能获得提升。因此，许多优秀的员工由于看不到自己未来的前途而另寻高就。在激励机制方面，公司缺乏科学的绩效考核和薪酬制度，考核中的主观性和随意性非常严重，员工的报酬不能体现其价值与能力，人力资源部经常可以听到大家对薪酬的抱怨和不满,这也是人才流失的重要原因。

面对这样严峻的形势,人力资源部开始着手进行人力资源治理的变革,变革首先从进行职位分析、确定职位价值开始。职位分析、职位评价究竟如何开展,如何抓住职位分析、职位评价过程中的要点,为公司本次组织变革提供有效的信息支持和基础保证,是摆在 A 公司面前的重要课题。

首先,他们寻找进行职位分析的工具与技术。在阅读了国内目前流行的基本职位分析书籍之后,他们从中选取了一份职位分析问卷,作为收集职位信息的工具。然后,人力资源部将问卷发放到各个部门经理手中,同时他们还在公司的内部网上发布了一份关于开展问卷调查的通知,要求各部门配合人力资源部的问卷调查。

据反映,问卷在下发到各部门之后,一直搁置在各部门的经理手中,而没有发下去。很多部门是直到人力资源部开始催收时才把问卷发放到每个人手中。同时,由于大家都很忙,很多人在拿到问卷之后,都没有时间仔细思考,草草填写完事。还有很多人在外地出差或者任务缠身,自己无法填写,而由同事代笔。此外,据一些较为重视这次调查的员工反映,大家都不了解这次问卷调查的意图,也不理解问卷中那些生疏的治理术语,何为职责、何为工作目的,许多人对此并不理解。很多人想就疑难问题向人力资源部进行询问,可是并不知道具体该找谁。因此,在回答问卷时只能凭借自己个人的理解来进行填写,无法把握填写的规范和标准。

一个星期之后,人力资源部收回了问卷。但他们发现,问卷填写的效果不太理想,有一部分问卷填写不全,一部分问卷答非所问,还有一部分问卷根本没有收上来。辛劳调查的结果却没有发挥它应有的价值。

与此同时,人力资源部也着手选取一些职位进行访谈。但在试着谈了几个职位之后,发现访谈的效果也不好。因为,在人力资源部,能够对部门经理访谈的人只有人力资源部经理一人,主管和一般员工都无法与其他部门经理进行沟通。同时,由于经理们都很忙,把双方凑在一块实在不轻易。因此,两个星期的时间过去之后,只访谈了两个部门经理。

人力资源部的几位主管负责对经理级以下的人员进行访谈,但在访谈中,出现的情况却出乎意料。大部分时间都是被访谈的人在发牢骚,指责公司的治理问题,抱怨自己的待遇不公等。而在谈到与职位分析相关的内容时,被访谈人往往又言辞闪烁,顾左右而言他,似乎对人力资源部这次访谈不太信任。访谈结束之后,访谈人都反映对该职位的认识还是停留在模糊阶段。这样持续了两个星期,访谈了大概 1/3 的职位。王经理认为时间不能拖延下去了,因此决定进入项目的下一个阶段——撰写职位说明书。

这时,各职位的信息收集还不完全。怎么办呢?人力资源部在无奈之中,不得不另觅他途。于是,他们通过各种途径从其他公司收集了许多职位说明书,试图以此作为参照,结合问卷和访谈收集到的一些信息来撰写职位说明书。

在撰写阶段,人力资源部还成立了几个小组,每个小组专门负责起草某一部门的职位说明,并且要求各组在两个星期内完成任务。在起草职位说明书的过程中,人力资源部的员工都颇感为难。一方面,不了解别的部门的工作,问卷和访谈提供的信息又不准确;另一方面,大家缺乏写职位说明书的经验,因此,写起来都感觉很费劲。规定的时间快到了,很多人为了交稿,不得不急急忙忙地东拼西凑了一些材料,再结合自己的判定,最后成稿。

最后，职位说明书终于出台了。人力资源部将成稿的职位说明书下发到各部门，同时还下发了一份文件，要求各部门按照新的职位说明书来界定工作范围，并按照其中规定的任职条件来进行人员的招聘、选拔和任用。这却引起了其他部门的强烈反对，很多直线部门的管理人员甚至公开指责人力资源部，说人力资源部的职位说明书是一堆垃圾文件，完全不符合实际情况。

于是，人力资源部专门与相关部门召开了一次会议来推动职位说明书的应用。人力资源部经理本来想通过这次会议说服各部门支持这次项目。但结果却恰恰相反，在会上，人力资源部遭到了各部门的一致批评。同时，人力资源部由于对其他部门不了解，对于其他部门所提的很多问题，也无法进行解释和反驳，因此，会议的最终结论是，人力资源部重新编写职位说明书。后来，经过多次重写与修改，职位说明书始终无法令人满意。最后，职位分析项目不了了之。

人力资源部的员工在经历了这次失败的项目后，对职位分析彻底丧失了信心。他们开始认为，职位分析只不过是"雾里看花，水中望月"，说起来挺好，实际上却没有作用，而且认为职位分析只能针对西方国家那些治理先进的大公司，用到中国的企业中，根本就行不通。原来雄心勃勃的人力资源部经理也变得灰心丧气，但他一直对这次失败耿耿于怀，对项目失败的原因也是百思不得其解。

那么，职位分析真的是他们认为的"雾里看花，水中望月"吗？该公司的职位分析项目为什么会失败呢？

问题：

1. 该公司为什么决定从职位分析入手来实施变革，这样的决定正确吗？为什么？
2. 在职位分析项目的整个组织与实施过程中，该公司存在哪些问题？
3. 该公司所采用的职位分析工具和方法主要存在哪些问题？
4. 如果你是人力资源部新任的主管，让你重新负责该公司的职位分析，你要如何开展？

第四章

招募与聘用

【学习目标与要求】

本章主要介绍员工招聘的程序和主要方法,以及如何对招聘效果进行评估,通过学习,要求掌握以下内容:
1. 了解员工招聘的特点。
2. 掌握员工招聘的一般程序。
3. 掌握员工招聘的内部来源和外部来源及其招聘方式。
4. 掌握员工招聘面试和测试的主要方式。
5. 掌握员工招聘评估指标体系。

【重点】

1. 员工招聘的一般程序。
2. 员工内部招聘和外部招聘的主要方式。
3. 员工招聘面试和招聘测试的主要方式及其特点。
4. 员工招聘的评估指标体系。

【难点】

员工招聘信度和效度概念的理解及其指标体系的测试。

【应用】

模拟场景进行员工招聘测试和招聘面试。

【引导案例】

百事招聘：过五关，斩六将

2014 年，百事国际集团计划在全国招聘本科毕业生 100~150 名。这个宣讲是开放式的，百事对毕业生的生源和专业没有特别的要求。宣讲会结束后，毕业生可以通过网络给百事投递简历。百事招聘团队会利用 QQ 群等载体，发布一些话题，请应聘者共同参与。这个环节，主要是观察各应聘者对工作的看法。之后有一个电话访谈，进行第一个回合的筛选。随后进入第二回合——能力测验，这个回合的主要内容为测试应聘者的理解力，各位应聘者如何表现。在这个环节会体现出应聘者的基本性格。讨论之后，每个应聘者会被要求提交文章，考察其书面文字表达能力、逻辑思维方式。在这个回合中"生存下来"的幸运者，才会进入最后一个回合——面试阶段。

过五关、斩六将，虽然进入百事要经过一轮又一轮的筛选，但只要是对百事这个企业有认同的应聘者，都会对整个过程充满兴趣，即便再辛苦，也会有耐心和热情。百事希望通过一个周密的测试系统，让双方都有充分的选择权利，最终找到最合适的对象。

如图 4-1 所示为世界 500 强最看重的能力素质。

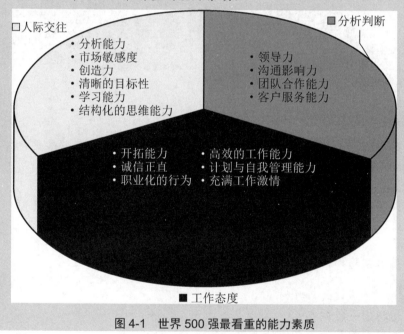

图 4-1　世界 500 强最看重的能力素质

第一节　人员招聘概述

一、招聘的含义与作用

招聘是企业吸收与获取人才的过程，是获得优秀员工的保证，招聘实际上包括两个相对独立的过程，即招募(Recruitment)和选拔聘用(Selection)。招募是聘用的基础和前提。

第四章 招募与聘用

在人力资源管理的实际操作中，人员"招募"和"甄选"这两个词经常用来互相替换。实际上，它们是完全不同的活动。招募是指组织确定工作需要，根据需要吸引候选人来填补工作空缺的活动。而甄选是指从所有来应聘这一职位的候选人中进行选择的活动。

人员招募的目的是形成一个工作候选人的蓄水池，从中以最低的成本选择最适合的员工。

更具体地说，招募包括以下几个方面：

- 根据组织预期成长，分析组织未来人员需求。
- 集中注意力只吸引有资格的候选人。
- 确定组织的招募和甄选活动的合法性。
- 确定吸引候选人的过程是公开、透明的。
- 确保人员招聘实践能够支持组织的战略目标，同时和组织协调一致。

甄选的目的，简单地说，就是通过采用适当的甄选方法和程序，在最优的时间和成本的预算约束下，实现合适的人与合适的工作匹配。

人力资源获取主要包括以下四个活动：

(1) 定义需求——包括人力资源规划的内容(参见第五章)，还有编制工作描述、工作规范以及胜任力模型等，确定甄选标准。

(2) 招募候选人——包括评估候选人的情况，确定谁将参与这一程序，同时确定是否需要外部机构的介入。

(3) 甄选候选人——包括选择和使用合适的评估和选择方法，从候选人中选择组织需要的人员。

(4) 试用考评——对拟录用的候选人进行试用并考评其实际绩效是否符合组织的要求，从而做出是否最终录用的决定。

二、招聘的流程

员工招聘包括制订招聘计划、发布招聘信息、接待和甄别应聘人员、发出录用通知书、评价招聘效益。

1. 制订招聘计划

制订招聘计划应在人力资源计划的基础上产生。具体内容包括：确定本次招聘目的、描述应聘职务和人员的标准和条件、明确招聘对象的来源、确定传播招聘信息的方式、确定招聘组织人员、确定参与面试人员、确定招聘的时间和新员工进入组织的时间、确定招聘经费预算等。

2. 发布招聘信息

发布招聘信息是指利用各种传播工具发布岗位信息，鼓励和吸引人员参加应聘。在发布招聘信息时应注意以下几点：

(1) 信息发布的范围。信息发布的范围取决于招聘对象的范围；发布信息的面越广，接收到该信息的人就越多，应聘者就越多，组织招聘到合适人选的概率就大，但费用支出相应也会增加。

(2) 信息发布的时间。在条件允许、时间允许的情况下，招聘信息应尽早发布，以缩短招聘进程，同时也有利于使更多的人获取信息，从而增加应聘者。

(3) 招聘对象的层次性。组织要招聘的特定对象往往集中于社会的某个层次，因而要根据应聘职务的要求和特点，向特定层次的人员发布招聘信息，比如招聘计算机方面的专业人才，则可以在有关计算机专业杂志上发布招聘信息。

3. 应聘者提出申请

此阶段是从应聘者角度来谈的。应聘者在获取招聘信息后，向招聘单位提出应聘申请。应聘申请一般有两种方式：一是通过信函向招聘单位提出申请；二是直接填写招聘单位应聘申请表(网上填写提交或到单位填写提交)。无论采用哪种方式，应聘者都应提供以下个人资料：

(1) 应聘申请表，且必须说明应聘的职位。
(2) 个人简历，着重说明学历、工作经验、技能、成果、个人品格等信息。
(3) 各种学历的证明包括获得的奖励、证明(复印件)。
(4) 身份证(复印件)。

4. 接待和甄别应聘人员(也叫作员工选拔过程)

此阶段实质是在招聘过程中对职务申请人的选拔过程，具体又包括如下环节：审查申请表——初筛——与初筛者面谈、测验——第二次筛选——选中者与主管经理或高级行政管理人员面谈——确定最后合格人选——通知合格入选者作健康检查。

此阶段一定要客观与公正，尽量减少面谈中各种主观因素的干扰。

5. 发出录用通知书

这是招聘单位与入选者正式签订劳动合同并向其发出上班试工通知的过程。通知中通常应写明入选者开始上班的时间、地点与向谁报到。

6. 评估招聘效益

这是招聘活动的最后阶段。对本次招聘活动进行总结和评价，并将有关资料整理归档。评价指标包括招聘成本的核算和对录用人员评估。这两类指标分别从招聘的成本和质量来衡量，若在招聘费用支出较低的情况下，能招聘到高质量的人才，则表明本次招聘效果较好。

【案例】某公司招聘计划

(一)招聘目标(人员需求)

职务名称	人员数量	其他要求
软件工程师	5	本科以上学历，35岁以下
销售代表	3	本科以上学历，相关工作经验3年以上
行政文员	1	专科以上学历，女性，30岁以下

(二)信息发布时间和渠道
1. ××日报　　　　　　　1月18日
2. ××招聘网站　　　　　1月18日
3. 毕业生洽谈会　　　　　1月份3次(本市)
4. 校园宣讲会　　　　　　1月份5所大学(具体大学名称)

(三)招聘方式
　　软件工程师：社会招聘和学校招聘
　　销售代表：社会招聘
　　行政文员：学校招聘

(四)招聘小组成员名单
　　组长：王岗成(人力资源部经理)对活动全面负责
　　成员：赵　刚(人力资源部薪酬专员)负责应聘人员接待、应聘资料整理
　　　　　刘雾英(人力资源部招聘专员)具体负责招聘信息发布，面试、笔试安排

(五)选拔方案及时间安排
1. 软件工程师
　　资料筛选　　　　开发部经理　　　　截至1月25日
　　初试(面试)　　　开发部经理　　　　1月27日
　　复试(笔试)　　　开发部命题小组　　1月29日
2. 销售代表
　　资料筛选　　　　销售部经理　　　　截至1月25日
　　初试(面试)　　　销售部经理　　　　1月27日
　　复试(面试)　　　销售副总　　　　　1月29日
3. 行政文员
　　资料筛选　　　　行政部经理　　　　截至1月25日
　　面试　　　　　　行政部经理　　　　1月27日

(六)新员工的上岗时间
　　预计在2月1日左右

(七)费用招聘预算
1. 广告费　　　　　　　　　4800元
2. 大学宣讲会费用　　　　　2000元
3. 毕业生洽谈会费用　　　　1200元
4. 考评费用　　　　　　　　5000元
　　　　　　　　总计：13000元

(八)招聘工作时间表
1月11日　　起草招聘广告
1月12—13日　　进行招聘广告版面设计
1月14日　　与报社、网站进行联系
1月18日　　报社、网站刊登广告

1月19—25日	接待应聘者、整理应聘资料、对资料进行筛选
1月26日	通知应聘者面试
1月27日	进行面试
1月29日	进行软件工程师笔试(复试)、销售代表面试(复试)
1月30日	向通过复试的人员发出录用通知
2月1日	新员工上班

第二节 招聘渠道与方法

人力资源获取的渠道多种多样,划分标准不同,所体现的形式也不同。按照人力资源获取的来源可以分为内部招募与外部招募两种。两种招募方式各有优劣,组织要根据自己的特点选择适合的招募渠道。

一、内部招募

现在许多组织出于保持组织稳定性和员工职业生涯规划需求的考虑,对于特定岗位倾向于内部招募的形式。特别是许多集团性的组织更是把内部招募作为对员工的一种激励措施来看待。

(一)内部招聘适用的条件

(1) 组织内有充足的人力资源储备。
(2) 内部的人员质量能够满足组织发展的需要。
(3) 有完善的内部选拔机制。

(二)内部招募的渠道

(1) 内部晋升。
(2) 工作轮换。
(3) 返聘。

(三)内部招募的方法

1. 工作公告法

通过向员工通告现有的工作空缺,吸引相关人员来申请。公告中应包括空缺职位的各种信息,如工作内容、资格要求、工作时间及薪酬等级等。

2. 档案记录法

利用员工的人事档案,只限于员工的客观或实际信息,而对主观信息难以确认。

3. 推荐法

大部分是由候选人的直接上级做出推荐,推荐人对候选人的工作能力非常了解,被推荐人也很容易获得企业信息构架，采用这种方式给公司节省了很多其他招聘渠道的成本，但是这种方法容易受推荐人个人因素影响，长久可能会形成近亲繁殖。

(四)注意事项

(1) 内部招募顺利实施的前提是，集团内部形成内部流动的氛围与相应的机制保证。如果没有统一的机制，则会形成有些子公司只愿意进人、不愿意出人的现象。

(2) 内部招募操作的各个环节一定要公开、公正、公平地进行，对于甄选标准、甄选方法以及最后结果都应及时向全体成员公示。

(3) 对于录用人员的调动要与原用人单位进行协调，给原单位以充足的时间进行工作的交接，既不能妨碍原单位工作的顺利进行，也不能挫伤人员的积极性。

(4) 对于未录用人员，要及时反馈未被录用的具体原因以及需要改进的方面，这样一方面可以保持大家参与的积极性，另一方面可以提升人员的胜任力。

二、外部招聘

(一)外部招聘的条件

(1) 组织为了获取内部员工不具备的技术、技能等。
(2) 组织出现职位空缺，内部员工数量不足需要尽快补充。
(3) 组织需要能够提供新思想、新观念的创新型员工。
(4) 组织为了建立自己的人才库。
(5) 和竞争对手竞争一些具有特殊性、战略性的人才。

(二)外部招聘的来源

外部招聘人员的来源较多，例如熟人介绍、主动上门求职、职业介绍所介绍、学校推荐，他们可能是学校的毕业生、其他企业的员工，也可能是失业人员。

(三)外部招聘的方法

1. 广告招聘(AIDA 原则)

通过媒体广告形式向社会公开招募人才是目前运用最为广泛的人员招募方式。组织通过广告形式进行人员招募主要有以下两个关键思考点：

一是广告媒体的选择。一般来说，可采用的广告媒体主要有报纸杂志、广播电视、网站以及随机发放的宣传材料等。组织在选择招募媒体时，首要考虑的是媒体本身承载信息传播的能力，即各种传播媒体的优缺点和适用范围。

在确定媒体形式后，应进一步选择刊登招募广告的具体媒体单位，要根据媒体的定位多种媒体并用(见表 4-1)。

表 4-1 广告媒体的优缺点及适用范围比较

类型	优点	缺点	适用范围
报纸	标题短小精练，广告大小可灵活选择，发行集中于某一特定的地域，各种栏目分类编排，便于积极的求职者查找	容易被未来可能的求职者所忽视，集中的招募广告容易导致招募竞争的出现，发行对象无特定性，企业不得不为大量无用的读者付费，广告的印刷质量一般较差	当想将招募限定于某一地区时；当可能的求职者大量集中于某一地区时；当有大量的求职者在翻看报纸，并且希望被雇用时
杂志	专业杂志会到达特定的职业群体手中；广告大小富有灵活性；广告的印刷质量较高；有较高的编辑声誉；时限较长，求职者可能将杂志保存起来再次翻看	发行的地域太广，故在希望将招募限定在某一特定区域时通常不能使用；广告的预约期较长	当所招募的目标人群较为专业时；当时间和地区限制不是最重要时；当与正在进行的其他招募计划有关联时
广播电视	不容易被观众忽略，能够比报纸和杂志更好地让那些不是很积极的求职者了解到招募信息，可以将求职者来源限定在某一特定区域，极富灵活性，比印刷广告能更有效地渲染雇佣气氛，较少因广告集中而引起招募竞争	只能传递简短的、不是很复杂的信息；缺乏持久性，求职者不能回头再了解(需求不断地重复播出才能给人留下印象)；商业设计和制作(尤其是电视)不仅耗时而且成本很高；缺乏特定的兴趣选择；为无用的广告接受者付费	当处于竞争的情况下，没有足够的求职者看你的印刷广告时；当职位空缺有许多种，而在某一特定地区又有足够求职者时；当需要迅速扩大影响时；当在两周或更短的时间内足以对某一地区展开"闪电式轰炸"时；当用于引起求职者对印刷广告注意时
现场购买(招募现场的宣传资料)	在求职者可能采取行动的时候，可以引起他们对企业雇佣的兴趣，极富灵活性	作用有限，要使此种措施见效，首先必须保证求职者能到招募现场来	在一些特殊场合，如为劳动者提供就业服务的就业交流会、公开招聘会、定期举行的就业服务会上布置的海报、标语、旗帜、视听设备等，或者当求职者访问组织的某一工作地时，向他们散发招募宣传材料

资料来源：加里·德斯勒著. 人力资源管理[M]. 6 版. 刘昕，译. 北京：中国人民大学出版社，1997：127.

二是广告形式与内容的设计。好的广告形式有助于吸引更多求职者的关注，而且由于设计精良的招募广告具有一定的"形象效应"，有利于树立组织公共形象，因此在选择合适的媒体之后，应根据组织实际需要设计广告的具体形式。一般来说，招聘广告应满足AIDA(Attention-Interest-Desire-Action)原则。招募广告的另一个重要方面是广告包含的内容。

【案例】隐藏在招聘广告中的玄机

鑫达高新技术有限公司招聘启事

本公司招聘市场部公关经理 3 名。

工作职责：
1. 组织实施公司的公关活动。
2. 建立并维护与新闻媒体的良好关系。
3. 组织有利于公司品牌及产品形象的相关报道及传播。
4. 对公关活动进行监控。
5. 参与处理事件公关、危机公关等。
6. 组织实施内部沟通等项目和其他相关工作。

应聘要求：
1. 中文、广告或相关专业本科以上学历。
2. 3 年以上公关公司或信息类公司从业经验。
3. 有良好媒介关系者优先。
4. 形象好，善沟通，文字表达能力强。
5. 具有良好的媒体合作关系。
6. 较强的客户沟通能力及亲和力。
7. 各种新闻稿件的媒体发放及传播监控工作能力。
8. 具有吃苦耐劳、认真细致、优秀的人际沟通能力。

一经录用，月薪 4000 元以上，具体面议。

有意者请将简历于 3 月 23 日之前寄给本公司，公司将对应聘人员统一进行初试和复试。

2. 职业中介机构

我国目前出现了大量的职业介绍中介机构，职业介绍机构的作用是帮助雇主选拔人员，节省雇主的时间，特别是在企业没有设立专门的人力资源部门时，可以借助职业介绍机构求职者资源广而且能提供专业咨询和服务的优势。但是借助职业介绍机构的一个不利因素就是需求者与求职者之间存在一定的信息不对称，而组织的需求一旦被中介机构误解或者理解不充分，就容易造成人职不匹配，因此在选择职业介绍机构时，要尽量选取信誉较高的介绍机构，要求他们提供尽可能多的适合职位要求的人选。

3. 猎头公司

猎头公司(Executive Recruiters/Headhunter)，是近年来发展起来的为企业寻找高层管理人员和高级技术人员的服务机构。它们一般从事两类业务，一是为企业搜寻特定的人才；二是为各类高级人才寻找工作。这些猎头公司作为企业和人才的中间桥梁，掌握着大量人才供求的信息。它们通晓各种企业、组织对特殊人才的需求，同时根据市场变动及时收集大量的人才信息，拥有自己的人才数据库，因此通过猎头公司招聘的人才一般成功率较高，胜任力也相对较高。

一般来说，通过猎头公司招募人才费用相对较高，大致为推荐人才年薪的 25%～

40%。但由于核心人才对于组织具有较大的战略意义,尤其是高级管理和技术人员,而这类人员通常很难从公开市场上招募获得,因此从组织收益的角度来衡量,这种方法的成本是微不足道的。正因为通过猎头公司招募核心人才对企业来说存在较大的风险,因此企业应审慎选择。在借助猎头公司招募人才时,应注意以下几个关键环节:

(1) 应向猎头公司详细阐明人才需求的相关信息,必要时应在合同中予以明确。
(2) 确信你选择的中介机构能自始至终完成整个过程。
(3) 要求会见猎头公司中直接负责本项业务的人,确保其有能力胜任招募工作。
(4) 选择一家诚信的猎头公司。
(5) 事先确定服务费用和支付方式。
(6) 通过各种渠道详细了解猎头公司服务的实际效果。

4. 员工推荐

通过企业的员工、客户以及合作伙伴等推荐人选,是组织招聘的重要形式。这种方式的优点是对候选人的了解比较准确,招募成本比较低廉。采用这种方式的典型案例是思科公司,该公司大约 10%的应聘者是通过员工相互介绍而来的。组织可以建立一些特别的奖励机制,鼓励员工向企业推荐员工。

5. 人才交流会

外部机构组织的人才交流会是组织与求职者双向交流的场所,企业可以通过参加人才交流会直接获取大量应聘者的相关信息,既节省费用,又缩短了招聘周期,并可以在信息公开、竞争公平的条件下,公开考核、择优录用。

6. 校园招聘

校园招聘是针对大学在校学生进行的招募活动。学校是人才高度集中的地方,也是组织获取人力资源重要的源泉。每年都有数以万计的大学生迈出校门,走向社会。大学生的专业知识和对工作的热情是组织所期待的。尽管从 1999 年 12 月国家教育部才开始允许企业入高校招聘,即用人单位可在每年 11 月 20 日之后的休息日和节假日到高校开展宣传和咨询活动,但在此之前,已经有企业每年定期到大学去作招聘宣传,开展优秀毕业生的争夺。由于应届毕业生在知识结构、心理特征、技能水平等方面与具备工作经验的社会人才有较大差异,因此企业通过校园招募获取人才主要基于以下两个原因:

一是大学毕业生具有文化易塑性。在校的学生由于接触社会和企业相对较少,因此在职业化行为、核心职业理念、价值观等方面尚未成形,相对容易接受组织文化,在与组织文化相融合的过程中,阻力相对较少。

二是在目前来看,大学毕业生是最具发展潜质的人员群体,对组织来说通过校园招募其用于评价其潜质的信息相对完整、可信度较高。校园招募目前主要有高校宣讲会、应届毕业生双选会、网络招募以及实习留用四种广为使用的途径。校园招募的形式除了定期宣传、开招聘会以外,许多企业还通过赞助校园文化活动、学术活动等来扩大知名度,吸引优秀人才的注意。一些知名企业还设立奖学金、助学金,与学校建立长期稳定关系,使学校成为未来员工的培养之地。另外,让学生到企业中实践也成为一种行之有效的吸纳人才的方式。

一般而言，大学毕业生的胜任力较高，具有生机和活力，并且具有发展的潜力，但由于缺乏实际工作经验，所以在校园招募的过程中应注意以下几点：

(1) 选派能力较强的招聘人员，因为大学生一般比较看重企业形象。

(2) 对申请人的答复要及时，否则会对申请人来公司服务的决心产生消极影响。

(3) 大学毕业生总是感觉自己的能力强于公司现有雇员，因此他们希望公司的各项政策能够体现出公平、诚实和人性化。

7．网络招聘

网络招募，也称为电子招募，是指通过技术手段的运用，帮助企业人事经理完成招募的过程。即企业通过公司自己的网站、第三方招募网站等机构，使用简历数据库或搜索引擎等工具来完成招募过程。网络招募员工已经成为众多公司普遍使用的一种手段。网上招募的缺点是收到的求职材料太多，筛选非常困难。

网络招募的主要优势有以下几个方面。

(1) 信息覆盖面广。

互联网的覆盖是以往任何媒介都无法比拟的，它的触角可以轻易地延伸到世界的每一个角落。网络招募依托于互联网的这个特点，达到了传统招募方式无法获得的效果。

(2) 方便、快捷、时效性强。

网络招募的双方通过交互式的网上登录和查询完成信息的交流。这种方式与传统招募方式不同，它不强求时间和空间上的绝对一致，方便了双方时间的选择。许多在职找工作的求职者倾向于网络招募最重要的一点就该方式不受时间、地域限制，也不受服务周期和发行渠道限制，它可以迅速、快捷地交流信息，这种基于招募双方主动性的网上交流，于无声无息之间，完成了及时、迅捷的互动。

(3) 成本低。

无论是对于求职者还是用人单位而言，网络招募相对于其他招募方式具有成本低的优势。对于求职者来说，通过轻点鼠标即可完成个人简历的传递，原本几天才能完成的信息整理、发布工作，现在可能只要几十分钟就能够完成。这既节约了复印、打印费用，还省去了一番鞍马劳顿。对用人单位来讲，网络招募的快捷性节省时间成本的同时还减少了差旅费等支出。

(4) 针对性强。

网络招募是一个跨时空的互动过程，对供求双方而言都是主动行为，无论是用人单位还是个人都能根据自己的条件在网上进行选择。这种积极的互动，有助于双方在掌握大量信息的前提下做出决策，因此减少了招募和应聘过程中的盲目行为。目前，各类人才招募网站都具备快捷搜索、条件搜索功能，进一步加强了网络招募的针对性。

(5) 具有快速筛选功能。

目前，各类人才招募网站都对求职者的专业、受教育程度以及从事的行业等个人信息进行了细化，因此用人单位可以针对自己的用人标准进行简历的快速筛选，这是传统招募方式所不能比拟的。

任何方式都是有局限性的，网络招募也不例外，其局限性主要有以下几点：信息的真实性难以保证；网络招募的成功率较低；网络招募的应用范围狭窄。

总之，用人单位在确定招募方式时，可以考虑将网络招募方式与其他招募方式配合使用，从而有效地发挥网络招募的优势，最大可能地消除网络招募方式的不足(见表4-2)。

表4-2 各种外部招聘渠道比较

有效性	行政办公	生产作业	专业技术	销 售	经 理
第一	报纸招聘	报纸招聘	报纸招聘	报纸招聘	内部晋升
第二	内部晋升	申请人自荐	内部晋升	员工推荐	报纸招聘
第三	申请人自荐	内部晋升	校园招聘	内部晋升	职业中介
第四	员工推荐	员工推荐	员工推荐	职业中介	猎头公司
第五	政府就业机构	政府就业机构	申请人自荐	申请人自荐	员工推荐

三、内部招募与外部招聘的比较

(一)内部招聘的优点

(1) 对招聘的人员了解比较全面，有较长的实践观察期，对人才能力的把握程度高。

(2) 内部招聘容易形成一种竞争、激励的文化，激发员工的内在积极性。

(3) 由于招聘人员来自组织内部，他们对组织文化、空缺职位的性质十分熟悉，进入岗位上手快。

(4) 上岗人员对组织的培训、指导积累性好，衔接性强，组织对其培训的价值得到充分体现。

(5) 省去了一揽子外部招聘的广告费、差旅费等招聘费用，招聘成本最低。

(二)内部招聘的缺点

(1) 选择范围局限，可能造成职位的长期空缺。

(2) 内部招聘事实上造成"近亲繁殖"，使组织缺乏活力。

(3) 易受主观偏见的影响，不利于应聘者的公平竞争。

(4) 如果内部招聘的人员水平有限、口碑不佳，容易引起内部矛盾，如果选拔标准不科学，其负面影响更大。

(三)外部招聘的优点

(1) 上岗人员来源极为广泛，是通过大样本的候选人选出的，有利于选到一流的人才。

(2) 招聘上岗人员可以带来新的思路、新的工作方法和流程，创新机会多。

(3) 可以回避"近亲繁殖"问题，防止内部拉帮结派的形式。

(4) 上岗的高素质一流人才，可以节省培训投资。

(四)外部招聘的缺点

(1) 招聘费用高,成本大。

(2) 上岗人员对招聘组织的情况不了解,或了解太少,需要较长时间的评估和适应。

(3) 对招进人员的能力把握不易准确,可能进错人,导致工作绩效上的损失。

(4) 外部招聘容易造成"空降兵"占用内部人员晋升机会的问题,影响内部员工的工作积极性。

第三节　员工选拔中的面试和测试

【案例】GE 接班人的内部选拔

明确的战略意图和灵活的技术手法

韦尔奇的伟大之处,不仅在于对通用电气公司的管理革命,还在于如何选择接班人。在选择接班人方面,韦尔奇坚持应从公司内部选择,并为此作了不懈的努力。

早在 1994 年 6 月,韦尔奇就开始与董事会一道着手遴选接班人的工作,而且几乎事必躬亲。在秘密敲定十几位候选人名单后,他会经常性地安排他们与董事会成员打高尔夫球,或聚餐跳舞,让董事们有更多的感性认识。娱乐活动轻松活泼,看似不经意,但座次安排、组合配对等细节都是韦尔奇亲自安排的。当然,对候选人也有多种明察暗访的考核。

经过 6 年零 5 个月的筛选,最后三名候选人是詹姆斯·麦克纳尼、罗伯特·纳尔代利、杰弗里·伊梅尔特,他们分别是通用电气公司下属飞机发动机、电气涡轮机、医疗设备业务的负责人,各自在辛辛那提、奥尔巴尼、南卡罗来纳办公。此前他们各自隐约知道自己是候选人之一,但并不知道还有多少竞争对手,因而并没有面对面的竞争机会,一直保持良好的同仁与朋友关系。这正是韦尔奇所需要的。在宣布接班人之前的感恩节周末,韦尔奇的行踪显得有些诡秘。

周五,他邀请伊梅尔特和妻儿从南卡罗来纳飞到自己在佛罗里达棕榈滩的寓所共度感恩节,但并不让他乘坐通用电气公司的飞机,而是搭乘一架与其他公司合用的商务飞机绕一圈后才到达佛罗里达,以避免公司内部人员的议论。韦尔奇与伊梅尔特在周六谈了一整天,晚餐就在韦尔奇家中进行。周日上午,伊梅尔特一家坐上一架与他人合用的商务飞机直奔纽约。下午,韦尔奇通知自己的飞行员改变飞往纽约的计划,改飞辛辛那提。在雨夜中着陆后,韦尔奇在飞机库一个隐秘的房间里,与詹姆斯·麦克纳尼详谈了一会儿。回到飞机上后,他再次令飞行员惊奇,他要求转飞奥尔巴尼,与另一位落选的候选人纳尔代利见了面,并交谈了一阵。晚上 10 点钟,韦尔奇终于飞到纽约。此时他百感交集:"为我的继任者感到高兴,为他将坏消息告诉朋友而伤心。同时也觉得松了一口气。"

周一上午 8 点,通用电气公司在纽约宣布,44 岁的杰弗里·佛梅尔特将成为全世界最有价值的公司下一任 CEO。

3 周后,在通用电气公司董事、高级主管及配偶于曼哈顿通用电气"彩虹室"聚餐和跳舞时,麦克纳尼和纳尔代利与伊梅尔特一样,得到大家的起立鼓掌。

一、员工选拔面试

员工选拔面试也叫招聘面试。前面在员工招聘程序中已提到"接待和甄别应聘者"也叫员工选拔,包括审查申请表、初选、面试和测试、进一步面试、体检等环节。这里,主要介绍审查申请表后的面试。

由于应聘申请表与初选不能反映应聘者的全部信息(甚至申请表中的有些内容不够真实),组织不能对应聘者作深层次的了解,个人也无法得到关于组织的更为全面的信息,因此需要通过面试使组织与个人得到各自所需的信息,以便组织进行录用决策,个人进行是否加入组织的决策。面试是供需双方通过正式交谈,使组织能够客观了解应聘者的业务知识水平、外貌风度、工作经验、求职动机等信息,使应聘者更全面地了解组织信息,因而,选拔面试是组织和应聘者双向选择的一个重要手段。

(一)面试种类

面试可以从不同角度进行分类。

从面试达到的效果来看,可分为初步面试和诊断面试:初步面试相当于面谈,比较简单随意,它通常由人力资源部门中负责招聘的人员主持,初选不合格者将被筛掉;诊断面试是对初步面试合格者作实际能力与潜力测试,使招聘单位与应聘者互相补充深层次信息,它由用人部门负责,人力资源部门参与,这种面试对组织录用决策与应聘者是否加入组织决策至关重要。

从参与面试过程的人员来看,可分为个别面试、小组面试和成组面试。个别面试是一个面试员与一个应聘者面对面地交谈,它有利于相互间的沟通,但面试结果易受个人偏见的影响;小组面试是指由用人部门和人力资源部门共同组成的面试小组对每个应聘者分别从多种角度进行的面试,因而它有利于提高面试结果的准确性,克服个人偏见;成组面试也叫集体面试,是指面试小组对若干应聘者同时进行的面试,因而面试的效率比较高,但对面试主考官的要求也比较高,因而,当内部面试考官达不到要求时,要外聘专家。

(二)面试的组织形式

从面试的组织形式来看,可分为结构性面试、非结构性面试、压力面试。

1. 结构性面试

(1) 定义。

结构性面试是指在面试前,已设立面试内容的固定框架或问题清单,主考官按照这个框架对每个应聘者分别作相同的提问,并控制整个面试的进行。

(2) 优点与缺点。

结构性面试的优点:由于对所有应聘者均按同一标准进行,因而可以提供结构与形式相同的信息,全面分析、比较,减少了主观性,且对考官的要求也较低。

结构性面试的缺点:过于僵化,难以随机应变,因而所收集信息的范围受到限制。

(3) 实施注意点。

① 做好拟聘职位的工作技能需求分析,并确定各技能需求的重要程度。在分析工作

技能时，要分两类考虑：一类是如何做好工作、达到预期工作绩效目标的技能，另一类是需要何种技能去完成此项工作，即从完成工作的质和量上加以考虑。

② 确定面试问题。事先确定面试问题清单是结构性面试的重要特征。确定时要围绕面试所需了解的信息，重点是对应聘者能力与潜力的了解；问题要简单扼要，且有一定的诱导性和使应聘者有更多的发挥余地。

③ 合理引导与控制面试过程。由于这种面试有固定问题清单，接近考试，因此主考官应注意不要使应聘者有较大的精神压力，要注意引导面试氛围。

④ 公正平等地评价面试结果。主考官对各应聘者的评价应建立在公正平等之上，将应聘者的实际表现与技能需求分析进行对比分析，然后排出各应聘者的优劣。

2. 非结构性面试

(1) 含义。

非结构性面试是指面试前无须做面试问题的准备，主考官只要掌握组织、职位的基本情况即可，而在面试过程中提问带有很大隐蔽性和随意性的问题，其目的在于给应聘者充分发挥自己能力与潜力的机会。当然这种面试要求应聘者有很好的理解能力与应变能力。

(2) 优点与缺点。

优点：非结构性面试由于灵活自由，问题可因人、因情境而异，可深入浅出，因而可以得到较深入的信息。

缺点：由于此方法缺乏统一标准，因而易带来偏差，且对主考官要求较高，要求主考官具备丰富的经验与较高的素质。

下面案例显示了非结构性面试的灵活性特点。

某独资企业欲招聘若干管理人员，通知所有应聘者在某月某日某时整在位于某某大厦的公司总部同一时间面试。结果等到面试那天，公司派人提前在该大厦大厅内接待前来应聘的人员，并请大家在大厅内恭候，等到所有应聘人员到齐后，接待人员告诉大家一个不幸的消息：电梯坏了，需要大家由接待人员带领，爬几十层楼梯到公司的办公室参加面试。有些人听后立即就走了，有些人爬到一半后也放弃了，只有少数几个人坚持到最后。结果，就是这些坚持到最后的应聘者被录用了。这就是一个典型的非结构性面试的例子。事实上，读者可悟出电梯根本就没有坏，主考官就是想借此考一考应聘者吃苦耐劳和坚忍不拔的意志。然而，许多应聘者却由于不具备"磨难精神"而失去了此次机会。

3. 压力面试

(1) 含义。

压力面试是指在面试开始就给应聘者提出敌意的或者具有攻击性的意想不到的问题，以了解应聘者承受压力、情绪调整的能力，测试应聘者的应变能力和解决紧急问题的能力。这种方法较常运用于招聘销售人员、公关人员和高级管理人员。

(2) 优点与缺点。

优点：可以较真实地测定应聘者承受压力和情绪调整的能力，为销售、公关及高级管理层等需要上述能力的职务的人员招聘提供了较好的招聘方式。

缺点：问题较难设计，对主考官要求相对较高。

(三)面试中的提问技巧

在上述各类面试中，主考官常常要向应聘者提问，若提问颇有技巧，则主考官能获取更多信息，提高面试质量。下面一些面试技巧可供面试时参考。

(1) 合理安排提问内容。提问内容应是重要的、与拟聘职务有关的、并且是应聘者书面材料之外的东西，以便于更全面、真实地了解应聘者适应拟聘职务方面的情况。

(2) 合理运用简单提问。一般在面试刚开始时，采用简单提问来缓解面试的紧张气氛，消除应聘者的心理压力，使应聘者能轻松进入角色，充分发挥自己的水平和潜力。简单提问常以问候性语言开始，如"你一路上辛苦吗？""你乘什么车来的？"

(3) 合理运用递进提问。在开始简单提问后，谈话气氛趋于轻松，此时可采用递进提问将问题引向深一层次，如引导应聘者详细描述自己的工作经历、技能、成果、工作动机、个人兴趣等。递进提问常采用诱导式提问，如"你为什么要离职？""你为什么要到本公司来工作？""你如何处理这件事情？"而避免使用肯定/否定提问，如"你认为某事情这样处理对吗？""你有管理方面的经验吗？"

(4) 合理运用比较式提问。是指主考官要求应聘者对两个或更多事物进行比较分析，以了解应聘者的个人品格、工作动机、工作能力与潜力。如"若现在同时有一个晋升机会与培训机会，你将如何选择？""在以往的工作经历中，你认为你最成功的地方是什么？"

(5) 合理运用举例提问。这是面试的一项核心技巧，是指主考官要求应聘者回答问题，引导应聘者回答解决某一问题或完成某项任务所采取的方法和措施，以此鉴别应聘者解决问题的实际能力，如"请举例说明你对员工管理的成功之处"。

(6) 客观评价提问。是指主考官有意让应聘者介绍自己的情况，客观地对自己的优缺点或曾发生在主考官身上的某些事情进行评价，如"世上没有十全十美的人，比如说，我在处理突发事件时容易冲动，今后有待于进一步改善。你觉得你在哪些方面需要改进？"

(四)主考官应具备的素质

主考官除了要具备上述面试询问技巧的业务素质外，还要具备以下素质：

(1) 能客观公正地对待所有应聘者。不应以个人主观因素评价应聘者，而应以录用标准加以衡量。

(2) 良好的语言表达能力。在提问中语音表达清楚准确，不引起应聘者的歧义和误解，并善于引导应聘者回答问题。

(3) 善于倾听应聘者的陈述。对应聘者的陈述始终集中注意力和保持极大的兴趣，能准确理解对方的陈述。

(4) 敏锐的观察力。对应聘者面试中表现出的如身体姿态、语言表达、面部表情、精神面貌等要善于观察。

(5) 善于控制面试进程，使面试始终处于一个良好、轻松愉快的气氛之中。

【常规面试问题】

1. "请你自我介绍一下。"
2. "谈谈你的家庭情况。"

3. "你有什么业余爱好？"
4. "你最崇拜谁？"
5. "你的座右铭是什么？"
6. "谈谈你的缺点。"
7. "谈谈你的一次失败经历。"
8. "你为什么选择我们公司？"
9. "对这项工作，你有哪些可预见的困难？"
10. "如果录用你，你将怎样开展工作？"
11. "与上级意见不一致时，你将怎么办？"
12. "我们为什么要录用你？"
13. "你能为我们做什么？"
14. "你是应届毕业生，缺乏经验，如何能胜任这项工作？"
15. "你希望与什么样的上级共事？"
16. "您在前一家公司的离职原因是什么？"

【非常规面试问题】

1. "周五下午2:30，旧金山有多少人在使用 Facebook？"——谷歌公司(Google)供应商关系经理面试题。

2. "给你5分钟时间，说点有意思的事来听听。我不会打断你。"——市场营销公司 Acosta 领导力开发项目面试题。

3. "假设德国人是全世界最高的人，你要如何证明这一点？"——惠普公司(Hewlett-Packard)产品营销经理面试题。

4. "给你20个易碎灯泡(这些灯泡到了一定高度就会碎裂)和一栋一百层高的大楼，你如何确定灯泡在什么高度会碎裂？"——高通公司(Qualcomm)工程师面试题。

5. "圣雄甘地能成为一位优秀的软件工程师吗？"——德勤会计师事务所(Deloitte)分析师面试题。

6. "假设你是业绩最出色的员工，但所有同事都讨厌你；或者业绩排名不那么靠前，但所有同事都喜欢你，你选择做哪一种？"——业务外包解决方案提供商 ADP 公司内部销售助理面试题。

7. "你如何解决全球饥荒问题？"——亚马逊公司(Amazon)软件开发员面试题。

8. "你热爱生活吗？"——安永会计师事务所(Ernst & Young)税务分析师面试题。

9. "憩室炎(diverticulitis)这个单词如何拼写？"——环境管理咨询公司 EMSI Engineering 客户经理面试题。

10. "如果你是一款微软(Microsoft)办公软件，你会是哪一款？"——巅峰竞技设备公司(Summit Racing Equipment)电子商务经理面试题。

11. "没有订书钉的订书机有哪些用途？请举出5个例子。"——易唯思咨询公司(EvaluServe)商业分析师面试题。

12. "达拉斯或者沃斯堡居民2008年的汽油消费额是多少？"——美国航空公司(American Airlines)收益经理面试题。

> 13. "现在有多少架飞机正在飞越堪萨斯上空？"——百思买公司(Best Buy)需求规划分析师面试题。
> 14. "把山脚下湖泊里的水运到山顶共有多少种不同的方法？"——迪斯尼乐园(Disney Parks & Resorts)项目工程实习生面试题。
> 15. "你要百事可乐还是可口可乐？"——联合健康集团(United Health Group)项目副经理面试题。
> 16. "你呼出的气是热的吗？"——沃克营销公司(Walker Marketing)客户经理面试题。

二、员工选拔测试

员工选拔测试也叫测评，是在面试的基础上对应聘者做进一步了解的一种手段，包括心理测试与智能测试。因而它可以检测应聘者的能力与潜力，消除面试中主考官的主观因素对面试的干扰，鉴别应聘者资料中的某些"伪信息"，提高录用决策的正确性，同时也可以增加招聘的公平竞争性。

(一)心理测试

心理测试主要集中于对应聘者潜力的测试。心理测试是评价中心技术中使用最为方便、简洁的方法。它是通过一系列心理测量表来测量一个人的潜能与个性特点的方法，例如，基础职业能力、价值取向、进取意识、创新能力、风险承受能力，等等。该测试通常的做法是：要求被测者借由相关的测试软件对一些客观性试题作答，通过对结果进行系统评价，出具相应的职业心理胜任力测评报告。该测验操作比较简单，在目前人力资源管理中使用较为普遍。其具体类型主要有职业能力倾向测试、个性测试、价值观测试和职业兴趣测试等。

1. 职业能力倾向测试

职业能力倾向测试是指测定从事某项特殊工作所应具备的某种潜在能力的一种心理测试。它能预测应聘者在某职业领域成功和适应的可能性，或判断哪项工作适合他。

职业能力倾向测试的内容一般可分为以下几点：

普通能力倾向测试——包括思维、想象、记忆、推理、分析、空间关系判断和语言等方面能力的测试。

特殊职业能力测试——是测试特殊职业需要特殊能力的一种职业能力测试，如出纳员、打字员等。

心理运动机能测试——包括心理运动能力如选择反应时间、肢体运动速度、四肢协调、速度控制等；身体能力如动态强度、爆发力、广度灵活性、动态灵活性和身体协调性等。这些可借助于体检、各种测试仪器或工具测试。

由于不同职业对能力的要求不同，人们设计了针对不同职业领域的能力倾向测试，用于针对性地选拔人员和职业设计。我国已在公务员考试中设立了行政职业能力测试，它是专门用来测量与行政职业有关的一系列心理潜能(如知觉速度与准确性、判断推理能力、语言理解能力、数量关系与资料分析能力)的考试，通过这一系列的考试，即可预测考生在行政职业领域多种职位上成功的可能性。行政职业能力测试已在全国许多省市的公务员招聘中得到运用。

2．个性测试

个性是一个人能否施展才华、有效完成工作的基础，难怪有人说："人的性格就是人的命运，它会影响你的待人处事方式、交际圈大小和人际关系；一个有毅力、专一的人和一个有懒惰、兴趣多变的人，即使两人能力相当，但前者可能更易取得事业的成功。"

对组织而言，通过个性测试可以筛选出那些具有优良品质、心理健康的人。国外很多公司的 CEO 在选择自己的继任者时无不看重候选人的个性，期望找一个既有才干，但更具个性魅力的候选人；对应聘者个人而言，通过个性测试可以发现自己具备的个性和与之相适应的工作性质。

运用较多的个性测试主要有自陈式测试和投射测试。在运用这种方法时，要明确具有特定个性的人并不是就一定能够从事特定的工作或只能从事特定的工作；同样地，特定的工作也不是只能由特定个性的人来胜任。只不过，特定工作需要特定的员工个性，如会计和秘书均需具备心细的品格特征，市场营销员则需要有强烈的创新和开拓意识。很显然，心细的人不一定就能当好秘书也决非只能当秘书；有强烈创新、开拓意识的人也不一定就能干好市场营销工作，也不是只能从事市场营销工作。

3．价值观测试

价值观测试是指通过对应聘者的道德方面如诚实、质量和服务意识等价值观的测试，来深入了解应聘者的价值取向，作为选拔录用的一种补充性依据。

价值观测试之所以近几年来被重视并运用于招聘中，是因为一些求职者的工作价值观与其所录用的职业或职位并不相符，结果影响其工作热情和积极性的发挥。

表 4-3 所示为某工作价值观测试样例。

表 4-3　价值观测试样例

评价因素	你认为的重要程度(在数字上画圈)				
有趣的工作	5	4	3	2	1
非工作时间	5	4	3	2	1
收入	5	4	3	2	1
挑战	5	4	3	2	1
住房	5	4	3	2	1
福利	5	4	3	2	1
明确的责任	5	4	3	2	1
技能应用	5	4	3	2	1
公司荣誉	5	4	3	2	1
培训机会	5	4	3	2	1
与经理的工作关系	5	4	3	2	1
赏识	5	4	3	2	1

续表

评价因素	你认为的重要程度(在数字上画圈)				
建议被倾听	5	4	3	2	1
反馈	5	4	3	2	1
贡献	5	4	3	2	1
公平竞争	5	4	3	2	1
提升	5	4	3	2	1
合作的同事	5	4	3	2	1
和谐的组织气氛	5	4	3	2	1
地区	5	4	3	2	1

4．职业兴趣测试

由北京世纪人才系统有限责任公司开发的《企业管理人才测评系统》包括职业兴趣测试，它从艺术取向、习俗取向、经营取向、研究取向、现实取向、社交取向等方面测定管理人员的职业兴趣。通过职业兴趣测试可以了解应聘者想做什么和喜欢做什么，借此进行人与职的合理匹配，以最大限度地发挥人的潜力，促使工作圆满完成。

(二)智能测试

智能测试主要体现为知识考试，主要是通过纸笔测验的形式对被测试者的知识广度、知识深度和知识结构进行了解的一种方法，其种类主要有百科知识考试、专业知识考试、相关知识考试等。

三、评价中心测试

评价中心测试综合使用多种测评技术，如心理测试、能力测试、面试等，并由多个评价者进行评价。各种技术从不同的角度对被评价者的目标行为进行观察和评价，各种手段之间又可以相互验证，从而能够对被评价者进行较为可靠的观察和评价。

评价中心采用的情境测试方法是一种动态的方法，因此，这种对实际行动的观察往往比被评价者的自我陈述更为准确有效。

评价中心测试的作用：

(1) 有助于人才选拔和使用。传统的选拔方法带有很强的主观性和随意性，往往会导致员工不适应岗位工作、人浮于事的不良后果。而使用人才测评技术，可以全面了解人的素质，从而做到因事择人、人职匹配。当需要企业从外部招聘人才时，可以通过人才测评来掌握应聘者的素质，从而择优录用。当企业内部需要进行人员调整时，人才测评可以作为人员调整的重要参考依据，从而有利于人尽其才、才尽其用。

(2) 有助于人力资源的全面普查。传统的人力资源信息中，一般包括性别、年龄、学历等简单的信息。但在现代社会激烈的竞争中，仅有这些信息是远远不够的，因为这些信息无法全面准确地反映人员的素质，更难以判断应聘人员能否满足未来发展的需要。所以，现代人力资源的普查不仅包括传统的自然信息，还包括人员的能力水平和个人特点等素质方面的信息，也可以通俗地称为建立人员的"素质"档案。企业可以根据现有人员的总体能力结构和特点，有针对性进行培训，依据人员特点合理使用与管理。

(3) 有助于为团队建设提供依据。一个好的团队不是一个一个成员的简单相加，而是其成员之间的素质匹配要合理，凝聚力要强。而人才测评能较好地为建设一个好的团队提供依据。

(4) 有助于自我认识和发展。对于个人来说，人才测评可以帮助个体了解自己，知道自己的长处和兴趣在哪儿，从而在实践中扬长避短，有助于个人职业生涯设计和职业生涯发展，实现更好的自我发展。

(5) 有助于管理者的工作开展。对于管理者来说，管理者的绩效总是部分地取决于下属的绩效。没有适当能力的雇员就不能有效地工作，并会影响自己工作的开展。而人才测评可以帮助管理者迅速了解雇员的实际能力，并为人员培训提供诊断性信息。

评价中心测试的主要形式有以下几种：
- 公文筐测验。
- 无领导小组讨论。
- 角色扮演。
- 演讲。
- 管理游戏。

(一)公文筐测验

公文筐测验是一种情景模拟测验，即通过模拟一个公司所发生的实际业务与管理环境，提供给被测者包括财务、人事备忘录、市场信息、政府法令公文、客户关系等材料，要求被测者以管理者的身份，按照真实工作中的想法，在规定条件下对各种公文材料进行处理，形成相关处理报告，从而根据被测者处理过程中的行为表现与书面作答，评价其计划、组织、预测、决策和沟通能力。公文处理法是一项针对管理人员而言可信度较高的测评手段，它为企业中高层管理人员的选拔、任免、考核与培训提供了有益的信息与决策参考。首先假设应聘者已经从事了某一职位的工作，然后给他提供事先准备好的资料，这些资料是该企业发生的实际业务和管理环境信息，让其在规定时间和条件下进行处理，做出报告，并说明理由和原因。这是评价中心最常用的核心技术，非常适合对管理人员、行政人员进行评价。

【案例】你是某餐厅的值班经理，上班后向每位服务员问好，回顾管理组留言本，并令人满意地完成了巡视。一次成功的值班已经准备就绪，可随后4小时发生了一些情况。

任务：餐厅同时发生的事情太多，你无法分身同时处理。请列出你需要优先处理的3件事，并说明理由。

(1) 实际营业额比预估高50%。
(2) 由于高营业额，大厅及卫生间不清洁。
(3) 收银员需要小额现金，以便找零。
(4) 一位顾客来电抱怨可能因为使用餐厅产品而生病。
(5) 被指定负责消毒仓库货架这项日清洁的服务员尚未完成工作便提前离开。

(6) 一名服务员将饮料打翻在用餐区的地板上,玻璃杯摔碎了。
(7) 你预计在值班中开始培训的服务员没有出勤。

(二)无领导小组讨论

这种讨论通常将被测者分为几个小组,要求各组在无负责人的情况下,在规定时间内对资金分配、任务分担、干部提拔等有争议的问题进行讨论,并达成一致意见。测试考官将根据被测者在讨论中的表现做出评价。评价标准主要包括:发言次数的多少;是否善于提出新的见解与方案;是否敢于发表不同意见;是否支持或肯定他人的意见,或坚持自己的正确意见;是否善于清除紧张气氛,说服他人,调解争议问题,营造一个使不大开口的人也想发言的气氛,把众人的意见导向一致;能否倾听他人意见;是否尊重他人;语言表达能力,分析问题、概括或总结不同意见的能力如何,等等。无领导小组对于评价管理者的管理才能非常有效,尤其适用于衡量分析问题、解决问题以及决策等领导者必备的胜任力。

(三)角色扮演

选取和被评价者的工作相关的一个人际或工作情境,由一个扮演者饰演被评价者的客户、上级、同事、下属等角色。评委设置一系列尖锐的人际矛盾与人际冲突,要求被评价者扮演某一角色并进入角色情境,去处理各种问题和矛盾。

评委通过对被评价者在不同人员角色的情境中表现出来的行为进行观察和记录,观察被试者是否具备某些素质特征以及个人在模拟的情境中的行为表现与组织预期的行为模式、与担任职位角色规范之间的吻合程度,来预测被试者的个性特征与工作情境间的和谐统一。

测评要素:主要用来评价一个人的主动性、自信心、说服能力、人际关系技能、情绪的稳定性和情绪的控制能力、随机应变能力、技巧和方法,等等。

【角色扮演】人力资源部需招聘一名员工,作为人力资源部部长的你心里已经有了很合适的人选,但是公司总经理推荐了另一名员工,而且此人并不适合做人力资源的工作,这时的你会怎么做?

四、其他甄选测评方法与技术

(一)工作申请表及简历

考察个人基本信息、求职态度、工作经历和申请表中一些可疑的地方。

可能的"简历欺骗"指标
——夸大的教育证件(学习成绩、学历、学位)。
——遗漏、不一致的就业期间,或篡改的就业日期。
——列出的时间存在中断。
——夸大的技能和经历。

——自称自我雇用。
——自称做过咨询员。
——自称曾经在一家现在已经停业的公司工作。
——工作历史有倒退迹象(如职责或薪酬等级下滑)。
——使用限定词,如"参与""帮助"。
——使用模糊回答,如列出过去雇主所在的城市,而不是公司的完整地址。

(二)笔迹分析

笔迹分析是一门既科学又完整的系统理论与方法。人的一切行动无不是受内心的思想性格影响的,笔迹书写也是人体的一种行动,因此笔迹也必然受内心的思想性格影响。从笔迹分析内心世界就是一个"顺藤摸瓜"的过程。文字符号都有自己的规范,但谁也不会写得和规范一模一样,总是千差万别,允许在一定程度上有自由发挥的空间,有了这样的余地就有了笔迹体现个性的余地了。招聘人员在对求职者进行笔迹分析时,主要包括以下七个方面。

(1) 书面整洁情况:书面干净整洁者,说明书写者举止高雅,穿着较讲究,性喜干净整齐,较注重自己的仪表和形象,并多有较强的自尊心和荣誉感。如书面有多处涂抹现象,说明书写者可能具有穿着随便、不修边幅、不拘小节等性格特征。

(2) 字体大小情况:字体大,不受格线的限制,说明书写者性格趋于外向,待人热情、兴趣广泛、思维开阔,做事有大刀阔斧之风,但多有不拘小节、缺乏耐心、不够精益求精等不足。字体小,说明书写者性格偏于内向,有良好的专注力和自控力,做事耐心、谨慎,看问题比较透彻,但心胸不够开阔,遇事想不开。字体大小不一,说明书写者随机应变能力较强,处事灵活,但缺乏自制力。

(3) 字体结构情况:结构严谨,说明书写者有较强的逻辑思维能力,性格笃实,思虑周全,办事认真谨慎,责任心强,但容易循规蹈矩。结构松散,说明书写者的发散思维能力较强,思维有广度,为人热情大方,心直口快,心胸宽阔,不斤斤计较,并能宽容他人的过失,但往往不拘小节。

(4) 笔压轻重情况:笔压重,说明书写者精力比较充沛,为人有主见,个性刚强,做事果断,有毅力,有开拓能力,但主观性强,固执。笔压轻,说明书写者缺乏自信,意志薄弱,有依赖性,遇到困难容易退缩。笔压轻重不一,说明书写者想象思维能力较强,但情绪不稳定,做事犹豫不决。

(5) 书写速度情况:如全篇文字连笔较多,速度较快,说明书写者思维敏捷,动作迅速,效率较高,但有时性急,容易感情冲动。如笔速较慢,说明书写者头脑反应不是很快,行动较慢,但性情和蔼,富于耐心,办事讲究准确性。

(6) 字行平直情况:字行平直,说明书写者做事有主见,只要自己认定的事,一般不为他人所左右。字行上倾,说明书写者积极向上,有进取精神。这种人常常雄心勃勃,有远大的抱负,并常能以较大的热情付诸实践。如字行过分上倾,说明书写者除有上述特征之外,还往往非常固执。字行下倾,说明书写者看问题非常实际,有消极心理,遇到问题看阴暗面、消极面太多,容易悲观失望。字行忽高忽低,说明书写者情绪不稳定,常常随着生活中的高兴事或烦恼事或兴奋或悲伤，心理调控能力较弱。

(7) 通篇布局情况：要看左右留边空白大小及行与行之间排列是否整齐。左边空白大，说明书写者有把握事物全局的能力，能统筹安排，并为人和善、谦虚，能注意倾听他人意见，体察他人长处。右边空白大，说明书写者凭直觉办事，不喜欢推理，性格比较固执，做事易走极端，遇到困难容易消极。左右不留空白，说明书写者有着很强的占有欲和控制欲，比较自私。行与行之间排列整齐，说明书写者有良好的教养，为人正直，不搞歪门邪道。头脑清晰，做事有条不紊，讲究计划性、系统性和程序性。有较强的自尊心、责任感和荣誉感。行与行之间排列不整齐，说明书写者头脑比较简单，条理性较差，做事马马虎虎，缺乏责任感。

以上七方面的内容是笔迹分析中最基本的组成部分，也是其中很小的一部分，如要全面地了解一个人，还需做更全面的分析。尽管如此，若能把握以上几方面的要领，用人单位对应聘人员的主要性格、能力特征也能有一个大概的了解。但值得注意的是，笔迹分析作为一项技术是一个综合考虑的结果，必须通过多方面的综合分析、高度概括，才能得出比较符合应聘人实际情况的鉴定。

【案例】柯达的内部人才培训提拔法

人才并非凭空而来，选拔与培训一样重要。对此柯达公司的做法是：以严格的选择评定标准找到所需要的人才，再以相关的培训和发展课程对其进行培养，以便更好地利用现有人力资源的潜力。换言之，柯达公司在生产第一线创造了一批人才。

柯达公司要求候选人要具备当机立断、协助解决问题、有创意及领导才能，能够听取他人的意见，文字和语言均能有效沟通，了解公司的各项组织功能，并能圆满完成任务。

为了寻找到合适的人选，柯达公司设置了评估中心对候选人进行评估。

评估作业一般在当地旅馆进行，每次有 12 位候选人参加。候选人于周日晚到达，次日早晨进行评估作业。周一下午都将离开，6 名评审则多待一天以讨论评估的结果，并决定合适人选。柯达公司的评估作业包括现场实况操作及角色扮演等，个性剖析也包括在内。虽然这类评估作业成本很高，但公司认为价有所值。

对每个人的优缺点做诚实的评估后，那些被认定具有领袖才能的候选人就可以参加所谓的"团队管理技巧发展课程"。课程分为两个阶段，第一阶段课堂教育主要传授实务培训与经验，历时 7 个星期。为了保证理论与实务的融合，受训者通常是一星期上课，随后的一星期又回到工作岗位，如此交替进行。第二个阶段历时 6 个月，受训者将有机会表现他们的领导才能。而且他们必须认定一个目标，并尽力完成。培训即将结束时，由经理人员所组成的小组，进行最后的评估，以决定受训者是否符合公司要求。

为培养团队合作精神，公司还要求候选人参加为期 1 周的领导才能发展课程，在前往集训地前，他们将被问到所担忧的事情是什么？每个人所担心的都不一样。但通过团队合作后，都一一克服了。当他们重返工作岗位时，每个人都非常自信，自认世上再无难事。

第四节　员工录用

一、录用决策

录用决策是对选拔过程中获取的信息进行综合评价与分析，确定每一个应聘者的能力特点，并根据预先设计好的人员录用标准进行挑选，从而选择合适人员的过程。在做出录用决策时，应时刻考虑招聘的黄金法则——能级原则，最合适的就是最好的，而最好的不一定是最合适的。

(一)录用决策的程序

总结应聘者的信息——分析录用的影响因素——选择决策方法——最后决定。

- 总结应聘者的信息。根据企业发展和职位的需要，评价小组最终把注意力集中在"能做"与"愿做"两个方面。其中，"能做"指的是知识和技能以及获得新知识和技能的能力或潜力；"愿做"则指工作动机、兴趣和其他个人特性。
- 分析录用的影响因素。
- 选择决策方法。
    ◆ 诊断法：方法简单，成本较低，但主观性强，主要根据决策者对某项工作和承担者资格的理解，在分析候选人所有资料的基础上，凭主观印象做出决策。
    ◆ 统计法：这种评价方法对指标体系的设计要求较高。首先要区分评价指标的重要性，赋予权重，然后根据评分的结果，用统计方法进行加权运算，分数高者获得录用。
- 最后决定。让最有潜力的应聘者进入诊断性面试，让用人部门主管(或专家小组)作出决定，并反馈给人力资源管理部门。然后由人力资源管理部门通知应聘者有关的录用决定，办理各种录用手续。

(二)正式录用

1．岗前培训

员工进入单位后，企业要对其进行岗前培训，目的在于向新员工介绍其工作性质、环境及同事等，使其能迅速熟悉工作，消除对新工作、新环境及新同事的神秘感；了解企业文化、政策和规章制度等。培训合格后方可上岗，培训不合格者给予机会再进行培训，如仍不合格者，应予以辞退。

2．试用期考察

试用是对员工的能力和潜力、个人品质与心理素质的进一步考核，培训合格者上岗试用，试用期一般为 3 个月，特殊岗位的试用期可为 6 个月。试用的目的是为了通过工作实践，考察录用人员对工作的适应性。同时，也为试录人员提供了进一步了解组织及工作的机会，这是一个双向选择的过程，双方不受任何契约的影响。

3. 正式录用

新员工经试用期考察合格后即为正式录用，即我们通常所称的转正。同时，完成人事档案的转移，填写新员工档案登记表并签订劳动合同。

4. 注意体检

- 确定应聘者的身体条件是否符合岗位的要求。
- 建立应聘者的健康记录，为未来的保险或员工的赔偿要求提供依据。
- 发现员工可能不知道的传染性疾病。

二、招聘评估

(一)招聘评估的作用

1. 有利于组织节省开支

招聘评估包括招聘结果的成效评估(具体又包括招聘成本与效益评估、录用员工的数量与质量评估)和招聘方法的成效评估(具体又包括招聘的信度与效度评估)，因而通过招聘评估中的成本与效益核算，就能够使招聘人员清楚费用支出情况，对于其中非应支项目，在今后招聘中加以去除。

2. 检验招聘工作的有效性

通过招聘评估中录用员工数量的评估，可以分析其中招聘数量满足与不满足的原因，有利于改进今后的招聘工作和为人力资源规划修订提供依据。

3. 检验招聘工作成果与方法的有效性程度

通过对录用员工质量进行评估，可以了解员工的工作绩效、行为、实际能力、工作潜力与招聘岗位要求的符合程度，从而为改进招聘方法、实施员工培训和进行绩效评估提供必要的、有用的信息。

4. 有利于提高招聘工作质量

通过招聘评估中招聘信度和效度的评估，可以了解招聘过程中所使用方法的正确性与有效性，从而不断积累招聘工作的经验与修正不足，提高招聘工作的质量。

(二)招聘结果的成效评估

招聘结果的成效评估又包括招聘成本与效益评估、录用人员的数量与质量评估。

1. 招聘成本与效益评估

(1) 评估指标：主要有招聘成本、成本效用、招聘收益—成本比。
(2) 各指标的评估方法。
① 招聘成本：包括招聘总成本与招聘单位成本。

招聘总成本是指人力资源的获取成本，它等于直接+间接费用。其中，直接成本包括招募费用、选拔费用、录用员工的家庭安置费用和工作安置费用，以及招聘人员的差旅费、应聘人员的招待费等在内的其他费用；间接费用包括内部提升费用和工作流动费用。

招聘单位成本是指招聘总成本与录用人数之比。

显然，上述两个指标越小越好。

② 招聘成本效用评估：是指对招聘成本所产生的效果进行分析，主要包括招聘总成本效用分析、招募成本效用分析、人员选拔成本效用分析、人员录用成本效用分析。

具体计算方法如下：总成本效用=录用人数/招聘总成本

招募成本效用=应聘人数/招募期间费用

选拔成本效用=被选中人数/选拔期间费用

人员录用效用=正式录用的人数/录用期间费用

显然，这些指标越大越好。

2．录用人员的数量评估

这一方面的评估指标主要有录用比、招聘完成比和应聘比。

三个指标的评估方法如下：录用比=录用人数/应聘人数

招聘完成比=录用人数/拟招聘人数

应聘比=应聘人数/拟招聘人数

当应聘人数多且总体素质都较高时，就有"百好之中挑一"之效；当招聘完成比大于100%时，则说明在数量上全面完成招聘任务；应聘比则说明招募的效果，该比例越大，则说明招聘信息发布的效果越好。招聘评估指标体系如图4-2所示。

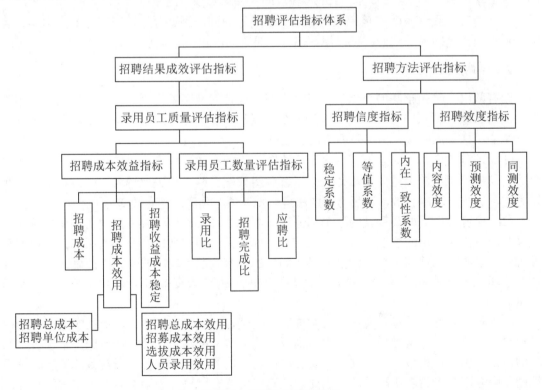

图4-2 招聘评估指标体系

3. 录用人员的质量评估

录用人员的质量评估，其实质是对录用人员在其能力、潜力、素质等方面继选拔过程所作考核后的延续，因而其方法与招聘中的相应测试类似。

(三)招聘方法的成效评估

招聘方法的成效评估指标包括招聘的信度和招聘的效度，相应的招聘方法的成效评估有以下两种。

1. 招聘的信度评估

(1) 招聘信度，是指招聘的可靠性程度，具体指通过某项测试所得的结果的稳定性和一致性。通常这一指标又具体体现为稳定系数、等值系数、内在一致性系数。

(2) 三指标系数的测定。

① 稳定系数：是指用同一种测试方法对一组应聘者在两个不同时间进行测试的结果的一致性，一致性可用两次结果之间的相关系数来测定。此法不适用于受熟练程度影响较大的测试，因为被测试者在第一次测试中可能记住了某些测试题的答案，从而提高了第二次测试的成绩。

② 等值系数：是指对同一应聘者使用两种对等的、内容相当的测试的结果之间的一致性。如对同一应聘者使用两张内容相当的个性测试量表时，两次测试结果应当大致相同。等值系数可用两次结果之间的相关程度(即相关系数)来表示。

③ 内在一致性系数：是指把同组应聘者进行的同一测试分为若干部分加以考察，各部分所得结果之间的一致性，可以用各部分结果之间的相关系数来判别。

2. 招聘的效度评估

招聘效度，是指招聘的有效性，具体指用人单位对应聘者真正测到的品质、特点与其想要测的品质、特点的符合程度。因为一个测试必须能测出它想要测定的功能才算有效。效度主要包括预测效度、内容效度和同测效度。

(1) 预测效度，反映了测试用来预测将来行为的有效性。通过对应聘者在选拔中所得分数与其被录用后的绩效分数相比较来了解预测效度。两者相关性越大，则说明所选的测试方法、选拔方法越有效，进而可用此法进一步评估、预测应聘者的潜力。

(2) 内容效度，即某测试的各个部分对于测量某种特性估计有多大效用。在测试内容效度时，主要考虑所用方法是否与想测试的特性有关，如招聘打字员，测试其打字速度和准确性、手眼协调性和手指灵活度的操作测试的内容效度是较高的，因为准确性、灵活性是打字员应具备的职业特性，是特别需要测定的。内容效度多用于知识测试与实际操作测试。

(3) 同测效度，是指对现在员工实施某种测试，然后将测试结果与员工实际工作绩效考核得分作比较，若两者相关性很大，则说明此测试效度高。这种方法不适用于选拔员工时的测试，因为这种效度是根据现有员工测试而得出的，而现有员工所具备的经验、对组织的了解等，是应聘者所缺乏的，因此，应聘者可能会因缺乏经验而得不到测试的高分，从而被错误地认为其是无潜力或能力的，而事实可能并非如此。

本 章 小 结

本章介绍了企业员工招聘的渠道、方法和有效性评价，招聘的流程以及选拔的方法，具有实践意义。

复习思考题

1. 人员招募、甄选的概念。
2. 进行一次成功的面试需要做好哪些方面的工作？
3. 常用的招聘渠道有哪些？如何确定合适的招聘渠道？
4. 人员录用时应该注意哪些问题？

推 荐 阅 读

1. 斯蒂芬·罗宾斯. 组织行为学[M]. 北京：中国人民大学出版社，2012.
2. 廖泉文. 招聘与录用(第三版)[M]. 北京：中国人民大学出版社，2015.

【章末案例】上海通用汽车(SGM)的"九大门坎"

上海通用汽车有限公司(SGM)是上海汽车工业(集团)总公司和美国通用汽车公司合资建立的轿车生产企业，是迄今为止我国最大的中美合资企业之一。SGM的目标是成为国内领先、国际上具有竞争力的汽车公司。同时，SGM的发展远景和目标也注定其对员工素质的高要求：不仅要具备优良的技能和管理能力，还要具备出众的自我激励、自我学习能力，适应能力，沟通能力和团队合作精神。

为了招到符合要求的员工，SGM制定了近乎苛刻的录用程序。

SGM对应聘者设立了九大关口，如图4-3所示。

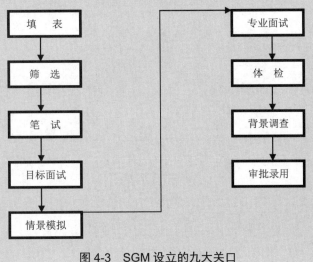

图4-3　SGM设立的九大关口

SGM 的整个评估活动完全按标准化、程序化的模式进行。凡被录用者，须经填表、筛选、笔试、目标面试、情景模拟、专业面试、体检、背景调查和审批录用九个程序和环节，每个程序和环节都有标准化的运作规范和科学化的选拔方法，其中笔试主要测试应聘者的专业知识、相关知识、特殊能力和倾向；目标面试则由受过国际专业咨询机构培训的评估人员与应聘者进行面对面的问答式讨论，验证其登记表中已有的信息，并进一步获取信息，其中专业面试由用人部门完成；情景模拟是根据应聘者可能担任的职务，编制一套与该职务实际情况相仿的测试项目，将被测试者安排在模拟的、逼真的工作环境中，要求被试者处理可能出现的各种问题，用多种方法来测试其心理素质、潜在能力的一系列方法。如通过无领导的两小组合作完成练习，观察管理岗位的应聘者的领导能力、领导欲望、组织能力、主动性、说服能力、口头表达能力、自信程度、沟通能力、人际交往能力等。SCM 还把情景模拟推广到了对技术工人的选拔上，如通过齿轮的装配练习，来评估应聘者的动作灵巧性、质量意识、操作的条理性及行为习惯。在实际操作过程中，观察应聘者的各种行为能力，孰优孰劣，泾渭分明。

第五章

职业生涯管理

【学习目标与要求】

通过本章学习，旨在使学生了解职业的分类和发展趋势、职业生涯的相关理论、职业生涯的设计和开发。具体要求如下：

1. 了解职业的分类和发展趋势；
2. 掌握职业生涯管理的相关理论；
3. 掌握职业生涯设计的方法；
4. 了解职业生涯的影响因素；
5. 掌握职业生涯的三维管理。

【重点】

1. 职业生涯发展阶段理论。
2. 职业生涯发展管理理论。
3. 职业生涯设计。

【难点】

员工职业生涯规划。

【应用】

大学生职业生涯规划。

【引导案例】

开滦某矿业公司青年管理干部的培养问题

早上 7 点半,开滦某矿业公司(以下简称"山矿公司")的人力资源部经理袁宇已经进入办公室开始工作。最近袁宇一直忙于青年管理干部的阶段培训,看上去大多数青年干部参加培训的热情和积极性还是挺高的。但是就在上周,某大学管理学院来公司做了一次有关员工满意度的问卷调查并与部分青年干部座谈,反馈的结果让他大吃一惊,员工的满意度仅有 65 分,尤其有近 40%的青年干部对目前的职业发展状态不满意,这个比例显然超出了袁宇的预料。今天事情不多,他想认认真真地思考一下出现这种情况的根源。

公司目前的 614 名管理人员,分布在公司不同部门的不同管理岗位上,研究生以上学历的员工有 25 人,其余员工全部为本科学历水平,实现了全员学历达标。截至 2014 年年初,公司 40 岁以下青年干部 460 人,已占干部总数的 75%(见表 5-1)。由于煤矿企业的特殊性质,女性在公司中所占比例较低,其职业发展前景也不容乐观,技术职称的晋升比例远远低于男性。

表 5-1 山矿公司员工职业生涯管理分类统计

员工总数	年　龄	性　别	人　数	合　计
614	30 岁以下	男	191	228
		女	37	
	30～40 岁	男	169	232
		女	63	
	40～50 岁	男	66	90
		女	24	
	50 岁以上	男	56	64
		女	8	
员工总数	学　历	性　别	人　数	合　计
614	本　科	男	457	589
		女	132	
	硕　士	男	25	25
		女		
员工总数	技术资格	性　别	人　数	合　计
614	高级	男	57	85
		女	28	
	中级	男	115	163
		女	48	
	初级	男	286	317
		女	31	
614	未聘	男	31	49
		女	18	

青年干部是公司发展的中坚力量,要大力抓好青年干部的培养工作,这一点公司态度还是非常明确的。目前,460 名青年干部中达到中级以上职称水平的仅占到 20%,青年干部队伍整体呈现出总数多、比重大、学历高,但工作经验相对不足的特点。

作为人力资源主管,袁宇一直认为公司在人才培养方面还是做了不少工作的。在面临经营环境压力的情况下,重新明确了打造适应企业转型发展的青年干部队伍的人才培养思路,重视青年干部系统培养、选拔使用、考核激励三项重点工作,并取得了一定成效。

1. 公司的人才理念

山矿公司是开滦集团所属的大型主力生产矿井之一,至今已有百年历史,享有"中国第一佳矿"的美誉。山矿公司历来非常重视人才的开发与培养工作,先后培养出大批优秀人才,保证了企业的平稳发展,保证了一座有着百年开采历史的老矿,仍然焕发着勃勃生机。但进入"十二五"以来,山矿公司煤炭资源减少、开采环境复杂、生产区域集中、员工劳动强度加大等困难日益凸显,员工队伍年龄结构不合理、各类人才的开发培养水平不均衡、人才培养缺乏针对性和实效性等问题逐渐显现,影响了企业的长远发展。为应对企业的严峻形势,山矿公司党政以科学发展观为指导,明确提出要把加强人才队伍的开发培养作为企业的"一把手"工程,作为推进公司转型发展的重要前提和基础,切实按照集团公司的人才强企战略,积极采取有效措施,努力打造一支思想新、作风硬、技能强、结构优的员工队伍,为企业的转型发展奠定坚实的人才保障。

针对上述人才战略,目前公司已经建立了经营管理人员队伍"235"培养模式。"2"是实施两个层次培养,即公司的重点培养和区科的日常培养,明确各层次的培养工作重点和培养任务,把经营管理人员培养工作重心下移,充分发挥基层区科在经营管理人员培养中的作用,让经营管理人员更好地得到实践锻炼。"3"是搭建三个平台:学习交流平台、实际锻炼平台、情感交流平台,进一步加强经营管理人员的理论学习、实践锻炼和情感沟通。"5"是建立履职创新、导师帮带、学习交流、岗位轮岗锻炼和创新激励五项机制。通过经营管理人员系统培养模式的创建,进一步探索经营管理人员培养的有效途径,提高经营管理人员培养的系统性和规划性,加快经营管理人员的成长与成才速度。近两年,山矿公司在人才开发培养工作中,先后建立健全了人才开发培养管控机制、人才开发培养激励联动工作机制、人才开发培养岗位交流机制、人才开发培养压力传导工作机制、人才开发培养调研互动工作机制和人才开发与培养网络管理机制等 21 项机制和制度,涉及人才开发与培养的选拔、培养、激励和管理等多个方面的,逐步建立了矿业公司用制度管人、用人、育人的人才开发培养格局,为人才开发培养工作的顺利开展提供了制度保障。

2. 公司的青年干部培养体系

山矿公司针对 40 岁以下的青年干部提出要实施青年干部系统培养创新工程,建立起多层次、多维度的人才开发培养体系,逐步破解制约人才培养的瓶颈问题,打造适应企业转型发展的人才队伍。目标是培养选拔既懂专业技术又懂经营管理的复合型人才和面向长远的"储备型"人才,抓好青年干部系统培养、选拔使用、考核激励三项重点工作。

(1) 创新模式,深化青年干部的系统培养。重点是在原有青年干部培养工作的基础上,进一步创新培养的方式方法,提升青年培养的针对性与实效性。一是推进青年干部"链式"培养管理。从新毕业生入矿伊始,开展一环扣一环的链式系统培养,有针对性地组织青年干部开展入矿实习、下班组跟班锻炼、轮岗锻炼、挂职锻炼，加快青年干部的成长速度。同时，进一步细化完善《青年管技人员轮岗锻炼规划》，针对公司所有35岁以下主体专业的青年干部，根据他们所学专业、工作经历、自身特点制定轮岗方案，有计划地进行基层单位之间、基层与机关、行政与政工、技术与管理不同岗位的轮岗锻炼，进一步丰富他们的经验，提升他们的综合素质。二是推进青年干部培养重心下移，夯实青年干部培养基础。制定《区科青年干部培养考核机制》，把青年干部培养工作成效与区科班子和党政正职的考核紧密挂钩。一方面，要求基层区科积极搭建青年干部学习提升平台，通过在青年干部中开展双向帮带、课题攻关小组、专业研究小组等多形式、多层面的学习提升活动，调动青年干部学习创新热情，营造学习攻关氛围。另一方面，为青年干部交任务、压担子，积极让青年干部参与本单位重点工程、重要工作，最大限度让他们独立开展工作，从而增强青年干部的责任意识，提升他们发现问题、解决问题的能力。三是建立青年干部信息管理系统，及时把青年干部培养过程中的各种信息及时进行归纳整理，定期进行分析，整改不足，实现青年干部培养的信息化管理。

(2) 畅通渠道，强化青年干部的选拔使用。重点是进一步健全完善"能者上、平者让、庸者下"的选人用人机制，激发青年干部竞争意识，不断增强他们的工作积极性。一是进一步深化"三推三考"后备干部推荐活动，建立公司后备干部的"梯次培养"体系，确定重点培养对象和培养方向，通过有针对性地进行跨单位、跨专业的轮岗锻炼，上班队长和股队级岗位挂职或任职，组织参加青年知识分子"六个一"活动和导师帮带活动等形式，实现对重点人员的系统培养。二是积极组织开展公开竞聘活动。选择适当的股队级岗位，组织青年干部进行竞聘上岗，通过公开选拔的方式，让优秀青年干部能够脱颖而出，走上重要工作岗位。三是严格干部的考核管理，畅通干部"下"的渠道，对日常考察不能胜任本职岗位、年度考核不称职的管技干部，安排操作上岗工作，通过严格的管理，进一步增强青年干部的责任意识和危机意识。

(3) 健全机制，加强青年干部的考核激励。重点是健全完善三项机制。一是进一步深化青年干部考察调研机制。公司人力资源部每月深入到基层单位，对青年干部特别是后备干部的培养和成长情况进行考察调研，实现青年干部的动态管理。二是建立区科青年干部谈心和讲评机制。要求基层区科党政正职每季度要与每名青年干部进行一次谈心，了解青年干部的思想动态，帮助他们解决思想和工作中的问题。同时，每半年对青年干部进行一次评价，每年组织进行一次干部讲评，进一步调动青年干部争先进、比贡献的积极性。三是建立青年干部座谈交流机制。公司每季度组织召开一次青年干部座谈会，重点围绕企业的中心任务、重点工程和人才培养、学习生活等方面进行座谈交流，听取青年干部的意见建议，解决青年干部的实际问题，搭建公司与青年干部的沟通交流平台，激发青年干部的工作热情。

3. 员工满意度问卷调查发现的问题

调查问卷显示，只有50%的青年干部认为工作有成就感，在工作中能感受到被尊重，有晋升机会，10%的管理者认为自己的能力能得到有效的发挥，40%的人认为公司在选拔和任用干部过程中能做到公平；除去薪酬以外，70%的人更看重提升自己能力的机会，公司虽然培训力度很大，但是仍存在没有针对性、应用性差等问题(见图5-1)。

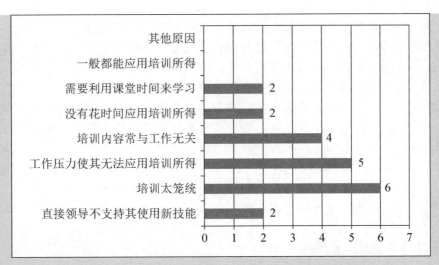

图 5-1　阻碍员工在工作中运用各种培训所得的因素

在个人职业生涯管理方面，目前大多数青年干部自身没有明确的个人职业生涯规划，他们是走一步看一步，面临煤炭行业整体不景气和企业自身资源枯竭的现状，他们对未来也很迷茫，有 65%的人对于在公司的未来发展前景看好，但是有 40%的人认为目前的工作不适合自己，希望能有轮岗或者换工作的机会。

在职业生涯管理方面，65%以上的人更关注企业能否提供完善的制度予以支持和保证，包括科学公正的绩效和薪酬体系、良好的晋升机制以及更有针对性的培训和成长机会，但是仅有 50%的人认为公司的各项制度能够有效地实施(图 5-2)。

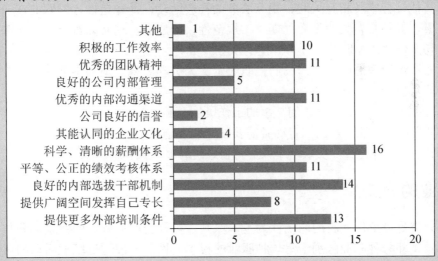

图 5-2　员工在个人职业发展方面对公司的期望

另外，85%的青年干部在近三年内并没有离职的打算，其中国有企业性质成为他们留在公司的主要因素，对于离职后再次择业的迷惘也是导致他们不会轻易离职的重要原因。

4. 尾声

袁宇仔细地看完分析报告和座谈会的记录，对问题有了一个大致的看法，从公司的角度来看，只是一个留住人才扎根企业的问题，从人力资源管理的角度来看，这是如何运用职业生涯管理进行员工激励的问题。过去企业可能是一项情愿地以为提供了培训和晋升通道就一定能提高青年管理人才的工作满意度，调动他们的工作积极性，事实上，这仅仅是激励的冰山一角。有着高成就需要的青年干部们更希望能够有效地规划他们的职业生涯，并能得到公司的支持，而企业目前并没有关于这方面的系统性的安排，人力资源部门也没有专门的人员负责相关事务，或者说，公司以前完全没有把职业生涯管理当作一项重要的人力资源管理职能来做，而现代人力资源管理的发展趋势就是要把员工发展和企业发展结合起来，通过员工发展促进企业发展，所以企业开展职业生涯管理是必要的，也是必然的。

明确了这一点，袁宇准备在下周的公司高层例会上提出建议，职业生涯管理是一项系统工作，需要进行企业人力资源管理各项工作的整合和统筹安排，直接影响企业的管理机制建设。

【思考】职业就是工作吗？

第一节　职　　业

一、职业的含义

《中华人民共和国职业分类大典(1999)》把职业定义为：职业是从业人员为获取主要生活来源所从事的社会工作的类别。职业必须具备下列特征：①目的性，即职业活动以获得现金或实物等报酬为目的；②社会性，即职业是从业人员在特定社会生活环境中所从事的一种与其他社会成员相互关联、相互服务的社会活动；③稳定性，即职业在一定的历史时期内形成，并具有较长的生命周期；④规范性，即职业活动必须符合国家法律和社会道德规范；⑤群体性，即职业必须有一定的从业人数。

在人力资源管理的学习上，我们把职业定义为劳动者稳定地从事某项有偿工作而获得的社会劳动角色。

——职业是一种事业，是人们从事的工作类别。

——职业是一种社会角色，劳动者需要按照职业道德规范去从事劳动。

——职业是一种符号，反映一个人的身份、地位和素质水平等。

二、职业的分类

职业分类是以工作性质的同一性为基本原则，对社会职业进行的系统划分与归类。所谓工作性质，即一种职业区别于另一种职业的根本属性，一般通过职业活动的对象、从业方式等的不同予以体现。

(一)西方职业的划分

根据西方国家的一些学者提出的理论，在国外一般将职业分为三种类型：

(1) 按脑力劳动和体力劳动的性质、层次进行分类。这种分类方法把工作人员划分为白领工作人员和蓝领工作人员两大类。白领工作人员包括:专业性和技术性的工作，农场以外的经理和行政管理人员、销售人员、办公室人员。蓝领工作人员包括:手工艺及类似的工人、非运输性的技工、运输装置机工人、农场以外的工人、服务性行业工人。这种分类方法明显地表现出职业的等级性。

(2) 按心理的个别差异进行分类。这种分类方法是根据美国著名的职业指导专家霍兰创立的"人格-职业"类型匹配理论,把人格类型划分为六种,即现实型、研究型、艺术型、社会型、企业型和常规型。与其相对应的是六种职业类型。

(3) 依据各个职业的主要职责或从事的工作进行分类。这种分类方法较为普遍,以两种代表示例。其一,国际标准职业分类。国际标准职业分类把职业由粗至细分为四个层次,即8个大类、83个小类、284个细类、1506个职业项目,总共列出职业1881个。其中8个大类是:①专家、技术人员及有关工作者;②政府官员和企业经理;③事务工作者和有关工作者;④销售工作者;⑤服务工作者;⑥农业、牧业、林业工作者及渔民、猎人;⑦生产和有关工作者、运输设备操作者和劳动者;⑧不能按职业分类的劳动者。这种分类方法便于提高国际间职业统计资料的可比性和国际交流。其二,加拿大《职业岗位分类词典》的分类。它把分属于国民经济中主要行业的职业划分为23个主类,主类下分81个子类,489个细类,7200多个职业。此种分类对每种职业都有定义,逐一说明了各种职业的内容及从业人员在普通教育程度、职业培训、能力倾向、兴趣、性格以及体质等方面的要求,有较大的参考价值。

(二)我国职业的划分

《中华人民共和国职业分类大典》将我国职业归为8个大类,75个中类,434个小类,1481个细类(职业)。8个大类如下。

第一大类:党的机关、国家机关、群众团体和社会组织、企事业单位负责人;
第二大类:专业技术人员;
第三大类:办事人员和有关人员;
第四大类:社会生产服务和生活服务人员;
第五大类:农、林、牧、渔业生产及辅助人员;
第六大类:生产制造及有关人员;
第七大类:军人;
第八大类:不便分类的其他从业人员。

从职业结构看,职业的分布有三个特点:第一,技术型和技能型职业占主导。占实际职业总量60.88%的职业分布在"生产制造及有关人员"这一大类,它们分属我国工业生产的各个主要领域。从这类职业的工作内容分析,其特点是以技术型和技能型操作为主。第二,第三产业职业比重较小,仅占实际职业总量的8%左右。三大产业中的职业分布,以第二产业的职业比重最大。第三,知识型与高新技术型职业较少。现有职业结构中,属于知识型与高新技术型的职业数量不超过总量的3%。

在全球新一轮科技革命和产业变革中,在我国加快推进新型工业化、信息化、城镇化和农业现代化的过程中,许多领域的职业技术正在发生并且将继续发生变化,社会职业结构也会随之而变,作为人力资源工作者,要注意职业活动领域的新发展新变化,动态了解和掌握新职业的活动范围、工作内容、发展现状、从业人员数量和结构、薪酬状况和能力要求等，开发新职业，创造新岗位，吸纳新就业。

> **【延伸阅读】**
>
> 我国曾于 1999 年颁布了第一部《中华人民共和国职业分类大典》。进入新世纪以来，随着经济社会发展、科技进步和产业结构调整升级，我国的社会职业构成和内涵发生了很大变化。一是一些传统职业开始衰落甚至消失，如"餐具清洗保管员""唱片工""拷贝字幕员"等。二是一些新的职业不断涌现并迅速发展，如"信息通信信息化系统管理员""基金发行员""期货交易员""光伏组件制造工"等。2004 年以来，劳动和社会保障部发布了很多新职业，如劳动关系协调员、安全评价师、玻璃分析检验员、乳品评鉴师、品酒师、坚果炒货工艺师、厨政管理师、色彩搭配师、电子音乐制作师、游泳救生员、网络课件设计、服装陈列师、牵犬师、拇指创作手、新娘助理、点菜师、菜品造型、积木堆砌、时尚买手、侍酒师、会展设计、配饰师、验房师、分手代理、私人理财、职业道歉、职业游戏玩家、临时代驾、职业砍价师、酒店试睡员、旅游体验师、闻臭师、宠物墓地师等。三是一些职业为适应形势开始调整和转化，如"光盘复制工""市话测量员""话务员"等职业由于社会发展和科技进步等原因，相应调整和转化为"音像制品复制工""信息通信网络测量员""呼叫中心服务员"。为准确客观地反映当前职业领域的变化，2010 年年底，人社部会同国家质检总局、国家统计局牵头成立了国家职业分类大典修订工作委员会，启动修订工作，历时 5 年，七易其稿，形成新版《职业分类大典》。
>
> 2014 年以来，国务院先后分 7 批，取消了 434 项职业资格许可和认定事项，削减比例达 70%以上。这几批清理工作的主要标准是：取消国务院部门设置的没有法律、法规或国务院决定作为依据的准入类职业资格；取消国务院部门和全国性行业协会、学会自行设置的水平评价类职业资格。这一标准在落实"放管服"改革、政府审批制度改革、减少职业资格总量方面具有重要意义。但是，未来建立职业资格管理制度的长效机制，必须设置清晰明确的职业资格清单目录标准。

三、社会职业的发展趋势

随着信息技术和知识经济的不断发展，职业出现不断加速变迁的趋势。专家预测，今后每 10 年将发生一次全面的"职业大革命"，重大变化每两年就会有一次。未来几年内，高新技术职业将日益受到青睐，其他职业也将实现由第一、第二产业向第三产业转移的职业变迁(见表 5-2)。

表 5-2 国民经济行业分类及三次产业分类规定(简表)

三次产业分类规定	《国民经济行业分类》国家标准(GB/T 4754—2002)			
	门类	类别、名称	门类	类别、名称
第一产业	A	农、林、牧、渔业		

续表

三次产业分类规定	《国民经济行业分类》国家标准(GB/T 4754—2002)			
	门类	类别、名称	门类	类别、名称
第二产业	B	采矿业		
	C	制造业		
	D	电力、燃气及水的生产和供应业		
	E	建筑业		
第三产业	F	交通运输、仓储和邮政业	N	水利、环境和公共设施管理业
	G	信息传输、计算机服务和软件业	O	居民服务和其他服务业
	H	批发和零售业	P	教育
	I	住宿和餐饮业	Q	卫生、社会保障和社会福利业
	J	金融业	R	文化、体育和娱乐业
	K	房地产业	S	公共管理和社会组织
	L	租赁和商务服务业	T	国际组织
	M	科学研究、技术服务和地质勘查业		

综上所述，未来职业具有以下几个特点。

1. 职业的教育含量增大

各种就业岗位，需要更多的受过良好教育、掌握最新技术的技术工人，单纯的体力劳动或机械操作职业将明显减少。

在发达国家，制造业中蓝领工人失业率高于从事管理工作的白领员工；而白领员工中从事服务性工作，如银行、广告等的失业率又明显高于从事开发和研究工作的员工。未来白领蓝领阶层的界限将越来越模糊，职业逐渐向专业化方向发展。

2. 职业要求不断更新

一些职业，因新的工作设备和条件变化，对职业内容有了新的要求。如行政工作人员，在以前只要求具备较好的组织协调能力、分析问题解决问题能力、文字能力、口头表达能力等。但现在除要求他们具备上述能力以外，还要求具备社会交往及计算机辅助管理、办公自动化操作能力等。

3. 永久性职业减少

只有少数人能够拥有"永久性"的工作，而从事计时、计件或临时性职业的人会越来越多。

【延伸阅读】

2011年中国十大热门职业
1. 网络营销师
2. SAP咨询顾问
3. 3G网络工程师
4. 同声传译
5. 注册会计师
6. 精算师
7. 公务员
8. 理财规划师
9. 公共营养师
10. 动漫设计师

2012年中国最赚钱职业
1. 网络写手
2. 同声传译
3. 首席微博运营官
4. 3G工程师
5. 精算师
6. 私人裁缝
7. 电影试片员
8. 职业差评师

2013年新兴职业
1. 网络营销师
2. 微博运营专员
3. 职业规划师
4. 高级旅游顾问
5. 程序设计师

2014年中国新兴高薪职业
1. 首席微信运营官
2. 4G工程师
3. 产品定制师
4. 理疗师
5. 会议、集会和活动策划人员
6. 信息安全分析师
7. 家庭早教师

2015年中国热门职业
1. 金融分析师
2. 殡葬行业
3. 中小学教育
4. 传媒人士
5. 移动互联网行业
6. 律师
7. 心理咨询师
8. 健康管理师
9. 农业
10. 直销商

2016年中国热门职业
1. 理财规划师
2. 人力资源师
3. 电子商务工程师
4. 网络营销师
5. 网络媒体高级编辑
6. 企业高级策划、公关经理
7. 游戏、动画设计师
8. 职业规划师

思考：你看出职业发展的趋势了吗？

第二节 职业生涯理论

一、职业生涯的含义

职业生涯的含义，不同的学者从不同的角度对它进行了界定。法国的权威词典将职业生涯界定为："表现为连续性的分阶段、分等级的职业经历。"[1]美国学者雷蒙德·A.伊诺认为，职业生涯是指一个人一生经历的与工作相关的经验方式，工作经历包括职位、职务经验和工作任务。[2]罗斯威尔(Willian J. Rothwell)和思莱德(Henry J. Sredl)将职业生涯界定为人的一生中与工作相关的活动、行为、态度、价值观、愿望的有机整体[3]。我国学者吴国存[4]将职业生涯分为狭义职业生涯和广义职业生涯。狭义的职业生涯限定于直接从事职业工作的这段时间，其上限从任职前的职业学习和培训开始。广义的职业生涯是从职业能力的获得、职业兴趣的培养、选择职业、就职，直至最后完全退出职业劳动这样一个完整的职业发展过程进行的考察，其上限从 0 岁人生起点开始。根据中国职业规划师协会的定义：职业生涯就是一个人的职业经历，它是指一个人一生中所有与职业相联系的行为与活动，以及相关的态度、价值观、愿望等连续性经历的过程，也是一个人一生中职业、职位的变迁及工作、理想的实现过程。职业生涯是一个动态的过程，它并不包含在职业上成功与否，每个工作着的人都有自己的职业生涯。

本章所阐述的职业生涯管理是指对狭义的职业生涯的管理。

我们认为，职业生涯就是指一个人一生中从事职业的全部历程。这整个历程可以是间断的，也可以是连续的，它包含一个人所有的工作、职业、职位的外在变更和对工作态度、体验的内在变更。

职业生涯管理则是个人和组织对职业历程的设计、职业发展的促进等一系列活动的总和。它包含职业生涯决策、设计和开发。

二、职业选择理论

(一) 佛隆的择业动机理论

$F=V \cdot E$ 是美国心理学家佛隆提出解释人的行为的著名公式。式中，F 为动机强度，表示积极性的激发程度；V 为效价，表示个体对一定目标重要性的主观评价；E 为期望值，表示个体估计的目标实现概率。可见，员工个体行为动机的强度取决于效价大小和期望值的高低。动机强度与效价、期望值成正比。

期望理论具体化为择业动机理论，同理，可得：

择业动机＝F｛职业效价，职业概率｝

---

[1] Le Pelit Larousse;Paris,LAROUSSE,1995,p.189.
[2] 雷蒙德·A. 伊诺. 雇员培训与开发[M]. 徐芳，译. 北京：中国人民大学出版社，2001：236.
[3] Willian J. Rothwell&Henry J. Sredl,Professional Human Resource Development Roles &Competencies, 2nd., Massachusetts,HRD,Press,1992,p.8.
[4] 吴国存编著. 企业职业管理与雇员发展[M]. 北京：经济管理出版社，2000.

式中，择业动机表明择业者对目标职业的追求程度，或者对某项职业选择意向的大小。

1．职业效价

职业效价，是指择业者对某项职业价值的评价。职业效价取决于两个因素：
(1) 择业者的职业价值观。
(2) 择业者对某项具体职业要素如兴趣、劳动条件、报酬、职业声望等的评估。
因此，职业效价＝F｛职业价值观，职业要素评估｝。

2．职业概率

职业概率，是指择业者获得某项职业可能性的大小。职业概率的大小通常取决于以下四个因素。
(1) 某项职业的社会需求量。职业概率与社会需要量成正相关。
(2) 择业者的竞争能力，即择业者自身工作能力和求职就业能力。职业概率与能力也成正比。
(3) 竞争系数，指谋求同一种职业的劳动者人数的多少。职业概率与竞争系数成反比。
(4) 其他随机因素。
因此，职业概率＝F｛职业需求量，竞争能力，竞争系数，随机性｝。

择业者对其视野内的几种目标职业，进行了职业价值评估和职业获取概率评价，在评估基础上，横向进行择业动机比较。择业动机是对职业和自身的全面评估，是对多种择业影响因素的全面考虑和利弊得失的权衡。因此，选择职业多以择业动机分值高的职业作为自己的选定结果。

(二)霍兰德的职业性向理论

美国心理学教授约翰·霍兰德的职业性向理论社会影响广泛。职业性向(包括价值观、动机和需要等)是决定一个人选择何种职业的重要因素。约翰·霍兰德基于自己对职业性向测试(VPT)的研究，将劳动者职业性向划分为实际性向、调研性向、艺术性向、社会性向、企业性向和常规性向六种。同时，他将工作环境也分为六种：现实的、调查研究性的、艺术性的、社会性的、开拓性的、常规性的。每个人都偏好于六种职业类型中的一类或多类。职业性向理论的实质在于劳动者的职业性向与职业类型的适应(见图5-3)。

平面六角图的六个角分别代表六种职业类型和六种职业性向类型。连线距离越短，两种类型的人职业性向相关系数就越大，适应程度就越高。

霍兰德模型中的六种职业性向并非完全独立。在一些性向间，存在着重要的相关性。相关程度越高的职业性向在六角形中越靠近，当人们无法在个人所偏好的部门找到合适工作时，往往在六角形相邻近的部门找到的工作比在与之较远的部门更能成为令人满意的选择。大多数人实际上并非只有一种性向，性向越相似或相容性越强，则一个人在选择职业时所面临的内在冲突和犹豫就会越少。

奥尼尔等人(Oneil, Magoon&Tracey, 1978)进行了一项长达七年的跟踪研究，研究结果有力地支持了霍兰德模型预测的有效性。

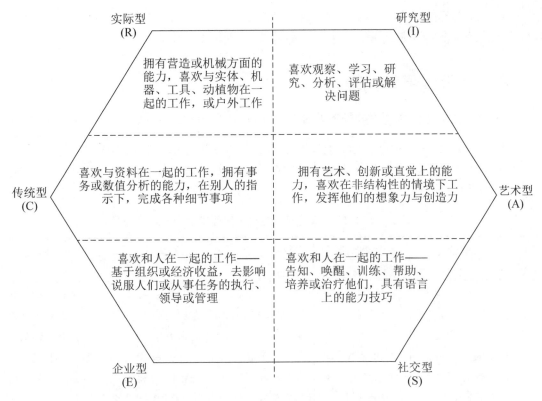

图 5-3 职业性向理论

注：节录自 Dessler.Gary.人事管理[M]. 李茂兴，译. 台北：晓园出版社，1992：447.

【游戏】六岛环游

假设在"十一"长假中，你所乘坐的轮船发生了故障，必须紧急靠岸。此时，轮船正处于以下六个岛屿中间，你希望选择哪一个岛屿靠岸？请按照优先顺序选择 3 个岛屿。条件：至少要在所选择的岛屿上生活半年。

A 岛：美丽浪漫的岛屿。岛上有美术馆、音乐厅、街头雕塑和街边行人，弥漫着浓厚的艺术文化气息。同时，当地居民还保留了传统的舞蹈、音乐与绘画，许多文艺界的朋友都喜欢来这里寻找灵感。

S 岛：温暖友善的岛屿。岛上居民个性温和，十分友善，乐于助人，社区均自成一个密切互动的服务网络，人们多互助合作，重视教育，弦歌不辍，充满人文气息。

E 岛：显赫富庶的岛屿。岛上的居民善于企业经营和贸易，能言善道。岛上的经济高度发展，处处是高级饭店、俱乐部、高尔夫球场。来往者多是企业家、经理人、政治家、律师等。

C 岛：现代秩序井然的岛屿。岛上建筑十分现代，是最进步的都市形态，以完善的户政管理、地政管理、金融管理见长。岛民个性冷静保守，处事有条不紊，善于组织规划。

R 岛：自然原始的岛屿。岛上保留有热带的原始植物森林，自然生态保育很好，也有相当规模的动物园、植物园、水族馆。岛上居民以手工见长，自己种植花果蔬菜、修葺房屋、打造器物、制作工具。

> I 岛：深思冥想的岛屿。岛上有多处天文馆、科博馆，以及科学图书馆等。岛上居民喜好思考，追求真知，喜欢和来自各地的哲学家、科学家、心理学家等交换心得。

三、职业生涯发展阶段理论

(一)萨柏的职业生涯发展阶段理论

萨柏(Donald E. Super)是美国一位有代表性的职业管理学家，他以美国白人作为自己的研究对象，把人的职业生涯划分为五个主要阶段：成长阶段、探索阶段、确立阶段、维持阶段、衰退阶段(见表 5-3、表 5-4)。

表 5-3 萨柏职业生涯五阶段理论

阶段	成长阶段	探索阶段	确立阶段	维持阶段	衰退阶段
年龄	0～14 岁	15～24 岁	25～44 岁	45～64 岁	65 岁以上
主要任务	认同并建立起自我概念，对职业好奇占主导地位，并逐步有意识地培养职业能力	主要通过学校学习进行自我考察、角色鉴定和职业探索，完成择业及初步就业	获取一个合适的工作领域，并谋求发展。这一阶段是大多数人职业生涯周期中的核心部分	开发新的技能，维护已获得的成就和社会地位，维持家庭和工作两者间的和谐关系，寻找接替人选	逐步退出职业和结束职业，开发社会角色，减少权力和责任，适应退休后的生活

表 5-4 萨柏职业生涯五阶段理论的子阶段

主阶段名称	子阶段名称		
	幻想期	兴趣期	能力期
成长阶段	10 岁之前，在幻想中扮演自己喜欢的角色	11～12 岁，以兴趣为中心，理解、评价职业，开始进行职业选择	13～14 岁，更多地考虑自己的能力和工作需要
	试验期	转变期	尝试期
探索阶段	15～17 岁，综合认识和考虑自己的兴趣、能力，对未来职业进行尝试性选择	18～21 岁，正式进入职业，或者进行专门的职业培训，明确某种职业倾向	22～24 岁，选定工作领域，开始从事某种职业，对职业发展目标的可行性进行实验
	承诺和稳定期	发展期	职业中期危机阶段
确立阶段	25～30 岁，个人在所选的职业中安顿下来，重点是寻求职业及生活上的稳定	31～44 岁，致力于实现职业目标，是个富有创造性的时期	职业中期可能会发现自己偏离职业目标或发现了新的目标，此时需重新评价自己的需求，处于转折期

(二)金斯伯格的职业生涯发展阶段理论

美国著名的职业指导专家、职业生涯发展理论的先驱和典型代表人物金斯伯格(Eli Ginzberg),他研究的重点是从童年到青少年阶段的职业心理发展过程,将职业生涯发展分为幻想期、尝试期和现实期三个阶段(见表 5-5、表 5-6)。金斯伯格的职业生涯阶段理论,实际上是初就业前人们职业意识或职业追求的变化发展过程。金斯伯格的职业生涯理论对实践产生过广泛的影响。

表 5-5　金斯伯格职业生涯发展三阶段理论

	幻想期	尝试期	现实期
年龄	11 岁之前	11~17 岁	17 岁以后
主要心理和活动	对外面的信息充满好奇和幻想,在游戏中扮演自己喜爱的角色。此时期的职业需求特点是:单纯由自己的兴趣爱好所决定,并不考虑自身的条件、能力和水平,也不考虑社会需求和机遇	由少年向青年过渡,人的心理和生理均在迅速成长变化,独立的意识、价值观形成,知识和能力显著提升,初步懂得社会生产与生活的经验。开始注意自己的职业兴趣、自身能力和条件,职业的社会地位	能够客观地把自己的职业愿望或要求,同自己的主观条件、能力,以及社会需求密切联系和协调起来,已有具体的、现实的职业目标

表 5-6　金斯伯格职业生涯三阶段理论的子阶段

主阶段名称	子阶段名称			
	兴趣阶段	能力阶段	价值观阶段	综合阶段
尝试期	(11~12 岁),开始注意并培养其对某些职业的兴趣	(13~14 岁),开始以个人的能力为核心,衡量并测验自己的能力,同时将其表现在各种相关的职业活动上	(15~16 岁),逐渐了解自己的职业价值观,并能兼顾个人与社会的需要,以职业的价值性选择职业	(17 岁),将上述三个阶段的职业相关资料综合考虑,以此来正确了解和判定未来的职业生涯发展方向
	试探阶段	具体化阶段	专业化阶段	
现实期	根据尝试期的结果,进行各种试探活动,试探各种职业机会和可能的选择	根据试探阶段的经历做进一步的选择,进入具体化阶段	依据自我选择的目标,做具体的就业准备	

(三)格林豪斯的职业生涯发展阶段理论

萨柏和金斯伯格的研究重在不同年龄段对职业的需求与态度,格林豪斯则重在不同年龄段职业生涯发展所面临的主要任务,并以此为依据将职业生涯发展划分为 5 个阶段:职业准备阶段、进入组织阶段、职业生涯初期、职业生涯中期和职业生涯后期(见表 5-7)。

表 5-7 格林豪斯职业生涯进入五阶段理论

阶段	职业准备阶段	进入组织阶段	职业生涯初期	职业生涯中期	职业生涯后期
年龄	0~18岁	18~25岁	25~40岁	40~55岁	55岁至退休
主要任务	发展职业想象力，培养职业兴趣和能力，对职业进行评估和选择，接受必需的职业教育和培训	进入职业生涯，选择一种合适的、较为满意的职业，并在理想的组织中获得一个职位	逐步适应职业工作，融入组织，不断学习职业技能，为未来职业生涯成功做好准备	努力工作，并力争有所成就。在重新评价职业生涯中强化或转换职业道路	继续保持已有的职业成就，成为一名工作指导者，对他人承担责任，维护自尊，准备引退

除格林豪斯之外，福姆、利文森、米勒、休普、诺杰姆和福尔，以及斯乔思等人，均提出过类似的职业生涯发展理论。

(四)施恩的职业生涯发展阶段理论

美国著名的心理学家和职业管理学家施恩(Edgar H. Schein)教授根据人的生命周期的特点及不同年龄段所面临的问题和职业工作主要任务，将职业生涯分为 9 个阶段(见表 5-8)。

表 5-8 施恩职业发展九阶段理论

阶段名称	年龄	角色	主要任务
成长、幻想、探索阶段	0~21岁	学生、职业工作的候选人、申请者	发展和发现自己的需要、兴趣、能力和才干，为进行实际的职业选择打好基础；学习职业方面的知识；做出合理的受教育决策；开发工作领域中所需要的知识和技能
进入工作世界	16~25岁	应聘者、新学员	进入职业生涯；学会寻找并评估一项工作，做出现实有效的工作选择；个人和雇主之间达成正式可行的契约；个人正式成为一个组织的成员
基础培训	16~25岁	实习生、新手	了解、熟悉组织，接受组织文化，克服不安全感；学会与人相处，融入工作群体；适应独立工作，成为一名有效的成员
早期职业的正式成员资格	17~30岁	取得组织正式成员资格	承担责任，成功地履行第一次工作任务；发展和展示自己的技能和专长，为提升或横向职业成长打基础；重新评估现有的职业，理智地进行新的职业决策；寻求良师和保护人
职业中期	25岁以上	正式成员、任职者、终生成员、主管、经理等	选定一项专业或进入管理部门；保持技术竞争力，力争成为一名专家或职业能手；承担较大责任，确定自己的地位；开发个人的长期职业计划；寻求家庭、自我和工作事务之间的平衡

续表

阶段名称	年龄	角色	主要任务
职业中期危险阶段	35~45岁	正式成员、任职者、终生成员、主管、经理等	现实地估价自己的才干,进一步明确自己的职业抱负及个人前途;就接受现状或者争取看得见的前途做出具体选择;建立与他人的良师关系
职业后期	40岁到退休	骨干成员、管理者、有效贡献者等	成为一名工作指导者,学会影响他人并承担责任;提高才干,以担负更重大的责任;选拔和培养接替人员;如果求安稳,就此停滞,则要接受和正视自己影响力和挑战能力的下降
衰退和离职阶段	40岁到退休		学会接受权力、责任、地位的下降;要学会接受和发展新的角色;培养新的工作以外的兴趣、爱好,寻找新的满足源;评估自己的职业生涯,着手退休
退休	因人而异		适应角色、生活方式和生活标准的急剧变化,保持一种认同感;保持一种自我价值观,运用自己积累的经验和智慧,以各种资深角色,对他人进行传、帮、带

第三节 职业生涯管理理论

一、职业生涯管理的内涵

职业生涯管理是指组织和员工对职业生涯进行设计、规划、执行、评估和反馈的一项综合性工作,是人力资源管理的重要职能之一。

(一)管理内容

职业生涯管理包括以下两个方面的内容。

(1) 组织职业生涯管理——组织协助员工规划其生涯发展,并为员工提供必要的学习、培训、岗位轮换等发展的机会,促使员工职业生涯目标的实现。

(2) 员工职业生涯管理——以实现员工个人发展的成就最大化为目的,通过对个人兴趣、能力和个人发展目标的有效管理,实现员工发展愿望。

(二)职业生涯管理的意义

(1) 有助于提高个人人力资本的投资收益。做好职业生涯规划的基础上,有的放矢地投资,获取所必需的职业能力,提高人力资本投资的收益。

(2) 有助于降低改变职业通道的成本。当从事某项职业后,再去改变职业,成本很高,特别是机会成本很高。做好职业生涯规划,能够有效避免改变职业通道。

(3) 有助于组织的发展。每一种职业类型的人都有一整套自己的认知方式、价值观和态度,以及反映其具体职业和职业史的一系列知识,组织通过职业生涯管理,了解这种职业差异并认真整合职业差别，充分利用职业的多样化和专业化资源。同时，通过职业生涯管理能够促进人们做到"职得其人，人尽其才"，也促进人们用长远的眼光来分析组织与个人的利益。

(4) 有助于员工的全面发展。职业生涯管理将人作为"全面的人"加以管理。在管理中充分分析与自我发展、职业发展和家庭发展相关的各种活动应如何在人的一生中相互作用，考虑应该如何协调。

(三)目前职业生涯管理中存在的缺陷

(1) 将个人想干的职业、适合的职业和现实的职业混为一谈。个人想干的职业是个人的理想，但并不一定是最适合他的职业；现实的职业是个人基于现状正在从事的职业，但也不一定是他最适合的职业。能得到三者统一的人极少，进行有效的职业生涯管理就是要提高三者统一的概率。

(2) 就业机会和待遇对职业的选择影响过大。大学所学专业常常决定了职业选择方向。年轻人在选择职业时，特别是在高考报考志愿时，常常考虑的不是自己适合于什么职业，而更多的是考虑职业的地位、待遇和就业的机会，导致"所学非所爱、所做非所长"的现象频频发生。

(3) 高考报考志愿时重名校轻专业。考生经过十年寒窗苦读，都希望自己跻身于名校、重点院校，而这常常又是以专业为代价。对专业的不喜爱，表现出"60 分万岁"的结果；工作后，又面临重新选择专业，职业发展的成本很高。

(4) 职业生涯规划还没得到普遍真正的重视。现在职业生涯管理谈得多，做得少，真正有效开展职业生涯管理的更是微乎其微。有的人认为职业生涯的发展受太多的因素影响，对它进行管理几乎不可能，只能走一步，看一步，顺其自然。有的人认为只要认真工作，就能做得好，根本不需要职业生涯管理。事实上，虽然任何一种职业都可以由不同风格的人来担任，任何一种风格的人也具备一定适应不同工作的潜力，但高效的人力资源开发必须对人力资源进行优化组合，使员工扬长避短，从而产生最佳的工作效率。

(5) 尚未形成一支专业就业指导者和职业指导者队伍。发达国家对就业和职业指导非常重视，就业指导和职业指导成为一种职业，指导者须持资格证上岗，形成一支队伍。我国在这方面起步较晚，发展较慢，尚未形成一支专业指导者和职业指导者队伍。

职业生涯管理在"以人为本"管理的今天，扮演着越来越重要的角色；而职业生涯的科学管理在我国十分薄弱，正因为如此，对职业生涯管理的深入认识和科学实践显得十分重要。

二、职业生涯发展管理理论

(一)埃德加·施恩的职业锚理论

埃德加·施恩(Edsarschem)首先提出了职业锚(career anchor)的概念。所谓职业锚，就是指当一个人不得不做出职业选择的时候，他总不会放弃的东西或价值观。这种东西或价值观至关重要，是人们选择和发展自己的职业时所围绕的核心。对职业锚提前进行预测是很困难的，这是因为一个人的职业锚是在不断发生变化的，它实际上是一个不断探索的过程所产生的动态结果。施恩根据自己对麻省理工学院毕业生的研究,提出了以下五种职业锚,即技术或功能型职业锚、管理型职业锚、创造型职业锚、自主与独立型职业锚和安全型职业锚(见表5-9)。

表5-9 施恩职业锚理论

职业锚	表现
技术或功能型	不喜欢一般性管理活动,喜欢能够保证自己在既定的技术或功能领域中不断发展的职业
管理型	有强烈的管理动机,认为自己有较强的分析能力、人际沟通能力和心理承受能力
创造型	喜欢建立或创设属于自己的东西——艺术品或公司等
自主与独立型	喜欢摆脱依赖别人的境况,有一种自己决定自己命运的需要
安全型	极为重视职业的长期稳定和工作的保障性

(二)克拉克的工作-家庭边界理论

过去人们总是把工作和家庭当作两个独立的系统,实际上这两者在一个人身上是不可分割,成为一体的。无论在时间分配上或在情感上都必然相互作用和影响,溢出理论和补偿理论认为在工作和家庭两个系统中,一个人在一个系统的感情和行为会转移到另一个系统,或在另一个系统寻求补偿。但在2000年前,学者们仍然把工作和家庭视为两个独立体。直到2000年,美国学者克拉克(Sue Campbell Clark)在对以往的工作-家庭关系理论进行批判的基础上,提出了工作-家庭边界理论。工作-家庭边界理论认为,人们每天在工作和家庭的边界中徘徊,"工作"和"家庭"组成各自不同目的和文化的领域或范围,相互彼此影响,虽然工作和家庭中很多方面难以调整,个体还是能创造出想要的平衡,在一定程度上塑造了工作和家庭领域的模式、两领域间边界和桥梁。这一理论试图解释边界跨越者和他们的工作及家庭生活之间复杂的作用,解释冲突的出现,给出保持平衡的结构。

三、影响职业发展决策的因素

职业发展决策是个复杂的过程,影响它的因素有很多,既有外在的,也有内在的。

(一)个人条件的影响

1. 健康

健康是最具影响力的一项,几乎所有的职业都需要健康的身体。绝大多数企业或组织,都应该把身体健康状况列为人员招聘的必须考查事项。当然,也有人因为克服残疾的噩运而变得更加坚强,如霍金、张海迪。

2. 个性特征

不同气质、性格、能力的人适合不同类别的工作。如多血质的人较适合做管理、记者、外交等工作,不适合做过细的、单调的机械工作。如果做与自己个性特征不相吻合的工作,那么,容易觉得自己的活力被束缚,思想被禁锢。

3. 兴趣爱好

与职业选择有关的兴趣称为职业兴趣。不同职业兴趣要求对应的职业不同。如喜欢具体工作的，相应的职业有室内装饰、园林、美容、机械维修等；而喜欢抽象和创造性工作的，相应的职业有经济分析师、新产品开发、社会调查各类科研工作等。

4. 负担

负担是指对别人(多为家人和朋友)、对社会及对财务状况所承担的义务。成年人必定会受到各种义务的束缚，选择职业也绝不可能丝毫不考虑个人的生活形态。吴士宏也承认，最初选择职业主要考虑工资，而现在钱已不是她职业选择的影响因素。

5. 性别

虽然男女平等是基本国策，但"性别因素"仍然在职业发展中扮演着重要的角色。职业性别隔离严重存在，很少有人能忽视性别问题。当然，如果你坚信男女两性基本上相同，那么你的性别应该不会影响你的事业选择和事业成功。

6. 年龄

对工作的看法和态度、对机会尝试的勇气、对胜任任务的能力和经验，不同的年龄表现都会有所不同。

7. 所受的教育

一个人所受的教育程度和水平，直接影响他的职业选择方向和取得他喜欢的职业的概率。

(二)家庭的影响

每个孩子所生长的环境，对他们的生活机会都大有影响。首先，教育方式的不同，造成他们认知世界的方法不同；其次，父母的职业是孩子最早观察模仿的角色，孩子必然会得到父母职业技能的熏陶；再次，父母的价值观、态度、行为、人际关系等对个人的职业选择起到直接和间接的影响。因而，我们常常看到艺术世家、教育世家、商贾世家等。

(三)朋友、同龄群体的影响

朋友、同龄群体的工作价值观、工作态度、行为特点等不可避免地会影响到个人对职业的偏好、选择从事某一类职业的机会和变换职业的可能性等方面。张璨，一位拥有亿万资产的年轻女总裁，当年在找工作时，就是同学引领她走向商界，走向电脑业。

(四)社会环境的影响

社会环境中流行的工作价值观、政治经济形势、产业结构的变动等因素，无疑都在个人职业选择方面留下深深的烙印。"50年代的兵，70年代的工人，90年代的个体户"，每年的职业地位排序都对高考志愿的选择和就业选择起到不可磨灭的影响。不同的社会环境所给予个人的职业信息是不同的。

不能否认，一个人的职业生涯决策的决定因素中也有称为机遇的随机性的成分，但完全凭命运摆布的人毕竟是少数，多数人对自己未来的发展能够从内外因素理性分析，进行职业生涯的选择。

我国在过去的历史情况下，长期提倡组织成员应当无条件服从组织的需要与安排,甘当一颗"螺丝钉"，拧在哪里都发挥作用。在市场经济条件下，组织及代表组织的每位主管干部也不能以"个人必须服从组织"为由，漠视个人的尊严、命运与权利。现代企业必须重视员工职业道路的开发，因为它是现代人力资源管理的一个重要组成部分。

三维策划包含主动策划、组织策划、社会策划。一是职业匹配过程的主动策划，即个人根据自身个性、能力、素质、家庭、婚姻和年龄等进行职业设计与职业选择；二是职业匹配过程的组织策划，即高校和组织对职业选择的指导和组织对职业匹配过程的策划；三是社会策划，社会根据地区、行业、人才的布局，对不同高校、不同地区设置重点发展项目，直接影响职业生涯策划。当职业生涯发生各种变化时，要对职业匹配进行重新策划，即职业发展过程中的平移或变更。

在职业生涯发展过程中，主动策划，包括专业发展方向的选择、就业单位的选择、职务的选择等。主动策划者自身必须有准确的职业定位；对自己充满信心；重视自己的职业形象；发展良好的人际关系；处理好家庭与事业的关系。

组织策划，美国以管理优异闻名的 IBM 公司有一句名言："职工能力与责任的提高,是企业的成功之源。"组织必须塑造相互尊重的组织文化、适时进行职业指导、帮助制定个人职业生涯发展方案；帮助提供具体发展措施；根据员工的发展焦点，寻找最佳契合点。把职工的个人需要与组织需要统一起来,做到人尽其才，并最大限度地调动职工的积极性，同时使他们觉得在此组织中大有可为，前程似锦，从而极大地提高其组织归属感。

社会策划是把每一个人放在国家这个大组织进行策划。社会策划包含国家重大项目的策划，如三峡工程、人口的迁徙、国家会计学院的建立等，这些给专门人员提供的机会纳入了社会策划的大局中重新策划。同时自身必须适应环境，善用社会资源，学习在变化中求生存。

第四节　职业生涯设计

一、职业发展模式

(一)男性职业发展模式

男性职业发展模式大多是自就业一直工作到退休，主要模式表现为直线型职业生涯和螺旋型职业生涯。直线型职业生涯是指终身从事某一专业领域，是在一种线性等级结构中，从低级不断走向高级，取得更大的权力、责任和更多的报酬。螺旋型职业生涯是一种跨专业的职业生涯方式，围绕职业锚这个核心，从事不同专业的工作，以融会贯通，找到发展的新交点。

(二)女性职业发展模式

(1) 一阶段模式，即倒 L 形模式。其特点是女性参加工作之后，持续工作到退休，结婚生育后女性承担工作和家庭双重责任。如中国女性现在的就业模式。

(2) 二阶段模式，即倒 U 形模式。其特点是女性结婚前劳动力参与率高，结婚特别是开始生育后参与率迅速下降，反映出传统家庭分工：男性挣钱养家糊口，女性婚后作为家庭主妇。如新加坡、墨西哥等国的女性就业模式。

（3）三阶段模式，即 M 形模式。其特点是女性婚前或生育前普遍就业，婚后或生育后暂时性地中断工作，待孩子长大后又重新回到劳动力市场。如美国、日本、法国、德国等发达国家的女性就业模式。

（4）多阶段就业模式，即波浪形模式。女性就业是阶段性就业，女性根据自身的状况选择进入劳动力市场的时间，可以多次进出。这种模式是近十年中出现的，如社会福利高的北欧国家就开始流行这种女性就业模式。

（5）隐性就业模式。女性就业主要在家庭经济中，结婚后女性只是换个家庭工作。家庭中就业一般不被官方纳入就业统计范畴。如较落后的发展中国家的女性就业模式(见图 5-4)。

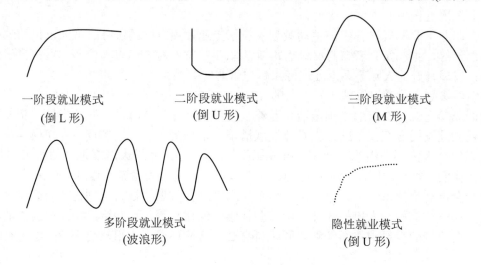

图 5-4　女性就业模式

二、职业发展道路的特点

(一)男性职业发展道路的特点

1. 通常中年为职业辉煌的顶点，两头小，中间大(见图 5-5)

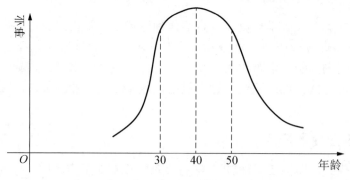

图 5-5　多数男性的职业成功生命线

2. 男性成功的年龄与职业领域关系十分密切

通常社会科学学者成功年龄偏迟,通常在 40 岁之后,自然科学学者成功年龄较早,通常在 30 岁左右,体育工作者成功年龄更早些,平均在 22 岁左右,文艺工作者视文艺的类别而有所不同,见图 5-6。

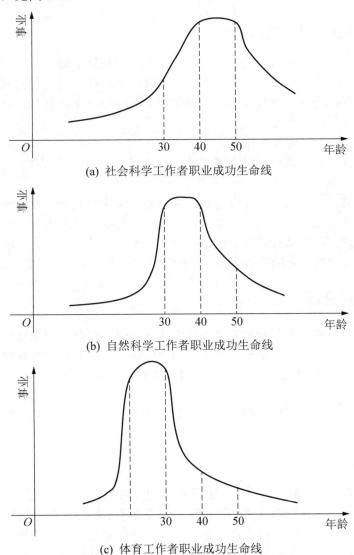

(a) 社会科学工作者职业成功生命线

(b) 自然科学工作者职业成功生命线

(c) 体育工作者职业成功生命线

图 5-6　男性成功的年龄与职业领域的关系

3. 男性的职业成功与配偶的教育背景关系较小,与个人的教育背景关系较大

由于历史的原因,男性的职业成功更多地取决于其个人的受教育程度和发展机会,因为婚姻而改变职业生涯和职业发展的概率较小。婚姻对男性的职业影响较小。20 世纪 30 年代以来,我国各个领域著名的学者其配偶都是识字很少的家庭妇女,她们相夫教子,帮助丈夫料理家务,男性把家庭和事业的关系分隔得十分清楚。

4．男性的职业成功与个人家族背景关系较大

中国自古把男孩作为传宗接代、光宗耀祖的掌上明珠，因此，家庭的背景和家族的资源都被用来给男孩的事业作支撑，甚至不惜牺牲自己女儿的幸福为其兄弟提供更多的支持的资源。新中国成立后，这一传统依然没有较大的变化，男性的职业成功与家族背景关系较大。

(二)女性职业发展道路的特点

(1) 两个高峰和一个低谷。两个高峰，一个是在女性就业后 6～8 年时，即女性就业后但未生育前；另一个是在 36 岁以后的十余年间，此时孩子基本长大或可托人代管，自身仍精力充沛、阅历丰富，女性事业辉煌通常在此时期。一个低谷在这两个高峰之间，通常是生育和抚养孩子的几年时间。

(2) 就业面窄，发展速度缓慢。

(3) 婚姻状况对女性职业发展道路有决定性的影响。婚姻状况对女性职业发展影响较男性大得多。

女性就业面临的工作角色与家庭角色的冲突是一个十分复杂的社会问题，国际经验表明，缓解这一冲突需要全社会的共同努力，特别是政府应当发挥主导性作用。如大力发展家政服务业，推进家务劳动社会化，倡导男女平等地共同承担家务责任以减轻女性的家务负担，制定有利于女性就业的社会政策，鼓励实行弹性就业制度，改革社会福利制度等。

三、职业生涯设计

职业生涯计划是在自我了解的基础上确定适合自己的职业方向和目标，并制定相应的计划，以避免就业的盲目性，降低从业失败的可能性，为个人走向职业成功提高最有效率的路径。也就是在"衡外情，量己力"的情形下设计出各自合理且可行的职业生涯发展方向。

职业生涯设计基本上可分为自我认知、职业认知、确立目标、职业生涯策略、职业生涯评估五个步骤。

(一)自我认知

当人们从事适合的工作时，才能发挥己长，且乐意投入工作，对工作的忠诚度高，更能胜任工作。因而，在进行职业生涯设计时，首先必须了解自己的各种特点，如基本能力素质、工作风格、兴趣爱好、价值观、个性特征、自己的长处与短处等。其中自己所具备的职业技术和职业兴趣是最关键的两个方面。对自己认知越深刻，职业生涯设计的目标性和方向性才越有保证。

大多数人都认为对自己有足够的了解，但仍会做出许多错误的职业生涯抉择。出现错误抉择就是因为对自己认知不清。对自己的认知，可以通过专家协助(如做测试题、专家访谈等)，也可以不断反思以下问题：

(1) 自己喜欢的工作到底是什么？
(2) 自己的专长是什么？
(3) 现有的工作对自己的重要性是什么？

(4) 家庭对自己的重要性是什么？
(5) 有哪些工作机会可供选择？
(6) 与工作有关的其他考虑是什么？

(二)职业认知

职业生涯的前提不仅限于对自身内在素质的了解，还必须对客观环境进行考察，了解职业分类、职业性质、组织情况。职业分类包括职系、职级和职等，许多国家都有职业分类词典。职业性质需要人们深入了解，因为人们认识一个职业常常只看到表层的东西，如对演员只看到台上的风光，不了解台下的艰辛；对大学教师，只看到其能自由支配时间的好处，没有体会到他们的压力与甘于寂寞。同时，当你欲加盟一家组织之前，多下点力气去研究这家组织的风格和行为是十分必要的。

(三)确立目标

在知己知彼的情况下，根据自己的特点和现实条件，确立自己的职业生涯目标。通常目标分为短期目标、中期目标、长期目标和人生目标。短期目标一般为 1～2 年，中期目标一般为 3～5 年；长期目标一般为 5～10 年。职业生涯目标的设定是职业生涯计划的核心。

(四)职业生涯策略

详细分解目标，制定可操作的短期目标与相应的教育或培训计划。为达到目标，必须思考以下问题：

(1) 你选择哪条职业生涯路线？即选择行政管理路线还是技术路线，或者是走双路径。这可以考虑三个问题，我想往哪一线路发展？我具备这一发展方向的主观条件吗？我具备这一发展方向的客观条件吗？
(2) 在工作方面，你将如何提高你的工作效率？
(3) 在业务素质方面，你计划学习哪方面知识和技能？
(4) 在潜能开发方面，你要注重哪方面的开发？

(五)职业生涯评估

人是善变的，环境是多变的。影响职业生涯的因素很多，有的变化因素是可预测的，有的变化因素是难以预测的。要使职业生涯计划行之有效，就必须根据个人需要和现实的不断变化，不断对职业生涯目标与计划进行评估和调整。其调整内容包括：职业的重新选择；职业生涯路线的重新选择；人生目标的修正；实施措施与计划的变更。在 21 世纪，新的工作方式不断推陈出新，新的工作要求不断提高，人们特别要注重不间断地审视个人的人力资本，找出不足，适时修正目标，加强措施。

四、职业生涯的开发

(一)职业适应性管理

对职业的适应是职业生涯的第一步。职业适应程度可以从两个角度分析：对人而言，是指人的个性特征对其所从事职业的适宜程度;对职业活动而言,是指某一类型的职业活动的特点对人的个性特征及其发展水平的要求。职业的适应性,就是两者在经济和社会的活动过程中达到相互协调和有机地统一。

在信息时代,职业的流动速度不断加快,实践证明,不是任何人都能胜任所有职业,也不是任何人通过职业培训后,就一定能够适应新职业的内容及性质。职业的适应程度如何,主要取决于人的素质,包括思想素质、业务素质、道德素质和心理素质。人在与职业相适应的过程中,居于主导地位和发挥主观能动作用。但是职业对人的要求也不是无能为力的,它以其不断变化着的工种、技术水平、素质水平等要求人与之相适应、相符合。

(1) 尽量选择自己所热爱的职业。"热爱是最好的老师",由于对热爱的工作充满热情和具有良好的心态准备,即使走上新的工作岗位后现实与理想有差距或者遇到困难,也愿意自我调整,并积极克服所遇到的困难。

(2) 培养自己所从事职业的职业兴趣。当由于能力、性别、年龄、文化程度及机遇等内外因素而导致一时难以选择到理想的职业时,应对所选职业多培养兴趣。虽然每个人有各自的兴趣,但兴趣有直接兴趣和间接兴趣,间接兴趣是可以培养并转化为直接兴趣的。

(3) 尽快融入组织文化中。对职业的适应性,在很大程度上取决于能否融入组织文化。尽快了解组织背景、组织制度、业务流程和人们的价值观,用积极、坦诚、虚心、好学处理好人际关系。

(4) 提高综合素质。职业适应最关键的因素是人的综合素质。如果素质高,与职业要求相符,那么职业的适应性就强。所以必须重视多种能力的培养和锻炼,扩展知识面,提高综合素质。

(二)职业生涯的三维管理

职业生涯开发过程中,工作系统、家庭系统和自我事务系统三个方面是揉在一起,相互影响、相互作用的,它们相辅相成,共同影响着人的全面发展。因而,职业生涯开发有必要进行三维管理,即自我事务管理、职业生涯管理和家庭生活管理。因而在职业管理的同时,不可对自我事务管理和家庭管理掉以轻心。

自我事务的管理包括自身的生理状况、心理发展、生活知识和技能、社会交际、休闲娱乐等方面的管理。自我事务处理状况对职业生涯的发展及家庭生活的质量都会产生深刻而全面的影响。①健康水平即健商的影响。人的健康影响人的工作和生活态度、情绪、效率。一般而言,健商高者精力充沛,较乐观开放、积极高效;而健商低者力不从心,易悲观自恋、易消极低效。健商低者较健商高者要付出更多的努力,也更容易陷入疲劳—工作—更疲劳的恶性循环中,甚至产生对外界事物的厌倦情绪。②心理发展水平的影响。心理状态是一个人学习、生活、工作的态度和行为的基调。一般成功、健康、快乐的人心理品质具备自信、宽容、积极乐观、自我独立等。积极心态创造人生,消极心态消耗人生。无数正反两方面的事例都证实了心理品质的优劣直接导致事业和家庭的成败。③生活知识和技能的影响。丰富的生活知识和高水平的生活技能使人处理日常事务事半功倍,省时省力省钱。④社交休闲方式的影响。社会交际能力直接影响到人们在工作和生活中的沟通交流和组织协调水平,社会交际范围影响着人们在工作和生活中所能得到的帮助和支持程度。休闲方式选择对人们的思想形成、知识积累、生活品位也都会产生深刻的影响。正因为自我事务管理状况对人的全面发展的深刻而全面的影响,自我事务管理是人全面发展中十分重要的一维管理,它为职业生涯开发奠定了基础。自我事务管理中最为重要的是提高情商和健商水平。

不言而喻,家庭生活质量对职业生涯的意义非同小可。家庭成员的态度和意见会影响人们的工作选择和工作态度。当工作遇到麻烦时,人们本能的反应是:家是最好的避风港,那里应该有来自于家人的最宝贵的支持和安慰。特别是女性都认为,化解压力最好的办法就是家庭,是快乐幸福的家庭,是一个非常能够理解你的丈夫。家庭管理中最为重要的是要有爱心、关心和同理心,并善于欣赏。职业和家庭双维管理,还可以通过双职业生涯方式设计实现。双职业生涯是指夫妻双方作为一个整体,进行双方的职业生涯设计,缓解事业与家庭的冲突,促使形成双事业型夫妇。双事业型夫妇有许多正面效应:降低人口出生率;提高人口素质;共享私人资源;有助于家庭稳定与情绪稳定;有助于加大人力资本投资。

(三)心理契约的管理

员工与组织不仅有书面劳动合同,而且还存在心理契约。过去员工与企业的心理契约是:员工好好工作,企业负责员工不被解雇,负责员工的升迁与福利。但是随着市场竞争愈加激烈,随着视工作任务定人员的虚拟组织方式愈加风行,企业提供工作保障的基础开始动摇,企业是员工的"屋顶"的契约难以为继。员工与企业建立了新的心理契约,即员工努力工作,企业提供培训机会,提升员工的就业能力。企业变"屋顶"为"土壤",支持员工增加人力资本存量,改善人力资本结构,提高员工的综合能力和就业能力。

在新的心理契约下,职业生涯变为易变性职业生涯。易变性职业生涯与传统职业生涯的不同如表5-10。

表5-10 易变性职业生涯与传统职业生涯的比较

维　　度	传统职业生涯	易变性职业生涯
目　　标	晋升	心理成就感
心理契约	工作安全感	灵活的受聘能力
运　　动	垂直运动	水平运动
管理责任	公司承担	雇员承担
方　　式	直线型、专家型	短暂型、螺旋型
专业知识	知道怎么做	学习怎么做
发　　展	很大程度上依赖于正式培训	更依赖人际互助和在职培训

资料来源:[美]雷蒙德·A.诺伊.雇员培训与开发[M].徐芳,译.北京:中国人民大学出版社,2000.

易变性职业生涯的目标是心理成就感。心理成就感是一种自我感受,它不仅仅是公司对员工的认可(如加薪、晋升),还包括个人价值、幸福感、身体健康等人生目标实现所带来的一种自豪感和成就感。这种目标的追求在新一代的人力资源中表现得更为突出,具体表现为:对地位和工作稳定性拿得起、放得下,更在意工作灵活性、挑战性,渴望从工作中获得乐趣和良好的个人感受。为此,职业生涯的管理与开发方法要与时俱进。

企业要为员工提供人员开发规划指南，指导员工进行评估、目标设置、开发规划和行动计划的设计。企业管理人员要与员工开展有关职业生涯的面谈。在员工的职业生涯发展过程中，随着员工的职业生涯发展阶段和生理年龄的变化，其职业需求会有所调整。管理人员要在指导员工职业生涯设计中充当教练、评估者、顾问、推荐人，要了解员工职业生涯的发展进程，以及每个阶段员工的需求和兴趣的差异性，与员工就未来开发行动达成一致意见，提供资源，帮助员工达到职业生涯目标。企业要开发职业生涯管理支持系统，培育能支持职业生涯管理的企业文化，加大培训的力度和培训内容的覆盖范围。

(四)实施 PPDF

在发达国家的不少企业都有职业生涯成长计划，即 PPDF(Personal Performance Development File)。PPDF 把个人发展与企业发展紧紧联系在一起，企业通过它将自己的员工形成合力，形成团队，为组织的目标去努力实现自我价值。个人 PPDF 基本上有三个方向：①纵向发展，即沿着组织的等级层系列由低级向高级提升。②横向发展，指跨越职能部门边界的调动，在同一层次不同职务之间的调动，如由工程技术转到采购供应或市场营销等。横向发展可以发现员工的最佳发挥点，同时又可以使员工自己积累各个方面的经验，为以后的发展创造更加有利的条件。③向核心方向发展。虽然职务没有晋升，但是却担负了更多的责任，有了更多的机会参组织的各种决策活动。

五、大学毕业生的职业生涯建议

1．寻找符合社会发展方向的行业

我们处在一个经济不断变革的时代，有预见性地寻找社会发展方向是择业成功的关键，即使有错也只是暂时的。建议广泛听取长辈和学长们的建议，听取社会上的信息寻找自己热爱的行业。有些冷门职业是暂时的，比如教师、园林绿化等职业变迁。

2．寻找自己热爱的行业

只有做自己喜欢的事才能把事业做得更好，才能创造性地去工作，才能做出成就。建议大学生不要盲从，认清自己真正的需求，要分析选择的行业与自己的爱好是否相关，是否有社会资源来支持，能否有助于自己的成功。爱因斯坦放弃银行的工作从事科研，提出著名的相对论；哥伦布放弃家产，选择探险终于发现新大陆；丁磊放弃电信公司稳定的工作，选择创业将网易在美国上市，这些都是出于兴趣带来的成功案例。

3．寻找行业中的标杆企业

在一个行业中，标杆企业代表行业发展的方向，从中能学到行业中最新的知识，对自己能力的提高至关重要。毕业生可以查寻企业综合实力排名，查寻行业统计年鉴，根据周围信息的反馈寻找自己职业规划中的起跑点。这也是一个当"凤尾"的选择。

4．寻找自己职业规划中的起跑点

每一名大学生都应有所追求，对自己和社会负责，规划好自己职业生涯的开始。
建议首先确定就业战略：

(1) 成长战略：低点进入标杆企业，与企业共同成长。
(2) 跳槽战略：进入行业内规模企业，打好基础，等待观望。
(3) 创业战略：完全满足个人的职业意愿，放弃企业排名，全面提高自身能力。

5．择业不是人生最终的选择

中国人就业的观念正在发生巨大的变化，择业已成为人们生活的一部分，对待择业要重视，但不必有太多的压力，如同上大学，这只是人生的一次选择，大学生的择业应以学习和适应为主，认清自己真正的需求，就业是学习成果在社会中的应用，可以再学习，再就业，直到适应社会。

> 【思考】
> ● 就业只是一次选择，通过学习提高可以重新选择，但并非可以永远选择。
> ● 定位要清楚，认清自己真正的需求，防止浪费时间和金钱。
> ● 结合自己的实际情况，实事求是进行择业，大学生的扩招带来就业危机，要用新的观念来看待就业。
> ● 同样的学历并不一定能得到相同的报酬。

本 章 小 结

本章详细论述了职业生涯发展阶段理论，并且提出影响职业发展决策的四大因素、职业生涯的设计和大学生的职业生涯建议等。

复 习 思 考 题

1．职业生涯管理的主要理论有哪些？对实践的意义是什么？
2．怎样设计职业生涯？

推 荐 阅 读

1．杜映梅．职业生涯管理[M]．北京：中国发展出版社，2011．
2．苏文平．职业生涯规划与就业创业指导[M]．北京：中国人民大学出版社，2016．

【开放式讨论】
(一)案例背景[①]
美国电话电报公司(AT&T)成立了一个名为公司员工职业生涯系统部的部门。它由 15 人组成，专门负责员工职业生涯开发工作。它是面向整个公司的内部咨询单位。这一部门

---

① 根据 http://www.jobzl.com/jobzl/thi/hrcase.php?cp=2 [2002-09-29 09:03:20]，美国电话电报公司的职业生涯开发工作，整理而成。

发现了若干驱动美国电话电报公司员工职业生涯开发的因素：①管理层担心公司规模的缩小会影响员工的士气；②人们认为缺乏对员工职业生涯开发的机遇或关注；③重点人才和中层管理人员的流失；④新旧人员的接替规划过程，员工职业生涯开发在其中起着核心作用。

第一个步骤是需求分析，它在员工职业生涯开发顾问委员会的协助下进行。这一组织由来自各个业务单位的中层人力资源管理人员组成，该组织下设不同的专题小组，其中之一负责开发一套员工个人职业生涯参考指南。

由于公司的关心，越来越多的员工已经拟出自己的职业生涯发展计划。当员工制定出个人的职业生涯计划后，80%的人会参加员工与主管的对话，82%的人会按制定的个人职业生涯计划行动。

员工职业生涯开发计划的设计原则是一只三条腿的凳子，员工、领导者和公司各担负一个基本角色。公司的原则非常明确，个人应该为自己的前途负责，然而领导者和公司需要给予这一过程以不懈的支持，要"言而有信"。在从原有的家长式统治向员工要对自己负责过渡的企业文化转型过程中，人们通过人力资源规划与开发运作程序的过程和主管培训的推广，大幅度提高了公司和领导者的参与程度。员工们认识到了自己的责任，认识到这是对自己大有好处的事情。另外，人们也广泛意识到事业发展的重要性，承认传统的升职不再是衡量问题的尺度。

美国电话电报公司的员工职业生涯开发系统获得了极大的成功，人们对个人职业生涯计划的满意程度一直在稳定提高。美国电话电报公司员工的职业生涯开发系统多次帮助企业渡过难关，也帮助员工获得了自己职业的成功。

(二)讨论题

(1) 美国电话电报公司的职业生涯开发工作是基于哪些因素的考虑？请结合你个人的经历，谈谈职业生涯开发工作对企业的重要性。

(2) 你认为职业生涯开发的"三条腿原则"有何优缺点？在员工、领导者和公司三条腿中，你认为哪一个角色是起决定性作用的？

(3) 你能为自己的职业发展生涯提出一个设计方案吗？你认为自己的哪一个特点适合你的职业发展方向？

第六章

人力资源的培训与开发

【学习目的与要求】

本章主要阐明了人力资源培训与开发的概念及其内涵，论述了企业构建人力资源培训与开发系统对于组织开发和人力资源管理实践的重要意义，研究和探讨了人力资源培训开发系统建立的理论基础、流程、技术与方法。通过本章学习，具体要了解掌握以下几点：

1. 培训与开发的概念。
2. 培训与开发的程序。
3. 培训与开发的方法。
4. 培训效果评价。

【重点】

培训开发的程序。

【难点】

培训效果评价。

【应用】

1. 能针对不同培训需求选择不同的培训方法。
2. 能为现实中的企业或单位设计开发培训项目。
3. 能进行培训效果的评价。

【引导案例】

可口可乐：主业是培养人才

可口可乐公司是全世界最大的饮料公司，也是软饮料销售的领袖和先锋。可口可乐风行全球 100 多年，其产品包括世界最畅销的五大品牌中的四个（可口可乐、健怡可口可乐、芬达及雪碧）。可口可乐商标被认定为全球最具价值的商标之一。

培训理念： 可口可乐公司注重对有潜力、能力强、进取心强的员工进行培训，因为把他们培训好，就可以一个人胜任两个人或者更多人的工作，使公司人力资源成本降低很多。人才生产是主业。拥有 100 多年历史的可口可乐公司，曾被美国《商业周刊》以 696.4 亿美元的价值列为世界品牌之冠，连大名鼎鼎的微软也只能屈居其后。而重视员工培训，正是这家传统饮料公司能够长盛不衰的一个重要原因。可口可乐领导认为："可口可乐是一家培养人才的公司，生产碳酸饮料不过是我们的副业。"

鼓励员工自己争取培训。在可口可乐公司，培训计划除了看一个人的表现如何，还要看他的发现潜力。因为可口可乐公司认为，有时表现和潜力并不完全是一回事。有的人虽然表现很好，但没有多少发展潜力，这也是不行的。除了表现和潜力外，个人自我确定的发展目标也很重要。一般来说，员工总是期望公司给自己更多的发展机会，但有时机会并非外人给予，而是靠自己设计和创造的。因此，个人首先应该确定一个明确的目标和计划，然后一步步走下去，才会得到更好的发展。

可口可乐公司每年年底都会让公司的中高层管理人员和一般员工填报自己想要参加的培训内容，公司则将这些培训内容加以分类，并在月度计划中逐步实现。公司也会对员工的业绩、工作表现和员工潜能进行预测，分析其未来的发展方向，确定其岗位调整以及应参加的培训。

培训特色： 在可口可乐公司，培训分高中低三个层次。高层员工的培训主要以总部"培训发展组"提供的培训项目为主，如每年挑选一些高级经理接受国外一个月的培训。对中层员工的培训，则主要侧重于他们掌握的新的管理知识和新的技能，优秀者再去培训一个月。至于一般员工，侧重于本职工作的专业技能培训，在培训中主要抓住潜力好、能力强的员工进行重点培训，这些培训主要是多给他们提供某一领域的知识和技能，已达到升职后工作岗位的需求。而企业中层的重点员工与基层的重点员工，一般来说是企业培训的重点，公司会集中资源对他们进行强化培训。可口可乐公司认为，有潜力，能力强，意愿高的员工能够使企业的人力资源成本减少很多，他们往往乐于接受工作挑战，喜欢适应不同的工作岗位，因此这部分人也是培训的重点。公司给他们提供更多的培训，使之能够掌握更多技能，在实际工作中能够提高公司的效率。把他们培训好了，他们可以胜任多人的工作。同时，当关键岗位的人才流失时，也可以很快补充继任者。

2000 年，天津可口可乐公司建立了教育训练中心，这是可口可乐公司在国内进行上述培训的主要训练基地。

培训体系： 可口可乐公司提倡员工和公司共同成长，而不能失重于任一方面。因此，可口可乐公司的培训也相应地分为两种：一种是员工的自我培训，这种培训主要是针对外语和计算机等基础知识；另一种是企业给予员工的内部培训与总部提供的相关管理培训。

第一节　培训与开发概述

一、培训与开发的含义

　　员工培训是指企业有计划地实施有助于提高员工学习与工作相关能力的活动。这些能力包括知识、技能和对工作绩效起关键作用的行为。

　　员工开发是指为员工未来发展而展开的正规教育、在职实践、人际互动以及个性和能力的测评等活动。

　　培训和开发的实质是一样的，都是通过改善员工的工作业绩来提高企业的整体绩效，只是关注点有所不同：一个关注现在，另一个关注将来。在此，我们把它们当作一个概念来理解：培训与开发是指企业通过各种方式使员工具备完成现在或者将来工作所需要的知识和技能，并改变他们的工作态度，以改善员工在现在或将来职位上的工作业绩，并最终实现企业整体绩效提升的一种计划性和连续性的活动。

　　(1) 培训开发的对象是企业的全体员工。
　　(2) 培训开发的内容应当与员工的工作有关。
　　(3) 培训开发的目的是改善员工的工作业绩并提升企业的整体绩效。
　　(4) 培训开发的主体是企业。

　　常见的培训与开发活动主要包括：新员工的入职培训、员工的业务培训以及管理技能开发等。新员工入职培训是指新员工学习组织重要的价值观和行为规范，学习如何建立工作关系，以及学习如何在岗位上行使职责的过程。员工的业务培训把范围缩小到向员工传授与具体工作和任务相关的某一特殊领域的知识和技能。管理技能开发则是针对管理者进行的一项培训计划，其目的是为了让管理者能够适应组织所面对的变化多端的环境，不断提升自身的管理技能和能力，帮助组织实现可持续发展。

二、培训与开发的作用

　　企业的培训和开发实践能够通过提高工人的能力和减少人员流动来作贡献。随着时代的发展，培训与开发已具有更多的战略意义。培训与开发的作用主要表现为以下几点。

1. 是提高其综合素质的重要手段

　　日本松下电器公司有一句为企业界所推崇和赞赏的名言："出产品之前先出人才。"其创始人松下幸之助更强调"一个天才的企业家总是不失时机地把对员工的培训和训练提到重要的议事日程"。

2. 有助于员工适应快速变化的工作环境

　　随着信息社会的迅猛发展，知识更新、技术更新的周期越来越短，而企业对员工的素质要求也越来越高。通过培训，员工才能不断更新观念、更新知识、更新技能，才能适应日新月异的工作环境。

3．有助于提高员工积极性，吸引保留优秀人才，降低员工流动率

成功的培训能通过对员工的知识技能、素质的提升，在有效地减少心理压力的同时调动员工的主动性与积极性，使其喜欢并留恋正在学习和成长的工作岗位，从而减少人员的流动，也有助于降低流动率和管理成本。

4．是实现企业快出人才、多出人才、出好人才的重要途径

由于我国高等教育和职业教育的不足，企业员工在学校接受的教育质量难以满足企业任用人才的要求，也不能适应市场日益竞争的需要，尤其刚步入工作岗位的大中专学生更是如此。更为重要的是，现有的员工不可能全部重新送到大中专学校去深造，因此他们中的绝大部分只有靠本地区、本系统、本企业内部的培训，才能提高科学文化水平和各种能力。培训弥补了现有教育体系的不足，是企业获得优秀员工的重要途径。

5．能增强员工对企业的归属感和主人翁责任感

就企业而言，对员工培训得越充分，对员工越具有吸引力，越能发挥人力资源的高增值性，从而为企业创造更多的效益。有资料显示，百事可乐公司对深圳 270 名员工中的 100 名进行了一次调查，这些人几乎全部参加过培训。其中，80%的员工对自己从事的工作表示满意，87%的员工愿意继续留在公司工作。培训不仅提高了职工的技能，而且提高了职工对自身价值的认识，对工作目标有了更好的理解。

三、员工培训与开发的原则

员工培训与开发作为企业人力资源开发的一项重要手段，可以为企业创造价值，但这种价值的实现，还要求企业在实施过程中遵循以下几个基本原则。遵循这些原则也是培训任务完成和培训目标实现的重要保证。

(一)服务于企业战略规划

在企业活动中，员工培训与开发的实施应当从企业战略的高度出发，服务于企业的战略规划，不仅要关注眼前问题，更要立足于企业的长远发展。从未来发展的角度出发进行员工培训与开发，这样才能保证员工培训与开发工作的积极性和主动性。

(二)树立清晰的目标

目标对人们的行为具有明确的导向作用，在培训之前为参加培训的人员设置明确的目标，使受训人员在参加培训与开发的活动中具有明确的方向并具有一定的压力，不仅有助于在培训结束之后进行效果衡量，而且有助于提高培训活动的效果。

(三)讲究实效原则

员工培训与开发的目的在于通过员工个人绩效的提高来提升企业整体绩效，因此，应结合员工的年龄、知识、能力、思想等实际情况进行具有明确目标的培训，注重培训迁移，学以致用，将培训和工作结合起来，确保培训收到预想的效果。

四、培训与开发的类型

1. 新员工入职培训

新员工入职培训是指针对新进员工、新到岗位任职的员工开展培训,又称入职教育、岗前培训或职前培训。

培训作用:第一,使员工了解企业的概况、规章制度和发展前景,减少新员工初到新环境、新岗位的紧张和不安,提高新员工的工作胜任能力,使之更快地适应新环境和新工作。第二,使员工快速熟悉自己的工作,明确自己的职责,帮助新员工更快地胜任本职工作,从而迅速进入工作角色。第三,创造良好的人际关系氛围,使新员工能有效且快速地融入新企业的文化之中,增强全体员工的团队合作意识。

培训内容:①工作环境。包括企业的历史、现状及行业地位、发展趋势与目标、优势、面临的问题、组织机构、部门职能、产品和服务、市场战略、质量方针、企业文化与传统、经营理念、办公设备、生产设备、各办公场所、食堂,等等。②工作制度。包括人力资源管理制度、财务管理制度、行政办公管理制度、员工行为管理制度等。③工作岗位。对新员工的岗位职责、技术规范、行为进行培训,根据员工岗位说明书,向员工介绍其所在岗位的主要职责、新员工的主要任务和责任、工作绩效考核的具体规定等;对于技术性特别强的岗位,要由技术人员负责演示技术操作和规范训练,直到独立完成;针对员工的行为标准、着装、工作场所行为规范、工作休息制度、公司礼仪等方面进行培训。

2. 销售人员培训

培训的作用:掌握销售理论和销售技巧;增加销售人员的产品知识、行业知识;提高销售人员的自信心,帮助他们树立积极的心态;提高销售人员社交能力和人际沟通能力;增强销售人员团队合作意识;提高销售人员与顾客建立长久业务关系的意识和能力。

培训内容:①知识培训,包括企业知识、产品知识、行业知识、专业销售知识等;②销售技巧培训,包括销售技巧、沟通技巧、谈判艺术、电话营销、商务礼仪、互动游戏等;③心理素质和心态的培训,包括顾客心理、销售人员潜能开发、销售人员心理素质训练、销售人员心态训练,等等。

3. 技术人员培训

培训作用:通过专业的技术培训,可以提高技术人员的技术水平;有利于提高工作效率;有利于技术创新;有利于开发适合市场需求的产品,能够增强企业的技术优势,提高企业的竞争力。

培训内容:①合理的知识结构,包括企业知识、产品知识、行业动态、专业知识、管理知识等;②专业的技术技能培训,包括设备操作与保养、工程工艺流程改善与管理、产品开发、竞争性产品研究和新产品策略、技术安全管理、生产安全管理、质量管理、技术操作规范等;③职业素养培训,包括职业道德、职业操守等。

4. 生产人员培训

培训作用:使生产人员了解企业在行业中的地位和自身的重要性,激起其归属感;使生产人员了解并掌握企业在生产方面的各项规章制度，如质量手册、现场管理制度、设备保养制度、安全生产制度等；提高生产人员在生产领域的专业知识；加强生产人员的成本意识和安全意识；提高生产人员的工作技能；加强生产人员的自我管理等。

培训内容：①生产设备和安全管理培训，包括设备使用和保养、生产安全管理如安全生产的基本知识、职业危害及防范、安全生产技术管理等；②生产过程的技能和能力培训，包括生产现场管理、品质管理、成本管理等；③职业素养，包括职业道德、人际关系沟通和技巧。

5. 管理人员培训

培训作用：提高管理者的管理水平；提高组织的运作效率；增强组织的竞争力；增强组织的发展后劲。

培训内容：不仅包括管理岗位所需的知识、技能的培训，还包括管理者的自我管理、管理方法、管理思维的培训等多方面的内容。同时，不同层次的管理人员，其培训的侧重点也不同，如基层管理人员，其培训重点在业务知识、实际操作能力及一般管理能力的提升，中层管理人员则注重沟通协调能力、发现及解决问题能力的培养，而高层管理人员则侧重战略的培训。

【案例】一步一个脚印——美胜集团的大学生培训思维

美胜集团是一家中外合资企业，主要经营服装百货等，根本的理念是"青春、时尚、活力、前卫"。为贯彻企业经营思想，集团决定大规模招聘大学应届毕业生，以注入新鲜的血液。

大学生在一般人眼里，通常是"眼高手低"的代名词，但是，在美胜集团眼里，这个词并非只包含贬义。所谓"眼高"可以解释为有思想，有创新意识，"手低"也可以表示踏实完成任务，有更实际的操作执行能力。

经过激烈的筛选，最后有20名胜利者脱颖而出。如何对这些"眼高手低"的大学生进行前期培训一直是美胜关注的重点。

A是20个幸运儿中的一员，大学专业是房地产，结果现在却在人力资源部工作。说起来A最难忘的是美胜的面试。A自己学的不是商业而是房地产，所以在应聘之前略显紧张，没想到他的试题居然都是房地产的问题，他轻轻松松地通过了面试。

A毕业后没几天，就到公司报到了。到公司第一件事，就是在炎炎夏日下进行为期半个月的军训，美胜的本意是想磨炼他们的意志，培养他们彼此的团队精神。

之后是为期10天的课程培训，主要有美胜的背景、企业文化、公司管理制度、销售技巧、物价合同管理、礼仪等商务知识的培训，还要按时交培训总结。美胜还鼓励新人在培训和实习中主动去发现商场和个人存在的问题，并要求新人对发现的问题提出自己的处理办法，同时在培训总结上加以体现。这种快节奏让这些刚刚走出校门的毕业生逐渐习惯了工作的压力，很快实现自身角色的转变。

接下来的是为期一个月的现场实习。整个实习过程分三个阶段。首先，熟悉商场各个部门的运作，让新人们进入角色；其次，分散到商场的各个营业部门，熟悉商场的日常管理工作；最后，分散到美胜的职能综合部门，熟悉更高一层的管理流程。美胜的用意很明显，每一个职位都让毕业生有所体验，熟悉商场的每个流程，以便为今后更好地工作奠定基础。

目前，这些大学生已经在美胜的各个部门开始了他们的工作，在各个部门都有中层的老员工指点他们工作，现在大都已经成为各个部门的骨干。

第二节　培训与开发的过程

培训与开发要遵从一定的程序，才能提高它的有效性。通常认为培训与开发过程包括四个基本步骤并形成循环(见图6-1)。

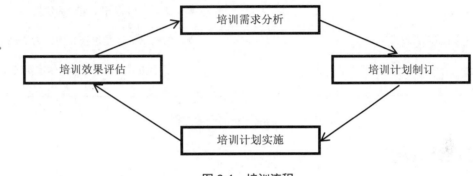

图 6-1　培训流程

一、培训需求分析

开展员工培训活动的第一步就是要确定进行什么培训。当组织中出现一些问题，只有通过培训才能解决或者才能更好地解决时，培训需求就产生了。在培训项目确定之前，需要仔细分析"这项培训到底有没有必要以及是什么导致这个培训需要"的问题，这里所说的需要就是培训需求。

培训需求分析又称需求评价，是一个综合了解组织、工作和个人三类需要，以及实际要求员工参加何种培训的过程。它主要是分析和评估组织中存在什么问题(包括分析问题的原因)而需要培训、哪些人需要培训、在哪些方面需要培训，从而确定有无必要组织培训，为确定培训目标做好准备，有的放矢地实行培训，确保所提供员工培训与开发的项目内容与组织和员工所需要的东西相一致。需求评价的一般过程是：发现和汇集现实中的问题，认知培训需求原因或"压力点"，通过组织、任务、人员等评估内容和培训背景分析，确定是谁需要培训，到底在哪些方面需要培训等(见图6-2)。

培训需求的确定，主要是通过对现实进行分析，找出现实和计划目标之间的差距，从而确定员工需要参加何种培训，企业应组织何种培训。通常包括三个方面的内容：组织分析、任务分析和人员分析。

在企业中，培训需求分析人员主要包括人力资源管理部门工作人员、员工、管理人员、有关项目专家、客户及其他相关人员。

培训需求分析的方法可以采用个人面谈、小组面谈、问卷、操作测试、评价中心、观察法、关键事件、工作分析、任务分析等。

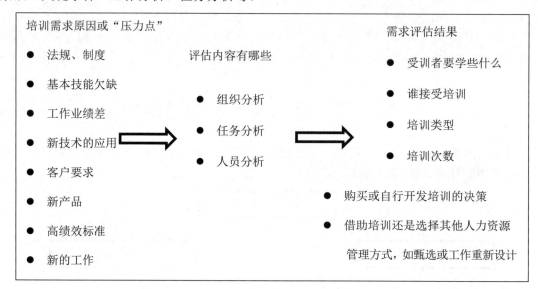

图 6-2 需求评价的一般过程

二、培训计划制订

培训需求确定后，就可以制订培训计划。培训计划的制订是保证培训的顺利实施，使培训目标变为现实的重要步骤。所谓培训计划是根据企业近、中、远期的发展目标，对企业员工培训需求进行预测，然后制定培训活动方案的过程。它是一个系统工程，包括确定培训目标、培训内容、培训形式、培训人员以及培训计划的调整方式和组织管理等工作。

(一)培训目标

要制订明确的培训计划，首先要有明确的培训目标。培训目标是一定时间内希望达到的培训标准，是培训者检查培训活动是否达到培训要求的尺度。它描述的是培训的结果，而不是过程。

(二)培训内容

培训内容是指应当进行哪些方面的培训。培训内容应根据职位的不同需求进行个性化的设计，基础性的培训可以使用市场上已经编写好的教材，特殊性的培训要根据需要编写相应的教材。培训内容包括专业知识、工作技能、职业道德等方面的内容。

(三)培训对象

这是解决培训谁的问题。企业培训应分轻重缓急，培训的重点(培训对象)应是处于关键岗位、主要岗位的管理人员和员工。企业领导干部是培训工作的重点对象。准确地选择培训对象，有助于培训成本的控制，强化培训的目的性，提高培训的效果。

(四)培训形式

培训形式有岗前培训、在职培训、脱产培训等,培训方法选择的恰当与否对于培训的实施和培训的效果具有非常重要的影响。

(五)培训预算

培训是需要经费做支撑的,因此,在培训计划中还应该编制培训预算。这里的培训预算一般只计算直接发生的费用,包括培训的教材费、培训者的授课费、场地租用费和培训设备费等。做好培训预算,可以保证获得充足的资金,进而保证培训的顺利实施。

三、培训计划实施

培训计划明确了培训目标,确定了培训的范围、方法、组织管理等工作,为培训的实施提供了依据。制订组织的培训计划之后,就可以实施培训活动了,它包括选择培训机构、培训教师、培训教材、培训时间和培训地点等工作。

(一)培训机构

培训的实施机构主要有组织内部培训和外部培训两种。组织内部培训是指使用组织内部的资源包括场地、培训教师等进行的培训。组织外部培训是指利用外部培训机构对员工进行培训,包括组织付费的学历教育。外部培训实施过程中,组织的相关管理者也要参与到计划的制订和实施之中。无论是内部培训还是外部培训,都有各自的优缺点,如何选择要根据组织的具体情况而定(见表 6-1)。

表 6-1 内外部培训的利弊比较

培训设置机构	优 点	缺 点
内部培训	费用较低 实施方便 培训教师比较了解组织的情况	培训教师不专业 创新性不强 培训的实施容易受阻
外部培训	培训比较专业 不受组织的束缚 观点比较新颖,形式更加多样	费用较高 培训的针对性不强 内容的实用性难以保证

(二)培训教师

组织在选择培训教师时要十分慎重,因为培训教师水平的高低直接影响到培训的效果。培训教师既要有广博的知识,又要有丰富的实践经验;既要有扎实的技能水平,又要有良好的道德品质。具体来说,可以从以下几个方面进行考察:

(1) 广博的知识。这是考察一个培训教师是否合格的基本要素,如果他自己的知识都不完备,又怎么可能给他人传授呢?

(2) 强烈的责任感。不管是外部培训教师还是内部培训教师,具有责任心,从受训者的角度考虑问题,关心培训的效果,用自己的热情去感染受训人员是保证培训效果的一个重要因素。

(3) 良好的沟通能力。一个教师知识再广，如果他的口头表达能力很差，也无法将自己的意思传达给别人。良好的沟通能力可以帮助培训者在有限的培训时间内充分了解受训人员的需求，有利于提高培训的效果。

(三)培训教材

培训教材一般由培训教师参与确定。培训教材的选用要与培训目标相一致，要选用质量好的教材。所选教材的范围、深度、结构能够与受训者的实际相匹配。

(四)培训设施

在培训计划中还要清楚地列出培训所需要的设备，如投影仪、白板、音响和文具等，要从视觉效果、教室大小、座位安排以及辅助的教学设备等方面搞好培训环境的布置，特别是需要特殊设备的培训活动，一定要事先做好充分的准备，并注意提前调试设备，保证设备的正常运行。

(五)培训地点

培训地点就是培训在哪里进行，合适的培训地点有利于培训的顺利进行，增强培训的效果。为了保证培训的顺利实施，事先就要选择好培训地点，这里需要考虑的因素有：培训的形式、培训的费用、受训者的交通便利情况等。例如，培训形式如果采用授课法，就适合在教室内进行；如果是管理游戏法，选择活动空间比较大的地方就会更好一些。此外，还要考虑培训的预算、培训的人数等因素。一旦确定培训地点，就要及时通知培训者和受训者。

(六)培训时间

培训时间的确定是培训计划中一项非常重要的内容。确定培训时间主要应考虑两个因素。一是培训目标。培训目标如果是为了应对组织面临的紧急情况，比如引进的新设备无人能够操作，就要尽快安排培训时间，而且要在设备开始运转前就实施培训。二是受训者的实际情况。员工工作任务比较重时，最好不要安排培训，这样会影响到正常的工作进度，也无法保证培训的效果。

四、培训效果评估

培训的最后一个环节就是评估培训效果，即对培训的有效性进行评价和反馈。培训的有效性指的是组织和个人从培训中获得的收益。对员工来说，收益意味着学到了新的知识和技能，个人得到了成长和提高。对组织来说，则带来了整体绩效的提高、顾客满意度的增加等。

评估培训效果是指针对培训结果，运用一定的方法或测量标准检验培训是否有效的过程。评估培训的效果不仅能够考察此次培训活动是否达到了预期的效果，更重要的是为以后的培训提供了改进和优化的依据。

【案例】迪牛彩电有限公司新员工计算机培训计划

根据项目开发需要,迪牛公司现决定对全体开发组成员进行技术培训。

(一)培训内容

课程名称	课时数/小时	讲课老师
1. Windows 操作系统	24	罗青
2. 常用办公软件	24	章琳
3. 数据库概述	24	赵景
4. 互联网概述	20	李力

(二)培训时间

1. 以一天4课时计算,每门课程需要6天时间,共需23个工作日,约1个月。
2. 建议时间

上午: 8:30—9:30 讲课

   9:30—10:00 技术讨论或休息

   10:00—11:00 讲课

   11:00—11:30 技术讨论或休息

下午: 14:00—15:00 讲课

   15:00—15:30 技术讨论或休息

   15:30—16:30 讲课

   16:30—17:00 技术讨论或休息

3. 具体日程安排:初步定于3月20日开课。

(三)培训形式

1. 讲课形式:集中授课。
2. 考试形式:由于该培训是集中式培训,并且是面向所有数据分析开发人员的,所以不应根据岗位区分考试难度,建议每门授课结束时,采取一次性笔试考试(类似于学校考试)。考试成绩分为优秀、良好、及格和不及格四类,与当月绩效考评挂钩。

(四)授课准备

1. 教材:购买教材。
2. 教学工具:使用投影仪或白板书写。

(五)费用

1. 教材费:以20人、每人150元计算,需教材费3000元。
2. 授课补助:以每课时50元计算,共92课时,需补助4600元。

合计: 7600元

这是一份非常典型的培训计划案例,内容完整、叙述直观明了,对培训工作所涉及的各项工作做了比较详细的安排。

第三节　培训与开发的主要技术及方法

在长期的实践过程中，从传统的学徒培训到现代的 E-learning，培训方法有了很大的发展，形式更加多样。要使员工培训更有效，适当的培训方法是必需的。培训方法大致可分为三类：演示法、专家传授法和团队建设法。

一、演示法

演示法是指将受训者作为信息的被动接受者的一种培训方法，主要包括传统的讲座法、远程学习法及视听教学法。

(一)讲座法

讲座法是指培训者用语言表达其传授给受训者的内容。讲座的形式多种多样，不管何种形式的讲座，都是单向沟通的方式——从培训者到听众。尽管交互式录像和计算机辅助讲解系统等新技术不断出现，但讲座法仍是员工培训中最普遍的方法。讲座法成本最低、最节省时间；有利于系统地讲解和接受知识，易于掌握和控制培训进度；有利于更深入地理解难度大的内容；而且可同时对许多人进行教育培训，因此，它可作为其他培训方法的辅助手段，如行为模拟与技术培训。采用讲座法，可在培训前向受训者传递有关培训目的、概念模型或关键行为的信息。讲座法的不足在于受训者的参与、反馈与工作实际环境的密切联系方面——这些会阻碍学习和培训成果的转化；它的内容具有强制性，不易引起受训者的注意，信息的沟通与效果受教师水平影响大(见表6-2)。

表6-2　不同讲座形式采用的方式

讲座的形式	具体采用的方式
标准讲座	培训者讲，受训者听并吸取知识
团体讲座	两个或两个以上的培训者讲不同的专题或对同一专题的不同看法
客座讲座	客座发言人按事先约定的时间出席并介绍讲解主要内容
座谈讲座	两个或两个以上的发言人进行信息交流并提问
学生发言	各受训者小组在班上轮流发言

(二)远程学习法

远程学习法通常被一些在地域上较为分散的企业用来向员工提供关于新产品、企业政策或程序、技能培训以及专家讲座等方面的信息。远程学习法包括电话会议、电视会议、电子文件会议，以及利用个人电脑进行培训。培训课程的教材和讲解可通过互联网或者将一张可读光盘分发给受训者。受训者与培训者可利用电子邮件、电子留言板或电子会议系统进行交互联系。远程学习法是参与培训项目的受训者同时进行学习、可以与不同地域的培训者和其他受训者进行沟通的一种培训方式，让分散在不同地点的员工获得专家培训机会，为企业节省一大笔差旅费和时间。该方法存在的不足在于：受训者与培训者之间缺乏互动，缺少一些现场的指导人员来回答某些问题。

(三)视听教学法

视听教学法是利用幻灯、电影、录像、录音等视听教材进行培训。这种方法利用人体感觉(视觉、听觉、嗅觉等)去体会，比单纯讲授给人的印象更深刻。录像是最常用的培训方法之一，被广泛运用在提高员工沟通技能、面谈技能、客户服务技能等方面。但录像很少单独使用。视听教学法表现出许多优点：①视听教材可反复使用，从而能更好地适应学员的个体差异和不同水平的要求；②教材内容与现实情况比较接近，易于使受训者借助感受去理解，加上生动的形象更易引起兴趣；③视听使受训者受到前后连贯一致的指导，使项目内容不会受到培训者兴趣和目标的影响；④将受训者的反应录制下来，能使他们在无须培训者进行解释的情况下观看自己的现场表现，受训者也无法将业绩表现不佳归咎于外部评价者的偏见。但是，视听教学也存在视听设备和教材的购置须花费较多费用与时间的问题，且合适的视听教材也不易选择，学员易受视听教材和视听场所的限制。因此，该方法很少单独使用，通常与讲座一起向员工展示实际的生活经验和例子。

二、专家传授法

专家传授法是一种要求受训者积极参与学习的培训方法。这种方法有利于开发受训者的特定技能，理解技能和行为如何应用于工作当中，可使受训者亲身经历一次工作任务完成的全过程。它包括在职培训、情景模拟、商业游戏、个案研究、角色扮演、行为示范、交互式视频、互联网培训、计算机培训以及智能指导系统等。下面分别进行介绍。

(一)在职培训

在职培训(On The Job Training，OJT)是指新员工或没有经验的员工通过观察并效仿同事及管理人员执行工作时的行为而进行学习。与其他方法相比，OJT 在材料、培训人员工资或指导上投入的时间或资金相对较少，因此是一种很受欢迎的方法。不足之处在于：管理者与同事完成一项任务的过程并不一定相同，在传授有用技能的同时也许传授了不良习惯。OJT 的方法多种多样，主要有学徒制与自我指导学习法。

1. 学徒制

学徒制是一种既有在职培训又有课堂培训，且兼顾工作与学习的培训方法。该方法选择一名有经验的员工对受训者进行关键行为的示范、实践、反馈和强化，以达到培训的目的。这些受训者被称为"学徒"。一些技能行业如管道维修业、电工行业、砖瓦匠业等多采用师带徒的方法。学徒制的有效指导原则在于：第一，管理者要确认受训者(学徒)具备对某一操作过程的基本知识；第二，培训者(有经验的人)让员工演示这一过程的每一步骤，并强调安全事项和关键步骤；第三，资深员工给学徒提供执行这一过程的机会，直至每个员工认为其已能安全且准确地完成工作过程。该方法的主要优点是：第一，受训者(学徒)在学习的同时能获取收入，由于师带徒的培训时间较长，学徒的工资会随着其技能水平的提高而自动增长；第二，培训结束后，受训者往往被吸纳为全职员工。其不足地方在于：师带徒只对受训者进行某一技艺或工作的培训；由于新技术的变化，许多管理者会认为学徒们只接受了范围狭窄的培训而不愿雇用他们;师带徒培训的员工也会因只接受某种特定的技能而不可获得新技能或技能,难以适应工作环境的变化。师带徒的培训方法在德国、丹麦等国家是教育的重要部分。尤其在德国,学徒培训体系为没有上大学的学生提供机会——学习从事某种职业所需要的知识和技能,这样的职业有 300 多种,每个职业都有一套标准和课程安排。

2. 自我指导学习法

自我指导学习法是指受训者不需要指导者,而是按自己的进度学习预定的培训内容,即员工自己全权负责的学习。培训者不控制或指导学习过程,只负责评估受训者的学习情况及解答其所提出的问题。有效的自我指导培训计划的制订一般包括以下内容:第一,进行工作分析以确认工作任务;第二,列出与完成任务直接相关的学习目标;第三,制订以完成学习目的为核心的详细计划;第四,列出完成学习计划的具体学习内容;第五,制订评估受训者及自我指导学习内容的详细计划。自我指导学习法可以使员工较为灵活地安排接受培训的时间,鼓励员工积极参与学习,是一个十分有效的方法。它只需培训少量的人员,减少与交通、培训教室安排有关的成本;其培训的内容与知识来自于专家的知识,培训员工能轮流接触到培训材料与培训内容;该方法使员工能在多个地方接受或进行培训;能让受训者自行制订学习进度,接受有关的学习效果反馈。但是,自我指导学习法也存在不足:它要求受训者有学习的动力,而且也会导致较高的员工开发成本,员工开发时间也比其他的培训方法长。

(二)情景模拟

情景模拟是一种代表现实中真实生活情况的培训方法,受训者的决策结果可反映其在被模拟的工作岗位上工作会发生的真实情况。该方法常被用来传授生产和加工技能及管理人际关系技能。模拟环境必须与实际的工作环境有相同的构成要素。模拟的环境可通过模拟器仿真模拟出,模拟器是员工在工作中所使用的实际设备的复制品。该培训方法的有效性关键在于模拟器对受训者在实际工作中使用设备时遇到的情形的仿真程度,即模拟器应与工作环境的因素相同,其反应也要与设备在受训者给定的条件下的反应完全一致。仿真模拟法的优点在于:能成功地使受训者通过模拟器简单练习,增强员工的信心,使其能够顺利地在自动化生产环境下工作;不足之处在于:模拟器开发很昂贵,而且工作环境信息的变化也需要经常更新,因此,利用仿真模拟法进行培训的成本较高。

(三)商业游戏

商业游戏是指受训者在借助计算机模拟等一些仿照商业竞争规则的情景下,收集信息并对其进行分析、做出决策的过程。它主要用于管理技能开发的培训中。参与者在游戏中所作的决策的类型涉及各个方面的管理活动,包括劳工关系(如集体谈判合同的达成)、市场营销(如新产品的定价)、财务预算(如购买新技术所需的资金筹集)等。游戏能激发参与者的学习动力。通过将从游戏中学到的内容作为备忘录记录下来发现:游戏能够帮助团队队员迅速构建信息框架以及培养参与者的团队合作精神;游戏采用团队方式,有利于营造有凝聚力的团队。与演示法相比,游戏法显得更加真实,是一种更有意义的培训活动。其缺点是开发成本较高。

(四)个案研究

个案研究是将实际发生过或正在发生的客观存在的真实情景，用一定的视听媒介，如文字、录音、录像等描述出来，让受训者进行分析思考，学会诊断和解决问题以及做出决策。它特别适应于开发高级智力技能，如分析、综合及评估能力。该方法的优点是提供了一个系统的思考模式，在个案学习过程中接受培训可得到一些管理方面的知识和原则，建立一些先进的思想观念，有利于受训者参与解决企业的实际问题；个案还可以使受训者在个人对情况进行分析的基础上，提高承担具有不确定结果风险的能力。为使个案研究教学法更有效，学习环境必须能为受训者提供案例准备及讨论案例分析结果的机会；安排受训者面对面地讨论或通过电子通信设施进行沟通，提高受训者个案分析的参与度。因此，个案研究的有效性基于受训者意愿而且能够分析案例，并能坚持自己的立场，以及好案例的开发和编写。

(五)角色扮演

角色扮演是设定一个最接近现状的培训环境，指定受训者扮演角色，借助角色的演练来理解角色的内容，从而提高积极地面对现实和解决问题的能力。利用角色扮演培训员工应注意以下问题：首先，在角色扮演之前向受训者说明活动目的，使其感到活动更有意义，并更愿意去学习；其次，培训者需要说明角色扮演的方法、各种角色的情况及活动的时间安排；再次，在活动时间内，培训者要监管活动的进程、受训者的感情投入及各小组的关注焦点；最后，在培训结束时，应向受训者提问，以帮助受训者理解这次活动经历。角色扮演有助于训练基本技能；有利于培养工作中所需素质和技能；可训练态度、仪容和言谈举止。角色扮演不同于情景模拟，主要表现在：角色扮演提供的情景信息十分有限，而情景模拟所提供的信息通常都很详尽；角色扮演注重人际关系反应，寻求更多的信息，解决冲突，而情景模拟注重于物理反应(如拉动杠杆、拨个号码)；情景模拟的受训者的反应结果取决于模型的仿真程度，而角色扮演的结果取决于其他受训者的情感与主观反应。角色扮演的优点体现在：它可以提供给受训者在无损工作的情况下实验的机会，是一种成本低、趣味性强、能开发多种新技能的方法。但是，这种方法在角色设计、指导信息、处理交流、行为反馈等方面要求很高，而且花费时间较长。

(六)行为示范

行为示范是指向受训者提供一个演示关键行为的模型，并给他们提供实践的机会。它能够吸引并保持受训者的注意力，同时因为提供了实践和反馈的机会，所以具有较突出的有效性。该方法基于社会学习理论，适应于学习某一种技能或行为，不太适合于事实信息的学习。有效的行为示范培训包括四个重要步骤：首先，明确关键行为。关键行为就是指完成一项任务所必需的一组行为。通过确认完成某项任务所需的技能和行为方式，以及有效完成该项任务的员工所使用的技能或行为来确定关键行为。其次，设计示范演示，即为受训者提供了一组关键行为。录像是示范演示的一种主要方法。科学技术的应用使得示范演示可通过计算机进行。有效的示范演示应具有几个特点，即演示能清楚地展示关键行为；示范者对受训者来说是可信的；提供关键行为的解释与说明；向受训者说明示范者采用的行为与关键行为之间的关系；提供正确使用与错误使用关键行为的模式比较。再次，提供实践机会。即让受训者演练并思考关键行为。将受训者置于必须使用关键行为的情景中，并向其提供反馈意见。如条件允许，还可以利用录像将实践过程录制下来，向受训者展示其模拟的正确行为及应如何改进。最后，应用规划。即让员工做好准备在工作当中应用关键行为，以促进培训成果的转化。如可以让受训者制定一份"合约"，承诺在工作中应用关键行为，培训者应跟随观察受训者是否履行了"合约"。与角色扮演相比，虽然同样是在特定情境中扮演某些角色，但行为示范法着重于教受训者正确执行任务的方法，并且培训中发生的互动行为也是直接针对未来实践。

(七)交互式视频

交互式视频是以计算机为基础，综合文本、图表、动画及录像等视听手段培训员工的方法。它通过与计算机主键盘相连的监控器，让受训者以一对一的方式接受指导，进行互动性学习。受训者可以用键盘或触摸监视器屏幕的方式与培训程序进行互动。培训项目的内容可以储存在影碟或可读式光碟(CD—ROM)上。交互式视频培训法可以用来指导技术程序和人际交往技能。该方法有很多优点：首先，受训者个性化、完全自我控制，可自主选择学习内容及进度；培训内容具有连续性，能实现自我导向和自定进度的培训指导。其次，内置的指导系统可以促进员工学习，提供及时的信息反馈和指导。通过在线服务，能监控受训者的绩效，受训者也可自己得到绩效反馈。再次，受训者的培训不受任何时间和空间的限制。但它也存在不足：课程软件开发费用昂贵；在人际交往技能培训中，当受训者需要给出微妙的行为暗示或认知过程时，不适宜使用这种方式；不能快速更新培训的内容；受训者对运用新技术培训将有所顾虑。

(八)互联网培训

互联网是一种广泛使用的通信工具，是一种快速、廉价收发信息的方法，也是一种获取和分配资源的方式。互联网培训主要是指通过公共的(因特网)或私有的(内部局域网)计算机网络来传递，并通过浏览器来展示培训内容的一种培训方式。互联网上的培训可以为虚拟现实技术、动感画面、人际互动、员工间的沟通以及实时视听提供支持。互联网上的培训复杂程度各不相同，分为六种层次，从最简单的层级到最复杂的层级的排序是：培训者和受训者之间沟通；在线学习；测试评估；计算机辅助培训；声音、自动控制以及图像等多媒体培训；受训者与互联网上的其他资源相结合进行培训传递、知识共享。

(九)计算机培训

计算机培训(CBT)包括计算机辅助指导(CAI)和计算机管理指导(CMI)。计算机辅助指导系统是通过一个电脑终端，在内部联网传送指导性材料的系统。它将培训材料以交互方式直接传输到电脑终端，使受训者可以通过与计算机互动来学习。它提供的功能包括：操练与实践、解决问题、情景模拟、游戏指导和完善的个性化教育指导。计算机管理指导系统是与CAI共同适用的系统，它用电脑出考题并打分，以确定培训者的水平。该系统运用计算机设计考题测试受训者的能力水平，还可跟踪受训者的工作表现，并指导他们选择合适的学习材料以满足其特殊要求。除此之外，它还帮助培训者承担了日常的一些培训工作，使其能够专心于课程开发或指导学员。计算机辅助指导和计算机管理指导一起使用，能够使培训方法更为有效。

(十)智能指导系统

智能指导系统是指通过人工智能指导受训者的系统。这种方法的优点在于：能使指导内容与受训者个人的特定需求相适应；能与受训者积极沟通并及时响应；能模拟受训者的学习过程；能基于受训者之前的绩效决定为其提供的信息类型；能帮助受训者进行客观的自我评估，并有效地调整整个教学过程。

三、团队建设法

团队建设法是用以提高团队或群体成员的技能和团队有效性的培训方法。它注重团队技能的提高以保证进行有效团队合作。这种培训包括对团队功能的感受、知觉、信念的检验与讨论，并制订计划以将培训中所学的内容应用于工作中的团队绩效上。团队建设法包括探险性学习、团队培训和行为学习。

(一)探险性学习

探险性学习也称为野外培训或户外培训。它是利用结构性的室外活动来开发受训者的团队协作和领导技能的一种培训方法。该方法最适于开发与团队效率有关的技能，如自我意识能力、问题解决能力、冲突管理能力和风险承担能力等。利用探险性学习的方法，其户外练习应和参与者希望开发的技能类型有关；练习结束后，应由一位有经验的辅导人员组织关于学习内容、练习与工作的关系、设置目标、将所学知识应用于工作等问题的讨论。探险性学习法可以使受训者共享一段富有感情色彩的身心经历，这将有助于其真实感知有效行为与无效行为，并改变其原有行为方式。

(二)团队培训

团队培训是通过协调在一起工作的不同个人的绩效，从而实现共同目标的方法。团队培训方法多种多样，可以利用讲座或录像向受训者传授沟通技能，也可通过角色扮演或仿真模拟为受训者提供讲座中强调的沟通性技能的实践机会。团队培训的主要内容是行为、知识和态度。团队的行为是指团队成员必须采取可以让他们进行沟通、协调、适应且能完成任务以实现目标的行动；团队知识是使团队队员记忆力好、头脑灵活，使其能在意外的或新的情况下有效运作；团队队员对任务的理解和对彼此的感觉与态度因素有关。团队士气、凝聚力、统一性与团队绩效密切相关。研究表明，受过有效培训的团队能设计一套程序，做到能发现和改正错误、协调信息收集及相互鼓舞士气。

(三)行动学习

行动学习法即给团队或工作群体一个实际工作中所面临的问题，让团队队员合作解决并制订出行动计划，再由他们负责实施该计划的培训方式。一般来说，行动学习包括 6~30 个员工，其中包括顾客和经销商。团队构成可以不断变化。第一种构成是将一位需要解决问题的顾客吸引到团队中；第二种构成是群体中包括牵涉同一个问题的各个部门的代表；第三种构成是群体中的成员来自多个职能部门又都有各自的问题，并且每个人都希望解决各自问题。

以上介绍的各种方法的适应范围、培训效果等均有所不同。作为管理者或培训者，在实际工作中如何选择正确的、有效的培训方法至关重要。

第四节　培训效果评估

一、培训效果评估概述

培训效果评估是指系统地搜集有关培训开发项目的描述性和评判性信息的过程，通过运用不同测量工具来评价培训目标的达成度，以此判断培训的有效性并为未来举办类似培训活动提供参考。

组织对其所开展的培训开发项目进行评估的意义主要体现在以下几个方面：

(1) 通过评估可以让管理者以及组织内部的其他成员相信培训开发工作是有价值的。如果培训开发专业人员不能用确凿的证据来证明他们对组织所做的贡献，那么在将来编制预算时，培训经费就可能被削减。

(2) 通过评估可以判断某培训开发项目是否实现了预期的目标，及时发现培训开发项目的优缺点，必要时进行调整。

(3) 计算培训开发项目的成本—收益率，为管理者的决策提供数据支持。

(4) 区分出从某开发项目中收获最大或最小的学员，从而有针对性地确定未来的受训人选，并为将来项目的市场推广积累有利的资料。

总之，评估是培训开发流程中的关键组成部分。只有通过评估，大家才能了解某个培训开发项目是否达到了预期的目标，并通过项目的改进来提高员工个人以及组织的整体绩效。

二、培训效果评估的标准

培训效果评估的标准是培训活动的依据，是对培训方案、培训实际效果等进行检测的依据。培训有效性评估模型最具代表性和应用最广的是美国的人力资源专家唐纳德·柯克帕狄克在1959年的博士论文中提出的四个层次的评估模型(见表6-3)。

表6-3　柯氏评估模型

评估层次	评估标准	评估重点
1	反应	学员满意度
2	学习	学到的知识、技能、态度、行为
3	行为	工作行为的改进
4	结果	工作中导致的结果

1. 反应层

第一层次评估学员反应，是指受训者的意见反馈。即受训者作为培训的参与者，在培训中和培训后会形成一些感受、态度及意见，他们的这些反应可以作为评价培训效果的依据。受训者对培训的反应涉及培训的各个方面，如培训目标是否合理、培训内容是否实用、培训方式是否合适、教学方法是否有效、培训教师是否具备相应的学识水平等。这个层次关注的是受训者对项目及其有效性的知觉。如果受训者对培训项目的评价是积极的，那么说服员工参加以后的培训就比较容易。如果受训者不喜欢这个培训项目，或者认为自己并没有学到什么东西(即使他们实际上有收获)，那么他们可能就不太愿意将学到的知识或技能运用于工作中，也可能会使得其他人不再想去参加培训。用这个指标来评估培训开发项目的局限在于，它只能反映受训者对培训的满意度，不能证明培训是否实现了预期的学习目标。

在对培训者的反应进行评估时，需要注意以下方面：确定你需要调查什么；设计可以量化反应的问题；鼓励写出意见或建议；达到100%的立即回应率；发展可以接受的标准；根据标准评价反应采取恰当的行动；切实地沟通反馈。

通常，对于学员反应方面信息的收集可以采取以下形式：问卷、课后的会谈或电话跟踪、课后的讨论会以及课堂的讨论。企业通常采用《学员意见反馈表》的形式来搜集这方面的信息，并用统计软件进行数据处理和分析。收集信息的时间可以分为：每一部分内容结束时，每天结束时，每一课程结束时或几周之后。由于受训员工对培训的反应受主观因素的影响，不同受训人员对同一问题的评价会存在差异，所以可根据大多数受训员工的反应来对培训效果进行评价。收集的信息可以帮助修改课程，或者做总结和报告。

2. 学习层

第二层次评估学习成果，是指培训之后的测试，是用来衡量学员对原理、事实、技术和技能的掌握程度，即受训者是否掌握了培训开发项目目标中要求他们学会的东西。这是一个非常重要的指标，许多组织都认为有效的培训开发项目应该满足这个指标。培训是一种学习知识和技能的活动，受训员工在培训中所获得的知识水平、所掌握技能的程度等，可以反映出培训的效果。要了解受训员工的学习成果，通常采用测试的方法，包括笔试、技能考核和工作模拟等，或采用角色扮演等形式请学员将所学习的内容表演出来。收集的时间为事前或事后的考试，或追踪效果的考试。该层面评估有利于评估所获得的知识和技能能否成功地应用在工作中，其结果可以用来改进培训课程。

在对学习进行评估时，需要注意以下方面：如果可行，采用控制组进行对照；评价培训前后的知识、技能、态度，达到100%的回应率；运用评价结果以采取恰当的行动。

3. 行为层

第三层次评估工作行为，是员工接受培训后行为的改变，即受训者是否在实际的工作中运用了从培训中学到的东西，也就是为了确定从培训项目中所学到的技能和知识在多大程度上转化为实际工作行为的改进。组织培训的目的是为了提高员工的工作绩效，因此受训员工在培训中获得的知识和技能能否应用于实际工作，能否有效地实现学习成果与实际应用之间的转化，是评价培训效果的重要效度标准。

在测量这个指标时,需要观察受训者的在职表现,以及受训者的自评、受训者同事的评价或者参考组织的相关记录。对受训员工工作行为进行评估应该在其回到工作岗位3~6个月后进行,评估的工作行为变量包括工作态度、工作行为的规范性、操作技能的熟练性、解决问题的能力等。在评估中,要对受训员工的工作行为是否发生了变化作出判断,然后分析这种变化是否由培训所导致,以及受训员工工作行为变化的程度等。

在对行为进行评估时,需要注意以下几个方面:尽可能采用控制组作对照;容许发生行为改变的足够时间;调查或访问受训者、受训者主管、受训者下属、其他经常观察受训者工作行为的人员;选取适当的样本数;重复进行评价;考虑评价成本和潜在收益。

信息的收集可以采用问卷,与员工、同事或经理的会谈等形式。信息收集的时间为培训前或培训后几个月的技能测试,对照组的对比测试。在以下情形下,特别需要考虑该层面的评估:培训与业绩或业务的目标是相关联的;客户要保证学习的技能能够被应用于工作中;工作的能力能够表现出培训的结果;培训费用很高,对组织的价值很大。

4. 结果层

第四层次评估经营业绩,指的是培训开发工作是否改善了组织的绩效,这涉及对组织绩效改进的监控。经过培训以后,组织的运作效率是否提高了?盈利是否增多了,服务水平是否上升了?对大多数经理来说,他们的工作至少要达到这个标准。这个层次的指标也是最难评估的,因为除了员工的绩效还有许多因素会影响组织的绩效。通常在测量这个指标时需要搜集和分析经济与运营方面的数据。

在对结果进行评估时需要注意以下几个方面:采用控制组作对照;有足够时间;如果可行,评价培训前后的情况;重复进行评价;考虑评价成本和潜在收益。信息的收集可以采取问卷、分析操作的结果、投入产出分析等形式。收集的时间为事前和事后的测试(对照组的对照测试)。在以下情形下,特别需要考虑对该层面的评估:培训与业绩或业务的目标是相关联的;你的客户非常重视这一项目;追踪第三级的评估结果;由于其他业务的原因,已经开始追踪培训项目运作的结果;培训费用很高,对组织的价值很大。

【案例】麦当劳培训效果的四层次评估

在企业的训练里面,衡量训练的结果与企业的成果有没有结合是一个关键,所以麦当劳有很好的训练需求分析,针对需要训练的部分去设计。同时必须对训练的成果进行评估,是否能够达到组织所需要的。

麦当劳很努力去完成"反应、知识、行为、绩效"4个层次的评估。

第一,"反应",就是在上课结束后,大家对于课程的反应是什么,例如,评估表就是收集反应的一种评估方法,可以借由大家的反应调整课程以符合学员的需求。

第二,讲师的评估,每一位老师的引导技巧,都会影响学员的学习,所以在每一次课程结束后都会针对老师的讲解技巧来进行评估。在知识方面,汉堡大学也有考试,上课前会有入学考试,课程进行中也会有考试。主要想测试大家透过这些方式,究竟保留了多少知识,以了解训练的内容是否符合组织所要传递的目标。除此之外,汉堡大学非常重视学生的参与。会把学生的参与度,量化为一个评估方法,因为当学员和大家互动分享时我们可以知道他的知识程度,并且每天都调整课程,以符合学生的学习需求。

第三，"行为"，在课程中学到的东西，能不能在回到工作以后，改变你的行为，达到更好的绩效。在麦当劳有一个双向的调查，上课前会先针对学生的职能做一些评估，再请他的老板或直属主管做一个评估，然后训练3个月之后，再做一次评估；因为学生必须回去应用他所学的，所以我们会把职能行为前后的改变做一个比较，来衡量训练的成果。我认为这个部分在企业对人员的训练方面非常重要，这也是现在一般企业比较少做到的，因为它所花的成本较大，而且分析起来比较困难，所以很多企业都没有做到。汉堡大学很努力地推动这个部分。

第四，在"绩效"方面，课后行动计划的执行成果和绩效有一定的关系，每一次上完课，学生都必须设定出他的行动计划，回去之后必须执行，执行之后会由主管来为他做鉴定，以确保训练与绩效相结合。

三、培训效果评估的方法

(一)课后评价法

课后评价法是指培训者在学员的兴奋还没有消失之前，在培训刚结束时立即进行的评估，这是比较常用的方法。如果培训是有效的而且使用了正确的方式，那么评估可能是有效的。但是培训的结果不仅与培训方式有关，而且与学员是否喜欢关系很大。虽然这种评估存在一些缺陷，它仍不失为一种有用的方法。总之，它为我们提供了一种评估培训效果的方法。

(二)管理人员评估法

管理人员评估法中培训者超出自己的责任范围，更多依赖于直接主管。当然直接主管应负责员工的培训，但经验告诉我们直接主管不愿负这种责任，而更愿把此责任推给培训人员。在培训人员评估培训程序时，直接主管者的评估证明是一种有用的方法。评估的一般方法是培训者向直接主管提供培训的详细目标和内容，然后他们就学员的知识、技能、态度展开讨论并写出个人目标。由主管全面评估并确定了自己目标的学员，才能更好地应对培训。

(三)调查表法

这一评估方法通常要求培训部对学员依不同间隔期进行跟踪调查。如果评估目标是学员对所学知识记住并应用的程度，则调查表应设计成对学员培训后的所学知识或技能的记住程度，培训者可根据需要选择培训后3个月、6个月或12个月施用该评估方法。

调查表的第二个重要功能是确定学员所学知识是怎样被应用于实践中的，学员有哪些收获，目前有哪些机会去提高知识水平，相反的证据也能起到重要作用。培训者想知道哪些知识没有得到应用，有可能所学知识与所需不相关或时间掌握得不好。在此基础上，培训者可以评估所进行的培训与具体环境是否一致。

(四)评估中心法

许多公司成立一个评估中心来评价员工的潜力，并向员工提供在有经验的技术顾问的指导下评估自己发展需要的机会,每一个评估中心都为培训者提供许多有用信息,作为评估培训效果时的参考。在评估中心,学员的发展潜力常与先前的培训经历有关,这有助于培训者对先前培训效率进行评价。

评估中心使培训者能检查学员的培训需要是否得到满足。培训者常常不能证明培训是根据学员的直接需要进行的,评估中心的证据提供了一个评估培训效果的理想基础,在此基础上对培训进行评估更为客观。

(五)面谈法

培训者有时发现与学员针对培训的效率进行详细面谈十分有用。如果面谈是依照一定模式,询问相同的问题将会相当有效,这既能对结果进行更有效的分析,也能使面谈保持在正确轨道上。因为面谈十分费时,需要大量资源,所以培训者应确信这种调查能获得真正的收益,而又不能从其他需要更少资源的方法中获得评估结果。面谈评估的最大优势是,培训者可以设计各方面问题以激起学员反馈,从大量封闭式和开放式问题的回答中得到大量信息。不论是从开始还是从后来进行评估,这种方法都能涵盖培训内容的各个方面,假如与其他方法一起使用,则可以使培训者对培训效果把握得更好。

(六)行为观察法

行为观察法在评估以行动为基础的学习时十分有效,包括角色扮演或仿真模拟。培训者能观察到学习或反馈后有什么改变,同时也能通过反馈控制学员行为。值得注意的是,反馈是该方法一个不可缺少的组成部分,培训者除非对学员提供某种强化,否则重复出现的机会将少之又少。

(七)行为表现记录法

行为表现记录法是通过详细评估系统或有效的个人报告而保存下来的记录。可以通过它确定培训需求,也可将它用于事后对培训效果的评估。通过与主管的合作,培训者想识别出员工的行为效率在多大程度上与所受培训相关。行为表现记录法作为评估方法,因为记录了真正的行为表现,所以也最为有效。

本 章 小 结

本章介绍了培训与开发的意义及过程,列举了培训的方法,并对不同的培训方式进行了比较,了解了如何对培训效果进行评价。

复习思考题

1. 培训与开发的含义是什么?
2. 培训计划包括哪些内容?
3. 在培训课程设计时要特别注意的问题是什么?
4. 培训效果的评价方法有哪些?

推 荐 阅 读

1. 孙健敏. 欧洲各国人力资源经理的培养与教育及对我国的启示[J]. 南开管理评论，2000，(2)：35-41.
2. 葛玉辉. 员工培训与开发实务[M]. 北京：清华大学出版社，2011.

【章末案例】西门子的多级培训制度——覆盖面广，针对性强

西门子公司拥有一揽子的人才培训计划(见图 6-3)，从新员工培训、大学精英培训到员工再培训，基本上涵盖了业务技能、交流能力和管理能力的培育，使得公司新员工在正式工作前就具有较高的业务能力，保证了大量的生产、技术和管理人才储备，而且使得员工的知识、技能、管理能力得到不断更新。培训使西门子公司长年保持员工的高素质，这是其强大竞争力的来源之一。

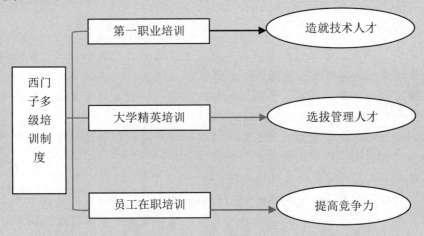

图 6-3　人才培训计划

1. 第一职业培训：造就技术人才

西门子公司早在 1992 年就拨专款设立了专门用于培训工人的"学徒基金"。这些基金用于吸纳部分 15～20 岁的中学毕业后没有进入大学的年轻人，参加企业 3 年左右的第一职业培训。期间，学生要接受双轨制教育：一周工作 5 天，其中 3 天在企业接受工作培训，另外 2 天在职业学校学习知识。由于第一职业培训理论与实践相结合，为年轻人进入企业提供了有效的保障，也深受年轻人欢迎。现在公司在全球拥有 60 多个培训场所，每年培训经费近 8 亿马克。目前共有 10000 名学徒在西门子公司接受第一职业培训，约占员工总数的 5%，他们学习工商知识和技术，毕业后可以直接到生产一线工作。西门子公司培训的学徒工也可以无条件地到其他工厂上班。

第一职业培训保证了员工正式进入公司就具有很高的技术水平和职业素养，为企业的长期发展奠定了坚实的基础。

2. 大学精英培训：选拔管理人才

西门子公司计划每年在全球接收 3000 名左右的大学生，为了利用这些宝贵的人才，公司提出了大学精英培训计划。

西门子公司加强与大学生的沟通，增强对大学生的吸引力。公司同各国高校建立了密切联系，为学生和老师安排活动，并无偿提供实习场所和教学场所，举办报告会等。西门子公司每年在重点院校颁发300多项奖学金，并为学生提供毕业后求职的指导和帮助。

进入西门子公司的大学毕业生首先要接受综合考核，考核内容既包括专业知识，也包括实际工作能力和团队精神，公司根据考核的结果安排适当工作岗位。此外，西门子公司还从大学生中选出30名尖子进行专门培训，培养他们的领导能力，培训时间为10个月，分3个阶段进行。第一阶段，让他们全面熟悉企业的情况，学会从互联网上获取信息；第二阶段，让他们进入一些商务领域工作，全面熟悉本企业的产品，并加强他们的团队精神；第三阶段，将他们安排到下属企业(包括境外企业)承担具体工作，在实际工作中获得实践经验和知识技能。目前，西门子公司共有400多名这种"精英"，其中1/4在接受海外培训或在国外工作。大学精英培训计划为西门子公司储备了大量管理人员。

3. 员工在职培训：提高竞争力

西门子公司特别重视员工的在职培训，在公司每年投入的8亿马克培训费中，60%用于员工在职培训。西门子员工的在职培训和进修主要有两种形式：西门子管理教程和在职培训员工再培训计划，其中管理教程培训尤为独特。

西门子管理教程分五个级别，各级培训分别以前一级别培训为基础，从第五级别到第一级别所获技能依次提高。

第五级别是针对具有管理潜能的员工。通过管理理论教程的培训提高参与者的自我管理能力和团队建设能力。培训内容有西门子企业文化、自我管理能力、个人发展计划、项目管理，了解及满足客户需求的团队协调技能。

第四级别的培训对象是具有较高潜力的初级管理人员。培训目的是让参与者准备好进行初级管理工作。培训内容包括综合项目的完成、质量及生产效率管理、财务管理、流程管理、组织建设及团队行为、有效的交流和网络化。

最高的第一级别就是西门子执行教程培训。培训对象也成了已经或者有可能担任重要职位的管理人员。培训目的就是提高领导能力。培训内容也是根据参与者的情况特别安排。一般根据管理学知识和西门子公司业务的需要而制定。

通过参加西门子管理教程培训，公司中正在从事管理工作的员工或有管理潜能的员工得到了学习管理知识和参加管理实践的绝好机会。这些教程提高了参与者管理自己和他人的能力，使他们从跨职能部门交流和跨国知识交换中受益，在公司员工间建立了密切的内部网络联系，增强了企业和员工的竞争力，达到了开发员工管理潜能、培训公司管理人才的目的。

在某种意义上说，正是强大的培训体系，造就了西门子公司辉煌的业绩。

第七章

绩 效 管 理

【学习目的与要求】

通过本章学习,旨在使学生了解或掌握绩效考评的基本理论,能合理设定关键绩效指标和选择、运用绩效考评方法对实际管理中的绩效进行考评,了解考绩面谈诀窍和理解绩效改善的一般程序和方法。具体要求如下:

1. 了解绩效的含义、绩效考评的作用。
2. 掌握绩效评估的原则、关键绩效指标确定的原则。
3. 了解影响绩效考评的五方面主要因素、几种常见的考绩误差,及考绩面谈应掌握的诀窍。
4. 掌握主要考绩方法的运用。
5. 掌握关键绩效指标的设定。
6. 掌握绩效改善的一般程序和有效方法。
7. 理解绩效的三方面特征及其四方面的影响因素。
8. 理解考绩的信度和效度。

【重点】

1. 绩效的特征及影响因素。
2. 常用考绩方法的选择和运用。
3. 关键绩效指标的设定。

4. 绩效改善的一般程序和有效方法。

【难点】

1. 考绩方法的合理选择和实际运用。
2. 考绩信度和效度的理解。
3. 关键绩效指标的设定。

【应用】

1. 结合绩效的影响因素合理全面地认识绩效。
2. 运用考绩方法、考绩面谈诀窍、绩效改善等方法系统地分析解决实际绩效考评问题。

【引导案例】信任总经理的困惑

　　A公司是一家电器股份有限公司,其主要业务是生产和销售电能表自动校验装置。公司成立于1998年,一直是全国同行五强,利润稳步上升,但从2001年开始,公司的人均产出逐步下降。2001年产品合格率仅为80%,而前几年的产品合格率一直都在98%以上,2001年年度利润也仅为上年度的一半,而同期同业公司的利润都有很大提升。为了解决公司严重的下滑问题,母公司派来新的总经理刘勇。

　　刘勇上任后,进行了为期两周的公司情况摸底,他发现公司的技术与人力资源状况都是全国最强的,但公司却面临着如此糟糕的境况,人均生产率等多项指标低于全国同业平均水平,这是为什么?

　　在公司摸底时,刘勇遇到一个特殊情况,发现人们对生产部经理马明议论纷纷,而马明到底做了些什么？马明是公司的生产部经理,他平时总是帮助员工,特别是对有困难的员工照顾有加,也受到下属爱戴。2000年年终时,生产部员工张琳却经常不来上班。据了解得知,张琳的丈夫已重病多年在家休养,近来特别严重,而最近儿子又生病住院,这对张琳的确是个难关。所以到年终考核时,马明决定尽可能地帮助她,尽管张琳平时并不是十分优秀,而马明给她每一项都打了优秀。由于公司的薪酬与考核直接挂钩,所以张琳除正常补贴福利外,还可获得丰厚的绩效奖金,而且可以享受绩效加薪。另一个员工王斌在工作中常常富有创新但是有点自由散漫,马明也多次劝说,但王斌依然如故,于是马明在王斌的考核中常常降低其等级,也不进行说明。

　　种种议论和事件让总经理刘勇感到了问题的复杂性,于是他决定求助于管理咨询公司对公司的问题进行全面诊断。

　　案例中的问题为什么会出现？绩效考核与薪酬管理是一个整体,只有将二者紧密联系起来方可避免二者的冲突。本章主要论述如何将二者联系为一个整体,从而为企业创造竞争优势。

第一节　绩效与绩效管理综述

一、绩效的概念

　　绩效(Performance),也称为业绩、绩效、成效等,反映的是人们从事某一种活动所产生的成绩和成果。只要有需求和目标，就有绩效，所以，做任何事情都存在着绩效，绩效问题始终伴随在我们周围，也存在于与我们相关的各种组织、团体之中。

从不同的层面看绩效，得出的结论有所不同：

从组织层面看，绩效就是利润，就是销售收入；绩效就是规模，就是市值，就是市场占有率；绩效就是企业可持续发展的能力；绩效就是价值创造或价值增值；绩效就是组织目标实现度，等等。

从个体层面看，绩效就是个人工作中符合组织需要的行为；绩效就是个人表现出来的符合组织需要的素质；绩效就是符合组织需要的成果，等等。

从内容层面看，存在任务绩效和周边绩效之分。任务绩效是指工作的直接结果；周边绩效则包括人际、意志动机等因素，一般表现为完成非本职任务、热情对待工作、积极与别人合作、严格遵守公司制度以及维护组织目标等五个方面。

二、绩效管理

绩效管理就是指考评主体对照工作目标或绩效标准，采用科学的考评方法，评定员工工作任务完成情况、员工工作职责履行程度和员工发展情况，并且将上述结果反馈给员工的活动过程。绩效管理本身代表着一种观念和思想，代表着对于企业绩效相关问题的系统思考。绩效管理的根本目的是为了持续改善组织和个人的绩效，最终实现企业战略目标。为改善企业绩效而进行的管理活动都可以纳入到绩效管理的范畴之内。应该说绩效管理作为一种管理思想，渗透在企业管理的整个过程之中，涉及企业文化、战略和计划、组织、人力资源、领导、激励、统计与控制等各个方面。比如流程再造、全面质量管理、目标管理等，都可以纳入到绩效管理的范畴之中。

无论企业处于何种发展阶段，绩效管理对于提升企业的竞争力都具有巨大的推动作用，进行绩效管理都是非常必要的。绩效管理对于处于成熟期企业而言尤其重要，没有有效的绩效管理，组织和个人的绩效得不到持续提升，组织和个人就不能适应残酷的市场竞争的需要，最终将被市场淘汰。

很多企业投入了较多的精力进行绩效管理的尝试，许多管理者认为公平地评价员工的贡献，为员工薪酬发放提供基础依据，激励业绩优秀的员工、督促业绩低下的员工是进行绩效管理的主要目的。当然上述观点并没有错误，但是绩效考核就是绩效管理，绩效考核的作用就是为薪酬发放提供依据这种认识还是片面的，绩效管理不仅能促进组织和个人绩效提升，而且还能促进管理流程和业务流程的优化、最终保证组织战略目标的实现。

1. 绩效管理促进组织和个人绩效的提升

绩效管理通过设定科学合理的组织目标、部门目标和个人目标，为企业员工指明了努力方向。管理者通过绩效辅导沟通及时发现下属工作中存在的问题，给下属提供必要的工作指导和资源支持，下属通过工作态度以及工作方法的改进，保证绩效目标的实现。在绩效考核评价环节，对个人和部门的阶段工作进行客观公正的评价，明确个人和部门对组织的贡献，通过多种方式激励高绩效部门和员工继续努力提升绩效，督促低绩效的部门和员工找出差距改善绩效。在绩效反馈面谈过程中，通过考核者与被考核者面对面的交流沟通，帮助被考核者分析工作中的长处和不足，鼓励下属扬长避短，促进个人得到发展；对绩效水平较差的组织和个人，考核者应帮助被考核者制订详细的绩效改善计划和实施举措；在绩效反馈阶段，考核者应和被考核者就下一阶段工作提出新的绩效目标并达成共识，被考核者承诺目标的完成。在企业正常运营情况下，部门或个人新的目标应超出前一阶段目标，激励组织和个人进一步提升绩效，经过这样的绩效管理循环，组织和个人的绩效就会得到全面提升。

绩效管理通过对员工进行甄选与区分，保证优秀人才脱颖而出，同时淘汰不适合的人员。通过绩效管理能使内部人才得到成长，同时能吸引外部优秀人才，使人力资源能满足组织发展的需要，促进组织绩效和个人绩效的提升。

2. 绩效管理促进管理流程和业务流程优化

企业管理涉及对人和对事的管理，对人的管理主要是激励约束问题，对事的管理就是流程问题。所谓流程，就是一件事情或者一个业务如何运作，涉及因何而做、由谁来做、如何去做、做完了传递给谁等几个方面的问题，上述四个环节的不同安排都会对产出结果有很大的影响，极大地影响着组织的效率。

在绩效管理过程中，各级管理者都应从公司整体利益以及工作效率出发，尽量提高业务处理的效率，应该在上述四个方面不断进行调整优化，使组织运行效率逐渐提高，在提升了组织运行效率的同时，逐步优化了公司管理流程和业务流程。

3. 绩效管理保证组织战略目标的实现

企业一般有比较清晰的发展思路和战略，有远期发展目标及近期发展目标，在此基础上，根据外部经营环境的预期变化以及企业内部条件制订出年度经营计划及投资计划，在此基础上制定企业年度经营目标。企业管理者将公司的年度经营目标向各个部门分解就成为部门的年度业绩目标，各个部门向每个岗位分解核心指标就成为每个岗位的关键业绩指标。

绩效管理作为一种管理思想，有两个主旨：系统思考和持续改进。它强调动态和变化、强调对企业或者组织全面和系统的理解、强调学习性、强调不断的自我超越。孤立地、片面地、静止地看待绩效管理，很容易使绩效管理掉入机械、僵化的陷阱。将系统思考确定为绩效管理的主旨之一是因为，企业的问题相互交织、相互影响，从来都不是孤立的。绩效作为企业运行管理的总体表现，它涉及的层面不可能是单一的，因此必须进行系统思考。那么对于企业绩效管理问题该如何进行系统思考，我们将在后面进行比较详细的论述。至于持续改进，上面的三种观点都在谈这个问题。我们再回顾一下众多管理理论，也都是如此。持续改进是一个不断学习、不断总结进而不断提高的过程。现在谈论的比较多的学习型组织、知识管理就是在比较深入地谈论学习的问题、讨论企业如何通过不断地总结内生经验与知识。但是作为一种管理思想，"学习"早已经渗透在管理的方方面面了。

三、绩效管理与人力资源管理的关系

企业的人力资源管理体系主要包括人力资源规划系统、职业化行为评价系统、培训开发系统、考核评价系统、薪酬分配系统。从绩效管理角度去理解人力资源管理，人力资源管理实质上在完成两个任务：第一，使企业员工具有创造高绩效的能力。对员工的选拔、培训就是在完成这个任务；第二，使企业员工处于高绩效的状态。员工有能力是一回事情，能不能为企业所用，或者企业能不能激发员工的绩效状态是另外一回事情。对员工的激励、控制、培训、创造员工满意等都在完成这一任务。作为整个人力资源管理体系的一个组成部分，绩效管理体系与人力资源管理体系在考核评价环节发生交叉。应该说，它们之间存在着非常紧密的关系(见图7-1)。

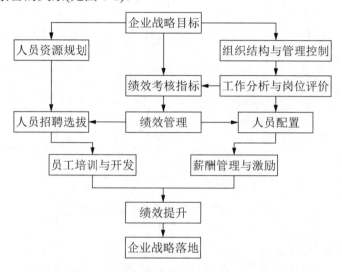

图7-1 企业绩效管理在人力资源管理体系中的地位

绩效管理在人力资源管理中处于核心地位。首先，组织的绩效目标是由公司的发展规划、战略和组织目标决定的，绩效目标要体现公司发展战略导向，组织结构和管理控制是部门绩效管理的基础，岗位工作分析是个人绩效管理的基础；其次，绩效考核结果在人员配置、培训开发、薪酬管理等方面都有非常重要的作用，如果绩效考核缺乏公平公正性，上述各个环节工作都会受到影响，而绩效管理落到实处将对上述各个环节工作起到促进作用；绩效管理和招聘选拔工作也有密切联系，个人的能力、水平和素质对绩效管理影响很大，人员招聘选拔要根据岗位对任职者能力素质的要求来进行；通过薪酬激励激发组织和个人的主动积极性，通过培训开发提高组织和个人的技能水平能带来组织和个人绩效的提升，进而促进企业发展目标的实现。组织和个人绩效水平，直接影响着组织的整体运作效率和价值创造，因此，衡量和提高组织、部门以及员工个人的绩效水平是企业经营管理者的一项重要常规工作，而构建和完善绩效管理系统是人力资源管理部门的一项战略性任务(见图7-2)。

绩效管理涉及企业管理的各个方面，包括文化、战略、组织、人力资源、领导、激励、决策支持、控制等，每个方面都在很大程度上影响企业的绩效。有很多时尚的管理概念都与绩效管理有着密切的关系，比如企业文化建设、过程再造与组织变革、全面质量管理、目标管理，等等。绩效管理涉及对企业战略的分解、各级考核者和被考核者充分沟通以确定目标责任和工作计划、通过绩效监控系统对企业各层级的绩效状况进行监控并为各级管理者提供决策支持、进行经营检讨，这些事情都不是人力资源部门能够承担的。人力资源部门应该定位于为组织的各级管理者提供相关的工具和方法，让各级管理者成为绩效管理的主角。

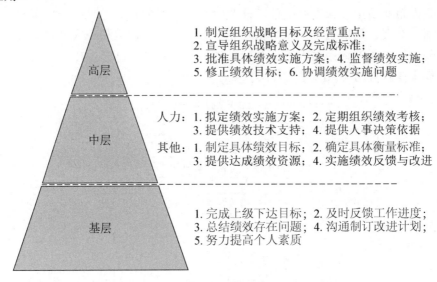

图 7-2　不同层次管理者绩效管理的侧重点

四、绩效管理的误区

对绩效管理的错误认识是企业绩效管理效果不佳的最根本原因，也是最难突破的障碍，企业管理者对绩效管理往往存在如下误解甚至是错误认识。

1. 绩效管理是人力资源部门的事情，与业务部门无关

在企业绩效管理实践中，有很多这样的事例，公司领导对绩效管理工作很重视，人力资源部门也下了很大功夫推进绩效管理工作，但各部门领导和员工对绩效管理认识不够，总认为绩效管理是人力资源部或人事部门的事情。有的业务部门经理认为填写绩效考核表格会影响正常业务工作；作为直线领导不想参与对下属的业绩评价，认为自己评价有失公正；总想由人力资源部门或成立考核组来对员工进行考核。在这种思想观念影响下，某些部门尤其是业务部门会对绩效考核消极应付，如果公司执行力不够强，业务部门的绩效考核往往首先流产。

认为"绩效管理是人力资源管理部门的事"这种观点的人不在少数，甚至某些公司决策领导都这么认为。那么这种认识深层次的原因是什么呢，其实这和公司的发展阶段以及员工的能力素质有关。首先，在企业规模不是很大的情况下，业务人员在公司具有举足轻重的地位，无论在收入上还是在地位上，业务人员比职能人员受到更多的重视，业务人员总认为绩效管理是虚的东西，因此绩效管理得不到业务人员的重视；其次，做业务出身的业务部门经理，往往习惯了简单粗放的管理方式，对定期搜集考核数据信息，填写绩效考核表格等工作会非常厌烦，同时由于还没有看到绩效管理带来的好处，因此会极力抵制绩效考核工作；最后，往往业务部门领导对管理之责认识不到位，事实上业务部门领导从本质讲，应该将更多的精力放在管理上而不是具体业务运作上，应该更好地激励辅导下属运

作业务,而不是自己亲力亲为,管理的基本职能是计划、组织、领导、控制,这在绩效管理循环各个环节都会得到体现。

正确的认识应该是:人力资源部门只是绩效管理的组织协调部门,各级管理人员才是绩效管理的主角,各级管理人员既是绩效管理的对象(被考核者),又是其下属绩效管理的责任人(考核者)。

如何改变员工存在的上述认识呢?第一,进行思想灌输,使他们改变大业务员的思维定式,认识到管理的重要性;第二,对管理者进行有关工具、方法和技巧的培训,提高管理者能力素质和企业管理水平;第三,从企业文化建设入手,加强公司的执行力,只要公司决策领导大力推进,相信各级管理者和员工会逐渐接受绩效管理,随着绩效管理的深入推进,各级管理者和员工会从绩效管理中获得好处,那么绩效管理就会得到各级管理者和员工的重视。

2. 绩效管理就是绩效考核,绩效考核就是挑员工毛病

很多公司启动绩效管理项目的时候,对绩效管理并没有清楚的认识,认为绩效管理就是绩效考核,把绩效考核作为约束控制员工的手段,通过绩效考核给员工增加压力,绩效考核不合格作为辞退员工的理由。有些企业盲目采用末位淘汰制,如果公司企业文化、业务特点和管理水平并不支持采用这种方法,绩效考核自然会受到员工的抵制。

事实上,绩效管理和绩效考核是不同的,绩效考核只是绩效管理的一个环节。绩效管理是一个完整的循环,由绩效计划制订、绩效辅导沟通、绩效考核评价以及绩效结果应用等几个环节构成。绩效管理的目的不是为了发绩效工资和奖金,也不是为了涨工资,这都是手段,绩效管理的目的是持续提升组织和个人的绩效,保证企业发展目标的实现。绩效考核是为了正确评估组织或个人的绩效,以便有效进行激励,是绩效管理最重要的一个环节。绩效管理如果取得成效,上述四个环节的工作都要做好,否则就不会达到绩效提升的效果。

如何改变绩效管理就是绩效考核、绩效考核就是挑毛病的错误认识呢?

首先要使员工认识到绩效管理和绩效考核会带来好处。无论绩效管理还是绩效考核,并不会损害各级管理者和员工的利益,相反会促进个人能力素质的提高,这在日益激烈的职场竞争中是非常关键的。其实,任何组织并不会因为没有绩效考核而不淘汰员工,没有绩效考核并不意味着是铁饭碗。绩效考核是一个非常有效的主管与下属交流沟通的媒介,在绩效管理过程中员工会得到主管的辅导和支持,绩效考核结果反馈使下属知道自己的缺点和不足,从而提高个人能力素质和业务水平。

其次,还是要加强对各级管理者有关绩效管理工具、方法和技巧的培训,使绩效计划制订、绩效辅导沟通、绩效考核评价以及绩效结果应用等环节工作落到实处。

3. 重考核,忽视绩效计划制订环节的工作

绩效管理实施过程中,很多管理者对绩效考核工作比较重视,但对绩效计划制订环节重视不够,这是初次尝试绩效管理的企业经常遇到的问题。绩效计划是领导和下属就考核期内应该完成哪些工作以及达到什么样的标准进行充分讨论,形成契约的过程。绩效计划有哪些作用呢?

第一，绩效计划提供了对组织和员工进行绩效考核的依据。

绩效管理是由绩效计划制订、绩效辅导实施、绩效考核评价、绩效考核面谈等环节组织的一个系统，制订切实可行的绩效计划，是绩效管理的第一步，也是最重要的一个环节。制订了绩效计划，考核期末就可以根据由员工本人参与制订并做出承诺的绩效计划进行考核。对于出色完成绩效计划的组织和个人，绩效考核会取得优异评价并会获得奖励，对于没有完成绩效计划的组织和个人，上级领导应帮助下属分析没有完成绩效计划的原因并帮助下属制订绩效改进计划。

第二，科学合理的绩效计划保证组织、部门目标的贯彻实施。

个人的绩效计划、部门的绩效计划、组织的绩效计划是依赖和支持关系。一方面，个人的绩效计划支持部门的绩效计划，部门的绩效计划支持组织整体的绩效计划；另一方面，组织绩效计划的实现依赖于部门绩效计划的实现，部门绩效计划的实现依赖于个人绩效计划的实现。在制定组织、部门和个人绩效计划过程中，通过协调各方面的资源，使资源向对组织目标实现起瓶颈制约作用的地方倾斜，促使部门和个人绩效计划的实现，从而保证组织目标的实现。

第三，绩效计划为员工提供努力的方向和目标。

绩效计划包含绩效考核指标及权重、绩效目标以及评价标准等方面。这对部门和个人的工作提出了具体明确的要求和期望，同时明确表达了部门和员工在哪些方面取得成就会获得组织的奖励。一般情况下，部门和员工会选择组织期望的方向去努力。

在制订绩效计划过程中，确定绩效目标是最核心的步骤，如何科学合理地制订绩效目标对绩效管理的成功实施具有重要的意义。许多公司绩效考核工作难以开展的原因就在于绩效计划制订的不合理，如果有的员工绩效目标定的太高，无论如何努力，都完不成目标，有的员工绩效目标定得比较低，很容易就完成了目标，这种事实上的内部不公平，会对员工的积极性造成很大的影响。绩效目标定的过高或过低，会降低薪酬的激励效应，达不到激发员工积极性的目的。绩效目标制定合理可行是非常关键的，科学合理地制订绩效计划是绩效管理能够取得成功的关键环节。

4. 轻视和忽略绩效辅导沟通的作用

绩效管理强调管理者和员工的互动，强调管理者和员工形成利益共同体，因此管理者和员工会为绩效计划的实现而共同努力。绩效辅导是指绩效计划执行者的直接上级及其他相关人员为帮助执行者完成绩效计划，通过沟通、交流或提供机会，给执行者以指示、指导、培训、支持、监督、纠偏、鼓励等帮助的行为。绩效辅导沟通的必要性在于：

第一，管理者需要掌握员工工作进展状况，提高员工的工作绩效。

第二，员工需要管理者对工作进行评价和辅导支持。

第三，必要时对绩效计划进行调整。

5. 过于追求量化指标，轻视过程考核，否认主观因素在绩效考核中的积极作用

定量指标在绩效考核指标体系中占有重要的地位，在保证绩效考核结果公正客观方面具有重要作用。但定量考核指标并不意味着考核结果必然是公正公平的，考核结果公正公平不一定需要全部是定量指标。要求考核指标全部量化的管理者，在某种程度上是不称职的，表明其没有正确评价下属工作状况的能力。

在企业绩效管理实践中，很多管理者希望所有考核指标结果都能按公式计算出来，实际上这是不现实的，某种意义上是管理者回避了问题，也是管理者的一种偷懒行为。绩效考核不是绩效统计，一定要发挥考评人的主观能动性，根据实际情况的变化，对绩效被考核者做出客观公正的评价。

为什么不能全部依靠定量指标呢？因为一个有效的定量评价指标必须满足以下几个前提，任何一个前提不存在，定量指标考核的公平公正性就受到质疑。而在企业绩效管理实践中，并不是所有的考核指标都满足以下条件。

第一，定量考核指标一定要符合公司发展战略导向；如果定量考核指标不符合公司发展战略目标，那么一定会产生南辕北辙的效果；很多公司对人力资源部考核指标都有一个关键人才流失率，而且这个指标定义非常清楚科学，对于什么是"关键人才"如何鉴别"流失"都有明确规定。这样一个指标考核人力资源部门是有问题的，关键岗位人员流失的原因是多方面的，下定决心要走的"人才"留下来对公司也不会有什么重大贡献。考核关键岗位人员"流失率"不如考核关键岗位人员"满足率"更适合

第二，定量考核指标绩效目标制定要科学合理，能考虑内部条件、外部环境等多方面因素。如果目标制定不合理，没有充分考虑各种因素条件，会造成更大的不公平。在企业绩效管理实践中，很多公司绩效考核最终不能坚持下来最关键的原因就是没有实质办法将绩效目标制定的公平公正。

第三，定量指标可以明确定义、精确衡量，数据信息准确可靠并且获取成本有限。事实上，有众多会计准则约束的财务报告数据尚有很多"处理"空间，那么很多定量数据的可靠性、有效性的确会受到质疑。

第四，定量考核指标绩效目标的完成不会降低工作质量，否则会有非常严重的负面效果。以工作质量降低来满足工作数量要求对组织的损害是长期的和深远的。

很多公司对人力资源部门的考核指标有"培训工作完成及时率"，实践过这个指标的人力资源管理者应该知道，不会有哪个公司人力资源部门完不成这样的考核指标。事实上，这种考核指标的完成有时是以工作质量的降低作为代价的：本来不具备培训的条件，但先培训完了再说吧，培训的必要性和效果都会受到影响。

既然定量指标的运用需要一定条件，那么就应该发挥过程指标在考核中的重要作用，应该充分尊重直线上级在考核中的主观评价作用。事实上，没有任何人比主管更清楚知道下属的工作状况，任何一个称职的领导都非常清楚下属工作绩效状况，因此用过于复杂的方法寻求绩效考核的公平公正是低效的。

6. 忽略绩效考核导向作用

绩效管理取得成效最重要的一点是实现绩效考核与薪酬激励的公平公正性，只有公平公正才能使人信服，才能促进个人和组织的绩效提升。但追求绩效考核公平公正性应以实现绩效考核的战略导向为前提。笔者曾向某部门经理询问："您能不能对下属工作绩效进行有效区分，哪个绩效优秀哪个需要改进？"对于这个问题他感到非常困惑，他说："有的工作很努力，但基础不是很好，工作效果一般；有的在业务方面大胆开创，但有时细节工作不到位；有的工作成绩平平，但计算机使用有特长，因此如果真要选择一个优秀的的

确非常困难。"

事实上,这位经理的感受具有代表性,作为经理在对待绩效考核工作态度上是非常认真的,但对绩效管理的认识还存在差距。绩效考核要体现战略导向,在一定期间符合公司发展战略导向的行为就该受到奖励。如果公司本期对业务开拓创新有更大的要求,那么开拓创新的行为就该受到鼓励;如果公司业务发展压力较大,那么业务出色的员工更该受到激励。因此绩效管理要考虑战略导向,绩效管理的目的是为了提升绩效。

绩效管理实践中还有一种普遍现象,就是尽量追求考核指标的全面和完整,考核指标涵盖了这个岗位几乎所有的工作,事无巨细都详细说明考核要求和标准。例如某制造业集团公司对下属公司能源方面的监督考核指标,考核指标多达 60 多项,很多项指标分值为 1 分甚至 0.5 分,最高的也不过 5 分,这样的考核指标不能突出重点,因此无法体现战略导向。尤其严重的是即使最重要的一个指标,"集团公司安排的节能改造项目"没有如期完成也只不过减掉 5 分而已,该子公司仍然还可能获得 90 分以上评分,最核心的工作都没完成竟然还有机会评价 90 分以上,这样的绩效考核会有效果吗?过分追求指标的全面完整必然会冲淡最核心关键业绩指标的权重,大大弱化绩效考核的导向作用。

7. 绩效考核过于注重结果而忽略过程控制

公平公正地进行考核以便对业绩优异者进行激励是绩效考核非常重要的一个方面,但绩效考核绝不只是最终的秋后算账,通过过程考核对绩效计划执行环节进行有效监督控制,及时发现存在的问题避免更大损失的发生是绩效考核的重要方面。

8. 对推行绩效管理效果抱有不切实际的幻想,不能持之以恒

绩效管理是一个逐步完善的过程,绩效管理取得成效与企业基础管理水平有很大关系,而企业基础管理水平不是短期就能快速提高的,因此企业推行绩效管理不可能解决所有问题,不要对绩效管理给予过高期望。

很多企业推行绩效管理不了了之,就是因为企业领导急功近利,希望通过绩效管理迅速改变企业现状,这样的目的短期是不会达到的。

绩效管理对企业会产生深远的影响,但这种影响是缓慢的。绩效管理影响着企业各级管理者和员工的经营理念,同时绩效管理对于促进和激励员工改进工作方法提高绩效有很大促进作用,但这些改变都是逐渐的,不是一蹴而就的。绩效管理只要坚持就会有成效,绩效管理的效果是逐步显现的。

推行绩效管理是企业发展的必然,只要正确对待绩效管理的作用,从企业实际情况出发扎扎实实推进绩效管理工作,组织和个人的绩效就会逐步提升,企业竞争力最终会得到提高。

五、企业绩效管理的模式

通过对国内企业绩效管理现状的调查和研究,我国企业绩效管理可以总结为以下几种典型模式。

(一)"德能勤绩"式

"德能勤绩"等方面的考核具有非常悠久的历史,曾一度被国有企业和事业单位在年终考评中普遍采用,目前仍然有不少企业还在沿用这种思路。

"德能勤绩"式的本质特征是:业绩方面考核指标相对"德""能""勤"方面比较少;多数情况下考核指标的核心要素并不齐备,没有评价标准,更谈不上设定绩效目标。本文借用"德能勤绩"的概念,就是因为这类考核实质是没有"明确定义、准确衡量、评价有效"的关键业绩考核指标。从某市烟草专卖局(公司)对执法监督员的工作绩效考核表可以看出,任何一项指标都没有评价标准,考评者打分没有评价依据。

"德能勤绩"式除了上述典型特征外,往往具备如下特点:

(1) 很多企业是初始尝试绩效管理,绩效管理的重点往往放在绩效考核上;

(2) 没有部门考核的概念,对部门负责人的考核等同对部门的考核,没有部门考核与部门负责人考核的明确区分;

(3) 考核内容更像是对工作要求的说明,这些内容一般来源于公司倡导的价值观、规章制度、岗位职责等;

(4) 绩效考核指标比较简单粗放,大多数考核指标可以适用同一级别岗位,甚至适用所有岗位,缺少关键业绩考核指标;

(5) 绩效考核不能实现绩效管理的战略目标导向。

对于刚刚起步发展的企业,通常基础管理水平不是很高,绩效管理工作没有太多经验,在这种情况下,"德能勤绩"式绩效管理是有其积极作用的。这种方式对加强基础工作管理水平,增强员工责任意识,督促员工完成岗位工作有积极的促进作用。但"德能勤绩"式绩效管理是简单粗放的绩效管理,对组织和个人绩效提升作用有限,虽然表面上看来易于操作,其实绩效考核过程随意性很大。企业发展后,随着公司基础管理水平的提高,公司绩效管理将对精细性、科学性提出更高要求,"德能勤绩"式绩效管理就不符合企业实际情况了。

(二)"检查评比"式

国内目前绩效管理实践中"检查评比"式还是比较常见的,采用这种绩效管理模式的公司通常情况下基础管理水平相对较高,公司决策领导对绩效管理工作比较重视,绩效管理已经进行了初步的探索实践,积累了一些经验教训,但对绩效管理的认识在某些方面还存在问题,绩效管理的公平目标和激励作用不能充分发挥,绩效管理战略导向作用不能得到实现。

"检查评比"式典型特征是:按岗位职责和工作流程详细列出工作要求及标准,考核项目众多,单项指标所占权重很小;评价标准多为扣分项,很少有加分项;考核项目众多,考核信息来源是个重要问题,除非个别定量指标,绝大多数考核指标信息来自抽查检查;大多数情况下,公司组成考察组,对下属单位逐一进行监督检查,颇有检查评比的味道,不能体现对关键业绩方面的考核。

"检查评比"式考核对提高工作效率和质量是有很大作用的,通过定期不定期的检查考核,员工会感受到压力,自然会在工作要求及标准方面尽力按公司要求去做,对提高业务能力和管理水平有积极意义。

这种模式的考核，有两个重大缺陷：一是绩效考核结果没有效度，也就是说考核结果好不一定就是对组织贡献最大的，绩效水平低不一定考核结果差，这样自然制约着公平目标和激励作用的实现；二是由于考核项目众多，缺乏重点，不能实现绩效管理的导向作用，员工会感到没有发展目标和方向，缺乏成就感。

考核没有效度以及不能实现战略导向作用大致有以下几个方面的原因：

第一，由于考核项目众多，员工感觉不到组织发展方向和期望的行为是什么，同时由于每项指标所占权重很小，因而即使很重要的指标，员工也不会过于在意。

第二，考核操作实施过程中，检查抽查是普遍采用的方式。对于检查抽查中发现的问题，被考核者往往不从自身工作本身找原因，而往往认为自己倒霉而坚持认为别人考核成绩好，是因为别人运气好，存在的问题没有被发现，被考核者从心里就不会接受这样的考核结果。

第三，考核者对被考核者工作的认识和理解往往存在偏差，这样会导致绩效考核出现"无意识误差"；另外，考核者往往不是被考核者的直线上级，不必对被考核者业绩负责，会导致绩效考核的随意性，这样会导致绩效考核出现"有意识误差"，这两种情况都会引起绩效考核者的公平公正性受到质疑。

（三）"共同参与"式

在绩效管理实践中，"共同参与"式绩效管理在国有企业和事业单位中比较常见，这些组织显著特征是崇尚团队精神，公司变革动力不足，公司领导往往从稳定发展角度看问题，不愿冒太大风险。"共同参与"式绩效管理有三个显著特征：一是绩效考核指标比较宽泛，缺少定量硬性指标，这给考核者留出很大余地；二是崇尚360度考核，上级、下级、平级和自我都要进行评价，而且自我评价往往占有比较大的权重；三是绩效考核结果与薪酬发放联系不紧密，绩效考核工作不会得到大家的极力抵制。

"共同参与"式绩效管理对提高工作质量，对团队精神的养成是有积极作用的，可以维系组织稳定的协作关系，约束个人的不良行为，督促个人完成各自任务以便团队整体工作的完成。在以绩效提升为主要目标，团队协作为主要特征的组织中是适用的。但这种绩效管理有其适用范围，如果采用不当会带来严重的负面效果，主要表现在以下几个方面：

第一，大部分考核指标不需要过多的考核信息，一般被考核者根据自己的印象就能打分，考核随意性较大，人情分现象严重，容易出现"有意识的误差"和"无意识的误差"。

第二，在自我评价占有太大的分量的情况下，由人的本性决定，在涉及个人利益关系的情况下，个人对自己的评价不可能公正客观，"吃亏"的往往是"实在"人。

第三，这种评价一般与薪酬联系不太紧密，薪酬的激励作用有限。

第四，表面和谐氛围，实则是对创新能力的扼杀，这对创新要求高的组织是非常致命的。最终结果往往是，最有思想、最有潜力的员工要么被迫离开组织，要么被组织同化不再富有创造力。

（四）"自我管理"式

"自我管理"式是世界一流企业推崇的管理方式，这种管理理念的基础是对人性的假设坚持"Y"理论：认为员工视工作如休息、娱乐一般自然；如果员工对某些工作做出承诺，他们会进行自我指导和自我控制，以完成任务；一般而言，每个人不仅能够承担责任，而且会主动寻求承担责任；绝大多数人都具备做出正确决策的能力，而不只是管理者才具备这一能力。

"自我管理"式显著特征是：通过制定激励性的目标，让员工自己为目标的达成负责；上级赋予下属足够的权利，一般很少干预下属的工作；很少进行过程控制考核，大都注重最终结果；崇尚"能者多劳"的思想，充分重视对人的激励作用，绩效考核结果除了与薪酬挂钩外，还决定着员工岗位升迁或降职。

"自我管理"式绩效管理激励效应较强，能充分调动人的主动积极性，能激发有关人员尽最大努力去完成目标，对提高公司效益是有好处的，但这种模式应注意适用条件，如果适用条件不具备，可能发生严重的问题和后果，不能保证个人目标和组织目标的实现。"自我管理"式绩效管理有如下特点：

第一，由于"自我管理"推崇的是"Y"理论人性假设，在中国社会目前发展水平情况下，如果缺乏有效监督检查，期望员工通过自我管理来实现个人目标有时是不现实的。因为有的员工自制能力差，不能有效约束自己，如果不实行严格管理将不能达成其个人目标。

第二，"自我管理"式绩效管理缺乏过程控制环节，对目标达成情况不能及时监控，不能及时发现隐患和危险，等发现问题时可能已经太迟，没有挽回余地了，因此可能给组织带来较大损失。

第三，绩效辅导实施环节工作比较薄弱，上级领导往往不能及时对被考核者进行绩效辅导，也不能及时给予下属资源上的支持，因此绩效管理提升空间有限。

第四，被考核者通常小集体意识严重，不能站在公司全局角度看问题，被考核者绩效目标与组织目标往往不一致，不能保证公司战略发展目标的实现。

> 【案例】聊天——另类思维的考核方式
>
> Nige l Morris是美国科罗位多一所医院的新总裁，上任伊始，他就废除了该医院传统的考核制度，力争设计一套高绩效的考核体系。
>
> 经过一段时间的调查研究，医院决定改变现有的表格考核体系。深入研究哪一套打分系统最有效，哪些评分最有意义，之后，终于想出了一个方案，叫作"每年一张纸"。他认为最有价值的考核是那种上下级之间的日常互动的沟通，这种沟通却是用书面形式不可能捕捉到的互动。尽管医院仍然要求经理们进行年度考核，但考核不再是上级对下级进行评价，而是上级了解下级需要哪些协助、主管怎样才能让员工的工作更轻松、有哪些东西阻碍员工完成工作。
>
> 这种考核的方式是谈话，而不是书面的评语。虽然仍有那个"每年一张纸"书面的东西存在，但它的唯一作用就是记录谈话。不再是给员工简单地打分，也不再以书面形式确定来年的工作目标。它只是一张平常的纸，记录着员工和主管谈话的时间、地点、内容，并由双方签字。

新的考核方式实施以后，人们发现，在医院里以前那种员工见了上司像老鼠见了猫的现象一去不复返了。有效的沟通，不但消除了员工的工作顾虑，而且强化了员工的职责意识，促进了下属绩效的提高，医院的服务质量有了明显的提高。

第二节　绩效评估的实施

【案例】职业挑战——当我们尝试变革绩效评估时

一年前，王磊去一家中型企业的维修部工作。因为王磊乐于动手，所以他非常喜欢在维修部工作。他的上司张工是一个待人很好的维修人员，只要王磊有不明白的问题，他总是给予帮助。但王磊希望知道张工对他工作表现的评价，张工却从不告诉他，只是差不多每月训斥他一次，因此王磊心中有这样的疑问："难道他认为我没有努力把工作做好？难道他认为我不是一个好的维修工？"

因为王磊很想将来能够晋升，所以这些疑问对他来说很重要。他听说乔某明年会退休。乔某的职位更好，薪酬更高。王磊怀疑自己是不是能有机会得到这个职位。他也听说现在某些分部的业务开展得不是太好，已经在裁员了。如果这种危机降临到王磊所在的分部，他可能会被解雇。他知道员工资历是裁员的一个考量因素，绩效也是。因此，他希望知道自己究竟做得怎么样，从而能提高自己，以得到晋升并避免被解雇。王磊想从他的老板那里得到某种程度的反馈。

场景：公司执行副总裁的办公室。出场者是执行副总裁和公司的副总裁们。

汤总(执行副总裁)：众所周知，我们在这儿是来讨论一下各自对马总向王总裁提交的建议有何看法。马总，为什么不再说说你的想法？

马总(副总裁，主管人力资源)：你们都收到了我提交给王总裁的备忘录副本。正如你们所知道的，当我3年前来到公司时，我们在人力资源管理上的最大优势之一应该是拥有一个动态的评估体系。我们之所以需要这个，是因为绩效评估是一项极为重要的激励手段。我在备忘录中提到许多思索和计划后的结论。我提议用目标评估体系来管理，它是为从部门主管到副总裁的所有管理者量身定做的，并用图解等级标尺来对部门主管以下员工进行管理。目标管理(MBO)每季度考评一次，等级标尺每半年考评一次，我们将使诸如加薪和晋升这样的奖励与评估结果挂钩。具体细节在备忘录中。现在我们公司的规模已经太大了，在地域上也太分散，以至于不能再继续使用非正式体系了。

汤总：听起来很有道理。

戴总(副总裁，主管市场营销)：我也这么认为。

雷总(副总裁，主管生产)：哦，但我不这么看。10年前我们曾有过这些堆积如山的文件体系，但它只是浪费时间——这只意味着在紧张的生产线上还同时要处理更多文书工作。你们的人端坐在这儿只想着给我们更多的事情做。我们现在的负担已经超重了。我曾给在大企业做过绩效评估的一些朋友打过电话，他们说这涉及对评估程序的大量培训，并且当员工没有得到"等级报告"上的满分时，其中半数会发疯。因为当这一绩效评估工作被所有人来执行时，它就必然会带来许多政治色彩。如果你们支持这个提议，我将递交给王总裁反对意见。

第七章　绩效管理

通过此案例，本节的重点在于介绍绩效管理和评估——可以满足王磊对绩效反馈的需求。

王磊是否应该由其主管对其进行评价呢？要回答这个问题，先考虑一下王磊在职业挑战中所面临的具体情况。另外要注意到，一个设计良好的正式评价体系可能满足潜在目的。

一、绩效评估的目的

(1) 发展。它可以决定哪些员工需要更多训练，并且可以帮助评价训练项目的结果。它有助于下属和主管之间的协商关系，并且鼓励主管观察下属行为并给予帮助。

(2) 激励。它鼓励创新，培养责任感并激发更好的绩效。

(3) 规划人力资源和雇用状况。它可以作为技能储备和人力资源规划的有效依据。

(4) 沟通。它可以作为主管和下属之间就工作相关事宜不断进行讨论的基础。通过这样一个互动和有效的反馈过程，团体能逐渐更好地相互理解。

(5) 合法依据。它可以作为晋升、调动、奖励，解雇的合法依据。

(6) 人力资源测评。它可以作为测评项目的有效甄选手段。

在所有的绩效评估和其他人力资源管理活动的联系中，没有哪一种会比了解绩效评估和公平就业机会之间的联系更重要了，特别是当将它应用于晋升和解雇时。如果评估被认为不公平或根据评估制定的决策没有尊重所有人的意见，那么将可能产生严重的冲突。评估的目标价值就在于员工认为它是有意义、有益、公平和坦诚的。然而很不幸，因为诸如不公平、消极实践和短期目标等许多因素，这个目标很难达到。当然，对绩效评估体系的指责也提供了一些有价值的看法。

二、绩效评估的原则

(一)公开原则

具体要求做到：

(1) 公开考评目标、标准和方法。

(2) 公开考评过程和考评结果。

坚持这一原则能消除考评对象对绩效考评工作的疑虑，提高绩效考评结果的可信度；有利于考评对象看清自己的问题和差距，进而找到努力的目标和方向，并激发出进一步改进工作的积极性；同时，还可增强人力资源部门的责任感，促使他们不断改进工作和提高工作质量。

(二)客观、公正原则

具体要做到：制定绩效考评标准时多采用可量化的客观尺度，要用事实说话。坚持这一原则能使考绩工作公平、减少矛盾，从而维护企业内部的团结。

(三)多层次、多渠道、全方位的原则

这是由绩效的多维性决定的，绩效考评必须包括对影响工作绩效各主要方面的综合考察，而不是某几个方面的片面考察。

(四)经常化、制度化的原则

绩效具有动态性,因而要求经常对员工绩效进行考评,以及时公正地反映员工某时期的工作成果;另外,由于考绩涉及考绩标准的制定及其执行,并且要求这些标准必须科学、合理、不掺入个人好恶等感情成分,因而有必要对考绩有关事项以制度形式固定下来。

三、绩效评估的主体

正如图 7-3 所示,绩效评估是涉及直线管理者和人力资源专业人员相互协作的另一项人力资源管理活动。虽然直接主管负责在大量事例中进行实际评价。但是,如图 7-4 所示,组织在评价员工时,也应该考虑到其他可能性。

(1) 由几个主管组成的委员会进行评分。被选择的主管应是那些最可能与员工有接触的主管。这个方法具有抵消某个主管评价偏差和给评估增添额外信息的优势,特别当它遵循群体会议形式时,这个优势就愈发显著。

(2) 由同级员工(同事)进行评分。在同级评估体系中,同事肯定了解被评估员工的绩效水平。对于这个体系而言,进行评估的同事如果能互相信任,并且在加薪和晋升上没有竞争会更好。当工作单元的任务要求同事间频繁工作接触时,这个方法可能会十分有效。

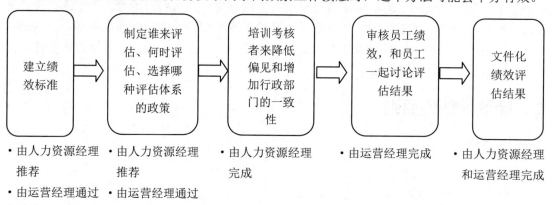

图 7-3 人力资源经理和运营经理在绩效评估中的角色

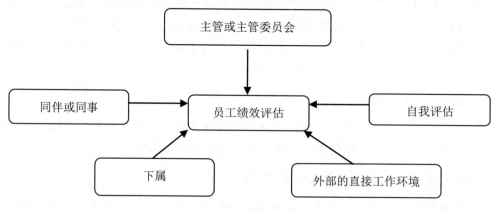

图 7-4 员工绩效的潜在评估者

第七章 绩效管理

(3) 由员工下级进行评分。常被使用在某些大学中(学生评估教师的教学效率)。这种方法比一些其他方法更多考虑绩效评估的开发方面。相对信息被使用在开发方面,如果信息被使用在行政目的(如加薪和晋升)方面,管理者可能更少会接受由下属进行评分。如果管理者相信下属熟悉他们的工作,这个评分信息来源也就更可以被接受。而且,下属的评估将可能被限制在"人员导向"问题上(比如领导力和授权),而不是组织、计划和其他管理者的绩效更难被观察到的方面。

(4) 由直接工作环境之外的人评分。这个方法作为领域审查技术为人所知,它利用来自工作环境之外的专业评价者,例如人力资源专家来给员工进行打分。这个方法经常花费很高,所以它通常被使用在特别重要的工作中。如果歧视指控将被诉诸法庭,这种评分方法就可能被使用在全体员工身上。这个方法的一个关键问题在于外部评估者不可能拥有和另外其他4种方法中的评估者一样多的数据。外部评估者使用的是非典型的评价绩效方法。

(5) 自我评估。在这种情形下,员工使用其他评估者所用技术来评估自己。这个方法似乎在绩效评估的开发方面(相对评估方面)使用频率更高,它也被用来评估在实体隔离状态下工作的员工。

因为员工的自我关心可能超过目标评估,自我评估经常会受到组织的怀疑。然而,研究表明自我评估和主管评分的相关性非常好,特别当员工拥有同事绩效的相关信息时,员工可以提供自我绩效的精确评价。

四、关键绩效指标的设定

(一)关键绩效指标的含义与作用

1. 含义

关键绩效指标,是用于评估和管理被评估者绩效的定量化或行为化的标准体系。

2. 作用

一方面,由于关键绩效指标要体现对组织目标有增值作用,即针对对组织目标起到增值作用的工作产出而设定指标,因而运用关键绩效指标对绩效进行管理,就可以保证真正对组织有贡献的行为受到鼓励;另一方面,通过在关键绩效指标上达成承诺,员工与管理人员就可以进行工作期望、工作表现和未来发展等方面的沟通。

(二)确定关键绩效指标的原则(SMART)(见表7-1)

表7-1 SMART原则的实施

原 则	正确做法	错误做法
具体的 Specific	切中目标	抽象的
	适度细化	未经细化
	随情境变化	复制其他情境中的指标

续表

原则	正确做法	错误做法
可度量的 Measurable	数量化的	主观判断
	行为化的描述	非行为化的描述
	数据或信息具有可得性	数据或信息无从获得
可实现的 Attainable	在付出努力的情况下可以实现	过高或过低的目标
	在适度的时限内实现	期限过长
现实的 Realistic	可证明的	假设的
	可观察的	不可观察或证明的
有时限的 Time-bound	使用时间单位	不考虑时效性
	关注效率	模糊的时间概念

(三)设定关键绩效指标的程序

第一步：确定工作产出

1. 确定工作产出的基本原则

(1) 增值产出的原则：即工作产出必须与组织目标相一致，即在组织的价值链上能够产生直接或间接增值的工作产出。

(2) 客户导向的原则：指被评估者工作产出的输出对象是客户(可以是组织外部或组织内部如下一工序是上一工序的客户对象)，该原则要求定义工作产出需要从客户需求出发。

(3) 结果优先的原则：指尽量以某项活动的结果来确定工作产出，实在难以界定则考虑活动过程中的关键行为。

(4) 设定权重的原则：设置权重时要根据各项工作产出在工作目标实现中的"重要性"，而不是花费时间的多少。

在上述四原则中，客户导向原则很重要，坚持该原则的程度及其产生的作用效果可用客户关系示意图加以反映。

2. 客户关系示意图

- 通常我们将某个个体或团队的工作产出提供的对象当作这个个体或团队的客户。
- 客户关系示图是通过图示的方式表现一个个体或团队对组织内外客户的工作产出。
- 进行绩效评估时，可以考虑内外客户对这些工作产出的满意标准，以这些标准来衡量个体或团队的绩效。
- 使用客户关系图来界定工作产出，进而围绕绩效指标对具体员工进行绩效评估。

第二步：建立评估指标

设定关键绩效指标时应考虑的问题：

① 通常在评估工作产出时我们关心什么？即关键绩效指标有哪些？我们又该如何衡量这些指标(表 7-2)？

表 7-2 关键绩效指标

指标类型	举 例	证 据
数量	产量	业绩记录
	销售量	财务数据
	利润	
质量	破损率	生产记录
	独特性	上级评估
	准确性	客户评估
成本	单位产品的成本	财务数据
	投资回报率	
时限	及时性	上级评估
	到市场时间	客户评估
	供货周期	

② 是否存在我们可以追踪的数量或百分比？如果存在，则列出。

③ 如果没有量化的指标来评估工作产出，那么该如何评估工作结果完成状况？工作成果完成得好应是何状态？有哪些关键的衡量因素？

第三步：设定评估标准

1. 指标与标准

指标指的是从哪些方面对工作产出进行衡量或评估，解决的是我们需要评估"什么"的问题；标准指的是在各个指标上分别应该达到什么水平，解决的是要求被评估者做得"怎样"、完成"多少"的问题。

2. 如何设定评估标准

对于数量化的绩效指标，设定的评估标准通常是一个范围，如果被评估者的绩效超过标准的上限，则说明被评估者做出了超出期望水平的卓越绩效；否则表明被评估者存在绩效不足的问题，需要进行改进。对于非数量化的绩效指标，在设定绩效标准时往往从客户需要出发，需要回答这样的问题："客户希望被评估者做到什么程度？"

3. 基本标准和卓越标准

基本标准是指对某一评估对象而言期望达到的水平。其作用主要是用于判断被评估者的绩效是否能够满足基本要求，评估结果主要用于决定一些非激励性的人事待遇，如基本工资等。

卓越标准是指对被评估对象未做要求和期望但可以达到的绩效水平,主要是为了识别角色榜样,其结果可以决定一些激励性的人事待遇,如额外的奖金、分红、职位晋升等(见表 7-3)。

表 7-3 基本标准与卓越标准

职位举例	基本标准	卓越标准
打字员	速度不低于 100 字/分钟	提供美观、节省纸张的版面
	版式、字体等符合要求	设计,无文字及标点符号等错误,并主动纠正原文中的错别字
销售代表	正确介绍产品或服务	对每位客户的偏好和个性等做详细记录和分析,为市场部门提供有效的客户需求信息,并维持长期稳定的客户群
	达到承诺的销售目标	
	收款及时,不收取礼品和礼金	

第四步:审核关键绩效指标

审核关键绩效指标的要点如下:

(1) 工作产出是否为最终产品?

(2) 关键绩效指标是否可被证明和观察?

(3) 多个评估者对同一绩效指标进行评估,结果是否能取得一致?

(4) 指标总和能否反映被评估者 80%以上的工作目标?(即关键绩效指标能解释、代表被评估者的主要工作目标)

(5) 是否从客户角度来界定关键绩效指标?

(6) 是否留下超越标准的空间?

关键绩效指标的指标解释及评估方法见表 7-4。

表 7-4 关键绩效指标(KPI)

	关键绩效指标	指标解释	评估方法
业务拓展	各业务类收入增长率	各公司规定	当年各业务类收入额/上年各业务类收入额
	重点业务收入比率	公司界定	重点业务收入额/业务总收入额
	新业务收入比率	公司界定	新业务收入额/业务总收入额
	市场占有率及增长	业务量全国市场排名及某一业务类业务量全国市场占有比率	当年业务量/当年全国业务总量 VS 上年业务量/上年全国业务总量 当年各业务类业务量/当年全国各业务类业务总量 VS 上年各业务类业务量/上年全国各业务类业务总量
	新客户增长率	各公司规定	新客户数量/上年客户总数量 新客户业务量/上年总业务量

五、绩效考评的方法

评估员工可以有多种方法，这里描述其中最常见的一些方法。总体来说，这些方法可以被划分为两大类。第一大类包括对员工进行个体评估的方法。换句话说，主管对每个员工的评估没有与其他员工进行比较，另外绩效标准的定义没有参考其他员工状况。

第二大类取决于多人评估。多人评估要求主管直接和有目的性地将每个员工的绩效与其他员工进行比较。这样，绩效标准是相对的：基于和其他员工绩效的比较，一个员工的绩效才能被定义为好或坏。

(一)等级评定法

给出不同等级绩效的定义和描述，然后针对每一个评价要素或绩效指标按照给定等级进行评估，最后给出总评价分。如表 7-5 所示为一个等级评定法的例子。

表 7-5　等级评定表

员工姓名：	评价登记说明：	
员工职位：	A：卓越。工作绩效非常突出，能创造性地解决问题，得到公司内部一致公认	
所属部门：	B：优秀。工作一贯质量高，大多数方面超出绩效标准	
评价人姓名：	C：良好。达到工作绩效标准，称职和可信赖	
评价人职位：	D：需改进。在绩效的某一方面存在不足，需要进行改进	
工作职责	绩效标准	评估等级
录入、打印各种文字材料(25%)	※※基本绩效标准：	等级
	一个月内由于错误而被返回的文件次数不超过 5 次；一个月内没有在承诺的期限之内完成的文件数不超过 5 次；秘书的主管通过向其他客户调查发现秘书的文件打印没有文字上和语法上的错误，能够在认同的期限内完成	评语
	※※优秀绩效标准：	等级
	主动采取一些排版方式提高文件的信息交流质量，例如，采用一些字体和格式的变化等；能够主动纠正原文中的语法、文字错误；采用节省耗材的做法	评语
起草通知、便笺或日常信件(40%) 安排会议(20%)	※※基本绩效标准：	等级
	主管认为仅对草稿做微小的修改就可以在会议开始前能准备好会议所需的设备和材料，会议进程顺利，与会者不至于离开会议去解决由于实现准备不充分而造成的问题	评语
	※※优秀绩效的标准：	等级
	起草文件时仅需要极少的指导，一些日常的信件无须主管干预就可以正确处理会议材料和安排无须主管监控	评语

评价：等级评定法简便易操作，但易做表面工作；较多的人被评为较高等级；有时等级评价的标准表述也比较抽象和模糊

(二)排序法

将员工绩效按评估因素由最好的员工到绩效最差的员工进行排序，是一种相对比较的绩效评估方法。

操作：将所有参加评估的人选列出来，分别针对每一个评估要素开展评估，首先找出该因素上表现最好的员工，将其排在第一位，找出最差员工，将其排在最后一位，然后找出次最好的员工，将其排在第二位，然后找出次最差的员工，将其排在倒数第二位，依次类推。然后以同样方法就第二个因素进行排序，直到排完所有评估要素。

(三)配对比较法

配对比较法是在每一个评估要素上将每一个员工与其他员工比较。它是一种相对的绩效评估方法，适用于少量人员的评估。这种方法被设计用来使排序过程更容易，特别当有许多人需要被排序时，可能更可靠。配对比较(paired comparison)法提供给主管每张仅包括两位下属名字的一系列卡片，而不是要求主管一次对所有人都进行排序(理论上这意味着他必须同时考虑每个人的优缺点)。然后主管被要求选出两人中更高绩效者。这样，主管只要考虑这两个人的绩效即可。为了使这种技术更加精确，每种可能的下属配对必须提供给主管。用这种方法，他必须对每个人都进行针对所有其他要被排序之人的逐次单个排序。通过计算指定员工在所有逐对比较中多少次被选为更高绩效者来得出最终排序结果。表 7-6 显示了一个 4 人工作小组的逐对比较结果。正像所显示的一样，小李是最高排名员工而小王是最低排名员工。

表 7-6　营销研究部门员工的配对比较

将被排序的员工：小刘、小王、小李、小赵		
主管填写的排序卡片		
小刘(√) 小王(　)	小刘(　) 小李(√)	小刘(　) 小赵(√)
小李(√) 小王(　)	小赵(√) 小王(　)	小李(√) 小赵(　)
最终排名：1.小李　2.小赵　3.小刘　4.小王		

配对比较法的一种可能的约束在于必须要做的数目比较大，特别在较大的工作群体中。对于所有将被描述的配对来说，总共应该有 $n(n-1)/2$ 种配对，这里 n 等于将被排序的人数。这样，仅有 10 名下属的情况下，主管将不得不审览 $10×(10-1)/2$ 对或者 45 对名字。如果下属数目庞大，对于主管来说这就可能是一项冗长乏味的任务。

(四)强制分布法

强制分布(forced distribution)体系类似于曲线评级。考核者被要求基于有组织地被决定、事前分布的类别来考核员工。例如，教授可能提前决定下一次测验分数前 10%的人将得 A 等，其次的 20%得 B 等，中间的 40%得 C 等，等等，直至最后的 10%得 F 等。运用这一概念来评估绩效，主管被要求以组织确定的原有配置的种类(如优秀、符合标准、需要改进)为基础，来对员工进行评价。

这种体系的关键在于事前决定分布必须被考核者所遵循，不管学生成绩好成怎样或者员工绩效高成怎样。如果全班学生在我们假定的教授测验中都考得非常好，学生中的许多人可能仍然会很失望，因为10%的人仍然将得F等，即使他们答对了很多问题。如果班级整体上在这次测验中都考得不好，10%的人仍将获得A等，只要他们比其他人考得更好。那就是，学生的等级是根据他相对别的学生考得如何和教授事前设想的等级分布来决定的。当主管被公司告知使用特定配置的情况下，一名所有下属都很优秀的主管将不得不给予某些下属低评价；一名所有下属都很普通的主管将不得不给予某些下属高评价。

杰克·韦尔奇，通用电气的前任CEO，是用强制分布法来评估绩效的支持者，他认为这一方法迫使管理者淘汰表现差的员工，并且奖励表现优秀者。这导致了一种情况，那些选择将所有的员工评价为超过平均水准或对所有的员工感到满意的善良的管理者，不得不将一些员工评价为低于平均水准。通用电气开发了一种方法来评估绩效，管理者们被要求将其员工分为三组：20%的高等，70%的中等，10%的低等。在这个系统下，每10名被评估的员工中，其中1名不得不被划分为低等表现者。惠普公司使用了一个量表，15%的员工获得最高分5分，5%获得最低分1分，剩下的80%获得2分、3分、4分。其他运用强制等级的公司包括福特、英特尔、微软和康菲石油。

强制分布体系的反对者认为，使用如此严格的方式来评估绩效会导致一些负面的后果，包括：

- 将员工进行相互比较会导致员工间不健康的竞争和低水平的团队合作。
- 如果划分等级是建立在不完美的评估方法(如政策会影响一些员工的等级)的基础上，强制分布体系易遭受法律诉讼。
- 在终止"低等表现者"合同的一两年后，这一绩效评估方法可能会迫使管理者将之前表现良好的员工放到"低等表现者"种类里，最终引发情绪问题。

一些公司正在关注与强制配置绩效管理系统有关的反对意见，甚至通用电气已经开始更多地强调其网上绩效管理工具，而非20%、70%、10%的划分，并将低等表现者称为"效率较低者"，以取代以前的"10%低等者"。这可能是一个信号，有助于在短期内淘汰低表现者，同时使强制配置评估在长期的运用中缓和其潜在问题，即当出现政策和评价者偏见时的员工情绪、公平感知最终产生的法律挑战。

(五)关键事件法

关键事件是与被考评者的关键绩效指标有关的事件。关键事件法是主管对下属在关键事件上的优秀事迹和不良行为进行记录，并在预定的时期内进行回顾考评的一种方法。这种方法一般与其他考评方法联合使用，是其他方法的补充。

关键事件法可以为解释考评结果提供确凿的事实根据，可帮助考评者全面考虑被考评者一年来的工作表现，而不是近期的工作情况，从而提高考评的客观性和公正性。

下例可帮助理解关键事件法：

客户经理的一项关键绩效指标是获得客户的满意。针对这项指标，客户经理马力在关键事件法中，其主管对其记录的关键事件是：

好的关键事件：

> 客户经理马力耐心地倾听客户的抱怨，回答客户的问题，认真地检查客户返回的产品，有礼貌地向客户做出解释和道歉，并立即给客户签署了退货单。

坏的关键事件：

> 在业务繁忙的季节里，客户经理马力在休息时间过后迟到了 30 分钟回到办公室。他错过了 4 个来自客户的电话，并且已经有 2 名客户焦急地等在会客室中，而他们是按照马力原先约好的时间来访的。

两个因素造就了关键事件技术的成功。首先，在评估期间主管必须花足够多的时间来观察每个下属，要观察到足够多的事件这一点是必要的。其次，主管必须记住所有被观察事件。因此，主管必须愿意花时间记录可以在日志中看到的每个员工的事件，否则，许多事件可能被遗忘。既然有证据表明主管对行为记得越精确，她/他就可以越精确地评估员工，那么以日志形式保存日常记录，应该是对员工优劣势进行精确评价的一种很有价值的辅助手段。

如果使用这样的日志，被记录的关键事件对于绩效评估面谈来说就是有价值的。如果被正确地使用，日志可以有助于避免许多常见评估误差并形成关于员工怎样改进绩效的看法。

(六)行为锚定等级评定法

1. 定义

行为锚定等级评定法是基于关键事件法的一种量化的评定方法，它建立起一个行为性的评定量表，对每一个等级运用关键事件进行行为描述。因而，这种方法结合了关键事件和等级评定法的优点。

以下是关于评估教师课堂教学技巧的行为锚定量表：

评估要素：课堂教学技巧。

定义：课堂教学技巧主要是指教师在课堂上有效地向学生传授教学内容的技巧。

等级	描述
9	使用多样化教学方法，提高学生的自我学习能力。
8	鼓励学生提出不同的见解，引导学生进行创造性思考。
7	能将具有关联性的问题前后联系起来讲解，使学生形成完整的知识体系。
6	讲解某些问题时，使用恰当的例子。
5	讲解问题时重点突出。
4	使用清楚、容易理解的语言讲课。
3	对稍有难度的问题讲不清楚，并且对学生的意见不接纳。
2	讲课乏味、枯燥，照本宣科。
1	经常讲错一些基本概念。

2. 建立行为锚定量表的步骤

(1) 选定绩效评估要素。选取需要评估的要素，并对其内容进行界定。

(2) 获取关键事件。通过对工作比较熟悉的一组人(任职者或任职者的主管人员)提供一些关键事件和工作做得不好的关键事件。

(3) 将关键事件分配到评定要素中。

(4) 由另外一组对工作同样了解的人对关键事件重新进行审定、分配和排序。

(5) 将前后两组人对关键事件的分配结果作横向比较，将其中80%一致的关键事件保留下来，并作为最后使用的关键事件。

(6) 对关键事件进行评定，看看分配到各个要素的各个等级上的关键事件是否可以代表各自的要素和等级。

构建确切的行为锚等级尺度非常复杂，以至于此处无法示例。然而，我们应该注意到开发一种行为锚考核尺度通常需要2~4天。与特定职位紧密相关，没有艰深专业术语的考核尺度应该是开发的最终结果。评价者接到指示，写下他们对被评者表现的观察，然后画一个箭头到合适的等级。通过将实际观察到的表现(记笔记获得)和锚等级评价法考核表中的行为期望相联系，被评者可以更易理解如何提高自己的绩效。

行为锚定量表为绩效评估提供明确的典型行为的锚定点，使考评者在实际考评中就有了评分尺度；锚定表中附有具体行为描述的文字有助于被考评者较深刻地了解自己工作的现状，通过对比找到自己的不足和改进的目标。

但是，典型行为描述的文字数量总是有限的，不可能涵盖被考评者实际工作中的各方面行为表现，而且文字描述常常不能与现实行为表现完全吻合，从而导致考评者对既定的行为锚定评价表持有异议而不严格按照既定的锚定表进行考评，影响考评结果的可信度。

(七)"360度绩效考评"法

"360度绩效考评"法是指全方位的考绩，我们已知道绩效考评的执行者(即考评主体)有员工的直接上级、同事、下属、员工自身、客户，及外界考绩专家或顾问等六类主体，而"360度绩效考评"法则进一步扩大考绩主体的类型与人数，易于使各类考绩者优势互补，结论更加公正而全面。

纵观来看，"360度绩效考评"法最初被一些企业作为改善考绩质量的尝试措施而试行的。如美国强生公司就开发了一套新型的"360度反馈系统"。其操作如下：由员工的直接主管负责确定考绩指标，并成立考绩小组；每人(包括被考评者本人)按已确定的考绩指标，各以五分制给被考评者打分；统计出均值及其分布范围；主管对被考评者作反馈面谈。由此看来，这一系统不仅是一种考评工具，而且已成为一种改善沟通、提高绩效和推动自我开发的综合性制度。近几年来，"360度绩效考评"法被发展为以职工开发为主要功能的有效手段，对此，在具体操作上与之前也有了较大不同，主要差异点有：考评组吸纳多方位、多层次的有代表性的成员；不是按指定指标打分或给出较抽象的、难以量化的简短评语，而是举出被考评者在本考评周期中若干项具体的、积极性的行为或成绩，同时也列出若干项还不够妥当或有改进余地的具体行为或事实，但后者的基数要略少于前者。可见，这种方法是符合"考评要具体而忌一般""要以表扬与鼓励为主"的原则的，也必将具有进一步推广及发展的潜力。

【案例】青啤集运输船西安公司的360度绩效考核

西安汉斯啤酒的重振雄风，靠的就是青岛啤酒集团实施的新绩效考核办法——360度全方位考核。

青岛啤酒厂兼并汉斯啤酒厂后，为汉斯啤酒厂引进了360度考评体系，注重绩效，全面客观地考评员工的德、能、勤、绩。所谓360度考评体系，即对基层员工的考核由自评、同级考评、上级考评三个维度构成，对中层干部，还要请其下级评定(通常采用无记名填表和座谈相结合)，如图7-5所示。

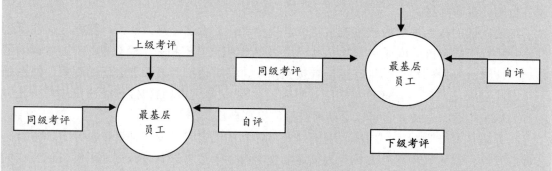

图7-5 绩效考核评定

员工自评，即被评定者本人在年终述职大会上叙述自己的能力、工作态度、工作成绩和一年工作中的优缺点，职业生涯发展的可能性，需要上级加以指导的事项和本人所经历的关键性事件。

同级考评即本部门同事、其他相关部门人员、本企业以外的相关人员在公司述职会上，利用一系列标准化的量化表对评定者以无记名方式，按优秀、一般、不称职三类进行打分。

上级考评，即公司运用比较法对考评结果作出相互比较，从而决定其工作业绩的相对水平。

公司将绩效考核制度化，以加大奖惩力度做保证。鼓励员工在自己的工作岗位上发挥个人的聪明才智，并实施奖励；对于考核不合格者，扣发奖金或调离工作岗位，从而调动了员工的积极性，激发了他们的主人翁精神。

公司在绩效考核中，对中层干部的考核更加严格。对考核结果排出名次，末位淘汰。此法实行第一年，就有35个部门被砍去，63名中层干部被精减，二级机构由原来的45个削减为9处1室，中层干部仅聘26人，实行竞争上岗。各级干部依靠德、能、勤、绩上岗，一切以年底考评成绩说话。巨大的人事变化，使公司上上下下无不震动，特别是中层干部真正有了强烈的危机感。

梅花香自苦寒来，青啤西安公司在短时间内创造了奇迹，一举扭亏为盈，吨酒成本降低了25%，全年总成本下降3200万元，利润增长116%，成为西安市的利税大户和东西部企业合作中一颗闪亮的新星。

(八)目标管理法

在大部分的传统绩效评估体系中，考核者运用上述技术中的一种来判定过往绩效和试图汇报他们的判定结果。因为绩效评估是用于作对员工影响重大的决策的，考核者被置于困难、某种程度敌对的角色之上。

麦克雷戈相信主管应该和下属一起设置目标来取代由单方设置目标而产生的敌对。这将使下属能够表现出自我控制和管理自己的工作绩效。根据麦克雷戈的早期见解，德鲁克和奥迪奥恩将之发展成目标管理法(Management By Objective，MBO)。

目标管理法不仅是一种评估体系和过程，它被看作一种管理实践哲学，通过其管理者和下属可以一起进行计划、组织、控制、交流和讨论的方法。通过参与设置目标或者主管安排任务，下属在履行工作过程中被提供给追随进程和努力目标。通常，目标管理程序遵循如下所示的系统化步骤，具体分为 7 步。

- 主管和下属开会确定下属的关键任务和设置有限数目的目标。
- 参与者设置现实、挑战性、明确和可以理解的目标。
- 在征询下属意见之后，主管建立评价目标完成程度的标准。
- 审核中间过程的日期被一致通过和加以实施。
- 主管和下属按要求对原有目标进行一些修改。
- 主管做出目标完成状况的最终评估，并且召开小组会议和下属一起就结果进行商议和鼓励。
- 在考虑前一循环和未来预期的基础上，下属和主管商议后设置下一循环的目标。

目标管理型程序已用于全世界组织之中。在这些程序中设置了各种各样的目标。表 7-7 就是从实际目标管理评估表中摘录出的目标示例。这些目标绝大多数以工作或职位的形式来描述。其中一些是日常性的，其他是创造性的；一些是个人的，比如会计目标。

表 7-7 MBO 法评估目标示例

组织中的职位	组织类型	目标描述
销售代表	中型石油化工企业	在西部地区接触 6 个新客户和在下一半年期内至少完成对这些新客户中两个的销售
产品经理	大型食品加工工厂	在下一目标会议之前(距今 9 个月)，在增加成本不超过 2%的前提下将花生油的市场份额增加至少 3.5%
熟练技师	小型商店	在 8 月 15 日之前降低 8%的管理成本
会计	小型 CPA 企业	在夏末之前(9 月 15 日)参与两个审计研讨会来改善和更新审计知识
生产经理	中型流水线工厂	在 1 月 1 日之前将操作员工的缺勤率从 18.9%下降到 10%以下
工程师	大型建筑公司	在政府规定的截至 11 月 10 日之前的 30 天内完成能源设备塔

要想使目标管理法和其他的绩效管理程序是有效的，管理者和下属必须积极参与目标制定过程，并且必须就绩效评价的本质(将使用什么措施来评价成功或失败)达成一致。

传统上来说，目标管理法的主要特征就是关于下属绩效的讨论都是以结果为中心。实际上这被认为是目标管理法相对其他评估体系最大的优势之一。有趣的是，在美国制造业中当前许多改进质量的观点发现，一些目标管理程序太过目标导向而很少过程导向。例如，W．爱德华兹·戴明多年来一直认为看重大量目标、按结果管理和对任何错误进行及时反应(比如抱怨和拖延)会导致企业的管理紊乱。他的主要观点是目标管理法太过关心侦测问题而太少关心在困难发生之前预防困难。对照传统的目标管理法，他认为重心必须置于生产系统前的流程之上。管理者和员工应该合作来改进这种生产率潜在基础。要想这样做，管理者必须成为教练和顾问，而不是法官。

是不是这意味着目标管理法和全面质量管理是不兼容的呢？虽然不是必然的，但任何试图实施这种体系的组织必须意识到其关键含义。一些观察者已经暗示，最重要的含义就是承认任何员工的绩效既是被他的能力和动机所影响，也是被恰当的生产系统所影响。有了这种认识，组织就可能开始理解怎样最好地建立目标和促进员工生产率。所以，至少它就必须考虑一种评价体系，在这种评价体系中，某个人的优点并不是专门要与目标或目的的实现挂钩，而是应该把目标管理法也看作一种改变系统的动力所在——而不仅仅只是一种评价流程。

目标管理法的许多其他缺陷和问题也已被提出。这些缺陷和问题包括如下 8 点。

(1) 涉及太多的文书工作。

(2) 设置了太多的目标，因此出现混乱(看起来只有 4～6 个工作目标会更高效)。

(3) 目标管理法被强制应用于一些很难建立目标的工作领域。

(4) 在将目标管理结果和奖励联系起来可能会很困难，因为人们经常会询问"我们为什么做这件事"的问题。

(5) 太过着重于短期目标。

(6) 目标管理过程中主管没有得到训练。

(7) 原目标从未被调整。

(8) 目标管理法被用作胁迫性强硬控制手段而不是激励手段。

如果目标管理法想有机会获得成功的话，这些问题和其他问题都需要被减至最少或者被克服。在一些情况下，目标管理是非常有效的；在另外一些场合中，它是花费高昂和分裂性的。就像对其他可利用的评估技术一样，管理者在选择或者废弃目标程序之前需要检测其目的、成本、收益和他们的自我偏好。

六、绩效评估方法的选择

可能现在你已被大量的评估技术弄得无所适从，你应该认识到不是所有的方法都经常被运用。研究显示，如强制选择法、关键事件法、行为锚等级评价法、行为观察评价法和目标管理法仅仅被 5%的企业混合使用，排序法和配对比较法被 10%～13%的雇主所使用。目标管理法最可能用于评估管理、专业和技术员工而不是生产工人或办公室文员。

在特定情境下究竟应该运用哪一种技术呢？关于每种技术的优缺点、可靠性和有效性方面的著作浩如烟海。实际上，研究显示每种技术都是时而有用时而无用的。主要问题不在于技术本身，而在于它们究竟是被怎样使用和被谁使用。几乎没有任何具有评估所需技能和动机、未受训练的考核者和被考核者会破坏或者牵制任何评估技术的实施。在开发有效评估体系中，考核者比技术更关键(表 7-8)。

表 7-8　不同绩效评估技术的一些优缺点

评估方法	评述
等级评价法	易于使用，易于完成，相对成本低廉；过分着重于人而不是绩效
排序法和配对比较法	很难用于提供反馈，在将员工进行比较方面是表现良好的
强制选择法	低成本选择，易于使用；很难对被评估者解释
关键事件法	耗时，必须被训练来将事件用日志记录；揭示那些可能被轻易反馈的关键行为
行为锚定法	很难开发，耗时；在提供有助于改善绩效的特定反馈方面是极好的
360 度反馈法	提供了更完整的绩效概况，但对适度管理来说，耗时、昂贵
目标管理法	着重于重要结果；有时太短期导向了，没有涉及员工之间的比较

七、绩效评估中的潜在问题

无论选择哪种技术或哪种体系，在使用过程中都将遇到许多问题。没有哪一种技术是完美的，它们都是有一定约束条件的。某些约束条件对于所有技术都是普遍的，然而其他一些则是某些技术更可能遇到的。

1. 评估的对立面

绝大部分员工对绩效评估存有戒心。可能最普遍的担心就是关于考核方的主观性。主观偏见和偏好是产生绝大多数绩效评估体系敌意的实际问题。这些担心被隐藏起来，然而其他更普遍的争议就浮现上来。例如，反对使用正式绩效评估体系的人们认为：

(1) 它们太过着重于减轻低绩效的表面症状而不是确定深层原因；
(2) 管理者和员工不喜欢评估过程，考核者在做出员工绩效水平决策方面确实令人存疑；
(3) 那些被评估为最高绩效等级的员工表现出了相反的激励结果，他们将降低他们的绩效(员工问题)。

2. 体系设计和操作问题

绩效评估体系会因为没有好好设计而废弃。如果评估标准是拙劣的，使用技术是烦琐的或者体系是形式主义的，那么这样的设计确实应该被谴责。如果使用的标准仅着重于行为而不是产出(结果)，或者关心个性特征而不是绩效水平，那么评估结果可能不易被接受。一些评估技术花了很长时间来完成或者需要大量的书面分析，这两种情况都是管理者所抵制的。如果这是问题所在，那么就可能选择另一种技术。最终一些体系并未发挥作用和运行。主管使用这种体系，但其他人仅仅随便填完书面工作了事；高层管理者对绩效评估的支持可以弥补这种形式主义问题。

3. 考核者问题

即使体系设计得很好，如果考核者(通常是主管)不配合并未接受很好培训的话，仍旧会有问题。主管可能觉得评估过程不是很舒服，或者出现道格拉斯·麦克雷戈所谓的"玩耍的上帝"情形。这常常是因为他们没有被充分培训或者没有参与设计程序。考核者的不充分培训可能导致在完成绩效评估过程中的一系列问题，包括评估标准问题、晕轮效应、宽容或苛刻误差、居中倾向误差、"近因"误差、对比效应、个人偏见(刻板印象、"与我相似"等)。

1) 评估标准问题

由于对用来评估员工的词汇含义的理解歧义而产生了评估标准问题。这样,"良好的""充分的""满意的"和"优秀的"等词汇对不同评估者而言可能意味着不同的含义。有一些教师很容易给学生 A 等评价,然而其他一些教师几乎从来不给学生 A 等评价。他们各有其对优秀的不同理解。如果仅仅使用一位考核者,就很可能扭曲评估。这种困境经常在使用图尺度评价法时出现,但也可能出现在评述法、关键事件法和考核列表法中。

例如,表 7-9 就提供了由难以考核的 4 种标准组成的一种考核尺度。关于工作质量的"良好"绩效到底意味着什么?它和"还可以"等级是怎样区分的?你又是怎样理解绩效的质量和数量的?这种考核尺度是模糊不清的。明确每种维度的含义并培训考核者会减少潜在的考核问题。

表 7-9 没有清晰标准的考核尺度:针对实验室科学家的图尺度评价法

绩效维度	等级:为符合考核标准的项目打"√"				
	杰出的	良好的	还可以	可接受之下的	差的
技术报告质量					
技术报告数量					
创造力					
社会交往能力					

2) 晕轮效应

有一段时间,人们相信晕轮效应是绩效评估误差的主要问题所在。当考核者基于对被考核者笼统的印象之上来划分绩效等级时就会出现晕轮效应(halo error)。

晕轮效应可能是正面的,也可能是负面的,也就意味着原有印象会导致考核等级过高或过低。假设现有一名信息系统经理认为某一计算机程序员在开发新软件方面是部门最好的。如果仅仅基于这种印象之上就给予这名程序员在决策、与同事合作以及领导潜质上的高等级评定,那么晕轮效应就发生了。

理解和处理晕轮效应的一个问题是如果考核未曾被证明合理,就认为考核导致误差。想象一下:我们的计算机程序员在除编程之外的其他三种绩效维度也获得了高评分。即使管理者是基于总体印象来给予评分的,这些评分也可能代表着一种精确评估。换句话说,认识到在晕轮效应和真实晕轮之间存在差异是极其重要的,当绩效不同方面的一致高分或低分为被考核者的绩效在事实上证明时,真实晕轮就产生了。

有趣的是,晕轮效应并不像以前人们认为的那样普遍。考核者似乎能在许多场合区分晕轮效应和真实晕轮。当晕轮效应出现时,很难被消除。减少这种类型误差的一种方法是使考核者在进行另一种维度考核之前按一种维度考核所有下属。这种实践的理论基础就在于,每次考虑一种维度的做法,强迫考核者在评估下属时进行更具体的思考而不是笼统性思考。

3) 宽容或苛刻误差

绩效评估要求考核者客观地对绩效进行总结。保持客观对每个人来讲都是困难的，考核者具有他们自己"客观"看待下属的有色眼镜。总体上，宽容或苛刻误差(leniency or harshness error)可能产生于考核者对他们下属的评估之中。一些考核者把每件事都认为是好的——他们是宽容的考核者；其他考核者把每件事都认为是不好的——他们是苛刻的考核者。

考核者可以通过检查他们的评分来评价自己宽容或苛刻评分的自我倾向。这种自我评价的效果有时出奇的好。另一种用来减少宽容或苛刻评分的方法是让考核者配置评分——强制产生一种正常分布(例如，10%的下属将被评为优秀，20%被评为良好，40%被评为中等，20%被评为中等以下和10%较差)。

4) 居中倾向误差

居中倾向误差(central tendency error)产生于当考核者避免使用高分或低分和给予相似评分时。考核者相信这样一种哲学：每个人都是大致平均的。他们因此在 1～7 分的尺度下给下属评 4 分或者在 1～5 分的尺度下给下属评 3 分。这种类型的"平均主义"评分也几乎是无用的——它不能区分下属。这样，它对于制定有关薪酬、晋升、培训或者某些应该反馈给被考核者的人力资源管理决策，基本不能提供任何信息。必须使考核者意识到区分被考核者以及评估结果使用的重要性。有时这会刺激考核者使用更少的中心(平均)分布评分。

5) "近因"误差

许多评估体系的困难就在于被评估行为的时间框架。相对于最近发生的事情近因，考核者会不记得更多的过去事件。这样，许多人更多的是基于过去几周的结果而不是 6 个月的平均行为而被评估，称为"近因"误差(recency of events error)。

一些员工非常清楚这种情况。如果他们知道评估的日期，会在提前几个星期的业务工作中表现得突出和积极。许多评估体系都存在这种困惑，它可以通过一种诸如关键事件法、目标管理法(MBO)的技术或通过不定期评估的方法来减轻。

6) 对比效应

回顾这样的情形：在使用个体绩效评估技术时，每位员工都被认为其被考核是和其他员工绩效无关的。然而，一些证据暗示主管很难做到这一点。如果主管受另一位员工的绩效影响给予其他人评分时，对比效应(contrast effect)就出现了。例如，当一名普通员工的绩效在一名杰出员工的绩效之后被立即评估时，主管可能最终给这名普通员工打分为"中等以下"或者"较差"。

对比效应也可能出现当主管无意识地对比员工当前的绩效和以前的绩效并且这种比较会影响评分时。如果那些过去是较差绩效的人改善绩效的话，即使这种改善仅仅使他们的绩效升到"中等"，他们也可能会被评为"中等以上"。

对比效应是另一种很难被消除的考核问题。幸运的是，因为关于员工绩效的更多信息将被收集到，这种类型的误差似乎会随着时间的逝去而消散。

7) 个人偏见误差

个人偏见误差(personal bias error)顾名思义，是和主管个人偏见相关的一种误差。个人偏见误差分为好几种。有些误差是可以被意识到的，比如由于性别或种族对一些人的明显歧视，或者主管可能会试图"率性而为"，相对于他们不喜欢的人而言，给予他们喜欢的人更高的分。

其他的个人偏见误差是更加细微的并且主管完全有可能根本没有意识到。例如，当考核者因为被考核者具有和考核者相似的品质和性格而给予被考核者更高道德评分时，一种个人偏见误差就产生了。

个人偏见误差已经在许多绩效评估研究中被检查出来了。研究指出，个人喜好能影响管理者给下属绩效水平定性和将给予他的反馈种类。然而，"定性"评分看起来比"定量"评分更易受到诸如喜好这类个人偏见的影响。而且，与被考核者性别和种族相关的误差确实存在。当主管拥有与绩效相关的充分信息(正是基于此进行评分的)时，这些误差的影响通常不大，但是因为诸如性别、年龄和种族等特质而产生的哪怕很微小的影响也是人们关注的原因。这样，组织应该尽力消除由于这些特质带来的哪怕很微小的影响。消除考核者误差非常重要，因为当员工认为绩效等级由主管人为操作时(由于个人偏见或惩罚员工的欲望)，下属会感到低的工作满意度，并倾向于离职。

4. 消除考核者误差

就像前面所提到的，基于行为的考核尺度原来是被设计来帮助消除刚才所描述的那些种类的考核误差。但是当基于行为的考核尺度不能表现出超过其他考核形式的优势时，研究者开始更加关心考核的过程。换句话说，近来在组织中，更多的改善绩效评估的努力已经把中心置于帮助考核者更精确地观察、回顾和汇报行为。

考核者培训，一种改善管理者有效绩效评价能力的普遍方式是考核者培训项目。这种项目具有许多类型，在目的、成本和持久性上都有所区别。两种最普遍的类型是设计用来消除诸如晕轮效应等考核错误的培训项目，以及设计用来改善主管观察力和记录技巧的训练项目。

处理误差项目似乎确实可以从评分上消除许多误差。另外，即使短期、相对便宜的项目也能有效地达到这个目标。然而，几乎没有什么证据可以证实这种培训确切地增加了评价的精确性。着重于观察力和记录技巧的项目可以比仅仅着重于误差的项目提供更大的精确度改善。

在另外一些情境下，单纯的培训不能解决所有的绩效评价问题。除非考核者得到有效使用体系的激励，并且被给予观察他们下属绩效的机会，否则诸如以上讨论的误差可能还将持久存在。

5. 避免员工问题

对于一个良好的评估体系而言，员工必须理解这种体系并感觉到它是一种评估绩效的公平方法。另外，他们必须相信体系被正确地用在进行加薪和晋升的决策之上。这样，对于一个良好的评估体系而言，它应该是尽可能简单的——考核表或者其他评估程序中不必要的复杂性会导致员工的不满意。这种体系也应该用这样一种方式来实施：如实地告知员工评估体系将如何被使用。

有助于鼓励理解体系的一种方法是允许员工参与该体系的开发进程。另一种有效的方法是，对员工就绩效评估方法进行培训，以便他们能更好地理解这一过程有多么困难。对于评估系统来说，特别是当以推动与主观的绩效评估讨论为目的时，自我评估也是有效的。

关于公平，绩效评估在某些方面与学校的分级制度是相似的。如果你收到你认为是不公平、不平等、计算不正确或者基于"不正确事情"(例如，总是同意指导者的意见)的得分的话，你知道你的反应会是什么样！学生会这样评价他们努力学习并被给予公平得分的课程："我得了A。"如果感觉得分不公平的话，他们将会说"他(她)给了我D"。他们的反应有时是沮丧或恼火，相似的反应也会从员工那里看到。如果考核者没有能力或者是不公平的，员工可能会抵制、破坏或者漠视考核程式。

第三节 绩效反馈

一、考绩面谈

若只作考评，而不将考评结果反馈给被考评者，则考绩失去了它极其重要的激励、奖惩与培训的功能，因而考绩结果的反馈是十分重要的。面谈是考绩结果反馈的主要方式之一。

一般的考绩面谈多为考评者就被考评者某些绩效上的缺陷而主动约见的，因而谈话往往带有批评性，被考评者对此比较敏感。对此，如何提高考绩面谈的效果呢？下面介绍几点面谈诀窍：

(一)面谈诀窍

1. 对事不对人

谈话焦点应置于以数据为基础的绩效结果上，即摆出量化的事实，使被考评者信服；而不是一味地责怪和追究被考评者的责任与过错。首先要强调客观结果，然后说明被考评者实际取得的绩效与组织要求的目标尚有差距，最后，双方共同查找存在差距的原因。

2. 谈具体，避一般

不作泛泛的、抽象的一般性评价，而是要拿出具体结果、援引数据、列举实例来支持结论，同时说明考评者希望看到的改进结果。如"这回你们组的计划工作可很不理想，你瞧瞧人家完成的生产量，再对比你们组的，与最好的可是相差2倍之多；再说，你们连下达的生产计划也未完成，仅完成了其中的90%"，要比"你们组也太糟糕了，与别组相比相差也太远了，你这组长也太差劲了"效果好得多。因为它一方面摆出了数据事实，另一方面说明了组织对该组的基本要求和更高的期望。

3. 诊断原因更重要

发现问题的最终目的在于找到解决问题的方法，而解决问题的方法需要针对问题产生的原因，以便于有的放矢、对症下药。所以，发现问题后不要绕过对病因的挖掘，而是要和被考评者一起分析问题产生的原因。

4. 保持双向沟通

在寻找问题产生的原因和探索解决问题的措施时，要坚持"共同""双向"原则，切忌单方面说了算，否则只会激起被考评者的抵制心理而不是对解决问题的热情。

5．制订改进计划并具体落实

找出解决问题的措施后，要共同商量拟定针对性的改进计划，并多拟几套以作备用，计划尽量具体、量化，且带有激励性。

(二)几种典型面谈情况的处理

针对面谈对象的不同，处理技巧也应有所不同。

1．对优秀下级

实际工作中，这类面谈较少。若有，面谈气氛应是很乐融的，面谈也顺利，但要注意两点：一是要鼓励下级的上进心，为他定好个人进一步发展的目标与计划；二是不要急于许愿，如答应何时提拔他或给予他某种特殊的奖励。

2．对绩效差的下级

面谈中要注意下级情绪的变化，双方要从主观和客观两方面去寻找产生问题的原因；切忌不问青红皂白，认定绩效差完全是这位下级主观上的过错。

3．进步不大的下级

考评者应开诚布公，让被考评者意识到工作中存在的不足；进而与其讨论是否现职不太适合于他，是否需要更换工作岗位；同时还要让他意识到自己有哪些不足。

4．过分雄心勃勃的下级

过分雄心勃勃的下级，往往会急于要求被提升和奖励，尽管他们从客观上看此时尚未进展到相应程度。所以，对此考评者要耐心开导，用事实说明他们尚有一定的差距，需要继续努力；当然，对被考评者的雄心不能泼冷水和说些伤自尊心的话；同时还要注意不能让被考评者产生错觉，以为达到某一目标就马上能获奖或提升。

5．对年长的、工龄长的下级

对这类下级一定要特别慎重。首先要肯定他们过去对组织所作的贡献，然后对他们未来的出路或退休的焦虑表示关切；尽量不要在他们面前表扬年纪轻、资历浅但绩效突出者，这样会使他们的自尊心受到伤害。

6．易发火的下级

首先要耐心地倾听这类下级的发泄，从中觉察出他们发泄的原因所在，然后一起分析、找出解决问题的方法。

二、绩效改善

通过绩效评估和考绩面谈，使被考评者知道自己的实际工作结果及其与组织目标要求间的差距，从而进一步改进绩效，因而绩效改善是绩效考评结果应用的具体体现，也是绩效评估的主要目的之一，主管和员工都应合理安排绩效改善计划并有效地实施。

(一)选择待改善方面的原则

绩效改善前，应先明确哪些工作方面需要改善？这是十分重要的，否则绩效改善将是漫无目的的，最终也必将是低效率的。选择待改善的工作方面时，需要遵循以下原则：

1．重审绩效不足的方面

检查考评结果是否都合乎事实？考评者认为的缺点事实上是否真的是员工的缺点？

2．从员工愿意改进之处着手改进

因为这样会激发员工改善工作的动力和积极性，否则，会使他们产生逆反和抵触情绪。

3．从易出成效的方面开始改进

因为立竿见影的效果总会使人较有成就感，从而增强改进工作的自信心，进而有助于其他方面的继续改进。

4．经济和效率的原则

经济和效率的原则指选择待改善的工作时，应选择改善所需要的时间、精力和金钱综合而言最为适宜的工作方面。

(二)绩效改善的一般步骤

在合理选择待改善的工作方面后，还要遵循绩效改善的一般程序，这样才能提高绩效改善的效果。绩效改善一般程序如下：

1．明确差距

明确差距，就是要使员工明确自己在哪些方面存在差距？差距究竟有多大？明确差距的方法有：员工实际工作绩效与应达到的工作目标作比较，员工实际工作绩效与社会上同行平均水平作比较，员工之间作相互比较。

2．归因分析

归因分析即研究产生上述差距的原因。产生绩效差距的原因不外乎有两大类：内因与外因。内因主要是指员工的能力与努力程度，外因则是指工作的环境、组织政策等。

归因分析具体可就以下几个方面进行：①能力；②工作的兴趣；③明确的目标；④个人的期望；⑤工作的反馈；⑥奖励；⑦惩罚；⑧个人晋升与发展的机遇；⑨完成工作必要的权力。显然，其中前四项主要与员工个人状况有关；后五项与组织状况有关，属外因。

3．绩效的改善

一般来说，组织对低能力、低绩效者采取辞退、再培训或惩罚的改善措施，而对因外部环境或条件引起的低绩效，则努力改善其工作环境与条件，或组织政策方法(如分配制度)来达到绩效的改善。除上述绩效改善的措施方法外，还有以下有效的绩效改善方法。

(1) 正强化。这种方法是指当员工达到绩效目标时，立即给予肯定、认可并表扬等正

面的激励。这种方法实施的一般思路是：首先，根据工作分析建立一个工作行为标准体系；然后，建立一个绩效目标体系，该目标体系要求具体明确并具挑战性；最后，当员工的绩效达到目标要求时，立即实行正强化。

（2）员工帮助计划。指帮助员工解决工作中一些习惯性的、对绩效又起主要影响作用的那些缺点，从而使他们改善绩效。在具体实施这种计划时，必须得到高层管理者、部门主管和员工本人三方面的密切配合。

（3）员工忠告计划。这种方法常用于员工经常出现低绩效，且正强化不起作用的情况下。这种方法实施的一般步骤为：首先记录并分析低绩效出现的原因。其次主管人员向低绩效者说明问题的严重性，并告之通过改善应达到的绩效标准。最后根据实际工作状态，提出改善的建议和忠告，或作其他相应处理：如低绩效者不能主动改进不足，则主管要与之面谈并给予必要的建议和忠告；若仍达不到预期效果，则再次提醒并限期整改；若限期仍无效，则可停职反省；若之后仍无提高绩效的迹象，则需解雇员工。

（4）负强化。与第一种相反，这种方法是员工一旦出现不良行为便立即给予惩罚，以防止不良行为再次发生。使用该方法时应注意：惩罚要有轻重之分，如可采用口头警告、书面警告、降职、解雇等；惩罚要公平及时，否则会引起员工的不满和失去惩罚本身的意义。

研究表明，若考绩结果得到有效应用，使员工及时改善绩效，则劳动生产率可提高10%~30%，这不失为一项成本低廉的上策，但这需要管理者和员工共同为此作出努力。

本 章 小 结

本章学习了绩效管理的内容和实施流程，绩效考核的方法以及适用情况，绩效反馈的内容及注意事项。

复 习 思 考 题

1. 什么是绩效考核？什么是绩效管理？它们的区别是什么？
2. 绩效考核的主要方法以及优缺点？
3. 如何进行有效的绩效面谈？
4. 绩效评估中可能出现的潜在问题以及应该如何避免？

推 荐 阅 读

1. 赫尔曼·阿吉斯. 绩效管理[M]. 北京：中国人民大学出版社，2012.
2. 武欣. 绩效管理事务手册[M]. 北京：机械工业出版社，2011.

【章末案例】　一个成功的绩效改善的例子

康宏公司人力资源部制定处理绩效问题的全新办法：非惩罚性处分，其核心思想是倡导责任和尊重的处分，认为每个员工都是成熟、负责、可堪信任的成年人。如果企业像成年人那样对待他们，他们就会表现得像个成年人。

这种新的绩效改善方法强调不使用惩罚，取消了警告、训斥、无薪停职，着眼于要求个人承担责任和决策。最后，公司管理层还进行非常大胆而令人吃惊的改革——取消传统的最后处分步骤——无薪解雇，代之以大胆的新方法，带薪停职处分。新绩效改善的最后处分是通知员工第二天将被停职；他必须在停职日结束时回来做出决定，要么解决当前问题并完全承诺在各方面工作中达到令人满意的表现，要么另谋高就。公司负担那天的工资，以表示希望看到员工改正并留下来的诚意。但是，如果员工再次犯错就会遭到解雇。何去何从，主动权完全掌握在员工自己手里。具体实施步骤如图7-6所示。

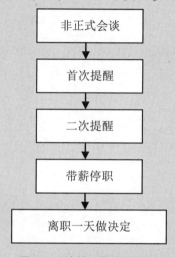

图7-6 绩效改善实施步骤

非惩罚性处分法先从非正式会谈开始，如果这些会谈未能产生结果，就会采取进一步的处分措施。

当非正式的会谈过程和绩效改进讨论不能成功地解决员工的绩效或行为问题时，主管所采取的第一级正式处分措施是"首次提醒"，也就是讨论员工存在的问题，提醒员工注意自己有责任达到组织的标准，并争取员工同意重返令人满意的表现。

如果问题继续存在，主管就进而给予"二次提醒"。主管将再次跟员工会谈，争取他同意解决问题。会谈后，主管将讨论内容正式编写成备忘录，交给该员工。"提醒"一词不同于"警告"或"训斥"，而是提请员工注意两个问题：首先，提醒他注意现在有绩效和期望绩效之间的具体差距；其次，提醒他注意，他有责任拿出合格的表现，做好他该做的工作。

如果正式处分措施的初始步骤不能成功地说服某人解决绩效问题，就需要果断地采取行动——带薪停职。

有权威力的最后步骤是离职一天做决定。

通过这种新的绩效改善方法，公司紧张的气氛才得到缓解，员工消极怠工等现象得到了遏制。

第八章

薪酬设计与管理

【学习目的与要求】

通过本章学习,旨在使学生了解或掌握薪酬管理的基本理论,能合理设定薪酬体系。具体要求如下:
1. 了解薪酬的概念。
2. 了解薪酬的构成和影响因素。
3. 了解薪酬管理的原则和薪酬模式。
4. 薪酬管理体系的设计。

【重点】

薪酬体系的设计。

【难点】

1. 薪酬结构的确定。
2. 薪酬调查的方法。
3. 薪酬战略。
4. 职位评价的方法。

【应用】

1. 宽带薪酬。
2. 职位薪酬体系。

【引导案例】白秦铭的跳槽

白秦铭在大学时期成绩不算突出，老师和同学都认为他不是很有自信和抱负的学生。他的专业是英语，毕业后被一家私营电子商务公司招为销售员。他对这个岗位挺满意，不仅工资高，尤其令他满意的是，这家公司给销售业务员发的是固定工资，而不采用佣金制。他担心自己没有受过这方面的专业训练，比不过别人，若拿佣金，比人少了多丢脸。

刚上岗的头两年，小白虽然兢兢业业，但销售成绩只属一般。可是随着他对业务的逐渐熟练，又跟那些零售商们搞熟了，他的销售额渐渐上升。到第三年年底，他觉得自己已算是全公司几十名销售员中前十名之列了。下一年，根据跟同事们接触、比较，他估计自己当属销售员中的冠军了。不过这个公司的政策是不公布每个人的销售额，也不鼓励相互比较，所以他还不能很有把握地说自己一定坐上了第一把交椅。

去年，小白干得很出色。尽管定额比去年提高了25%，可到9月初他就完成了全年的销售定额。虽然他对同事们仍不露声色，不过他冷眼旁观，也没有发现有什么迹象说明他们中有谁已经接近完成自己的定额。此外，10月中旬，销售经理叫他去汇报工作，听他做完汇报，销售经理对他说："公司要再有几个像你一样棒的推销明星就好了。"小白只微微一笑，没说什么，不过他心中思忖，这不是意味着承认他在销售队伍中出类拔萃、独占鳌头吗？

今年，公司又把他的定额提高了25%。尽管一开始不如去年顺利，但他仍是一马当先，比预计干得要好。根据经验估计，10月中旬前，他就能完成自己的定额。不过他觉得自己心情不舒畅。最令他烦恼的，也许莫过于公司不告诉大家干得好坏，没有反应。他听说本市另两家中美合资的化妆品制造企业都搞销售竞赛和奖励活动，其中一家是总经理亲自请最佳销售员到大酒店吃一顿饭，而且大家还有内部发行的公司通信之类的小报，让人人知道每个人的销售情况，还表扬每季度和年度的最佳销售员，想到自己公司的这套做法，他就特别恼火。其实，开始他干得不怎么样时，并不关心排名第几的问题，如今却觉得这对他越来越重要了。不仅如此，他开始觉得公司对销售员实行固定工资制是不公平的，一家私营企业怎么也搞"大锅饭"？应该按劳付酬。

上星期，他主动找到销售经理，谈了他的想法，建议改用佣金制，至少实行按成绩给予奖励的制度。不料销售经理说这是既定政策，公司一贯如此，这正是本公司的文化特色，从而拒绝了他的建议。昨天，令公司领导吃惊的是，小白辞职而去，听说他被挖到竞争对手那儿去了。

案例讨论：你觉得他辞职的原因是什么？如果你是公司领导，应该如何避免这类情况发生？

第一节　薪　酬　概　述

一、薪酬的概念及构成

研究企业的薪酬设计及管理，首先要理解薪酬的概念及其组成要素，即要理解什么是薪酬？薪酬一般由哪些组成部分？在人力资源管理中，对薪酬的界定比较宽泛，内容十分丰富，致使不同人对薪酬的看法和认识往往存在较大差异。尤其因为中国企业的人力资源管理仍处于与国际管理理论和技术对接的过程之中，国内对薪酬概念的认识尚与国际通行的对薪酬的认识存在一定的差异。因此，仔细研究薪酬概念的内涵和外延具有十分重要的现实意义。那么，到底什么是薪酬呢？

(一)薪酬的概念

薪酬一般是指员工因从事组织所需要的劳动或服务而从组织得到的以货币形式和非货币形式表现的补偿或回报。薪酬的概念具有狭义和广义之分：狭义的薪酬是指个人获得的工资、奖金等以金钱或实物形式支付的劳动回报；广义的薪酬包括经济性报酬和非经济性报酬两部分，其中经济性报酬指工资、奖金、福利待遇和假期等，也叫货币薪酬，非经济性报酬指个人对企业及工作本身在心理上的一种感受，也叫非货币薪酬。

美国著名薪酬管理专家米尔科维奇认为，不仅不同国家对薪酬概念的认识不同，社会、股东、管理者和员工等不同利益群体对薪酬的概念界定也存在着较大的差异。如果要从薪酬管理的角度给薪酬下定义，可以将薪酬界定为：雇员作为雇佣关系中的一方所得到的各种货币收入，以及各种具体的服务和福利之和。由这个定义可以看出，米尔科维奇更多地把薪酬看作是雇主和雇员之间的一种价值交换。

美国的薪酬管理专家约瑟夫·J. 马尔托奇奥在其所著的《战略薪酬》一书中，将薪酬界定为：雇员因完成工作而得到的内在和外在的奖励，并将薪酬划分为外在薪酬和内在薪酬，其中内在薪酬是雇员由于完成工作而形成的心理形式，外在薪酬则包括货币奖励和非货币奖励。这种对薪酬的定义，更多的是将薪酬作为企业奖励员工，从而提高对员工的吸引、保留和激励效果的一种手段和工具来看待。

在本书中，我们将薪酬定义为：薪酬是指员工从事组织所需要的劳动或服务，而从组织得到的以货币形式和非货币形式所表现的补偿或报酬。狭义的薪酬是指个人获得的以工资、奖金及以金钱或实物形式支付的劳动回报。广义的薪酬包括经济性的报酬和非经济性的报酬。经济性的报酬指工资、奖金、福利待遇和假期等，也叫货币薪酬；非经济性的报酬指个人对企业及对工作本身在心理上的一种感受，也叫非货币薪酬。

(二)薪酬的构成

薪酬的构成是指薪金报酬的各组成部分在薪酬总体中的结构与比例。它的各个成分各有侧重地执行不同的薪酬职能，以更好地体现按劳分配原则和全面调动劳动者的积极性，促进工作提高、效益增加。

薪酬构成各国不尽一致，在各企业、机关、事业也不尽相同。这是由于生产力水平、生活水平、历史习惯、国家政策、经济体制等原因所致。一般来说，薪酬构成包括基本工资、奖金、津贴、补贴、分红、福利等。

1. 基本工资

基本工资是职工收入的主要部分，也是计算其他薪酬性收入的基础。它较全面地实现薪酬的各项职能，对促使职工全面完成工作任务具有重要作用。通常是根据职工所在岗位(职务)的劳动质量以及本人的劳动能力与贡献计付。基本工资是指用来维持员工基本生活的工资。它常常以岗位工资、职务工资、技能工资、工龄工资等形式来表现。它一般不与企业经营效益挂钩,是薪酬中相对稳定的部分。

2. 奖金

奖金即奖励或考核工资,奖金是对职工做出优异的劳动贡献而给予的效率薪酬,它是为了奖励和刺激职工努力提高劳动效率、增加效益,是与员工、团队或组织的绩效挂钩的薪酬。它体现的是员工提供的超额劳动的价值,具有很强的激励作用。

3. 津贴和补贴

人们常把与工作联系的补偿叫津贴,把与生活相联系的叫补贴。津贴是对职工在特殊劳动环境下工作所给予的附加薪酬,是为了补偿在恶劣环境下工作的职工的健康和精神损失,也是为了吸引和稳定这部分职工安心工作。补贴一般是为了保证职工实际薪酬和生活水平不下降或鼓励职工长期在本单位工作而设置的,如物价补贴、工龄补贴、教龄补贴等。它们是对工资或薪水难以全面、准确反映的劳动条件、劳动环境、社会评价等因素对员工造成某种不利影响或者保证员工工资水平不受物价影响而支付给职工的一种补偿。

4. 分红

分红也叫利润分享,是员工对组织经营效益的分享。它常常以股票、期权等形式来表现。它也可看成奖金的第二种形式,即来自利润的绩效奖金,其直接与组织效益状况挂钩。

5. 福利

福利与基本工资和奖金不同,一般不以员工的劳动情况为支付依据,而以员工作为组织成员的身份为支付依据,是一种强调组织文化的补充性报酬。福利按其针对对象的范围大小,可分为全员性福利和部分员工福利。如某些企业内部有针对高层管理者的每年一周的海外旅游考察福利。福利按照其是否具有强制性,可分为法定福利与企业自主福利。法定福利包括基本养老保险、医疗保险、失业保险、工伤保险、生育保险和住房福利等。其中前五项保险通常称为"五险",为强制险种,是各企事业单位必须按规定严格执行的。"五险"再加上住房公积金统称为"五险一金"。企业自主福利则多种多样,如带薪年假、晋升、培训、免费班车等。组织福利在改善员工满意度方面起着重要的调节作用。

构成职工薪酬的各个成分均有其自身的特点、形式和作用。只有将它们有机组合,规定恰当的比例关系,才能取得最佳效果。总的来说,基本工资应占主要比重,增长速度也应最快;其次是奖金;再次是津贴补贴。这是因为,基本工资是定额劳动报酬,完成工作任务是职工的职责和基本任务;奖金是超额劳动报酬,如果奖金占主要比重,便是本末倒置,劳动定额水平偏低或者人为加大薪酬成本,这显然不利于发展生产和增加经济效益。所以作为定额劳动报酬的基本薪酬理应占主要比重。此外,基本工资反映的是职工从事工作所必须具备的能力与劳动贡献。职工在单位时间的劳动产品、任务只有全面达到技术(业务)等级标准和经济技术指标质量、数量、物耗、安全等,才能按照一定的劳动标准和薪酬标准计付基本薪酬;而奖金只要在某一方面成绩突出即可得到;津贴、补贴则是与劳动无直接联系。所以基本薪酬的综合效益以及提高劳动力素质等作用大于奖金、津贴。

因此，基本工资所占比重应大于奖金与津贴补贴之和。奖金和津贴相比，奖金多少与劳动成果有直接联系，而津贴只是一种对劳动负效应的补偿。所以，为了贯彻按劳分配原则和取得较大经济效益，奖金的比重应该大于津贴。

基本薪酬、奖金、津贴和补贴各占多少比例，应在基本薪酬占主要比重的前提下，根据各单位的工作性质、劳动特点以及需要等实际情况来确定。

> **【案例】失败的高薪**
>
> F公司是一家生产电信产品的公司。在创业初期，依靠一批志同道合的朋友，大家不怕苦不怕累，从早到晚拼命干。公司发展迅速，几年之后，员工由原来的十几人发展到几百人，业务收入由原来的每月十来万元发展到每月上千万元。企业大了，人也多了，但公司领导明显感觉到，大家的工作积极性越来越低，也越来越计较。
>
> F公司的老总黄明裁一贯注重思考和学习，为此特别到书店买了一些有关成功企业经营管理方面的书籍来研究，他在介绍松下幸之助的用人之道一文中看到这样一段话："经营的原则自然是希望能做到'高效率、高薪资'。效率提高了，公司才可能支付高薪资。但松下先生提倡'高薪资、高效率'时，却不把高效率摆在第一个努力的目标，而是借着提高薪资，来提高员工的工作意愿，然后再达到高效率。"他想，公司发展了，确实应该考虑提高员工的待遇，一方面是对老员工为公司辛勤工作的回报，另一方面是吸引高素质人才加入公司的需要。为此，F公司重新制定了报酬制度，大幅度提高了员工的工资，并且对办公环境进行了重新装修。
>
> 高薪的效果立竿见影，F公司很快就聚集了一大批有才华有能力的人。所有的员工都很满意，大家的热情高，工作十分卖力，公司的精神面貌也焕然一新。但这种好势头不到两个月，大家又慢慢回复到懒洋洋、慢吞吞的状态。这是怎么回事？
>
> F公司的高工资没有换来员工工作的高效率，公司领导陷入两难的困惑境地，既苦恼又彷徨不知所措。那么症结在哪儿呢？

二、薪酬的外部影响因素

在所有影响薪酬和薪酬政策的因素中，组织的外部因素包括劳动力市场、经济、政府等。

(一)劳动力市场

虽然许多人感觉人力劳动不应该被诸如供给、需求力量所控制，但实际上并非如此。在充分就业下，为了吸引和保持足够合格的员工，工资和薪水可能不得不更高一些；在萧条时期，薪酬可以低一些。如果在工作市场上可以获得的熟练员工比较少，薪酬也将高一些。在某些地方，因为更高的出生率或近期一个主要雇佣者的经营失利，可能会有更多的人在寻找工作。这些因素导致所谓差别的薪酬水平。在特定地方的任何时间，招募非熟练工的薪酬是一个水平，而招募最低熟练程度的文书薪酬则是另一个水平。对于劳动经济的研究证据提供了劳动力市场状况对薪酬影响的足够支持。薪酬水平除了受当地职位的影响，在政府和私人雇员以及正式和非正式员工之间也存在着不同。

传统的管理风格，与传统的奖励雇员方式相对劳动力市场的多样化已经产生了变化。工人的多样化意味着不只是简单的存在和只是新进入者人口统计学上的特性。它意味着不同的价值体系(比如开放或保守，传统或未来)、生活方式、身体类型等。差异并不限定于多民族、多种族对工作场所的影响，而指任何有这些相似和差异特征事物的混合。

也许想象中在奖励和差异间最早的关系是由福利来决定的。迅速改变的人口统计学上的特征将要求雇主提供越来越多样的福利去刺激、满足和保留员工。比如，为了吸引有经验的退休人员回去工作，有些公司开始提供一种按比例分配的福利计划使得雇员能兼职工作，并提供弹性工作时间以便退休人员能一年中只工作一部分时间来保持他们享受社会保险的合格性。

劳动市场差异性对于奖励系统产生影响的另外一个维度是正在增长的正规教育水平。这些受过良好教育的人将毫无疑问地要求改变薪酬、福利以满足他们改变生活方式的需求。

让我们看一些差异更大的群体。Y 一代成员是完成高中和大学教育百分比最高的一代。这代人重视工作和生活的平衡，重视有意义、对社会尽责的工作，在空余时间追求个人兴趣。然而，Y 一代的一些人并不总有耐心，也不太愿意接受惩罚和从基层一路做起。设计一个能够激励他们的奖励体系，与组织内某些老一代工作者的价值观相冲突。另一群越来越占据职位的工作者是临时工。这些非永久性的工人对薪酬提出了挑战。在 21 世纪，"临时"是一种永久的特征，不仅仅属于在假期从事兼职工作的人们，还包括从组织的顶端到底层的工作人员，包括营销专家、行政人员、人力资源专家。

(二)国际薪酬水平

从修建金字塔起，雇主把便宜的劳工运送到工作地点。19 世纪初，中国铁路修路工人被运到美国西部修路。爱尔兰的工人涌入英国的盖特威克机场去修筑隧道。薪酬专家必须基于竞争的全球市场制订他们的计划。影响组织在全球市场范围内竞争的薪酬战略包括如下 4 点。

(1) 极大的全球工资差距。例如，美国的计算机顾问一小时能赚 100 美元；在中国，为同样工厂工作的顾问一小时只能赚到 10 美元。

(2) 向国外派驻本国员工。把员工和他的家庭派到国外的花费是国内年基本薪酬的 3~5 倍。从一国到另一国的花费差异很大——例如，从中国到美国。薪酬问题包括适当的津贴、税、旅行和安置费、监护人的教育费和紧急离开的费用。

(3) 把外国工人送到本国来培训或工作。外派人员是指从外国派到中国来工作或培训的公司雇员。由于任务通常是有时间限制的，薪酬专家必须决定如何给他们支付薪水：他们应该与本国工人拿一样的薪水吗？还是和他们在国内时一样？或者存在第三种选择，他们可以拿能允许他们在美国保持正常生活方式的数目吗？在大多数情况下，哪种方案代价更高？

(4) 向海外输入工作、项目及工厂。很多单位通过把工厂转移到劳动力成本较低的国家来减少人力成本。出于经济以及科技发展的考虑，使得很多发达公司在海外大发展。由于发展中国家的低生活成本，使得发达国家的公司只需支付比本土工人低很多的工资。美国电脑分析员平均年薪为 63000 美元，而在印度，同样工人的年薪却不足 6000 美元。

第八章　薪酬设计与管理

由于发达国家如德国、美国与英国和发展中国家如中国之间人力成本的明显差异，德国考虑是否应该将生产基地转移至人力成本明显低很多的中国时，技术水平、基础设施、产品质量及政治原因都是构成明显人力成本区别的因素。是否应该将生产基地转移至成本明显低很多的中国，此时，不只是考虑人力成本的问题，分析应当更仔细、更全面。

(三)经济条件

行业的经济情况也是影响薪酬的一个外部因素，特别是竞争程度，它影响着组织支付高薪的能力。竞争越激烈，组织支付高薪的能力就越弱。付薪能力也受组织、行业、区域相对生产力的影响。如果一个工厂是非常有生产力的，它可以支付更高的薪水。生产力可以通过先进的技术、更有效的操作方法、员工更努力地工作、更有天赋的员工或者这些因素的复合来获得。

(四)政府的影响

政府可以通过工资控制和指导线直接影响薪酬，工资控制和指导线禁止在某些时候为某种工人增加薪水，也可通过制定最低工资标准等来直接影响薪酬。

(1) 最低工资。这是最有争议的规定之一。关于它的影响的基本反对意见集中在经典经济学家的观点中。他们主张最低工资的任何提高不久将被失业水平的提高所抵消。然而，不是所有的经济学家都同意最低工资是有害的观点：一些专家认为，从长期看最低工资没有提高失业水平，事实上，最低工资无害地提高了最低收入工人的工资水平。最低工资变化对小企业(50或50名以下雇员)的影响将因为当前所赚工资少于新最低工资标准的雇员而导致 5.3%的工资成本增加。最可能受到该法令影响的企业是零售业、食品业和旅馆业。我国《最低工资规定》已于 2004 年 3 月 1 日起施行，不按规定执行的，用人单位按应付金额50%以上100%以下的标准向劳动者加付赔偿金。

(2) 超时薪酬。事实上，所有按小时工作的员工都应该得到在一周超过 40 小时或一天超过 8 小时外工作的超时薪酬。我国《工资支付暂行规定》第十三条明确规定：用人单位在劳动者完成劳动定额或规定的工作任务后，根据实际需要安排劳动者在法定标准工作时间以外工作的，分日法定标准工作时间以外延长工作时间、休息日工作、法定休假节日工作的不同，分别按照不低于其本人法定工作时间计件单价的 150%、200%、300%支付其工资。

(3) 法定福利。国家依法建立社会保险制度，设立社会保险基金，使劳动者在年老、失业疾病、工伤、生育时获得帮助和经济补偿，保障他们的基本生活和基本医疗。社会保险是国家对劳动者履行的社会责任，它具有强制性、保障性、福利性和普遍性等特点，对于保障广大劳动者的合法权益，维护社会安定，促进社会经济发展具有重要作用。社会保险费用是由国家、企业和个人共同承担。按照《劳动法》等有关法规的规定，用人单位为劳动者缴纳社会保险是法定的，不能以任何借口停止缴费。缴费单位未按规定缴纳和代扣代缴的，由劳动保障行政部门或者税务机关责令限期缴纳；逾期仍不缴纳的，除补缴欠缴数额外，从欠缴之日起，按日加收 1‰的滞纳金，滞纳金并入社会保险基金。缴费单位和缴费个人应当以货币形式全额缴纳社会保险费。缴费个人应当缴纳社会保险费，由所在单位从其本人工资中代扣代缴。

三、薪酬的内部影响因素

除了已经讨论的薪酬的外部影响因素，几个内部因素也影响着薪酬水平：组织的大小、成立时间的长短、组织的战略、劳动预算和决定组织薪酬的人。对于组织的大小与薪酬的关系所知很少。一般来说，似乎越大的组织倾向付更高的薪水。对与组织成立的长短与薪酬的关系也所知甚少。

(一)企业战略

在确定企业的薪酬策略及薪酬管理制度时，需要关注的基本问题包括薪酬支付的基础、对象、规模、水平、结构和方式等方面，而这些方面的确定都要受到企业战略的影响。

(1) 战略决定企业员工的类型、规模和数量结构，从而确定了企业薪酬的支付对象和支付规模。薪酬支付对象是指向谁支付薪酬，对哪些类型的人才支付薪酬；薪酬支付规模是指要向多少人支付薪酬。企业整体战略部署会对人员安排作出明确的规划，其中包括员工的类型、规模和数量结构，如若某企业在特定阶段强调以研发为战略重点，则研发人员在企业全体人员中所占的比重相对较高，研发人员也将成为薪酬激励的重点。

(2) 战略决定了薪酬水平与市场工资水平的关系，即企业要根据企业整体战略对薪酬支付水平进行选择。薪酬支付水平是指企业要确定支付多高水平的薪酬，通常可以将企业支付的薪酬水平与同一职位、同一等级的市场薪酬水平相比较，从而确定企业要选择领先的、落后的还是跟随市场的薪酬水平。虽然企业的支付能力、企业所处的发展阶段及企业所属的行业性质在一定程度上决定了企业薪酬支付的水平，但企业战略的性质也会影响企业的薪酬水平定位：当企业采取保守型战略时，其薪酬水平定位通常也会比较保守，会低于或略低于市场平均工资水平；当企业采取平稳发展战略时，其薪酬水平定位通常是跟随市场的平均工资水平；当企业采取激进型战略时，其薪酬水平定位通常是领先于市场平均工资水平，以此吸引更多的优秀人才，不断扩大企业规模，增强企业的竞争优势。

(3) 战略会影响企业薪酬结构的设计。薪酬结构是指在同一组织内部不同职位或不同技能员工的薪酬水平的排列形式，它强调薪酬水平等级的多少、不同等级水平之间的级差大小以及决定薪酬级差的标准。采取低成本战略、顾客导向战略的企业，往往会采用等级化的薪酬结构，而采取创新和差异化战略的高新技术企业则往往采用扁平化的薪酬结构。

(二)劳动预算

正常的劳动预算指可能作为雇员年薪酬支付的货币数量。组织每个单位都被劳动预算的规模所影响。企业的预算正常地并非指分配到每个员工的确切金额，而是指单位或部门可得到的数额。分配薪酬多少的判断力留给了部门的领导或管理者。理论上，管理者和员工的紧密联系使得其能准确地评价员工并正确地分配劳动薪酬。

(三)薪酬决策的制定者

对于薪酬决策的制定者比一些其他因素知道的更多一些，但这仍然不是一件简单的事情。组织从上到下都影响着支付多少薪酬、使用什么样的体系、提供什么样的福利等薪酬决定。在大的上市公司，股东和董事会对于薪酬谈论很多，特别是对组织高层的薪酬。高层管理者决定企业预算中用于付酬的那部分数额、支付的形式(如按时间支付还是按激励原则支付)和其他支付政策。随着企业的规模扩大，薪酬专家、总经理和负有工作责任的人可能也会加入薪酬决策。高层管理者和薪酬专家联合制定全面的公司财务和经营目标，然后每个管理层制订自己支持公司薪酬目标的计划。新的体系建立在与公司所有战略目标相关的直接绩效评估上。所有的雇员甚至首席执行官都参与绩效评估过程。在这个过程中，在薪酬上一切都发生了变化。

第二节　薪酬体系的设计

员工为企业工作的动力有很多，但是薪酬无疑是最直接的一种动力。薪酬管理是企业经营管理工作的焦点之一。薪酬体系是指薪酬中相互联系、相互制约、相互补充的各构成要素形成的有机统一体。薪酬体系设计是薪酬管理的"骨骼"，以此为基础展开的薪酬管理工作，直接牵动着企业的运营效率。因此，如何成功地设计薪酬体系变得异常重要。

一、薪酬体系设计的模型

组织在设计战略型薪酬体系时,可从战略层、制度层和技术操作层三个层面来考虑，即美国布朗德提出的以战略为导向的薪酬管理体系模型，如图 8-1 所示。该模型显示了薪酬体系设计的逻辑结构，表明了组织薪酬必须要纳入组织的战略发展的大系统，才能使薪酬系统有效地发挥作用。一般组织在薪酬设计时，比较关注制度层面和技术层面，而对战略层面考虑的不是很多。

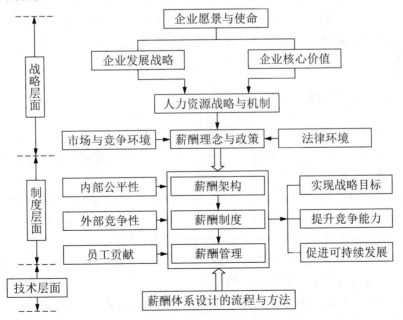

图 8-1　布朗德战略导向的薪酬管理体系模型

1. 战略层面

战略层面是构建薪酬设计与管理体系的整体思想指导——企业战略驱动人力资源战略，进而影响薪酬战略。在进行薪酬体系设计时，需要考虑的重要问题是如何使薪酬战略与企业战略相匹配，从而支撑企业整体战略的实现。因此，必须首先明确企业的使命与战略，并据此确定公司的人力资源愿景与整体战略，然后在考虑企业所面临的社会与行业环境及法律环境的前提下，确定人力资源管理体系中最重要的组成部分——薪酬理念和策略。这样就能保证企业的薪酬体系是与战略一致的，能够支撑企业战略目标的实现。

2. 制度层面

制度层面是薪酬设计与管理体系的具体内容。在这个层面，要依据企业的薪酬理念与策略确定企业的薪酬结构，并进行薪酬评价，然后建立完善的薪酬管理制度。既要确保薪酬的内部公平性和外部竞争性，同时又要体现员工的贡献和价值，最终实现企业的战略目标，提升企业的综合竞争力，促进组织的持续成长。

3. 技术层面

技术层面主要包括构建薪酬设计与管理体系所涉及的一些具体技术方法等方面，如外部薪酬调查、职位评价和薪酬等级的设计等，这些内容是薪酬体系设计的基础。没有职位评价，就难以确保薪酬体系的内部公平性；没有外部薪酬调查，就无从谈起薪酬体系的外部竞争性；没有薪酬等级的设计，就难以在不同员工之间拉开薪酬差距，从而难以发挥薪酬对员工的激励作用，企业绩效的实现就将仅仅是空谈。技术层面的内容都很基础，但却是薪酬体系设计中不可忽略的重要组成部分。

战略层面、制度层面和技术层面在整个大薪酬体系中的作用不同，但每一层面都不可或缺，只有实现三个层面各项工作的有机结合，才能形成一套与企业战略相一致的薪酬体系，从而通过合理的薪酬支付激发员工的工作积极性，确保企业绩效目标的达成，实现企业的战略目标。

二、薪酬设计与管理中的十大要点

(1) 要实现薪酬策略与企业人力资源战略、企业经营目标的一致，提升薪酬管理的战略管理能力。通过战略性薪酬策略吸引、留住、开发组织所需要的战略性人才，并通过战略性薪酬驱动员工的行为与组织的战略目标相一致。

(2) 明确薪酬决定的依据，进行科学准确的付酬。合理评价企业的职位价值、员工的能力价值和绩效价值，并实现职位价值、能力价值、绩效价值与市场价值的合理组合。通过科学的薪酬决定实现薪酬分配的内部公平和外部竞争性。

(3) 采用科学的方法确定合理的薪酬水平，以保证薪酬的外部竞争力与内部公平性，并处理好人工成本与人力资本投资之间的关系。

(4) 确定合理的薪酬差别，形成企业内部薪酬差异。既要依据能力与贡献，充分拉开差距，又要保持员工的心理承受力，避免内部员工关系紧张。

(5) 采用科学合理的方法设计多元的薪酬激励要素(机会、职权、工资、奖金、股权、认可、学习)与薪酬结构，以满足不确定的、多层次的、复杂的员工需求，使工资设计反映不同类别员工特点。

(6) 协调处理短期激励与长期激励的矛盾，当期收入与预期收入的矛盾，货币收入与非货币性收入的矛盾，固定收入与非固定收入的矛盾，即期支付与延期支付的矛盾以及团队薪酬与个人薪酬的矛盾，实现相关利益者之间的平衡及企业战略的实现。

(7) 建立分层分类的薪酬管理体系，建立集团化薪酬管控模式，合理控制企业的工资总额。动态调整员工工资，使薪酬设计反映不同层次、不同类别员工(研发、营销、生产、经理人员)的需求与劳动特点。

(8) 在治理结构层面正确处理货币资本和人力资本的矛盾，实现人力资本的剩余价值索取权，合理确定职业经理人的薪酬及高层管理团队的薪酬与激励(分享报酬体系、年薪制、股票期权)。

(9) 做到薪酬的机制与制度设计的程序公平，使得薪酬的机制及制度与人力资源管理体系中其他机制及制度相配套，尤其是与绩效考核体系及任职资格体系相互统一。

(10) 在新劳动合同法的实施带来企业的违规成本增加的情况下，做到薪酬制度与管理体系设计合法依从，避免企业付出违规成本。

三、薪酬决定

支付特定职务的薪水与以下 3 个群体相关：
- 其他组织从事相似工作的员工(即群体 A)；
- 同一组织从事不同工作的员工(即群体 B)；
- 同一组织从事相同工作的员工(即群体 C)。

检查与 A 群体薪酬即薪酬水平有关的决定也叫薪酬水平决定。薪酬水平决定的目的是保持组织在劳动力市场上的竞争性。在这个决策中主要用到的参考依据是薪资调查。与 B 群体有关的薪酬决定叫薪酬结构决定。薪酬结构包括在组织内部每个工作相对于其他工作设置一个价值理念，这就需要使用工作评估的途径。与 C 群体有关的薪酬决定可称为个人薪酬决定。

(一)薪酬水平决定

薪酬水平(pay level)是由管理员将在组织内部工作的人的薪水与组织外部的人比较得出的结果。这个决定是由影响薪酬水平向上、向下或向后变化的多个因素决定的。当诸如管理态度、劳动力市场、竞争因素改变时，薪酬水平的压力就会转移。

薪酬水平战略是管理者必须做的一个主要战略性选择。一般来说，有三大薪酬水平战略可以选择——高、低和可比较战略，分述如下。

(1) 高薪酬水平战略。在这个战略中，管理人员选择支付比平均水平高的薪酬水平。隐藏在这个战略后的假设是你会得到你所付出的。这些管理者相信支付较高的工资和薪水将吸引和保持最好的员工，这是一条最有效的长期政策。使用这条战略的组织有时被称为先导者。这条战略可能被支付浮动工资或基于生产力付工资的薪水标准所影响。

(2) 低薪酬水平战略。另一个极端是低薪酬战略。在这种情况下，管理人员支付雇用足够员工需要的最低薪酬水平。这条战略可以被使用,因为这是所有组织所能支付的。支付能力受到其他诸如限制的劳动预算或在销售和利润上的预计下降的内、外部因素所限制。

(3) 可比较薪酬水平战略。最常使用的战略是按照变化的工资标准设置薪酬水平。工资标准是被生活费用或购买能力调整所修正过的可比较工资。例如,1970年的《联邦薪酬比较法》把联邦政府薪酬限制到相对于同时期的私人企业支付的可比较工资水平。变化的工资标准是由薪酬调查决定的。因而,管理者按照这种策略制定的政策将支付在这个社会行业里的当前市场工资率,或按其±5%浮动。

虽然有时在一些难度较大的工作上应用这三大战略还需要进行相应修改,但一般仍可以适用于整个组织。战略选择部分地反映出经理的态度和动机。如果经理对公众的赞誉有较高的需求,高薪战略将会适用;否则,可能选择低薪战略。另一个因素是经理有关民族和道德的态度。如果这个经理具有民族导向性,那么低薪战略就不太可能被欣然接受。

另外两个影响薪酬水平战略选择的因素是:组织可以吸引和保留员工的程度和组织的支付能力。影响吸引和保留人力资源的因素包括:具有资格劳工的可得性、工作安全和福利水平。影响组织支付能力的一些因素包括:劳工的成本、公司的利润和公司所处的发展阶段(新成立还是已运行一段时期)。因为这些显著的因素,公司必须根据相应的劳动力市场情况而变化。例如,如果所有公司的劳动成本都很高,那么它们往往趋向于支付低于平均水平的工资。

但是请记住:许多影响这个过程的外部因素,例如政府和工会,也会与雇员在薪酬和非薪酬方面的工作偏好混合在一起。许多员工对这些因素并没有全面历练的认识。因此,你可以看到组织仍然有很大的薪酬决策机动空间。为了帮助决策的制定,经理们经常会运用一些工具,比如薪水或工资调查、市场定价或基准点。

(二)薪酬调查

薪酬调查(pay survey)是雇主用来在地理范围、行业领域、职业群体里收集关于支付给雇员薪酬数据的一种技巧和工具。他们必须很慎重地设计,因为这些调查结果会被引证和用来做薪酬的决策。调查有助于管理者为不同的职位提供准确的市场价格。获得薪酬上准确可靠的信息,是创造支持企业总体目标实现的薪酬体系的关键。

薪酬调查的目的是为了保证组织薪酬等级制度的外在公平性。对薪酬调查的结果进行统计和分析,组织可以得到薪酬管理决策的有效依据。组织要吸引和留住员工,不但要保证组织薪酬制度的内在公平性,而且要保证其薪酬制度的外在公平性。外部薪酬调查是薪酬设计中的一个难点问题,但由于各个组织内部岗位的设置并非与外部组织的岗位设置完全相同和组织本身岗位的一些特性,故外部薪酬调查结果只具有一定的参考性。

在进行薪酬调查时,要注意以下原则:在被调查企业自愿的情况下获取薪酬数据;调查的资料要准确;调查的资料要随时更新。

1. 谁来操作薪酬调查

常见的调查渠道有:企业之间的相互调查;委托专业机构进行调查;从公开的信息中了解,如统计年鉴、政府、企业的其他公开信息等;通过其他企业来本企业的应聘人员可以了解一些该企业的薪酬状况。在中国的现实状况下,由于缺乏行业协会和企业间心理契约的支持，企业往往难以组织自己的薪酬调查，因此，聘请专业咨询公司从相对中立的立场来展开薪酬调查，实现各企业之间薪酬数据的共享，能够大幅度提高薪酬调查所获得信息的真实性和准确性。而对于那些没有足够的预算来聘请专业机构为自己进行专门调查的企业而言，购买公开出售的薪酬调查报告，也是一个很好的选择。但企业对这些薪酬报告所提供的数据需要有选择性的使用。企业也可以根据几个不同的薪酬调查报告所提供的综合信息来做出决策。

2．调查的有效性

大量关键性的问题决定了调查的有效性，首先是工作覆盖面。其他雇主不能指望去完成组织内所有工作无穷尽的数据需求。然而，至少30%的工作应该参照市场以确保对公司薪酬系统的公正评价。如果使用岗位评估工作的点分法，重要的工作应当被选出来进行分析，因为它们覆盖了所有薪酬范围。设计大部分雇员工作的岗位也应该在调查名单上(比如保险公司的数据操作员、保险员)。

其次是调查对象。薪酬调查的对象，是指企业将要向哪些企业进行薪酬调查，这个问题可以归结为相关劳动力市场的界定。企业的相关劳动力市场是指与本企业竞争员工的其他企业。米尔科维奇将相关劳动力市场的标准界定为：

(1) 与本企业竞争从事相同职业或者具有相同技术的员工的企业。

(2) 与本企业在同一地域范围内竞争员工的企业。

(3) 与本企业在同一产品或服务市场展开竞争的企业。

我国大多数的组织倾向于与同行业的竞争对手做比较。比如网易公司就会将它的薪酬费用与百度公司作比较。然而，调查显示，雇员根本不应当将他们的薪酬与竞争对手相比。他们对比的基础应该是朋友的老板或曾经工作过公司的老板。如果调查是有效的，雇员应该参与对受调查组织的选择。雇主的调查应当包括在本地区最占优势的组织和一小部分员工建议的组织。

再次是方法的运用。进行薪酬调查存在很多不同的方式，其中最为典型的方式包括：问卷调查、访谈调查、电话调查和网络调查。目前网络调查作为一种新兴的调查方式，由于其保密性大幅度提高了调查结果的可靠性，正受到越来越多的青睐。

最后一个决定了调查有效性的问题就是信息收集。最好的调查应当具有以下10个特征：

(1) 采用清晰、简练的岗位描述。

(2) 为调查参加者清楚地标注写作指示。

(3) 包括一个好的组织案例，注明见证人的姓名。

(4) 在每次反复参与中采用一致的案例。

(5) 提供基本工资、奖金和总收入的数据。

(6) 分别提供基本和总薪酬的第25、第50和第75个百分点的数据。

(7) 包括福利信息。

(8) 列举每一个岗位的工作职责。

(9) 完全通过人力资源专业人士评估。

(10) 由有经验的薪酬专业人士评估。

重要的是记住不论来源如何，薪酬调查只是决定薪酬水平的必要难题之一。公司的规模、经济表现和初始战略规划都是重要的考虑因素。

3. 调查结果的运用

薪酬调查结果的运用主要有两种方式：一是对调查结果进行数据统计分析得到市场薪酬线，并结合企业的薪酬战略设计出企业的薪酬政策线；二是直接针对某一职位或者某些职位的调查数据，分析企业在该职位上应该如何付酬。后一种方式往往需要具体问题具体分析，因此我们着重介绍如何通过数据统计分析得到企业的薪酬政策线(见图 8-2)。

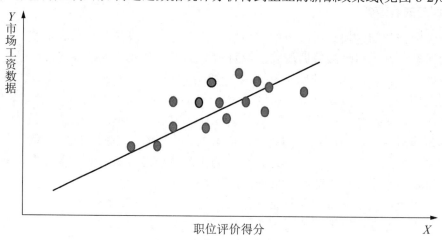

图 8-2　职位评价点值和市场工资之间的回归线

薪酬政策线的制订，需要运用统计学的技术，把组织中每项职位评价得分与劳动力市场每个职位的工资率之间的关系归纳为线性回归的关系。图 8-2 描绘了一条回归线，它反映了职位评价得分与劳动力市场工资之间的关系。任何回归直线都可以通过下面的等式来表达。

$$Y=a+bX$$

a 是直线在 Y 轴上的拦截点，因此，它被称为 Y 轴的截距，斜率 b 表明 X 每增加或减少一个单位，Y 所产生的变化。这种直线的公式并没有提供关于这些点聚集到这条直线的程度的信息。但我们可以计算出相关系数，表明这两个变量之间关联的程度(这里指职位评价得分与劳动力市场工资这两个变量)。

在计算出回归方程后，我们就可以知道 a 和 b 的值，由于 X 代表职位评价得分，所以我们可以用这个方程来预测每一特定职位的价值。如果组织中关键职位的现行工资与市场状况完全相符，那么这条回归直线的相关系数就为 1.0。在图 8-2 中我们可以看到所有的数据点恰好都落在这条回归直线上。然而更常见的情况是，这条回归线会显示出，一些点的市场工资高于这条线，而另一些点的市场工资低于这条线。

为了帮助确定职位评价得分是否与劳动力市场工资率之间完全相符，可以依据这些数据计算相关系数。相关系数越接近 1.0，相关程度越高。相关系数的平方可以说明，因变量(薪水)变异中的多大比例可以用自变量(职位评价得分)来解释。样本容量在这种统计方法中非常重要，所以我们建议回归分析最好建立在至少 10 个数据点之上。通过观察回归线的图形和与之关联的数据，有时能够诊断出可能存在的问题。可能碰到的典型问题就是，一个职位的工资数据大大高于或大大低于其在职位等级中的位置决定的工资,可能有如下所述的多种原因,其中的每一条原因都应该仔细进行考虑:

① 可能是该职位与所调查职位的错误匹配。这时可看一看其他职位是否匹配得更好。如果其他工作也都没有得到更好的匹配,可能就需要对市场工资数据进行矫正。错误的匹配往往比不匹配更为糟糕。

② 可能是职位评价不正确。如果有问题的职位主要是由单一性别的任职者来从事,就要进行检查,以确保薪酬因素是适合组织的,而且在性别问题上是尽可能中立的。同时检查每一项薪酬因素的权重,看它们是否反映了组织的价值观和战略。

③ 薪酬调查的数据是否摆脱了在任意一个方向都对薪酬有不当影响的因素。例如,某一职位的调查数据是否是从低工资(或高工资)的行业或组织群体中得到的?

最后,薪酬专家必须作出合理判断——我们所得到的回归线能否代表职位等级与劳动力市场之间的正确关系。

通过计算市场上的平均工资率、最大工资率和最小工资率的回归方程,我们可以更好地分析工资的竞争性。把这些数据制成图表,可以让薪酬分析人员了解到市场工资率的"带宽"(Band),而不是让他们只了解到单个点的估计值。这对于明确本企业薪酬体系在相关劳动力市场的战略定位,尤其具有价值。

通过上述步骤,企业得到了其市场薪酬线,接下来,企业需要根据其竞争性的薪酬政策来确定企业的薪酬政策线(见图 8-3)。所谓薪酬政策,是指企业的薪酬水平在相关劳动力市场上的定位。一般来讲,企业有三种不同的薪酬政策:

- 领先型(Leading)的薪酬政策:企业的薪酬水平高于相关劳动力市场的平均薪酬水平,它常常用处于劳动力市场薪酬水平的前 25 个百分位来进行界定。
- 跟随型(Match)的薪酬政策:企业的薪酬水平与相关劳动力市场的平均薪酬水平大致相当,它常常用处于劳动力市场薪酬水平的第 25~75 个百分位之间来进行界定。
- 滞后型(Lag)的薪酬政策:企业的薪酬水平落后于相关劳动力市场的平均薪酬水平,它常常用处于劳动力市场薪酬水平的第 75 个百分位之后来进行界定。

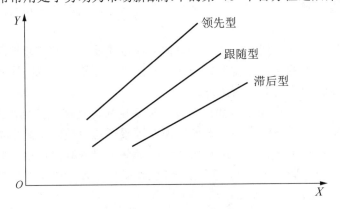

图 8-3 不同竞争性薪酬策略对应的薪酬政策线

根据企业的薪酬政策,企业需要对市场薪酬线进行调整而得到企业的薪酬政策线,即如何将每个职位评价点值转换为具体的金钱价值的回归线。如果采用领先型的薪酬政策，企业的薪酬政策线就要高于市场薪酬线；如果采用跟随型的薪酬政策，薪酬政策线就与市场薪酬线相重合；如果采用滞后型的薪酬政策，则薪酬政策线就要低于市场薪酬线。

(三)薪酬结构决定

下一步是要构建内部的薪酬等级或薪酬结构(pay structure)。传统的构建方法是运用岗位评估，在两个工作岗位的价值之间进行系统的比较。以下描述的岗位评估步骤是在进行薪酬决定的工作价值模型的基础之上。

1. 工作评估

工作评估(job evaluation)是为决定薪酬目的确定组织内部各种岗位相对价值的正式过程。对两个不同工作价值的系统比较，最终导致了组织特定的薪酬等级的创立。从本质上说，工作评估将每个岗位的薪酬数量与它为组织效力的贡献程度联系起来。确定组织中所有岗位的价值并不总是容易的。工作岗位评估还涉及岗位评估人的判断问题。显然，与护士相比，医师在医院中对病人的治疗目标贡献更多。问题是这种价值差距到底有多少，这也意味着必须做出判断。

因为一个岗位对组织有效性的贡献到底是多少是很难精确计算的，因此为了有效，代理因素常常被使用。这些因素包括岗位所需的技能、职责数量和重要性、需要的努力程度和工作条件。如果要使员工满意或者组织能够吸引它所需要的员工，薪酬必须随着各种工作的不同要求而改变。

一旦组织决定使用岗位评估，必须做出一系列的决定以确保评估的有效性。使用评估管理的部分决定，或者说是如何有效使用的第一步，是系统中的员工管理和评估的执行。应该允许员工表述他们自己对于工作相关价值的看法。这种参与为直接受影响的人解释评估工作相当复杂的过程提供了机会。而且这种做法通常会导致员工间更好地交流并促进他们之间的理解。

在这项工作有了合作的开端之后，通常会有一个大约 5 个人的委员会来进行评估。理想情况下，委员会应该包括员工、经理和人力资源专家。所有的委员会成员都应该对被评估的岗位非常熟悉。

工作评估通常运用分析岗位描述，有时候为岗位说明书。通常建议岗位描述分为几个系列，如管理能力、专业技术、文书技能和操作能力。在撰写岗位描述的时候，使用对岗位评估因素很重要的词语是很有意义的。

有效岗位评估中另一个基本步骤是选择和权衡用来评估岗位的标准(薪酬因素)。虽然这方面的研究还很少，但已经表明不论考虑所有因素还是少数因素结果都是一样的，特别是当岗位评估工作被仔细设计和测量之后。岗位评估中最为频繁使用的典型因素是教育程度、经验、职责大小、职位知识、工作危险和工作条件。作为岗位的有效测评因素被测评者所接受是非常重要的。

岗位评估的 4 条常用方法有：排序法、分类法、计点法和因素比较法。

岗位评估系统分类如表 8-1 所示。

表 8-1　岗位评估系统比较

对比依据	不定量比较(岗位整体)	定量比较(部分岗位因素)
岗位对岗位	岗位分级	因素比较
岗位对衡量度	岗位等级和分类	计点

(1) 排序法。排序法(ranking of jobs)主要用于小型简单的组织。用部分岗位评估替代全面复杂的职位分析，排序法由评估人将所有的岗位从简单到最具挑战性的岗位进行分级。

排序并不能保证所分的级别由相等的间距组成。最高岗位和次高岗位之间的区别可能和最低岗位与次低岗位间的差距并不完全相同。如果这个系统用在有很多岗位的组织里，它将会显得笨拙，而且分级的可靠度也比较低。因为这些问题的存在，排序法可能是岗位评估方法中运用最少的一种。

(2) 分类法或等级法。分类法(classification)或者称为等级法(grading system)，将一组职位归集在一个等级或分类，然后这些不同组的职位将会按难度和复杂水平分级。这是职位和标准的比较，可以解决很多简单工作等级中出现的问题。

第一步，职位评估者决定岗位结构究竟应有多少类别和等级区分。代表性的数字为 8，一般会在 5~15 变化。分类系统中最众所周知的案例为美国政府人事管理一般计划。2010 年它的薪酬等级分为 15 级，每个等级中又分 10 个薪酬步骤。这个分类系统被用来为 300 万名联邦雇员制定薪酬决策。

第二步，为每一个等级撰写精确的说明。这些解说将提供薪酬体系建立的生产标准。表 8-2 显示了一个包含 5 个层次的电脑分析员薪酬体系说明。一旦级别有了明确的定义，被评估的岗位将被拿来与定义进行比较，然后被安排在合适的等级里。

表 8-2　电脑分析员薪酬体系

第 1 级	电脑工作，无管理职责
第 2 级	电脑工作，无管理职责，参加团队
第 3 极	中等复杂度的电脑工作，无管理职责，团队职责
第 4 级	中等复杂度的电脑工作，有管理职责，团队职责
第 5 级	复杂的电脑工作，有管理职责，团队领导

这种职位评估的方法为薪酬安排提供了特定的标准，并适应个别职位价值的任何改变。一个岗位分类体系可以被迅速、简单和经济地构建起来。它可以轻易地被员工理解和交流。然而，分类法也确实存在缺点。它比岗位分级法更加详细，并且在职位因素和价值之间设定了严格的关系。结果，尤其是在一些大公司里，职位被迫安排在并不一定完全合适的分类中。这时不公平的感觉就会随之产生，决定究竟要分为多少个级别也仍然是个问题。如果等级太少，就会给区分岗位价值和决定工资水平带来困难，太多分类又使书写职位说明变得难以进行。

(3) 计点法。许多岗位评估计划都会用到计点法(point system)。它比排序和分类法更复杂，但相对容易使用。因此被运用得最为广泛。

从本质上说，计点法体系要求评估者将职位要素的价值量化。基于岗位描述和与在职者面谈的基础上，计点法按照做某项工作需要的各种薪酬因素的程度进行分配。例如，计点法基于所需技能、所需体力和脑力劳动、危险程度和恶劣的工作条件与所涉及职责数量进行分配。当这些计点被累加起来，岗位评估就完成了。

如表 8-3 所示，因素 1——教育包含 5 个程度，与因素 2、因素 3 相同。因素 4 只有 3 个程度，而因素 5 有 4 个程度。点数的最高值是用体系内的点数乘以分配的权重来计算。以教育程度为例，点数最高值为 250(50%权重乘以点分的最高值 500)。

表 8-3　总经理秘书岗位的评估点分(500 分系统)

因素	权重	程度				
		第 1	第 2	第 3	第 4	第 5
1.教育程度	50%	50	100	150	200	250
2.工作经验	25%	12	12	24	36	48
3.职位复杂度	12%	12	24	36	48	60
4.人际关系	8%	8	24	40		
5.工作条件	5%	10	15	20	25	

计点法的优点在于它可以轻而易举地向员工解释说明。但是，它的缺点是很耗时。

(4) 因素比较法。因素比较法(factor comparison method)由尤金·本奇发明。与计点法相似，它允许岗位评估过程按照逐个因素进行。它与计点法的区别在于岗位只依据一个关键基准点进行评估和比较。代替了计点法，因素比较数值用来比较 5 个通用的职位要素。

- 职责：金钱、人力资源、记录和岗位的监督职责。
- 技能：肌肉协调能力和感官敏锐度。
- 生理要求：坐、站、走、抬、行动等。
- 智力要求：智力、处理问题能力、推理能力和想象力。
- 工作条件：环境因素如噪声、通风情况、工作时间、热度、危险度、气体浓度和清洁度。

因素比较法的优缺点并存。它的优点之一为它是一种逐步的正式评估方法，另外它将因素分级的区别用美元甚至美分表示出来。也许这种方法最负面的地方在于其复杂性。虽然这个方法的原理可以很容易地向下属进行解释，但是很难告诉他们这样的一个体系究竟是如何运行的。还有主观上的问题，不论因素比较法本质上多么系统，它仍然要依靠委员会或者评估者的主观判断。当然，主观性同样是其他每一项岗位评估方法中同样存在的问题。

随着岗位的变化和新职位的涌现，岗位评估正被基于绩效的付酬方式所补充。作为个人和团队对生产力所做出的贡献，这种付酬方式成了成功的价值增加更为显著的指示器。

2．薪酬级别、等级变换、分级

工作评估完成之后，薪酬结构已经由建立薪酬曲线(pay curve)图、薪酬级别、薪酬范围和岗位分类等步骤完成。每隔 50 点，划出一个新的薪酬等级。

如图 8-4 所示的薪酬曲线是基于一些信息绘制而成的，这些信息来源于薪酬调查并经过必要修正以反映扎查电器公司薪酬政策按照流行菲律水平还是高于或低于流行费率水平付酬。这张图显示了一个单一费率付酬体系而非费率范围付酬体系，在这个体系中，在给定的劳动等级内所有工作接受同样费率的薪酬。在这个例子当中，薪酬级别由点分价值决定，而点分价值又由工作评估中的计点法来测量。

薪酬级别(pay class)(也叫薪酬等级，pay grade)是由大量难度和职责相似的工作组成。如果组织采用工作评估中的因素比较法或计点法，那将依靠薪酬级别图或点分转换表来完成。扎查电器公司使用的薪酬级别如图 8-4 所示。

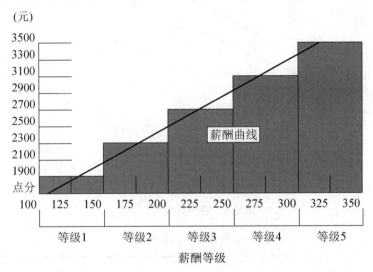

图 8-4　薪酬等级和薪酬曲线

图 8-5 为另一个薪酬级别图，演示了由薪酬调查而来的数据如何与工作评估信息相结合以决定组织的薪酬结构。薪酬趋势曲线来源于首先建立起通用薪酬模式，相对于这些工作的点分价值划分关键工作的调查费率。然后，这条趋势曲线可以由从对薪酬趋势一目了然地估计到基于最小平方和法用正式统计表述的回归曲线等方式的大量方法来决定。对于任何工作而言，合适的薪酬率可以通过计算该工作的点分价值和观察趋势线上显示价值的薪酬水平来确定。在确定一个浮动于趋势线上下的固定百分比(比如 15%)之后，最小限制线和最大限制线就可以确定下来。如果用一个薪酬费率范围来替代每种工作单一比率，这些限制线可以用于帮助确立最小和最大薪酬费率。限制线还可以为想制定高于市场水平薪酬的组织——薪酬领导者，或只想支付略微低于平均薪酬率的组织用来替代趋势线。

虽然一种薪酬等级有一个单独的薪酬费率(见图 8-5)是可能的，但更有可能出现的情况还是薪酬范围(pay range)。这些范围可以拥有同样的延展度，或者随着薪酬率的提高而提高的延展度。图 8-5 是一个含有增加薪酬费率范围的薪酬结构。这些范围通常被分割成一系列的梯级。所以，在第 4 等级(215~265 点)中，可以有 4 个梯级，如表 8-4 所示。

这些有效的梯级实际上是在一个薪酬范围内，用金钱的增加以帮助照顾好个人的薪酬决定需要。相似的范围通用于确定所有其他等级以在它们的薪酬计划中解释所有工作的薪酬结构。等级内薪酬的增加典型地基于资历、价值或两者的结合。

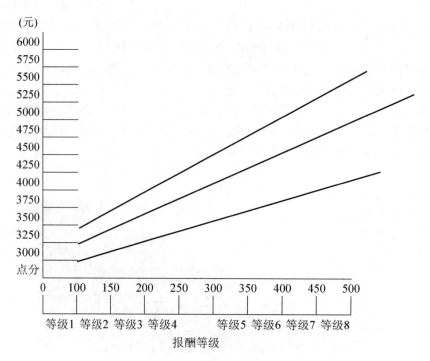

图 8-5　薪酬范围的分类图

表 8-4　薪酬范围　　　　　　　　　　　　　　　　　　　（单位：每月，元）

梯级 1	5000~5400
梯级 2	5401~5600
梯级 3	5601~5850
梯级 4	5851~6100

整个薪酬结构应该定期被评价和调整以反映劳动力市场状况、通货膨胀水平和其他薪酬影响因素的变化。虽然典型的薪酬结构表现为线形状态，但通常清楚的薪酬结构表现为曲线形，而且薪酬率随着薪酬的增加而呈指数增长。

3. 压缩层级和宽带

为了提高效率，降低以工作为基础的薪酬结构的复杂程度，一些组织使用了压缩层级和宽带的策略。

(1) 压缩层级(delayering)。这个过程包括减少工作水平的总数量从而导致更加扁平的工作结构。压缩层级可以通过允许雇员在较大范围的工作任务中进行调整，而不必为每次工作调整相应地调整薪酬。普拉特和惠特尼通过将初级水平的 11 个薪酬等级、3000 个工作说明减少到中级管理岗位的 6 个薪酬等级、数百个工作说明而实施了压缩层级策略。

(2) 宽带(broad banding)。宽带是指薪酬等级数量明显减少，创造数量更少的宽薪酬等级，并强调基于个人的绩效增加基薪的一种薪酬体系。宽带包括把很多薪酬等级和范围重组至一些称为"带子"的更宽水平上。运用宽带体系，最低资格条件的入门级员工从带宽的最小值开始。在带宽范围内薪酬的变动是依据员工的绩效而不是每年自动增长。所有的提升成为有益的提升。使用更少更宽的工资宽带，组织降低传统工作评估和组织层级的重要性。宽带使经理在整个薪酬结构中得以更弹性地调动员工。宽带也支持更有弹性的职业发展、建立跨职能的技能、更有效的薪酬管理的公司战略。因此组织可以更加弹性地奖励高绩效的员工而在普通员工的薪酬上节约。

虽然弹性是宽带好的一面，但它也有缺陷。当给经理制定薪酬决定的时候，公司必须知道滥用权力的可能性。偏袒可能导致不公平地使用宽带。然而，如果管理者能公平地实施并公正地对待每一位员工，宽带的使用可以增加弹性。

4．个性化薪酬决策

在组织建立起有效的薪酬体系之前，还必须做出另一个决定。组织如何决定两个人做同一份工作(如计算机程序员)的薪酬呢？所有计算机程序员都该付同样的薪水吗？如果不是，在薪酬上的差异应该基于什么判断呢？这个决定就是个性化薪酬决定。

本节通过讲述薪酬的目的、解释对工作的多种付薪酬方式、影响薪酬的内外部环境、支付水平、薪酬调查、薪酬结构和它们的决定方式开始讨论了薪酬这个话题。在这个意义上，薪酬分析师和运营经理拥有关于竞争者和周围地区的可比较薪酬水平的信息，以便在工作描述中区别有差异的评价工作系统。

第三节　薪酬管理实务

理解薪酬管理基础知识对把握薪酬管理而言是远远不够的，还需掌握薪酬的静态管理、动态调整和一些必要的技巧，更为重要的是"纸上得来终觉浅，绝知此事要躬行"。

一、薪酬的常规管理

(一)总额与分解管理

1．薪资总额预算管理

一般来说，有两种企业薪资总额的计算方法。一是根据薪资比率确定薪资总额，二是根据盈亏平衡点推算薪资总额。

1) 根据薪资比率确定薪资总额

根据薪资比率确定薪资总额是最简单、最基本的分析方法。其计算公式为

$$薪资总额 = 薪资比率 \times 销售额(或利润)$$

其中，薪资比率可使用企业过去的实际薪资总额费用率，也可参考本行业一般水平确定。按这种计算方式，企业的薪资总额主要随企业经营规模的变化而变化，与市场工资水平的联系较为紧密。

2) 根据盈亏平衡点推算薪资总额

所谓盈亏平衡点，是指企业的销售额正好与企业的总成本相等，没有盈利。也就是说，企业处于既不盈利又不亏损的状态。通过盈亏平衡点计算的薪资总额，一般是企业所允许的最高薪资成本。按这种计算方式，企业的薪资总额主要随企业经营战略的变化而变化，具有较大的自主性。根据盈亏平衡点推算薪资总额的方法，关键在于如何分析可变成

本中薪资成本与经营收入之间的关系。在这一分析中，薪资的数量分析必须与项目结构分析结合起来，具体考察奖金与工资的关联方式，在确定固定工资成本的基础上，考虑企业如何对可变的员工效益奖酬进行设计和执行。

除了以上方法外，还有一些别的方法，如自下而上法和自上而下法。

2. 薪资的分解管理

这部分主要涉及薪酬项目的组合内容管理，如基本薪酬与激励薪酬的比例控制，福利项目的恰当组合等。

(二)薪资的发放

薪酬发放是指以什么样的形式支付薪酬，涉及薪酬发放的时间、途径、支付办法等问题。

在薪酬发放管理中，一个重要问题是薪酬公开性与保密性的处理。有研究表明，工资政策公开的公司，员工对工资和工资制度表示出更高的满意度。事实上，作为共同标准的薪酬政策，体现了企业的经营理念，是塑造员工期望的重要依托。因此透明的薪酬标准，对于创造公平、公正的企业氛围是十分必要的。有的企业提倡与员工共享财务信息，员工可以从公开的财务报表了解企业收入和劳动力成本方面的信息，从而了解企业发展状况和自身效益之间的联系，能够与企业建立更为牢固的心理契约关系。

但是，薪酬具有敏感性。不同的员工对于薪酬差异的理解是不一样的，因此薪酬信息公开，有可能导致对薪酬政策的误解和抵触。这里还涉及企业薪酬信息的保密性和员工薪酬信息的私密性问题。因此，一般而言，薪酬标准可以公开，而实际发放额度是不公开的。员工之间或许会从非正式途径获得相关的信息，但是对于企业而言，在正规途径上，应该注意不要让员工与员工之间的薪酬差异产生矛盾。以什么样的方式把薪酬支付到员工手中，也是薪酬管理必须解决的一个重要问题。

岗位薪级工资是体现岗位劳动差异的工资，实行"一岗一薪"和"一岗多薪"兼用的原则。一岗一薪适用于操作技术简单、劳动负荷均衡的普通工岗位，以及岗位职责和能力要求明确恒定的管理岗位。一岗多薪适用于技术要求复杂的岗位。

岗位薪级工资设置 25 级标准，对应全公司所有岗位、岗位薪级工资标准=制度工资基额×工资系数。制度工资基额水平的高低取决于在一定条件下大体维持职工本人基本生活所需费用(最低生活水平)及公司的经济效益状况；工资系数的高低主要取决于岗位四大劳动要素的测评结果。工资系数在 1～4.8 范围，分别对应 25 个岗级，反映岗位归级不同则工资也不同的分本关系。

技能工资是按照职工的综合能力而决定的工资。它主要是弥补岗位工资的不足，鼓励职工钻研业务、提高技能，同时也是对职工人力资本中教育投资的补偿，主要是针对技术职工。

工龄工资是专门反映职工劳动积累贡献的工资。它体现职工工作年限不同，积累贡献不同，得益也不同的合理差别。同时保留原效益工资，这样做的好处是缓解新老职工的工资矛盾，增强企业整体凝聚力。

业绩工资是直接体现职工超额劳动成果和"双增双节"成果的奖励性工资，旨在运用比较灵活的分配手段，体现职工超额劳动贡献大小，拉开收入差距，用以增强工资分配的竞争激励作用，是一种调节、补充职工利益分配的形式。

新的工资制度实行以来，具体的工作、人员在进行工资分配时，都有一个合理的标准，同时打破了原有的大锅饭体系，促进了企业效益的上升和职工收入的增加。

二、薪酬调整

(一)薪酬关系的调整

薪资关系是指员工在薪资分配活动中形成的相互关系，它通过不同员工之间薪资数量的差异集中体现出来。一个企业的实际薪资关系，不仅与不同的薪资政策和体制有关，而且随着企业经营管理状况的变化而变动。企业主动调整企业的薪资关系是薪资管理的一个重要内容，它主要包括薪资水平与薪资结构的调整。

薪资结构的调整如下。

(1) 调整薪资标准和工资率。目前，西方国家的流行做法是减少工资类别，加大级宽，即所谓的宽带薪酬。企业的这种薪资调整方式对员工的激励作用更大，也较适合实行弹性工资制和绩效工资制。

(2) 降低或提升员工的地位。一方面，企业在经营过程中，由于企业政策的转变，常常要对高薪员工的工资进行调整。例如，企业要降低薪资成本，往往需要调整高薪人员的比例，因为一个高级管理人员的薪资常常是低级员工的十倍、数十倍，甚至上百倍。另一方面，由于高级人才对企业的稳定和发展有举足轻重的作用，吸引和留住高级人才对企业十分重要，因此也有很多企业不断提高高薪人员待遇，以加强企业的人才竞争力。

(二)薪酬调整的方式

薪酬管理的动态性特点，表现为组织薪酬要适应组织内外部环境变化而调整。薪酬调整有以下方式。

(1) 奖励性调整。
(2) 生活指数调整。
(3) 效益调整。
(4) 工龄调整。

三、特殊群体的薪酬管理

(一)试用期员工(新员工)的起薪

(1) 确定起薪的标准。
(2) 较易确定的起薪情况。
(3) 难以确定的起薪情况。

对于招聘的有丰富工作经验的新员工，或公司急需的人才，则定薪较难。如果公司不提供高薪，则需要延长招聘周期，这样会耽误工作；如果提供高薪，则会让公司内部同等能力的老员工感到不公平。

(二)销售人员的薪酬管理

销售队伍是公司获取利润的直接工作者,然而这支队伍流动性最大,如何稳定优秀的销售人才,建立一个行之有效的薪酬制度是非常必要的,这样的薪酬制度既要不断激励销售员工创造业绩,又要满足其工作成就感。

(1) 销售新手,实行"瓜分制"的薪酬制度。
(2) 混合型薪酬。
(3) 个性薪酬制。

(三)专业技术人员的薪酬管理

专业技术人员的薪酬政策应有别于其他员工,其工作特点决定了薪酬政策的特殊性。即使是在技术人员的群体中,由于骨干技术人员在整个开发过程中起到决定性作用,所以拉开骨干技术人员和普通技术人员的报酬差距是必须的。

(四)管理人员的薪酬管理

管理者技能在很大程度上决定着公司是繁荣、维持还是衰败。因此,在决定管理人员薪酬时,公司一般更愿意把最高管理层管理者的工资增长与整个公司的业绩联系在一起;对于中层管理者,公司希望把整个公司的业绩和市场占有率及内部因素连在一起考虑薪酬因素;对于基层管理者,薪酬通常根据市场占有率,内部工资关系和个人业绩来决定。

管理工作因为其多样性,一般很难定义。当它们能够定义时,通常是以预期效果的形式描述,而不是以任务或工作如何完成的方式来描述。因此,在决定管理人员的薪酬时,根据市场定价是可以利用的最佳途径。

管理者的薪酬通常由五种基本元素构成:基本薪酬;短期奖励或奖金、长期奖励和资本增值计划;行政福利、津贴。管理者薪酬方案的设计有时还取决于不断变化的税务立法。

【案例】核心员工个性化的福利方案——为每个核心员工提供针对性的住房津贴

某跨国公司的中国分公司,在全国多个城市设有分支机构。这些分支机构的负责人已成为中国分公司重要的本地中高级管理人员,是该跨国公司在中国发展业务的核心员工。为了贯彻总公司的战略意图,这些中高级管理人员大多数是从内部培养和提拔而来,随着世界经济的发展,竞争的加剧,这些核心管理员工正成为许多公司猎取的目标。

为防止这些员工流失,跨国公司保持这些员工的薪水在同行里具有较高的竞争力的同时,在福利待遇方面也加大对核心员工的吸引力,如培训、保险等,为企业吸引和留住优秀人才发挥了积极的意义。

更重要的是,总公司下定决心为每一个核心员工制定更有针对性的保留方案。

总公司认为,每个企业发展阶段不同、战略选择不同、行业特点也不同,这些决定了每个企业的核心员工也不同。对于核心员工一定要认真分析和研究实际情况,制定针对性强、切实有效的个性化的管理模式。

经过一番细致调查,工作人员发现大多数核心员工年龄为 30 岁左右,大多处于准备结婚或刚刚结婚的人生阶段,这个阶段生活的最大需求是住房。因此决定员工保留方案将围绕住房来设计。

解决住房有很多种方式，但是因为公司的分支机构分散在全国多个城市，决定以购房津贴的形式随月工资发放。

采用这种方式发放购房津贴，首先明确以下几个问题：购房津贴金额数量、发放时间、发放期限等。在进行保留方案的具体设计工作中，首先设计目标住房的标准，即面积在 120 平方米左右的多层单元套房，位于距离市中心 30 分钟车程的地段，按照这些标准在全国那些城市收集商品房的价格信息；同时统计不同城市中高级员工的现金收入，并和所在城市的房价进行分析比较，由此得到以下假设：以公司发放薪水来计算，作为主管服务 3 年、部门经理服务 2 年后，其个人积蓄足以支付购房的首期款项。接下来以 10 年分期付款计算，月供楼的金额由个人节余和公司津贴共同承担。公司津贴平均占员工月工资 25%左右；10 年按揭期结束，入住时需一次性缴纳一笔尾款，同时需要装修费用，两项相加基本相当于一个员工的年收入额。

根据以上分析数据，在所增加的预算得到批准的情况下，可以制定核心员工保留方案如下：作为主管服务满 3 年、部门经理服务满 2 年，则可以向公司申请购房津贴；购房津贴为员工月工资的 20%，每月随工资发放；由申请之日起，可连续享受 10 年；10 年结束时，员工可一次性获得相当于其当年年收入额的入住补贴。

这个方案具有较大的吸引力，预期可以较稳定地保留大部分核心员工 10 多年，而后他们将步入中年，届时流失率将大大降低。

四、奖金支付方法

(一)团队奖励

团队奖励是根据组织、团队或者部门业绩来进行奖金分配决策的一种方式。团队奖励计划主要有以下两种不同的模式，即利润分享计划和收益分享计划。

1．利润分享计划

利润分享计划，是将公司或者某个利润单位所获得的利润或者超额利润的一部分在组织和员工之间进行分享的一种计划。在前面的组织奖励中，事实上已经用到了利润分享的思路来确定整个组织的奖金包。在这里我们再将利润分享作为公司内某一利润实体的奖励计划来进行讲解。

一般来讲，利润分享的关键在于确定利润分享的额度，而这一比例的确定有三种方式：

第一种方式是利润实体获得的总体利润为基数，在组织和员工之间分享总利润的一定比例，规定拿出总利润的 5%来奖励员工；第二种方式是采用超额利润分享的方法，即设定一个目标利润，将超过这一目标利润的部分的一定比例用来进行分享，比如规定目标利润为 1000 万元，在超过 1000 万元利润以上的部分在组织和员工之间以 7∶3 的比例来进行分享；第三种方式是采用累进分享比例的方法，即规定若干个利润段，在不同利润段采用不同的分享比例，比如规定在 300 万元利润以内分享比例为 5%，在 300 万元到 600 万元之间的部分分享比例为10%，600万元到900万元之间的部分分享比例为15%，900万元以上的部分分享比例为20%。利润分享计划着重于引导员工关注企业的利润实现，但由于它忽视了其他很多因素，所以常常导致员工过度追求企业的短期利润，而忽视企业长期核心能力的培养。因此，现在很多企业在实施利润分享计划时，不仅仅是简单根据利润的实现来进行分享，而是在利润分享的基础上，结合其他关键指标的实现来最终确定分享的奖金。这种方式与前面所讲到的组织奖励计划是一致的。

2．收益分享计划

所谓收益分享计划，是指将企业的成本节省在组织和员工之间进行分享的一种团队奖励方式。由于计算和分配企业成本节约的方式不同，收益分享计划又主要包括三种方式：斯坎伦计划、拉克计划和分享生产率计划。

(1) 斯坎伦计划，其目标是在不影响员工的工作积极性的前提下降低企业的劳动成本。该计划的核心变量为 SVOP，是指企业在一定时期内生产的产品价值总额，它不仅包括企业在这段时间已经销售出去的产品价值，还包括企业已经生产出来但尚未销售出去的产品价值。斯坎伦计划需要计算企业的劳动成本(即工资总额)与 SVOP 的比值，即得到劳动成本在企业所生产的产品价值中所占的比例(这一比例称为斯坎伦比率)，然后将这一比例和基准年的同一比例或者预期目标进行比较，如果这一比例低于基准年或者预期目标，表明企业的劳动成本有所下降，因此就将下降的这一部分劳动成本在组织和生产团队的员工之间进行分享。当然，不同企业会根据其战略目标以及劳动成本节约的难度、员工努力在劳动成本节约中的贡献大小来确定员工和组织之间的分享比例。其收益分享部分的计算公式如下：

收益分享总额=(基期或目标的斯坎伦比率-当期的斯坎伦比率)×当期的产品销售价值斯坎伦比率

=工资总额/产品的销售价值

(2) 拉克计划，是由艾伦·W. 拉克于1933年提出的一种收益分享计划。它与斯坎伦计划的区别在于，拉克计划所关注的不仅仅是劳动成本节约，而是关注整个生产成本的节约。拉克计划采用一个价值增值公式来计算企业的劳动生产率。企业的价值增值等于企业的销售额减去其购买原材料和其他各种供给、服务的总成本。然后，企业可以用价值增值与雇佣成本的比率来衡量企业的劳动生产率，这一比率称为拉克比率。企业用当期拉克比率与基期或者期望的拉克比率进行比较，如果当期的拉克比率高于基期或者期望的拉克比率，就代表企业的劳动生产率获得了提高，将生产率提高部分带来的收益在企业和生产团队的员工之间进行分享。其收益分享部分的计算公式如下：

收益分享总额=(当期的拉克比率-基期或目标的拉克比率)×当期的雇佣成本

拉克比率=[销售额-(购买的原材料成本、供给成本和服务成本)]/雇佣成本

(3) 分享生产率计划，是米歇尔·费恩于1973年提出的一种收益分享计划。分享生产率计划不再衡量节省成本的经济价值，而是追求在更短的劳动时间内生产出更多的产品。这一计划的关键是计算劳动时间比率，即生产单位产品所需要耗费的劳动小时数，通过将当期劳动时间比率与基期或者目标劳动时间比率进行比较，如果当期劳动时间比率低

于基期或者目标劳动时间比率，那么该企业的劳动生产率就获得了提高，因此就可以将这一部分生产率提高带来的收益进行分享。分享生产率计划往往是以周为单位向员工发放分享奖金。但这种分享计划有一个回购规定，即公司可以通过一次性向员工付款买回超过一定标准的生产率，从而使企业能够在生产率上升到一定水平后提高基期值或者目标值。

上述三个计划都是世界范围内著名的收益分享计划，它们的实施都旨在通过一种群体分享计划来鼓励员工参与公司决策，为公司的经营管理尤其是生产管理提供意见和建议，通过这种意见和建议来改善公司的经营效率，然后再将改进效率所获得的收益的一部分拿来奖励员工，这样就形成了一个提高公司或者团队整体绩效的良性循环。

> **【案例】奔驰的员工持股**
>
> 戴姆勒-奔驰股份公司执委会里负责人事的机构打算把向员工发放企业盈利股票、职工股票、刺激个人的积极性这三者融为一体。
>
> 1997年，奔驰公司根据盈利情况直接向员工发放股票，这还是第一次。如果公司1997年的结算被计算出来，那么公司全体员工将得到一笔特殊的支付，前提是企业盈利至少达到15亿马克。这些盈利首先可以使每个员工得到额外的收入，付给每个员工的红利就增加38马克。
>
> 企业效益好，向员工发的盈利股票就多。如果企业经营不好，那么发给员工的股票就少，情况严重时甚至一点也不发。这样一来，使员工们感到自己同企业息息相关。
>
> 除了新实行的盈利股票外，20多年来奔驰公司的员工们也可以购买职工股票。每年有40%~50%有购买股票权的人利用了这种权利。
>
> 如果谁从一开始就履行了认购股票权利，那么他在投资1.5万马克的情况下，1997年就可以得到价值4.5万马克的巨额股份(还不包括股息在内)。这就是说，他额外得到了红利。
>
> 据估计，目前比较多的员工是处在这种幸运的形势之下。据执委会观察，这些员工把自己的股份视为存钱罐，而不是到期后就尽快变成现钱的有价证券。由于收益好，1996年企业把每年的认股权从10股提高到30股。认购的股票越多，得到的补贴越多，每股最高可达450马克。
>
> 奔驰公司实行的盈利股票加职工股票的做法是增强员工同企业息息相关意识的两个手段，这两个手段起到互补作用。一年的盈利股票由于是当年支付红利，因此起着短时间的刺激作用。而职工股票是对企业的投资，多数是长期的。这样的投资促使员工关注股票行情，他们会因为股票行情的变化而担忧或高兴。

(二)个人奖励

个人奖金的发放首先需要确定奖励周期，根据企业的考核周期，可以采用年终奖、半年奖和季度奖等几种不同的奖励方式。在中国企业中，目前使用最为普遍的方式是在每年年末根据年度考核结果发放年终奖。因此，这里我们主要依据年终奖的发放来讲解个人奖金的基本原理。

个人奖励计划的制订主要涉及两个方面，一个是如何确定个人奖金基数，二是如何根据考核结果确定奖金发放比例。后者主要是绩效考核所要解决的问题，因此，在这里我们主要针对个人奖金基数的确定问题来进行介绍。

奖金基数的确定主要有两种方式，一是根据基础工资来确定奖金基数，这是一种仅仅考虑个人因素的传统奖励方式；二是根据组织和团队的整体业绩来进行自上而下的奖金切分，这是一种综合了组织奖励、团队奖励和个人奖励的三位一体的奖励计划。

1. 根据基础工资和个体业绩的个人奖励计划

员工所获得的基础工资综合了职位评价结果、劳动力市场价格、员工过去的工作绩效等多种因素，因此是衡量员工个人对组织的价值和贡献的一个综合性指标。因此，可以根据基础工资的一定比例来确定年终奖金基数。根据笔者的经验，在给予员工的整个薪酬包中，基础工资和奖金的比例大概在 7：3 较为合适，即年终奖发放的基数大概为该员工月度基础工资的 5 倍左右。

这种根据基础工资来确定奖金基数的方法，虽然综合反映了员工对组织的价值，但却由于没有与组织的整体业绩，尤其是与组织的整体利润状况相挂钩，使员工的个人奖励难以根据企业的业绩进行浮动，不利于企业进行成本控制，反而会给企业带来固定成本。

2. 基于组织和团队整体业绩的个人奖励计划

基于基础工资和个体业绩的个人奖励计划，仅仅考虑了个人的价值、贡献和业绩，无法避免传统的个人奖励计划的弊端，无法有效地促进团队合作和组织整体业绩的提升及改进。因此，为了避免这种奖励计划的缺陷，笔者在为企业提供咨询实践的过程中提出，现代企业在制定企业内部的个人奖励系统时，需要综合组织、团队和个人三个层面的贡献和业绩来设计奖金系统，它主要包括以下几个步骤：

(1) 根据企业的整体经济效益确定企业可以发放的奖金，再根据组织的其他非经济类指标的结果，来确定在这一部分可发放奖金中具体可以有多大比例能够用来进行奖金发放，从而确定企业的总体奖金包。

(2) 在确定企业总体奖金包的基础上，企业需要进一步将奖金包分配到各个部门。而分配的主要依据是各部门对企业战略的贡献差异，这就需要对各部门的战略贡献能力进行评价。

(3) 部门的可发奖金包还不能代表部门能够实际发放的奖金数量，它还需要根据部门的 KPI 指标考核结果确定部门的实发奖金数量，当部门的业绩高于组织期望时，就能够得到超额奖励，反之，就要从奖金包中扣除一部分。

(4) 在得到各部门实发奖金包的基础上，需要进一步进行部门内部人员的奖金分配。这种部门内部奖金分配需要对部门人员进行价值评价，这种价值评价通常可以采用两种方式进行，一是根据职位评价点数来进行；二是以部门内各员工的基础工资作为依据。

(5) 通过这样的分配，就可以得到每个员工的奖金基数，然后再结合该员工的年度考核结果，确定其奖金的实际发放额度。

本章小结

本章讲述了薪酬管理的内容和结构,基本薪酬体系的设计,如何进行薪酬调查以及常见的薪酬模式。

复习思考题

1. 薪酬包含哪些内容?公平合理的薪酬体系对组织有哪些作用?
2. 设计薪酬体系的步骤和要点。
3. 常见的薪酬模式有哪些?分别有什么优缺点?

推 荐 阅 读

1. 赵曙明. 薪酬管理:理论、方法、工具、实务[M]. 北京:人民邮电出版社,2014.
2. 曾湘泉. 薪酬管理[M]. 北京:中国人民大学出版社,2014.
3. 乔治·米尔科维奇,杰里·纽曼. 薪酬管理[M]. 北京:中国人民大学出版社,2008.

【开放式讨论】

A企业的薪酬曲线

A企业是一家由国有企业过渡而来的合资企业,员工总数 2728 人,其岗位分类情况如表8-5所示:

表8-5 A企业岗位分类表

岗位类别	岗位特征
中高层管理岗位	部门副经理(含)以上管理岗位
主管岗位	部门副经理以上管理岗位
技术岗位	技术员、工程师
市场运营岗位	市场推广、市场支持、市场开发岗位
财务岗位	财务人员
职员岗位	行政、人事、法务、文秘等岗位
技工岗位	技工、技师
工勤岗位	非计件工人、勤务人员
销售岗位	大区经理、办事处主任、销售员
计件工人岗位	计件工人

A企业所在地区的市场薪酬结构线与A企业薪酬结构线的对应关系(见图8-6)。

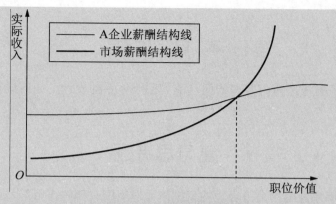

图8-6　A企业薪酬市场比较

问题：

1. A企业的薪酬体系设计合理吗？为什么？
2. 这种薪酬体系会带来什么样的结果？
3. 你所在企业的员工对当前的薪酬体系设计满意吗？你认为薪酬管理工作中的难点和重点是什么？

第九章

劳动关系管理

【学习目的与要求】

通过本章学习,旨在使学生了解或掌握有关劳动关系的基本理论,能掌握劳动关系的相关法律规定。学完本章之后,应当掌握以下几个方面:
1. 理解劳动关系的概念和实质。
2. 掌握劳动法的主要内容。
3. 理解劳动合同的概念、种类和特征。
4. 阐述劳动争议处理的原则和方法。

【重点】
1. 劳动合同管理。
2. 劳动争议的处理。

【难点】
1. 劳动法。
2. 劳动合同法。

【应用】

能熟练运用我国《劳动法》和《劳动合同法》解决实际问题。

【引导案例】东航飞行员"集体返航"事件

  2008年3月3日，东航云南分公司从昆明飞往大理、丽江、西双版纳、芒市、思茅和临沧六地的18个航班在飞到目的地上空后，告知乘客无法降落，又全部飞回昆明，这导致昆明机场更多航班延误。虽然东航官方解释是"天气原因"，但同一天飞往上述地区的其他航空公司航班则正常降落。之后，东航迫于压力，称集体返航事件有"人为原因"。集体折返的原因，据传是飞行员因为待遇低下而集体"罢飞"。无独有偶，民航业已发生多起类似事件：2008年3月14日下午，同样由于认为受到了不公正待遇，上海航空公司40余位机长同时报请病假；同年3月28日，东星航空公司11名机长因与公司发生劳资等纠纷，集体"告假"，导致多数由武汉始发的航班停飞。追根溯源，飞行员"罢飞"事件源于快速放开的民航投资闸门。2004年，民营资本可以进入民航业筹建航空公司，但当时各航空公司飞行员总数仅1万多人，刚好能满足国内700多架飞机的配备需要。由于民营航空公司的快速发展，需要大量飞行员，而自己培养飞行员时间不允许，培训费又很高，最简便的方法就是去国有航空公司高薪挖人，而国有航空公司则坚决抵制，各种诉讼不断，天价索赔也挡不住飞行员跳槽。国有航空公司为了留住飞行员，与飞行员签订长期合同，有的甚至是长达99年的终身合同。民航总局联合五部委发文要求"飞行员辞职必须征得原单位的同意"，要赔偿原单位"70万~210万元不等的培训费"等，甚至飞行员支付了相关费用，跳槽也不容易。返航事件是飞行员和航空公司之间劳资矛盾的一次"井喷"，折射出企业与员工之间的矛盾与冲突。目前，全国各大小航空公司的飞行员"辞职门"事件呈现愈演愈烈的态势。越来越多的飞行员因不满自己的劳动权益受侵犯以及自己的正当权益得不到保障，而选择以提出辞职的形式来维护自己的合法权益。从强行辞职到对簿公堂，再到罢飞事件，一系列的辞职案例告诉我们，在市场经济体制下如何协调企业与员工的利益，建立劳动者正常、有效的利益诉求渠道，避免采用极端的手段来表达不满和诉求，已成为管理者、政府和劳动者需要共同面对的问题。

  引导案例显示的是一个典型的劳动关系问题，东航云南分公司集体返航事件引起社会广泛关注。部分飞行员由于不满公司奖金分配、征税比例等有关新手分配问题，在不满现状、诉求无门、辞职困难以及辞职面临巨额索赔的情形下，采取"集体返航"将事态扩大化，把飞行员和航空公司之间的劳动纠纷推向全社会。在东航事件发生之前，航空公司与其飞行员之间已经发生了多起纠纷，其中一个显著特点是"飞行员要走，航空公司要留"，在矛盾无法协调化解时，飞行员多采用打官司、请病假、集体"告假"，甚至集体返航等极端方式，导致航空公司和社会公众利益受损。酿成此类事件的最重要因素是什么？为什么在事件发生之前不能消除这些因素？东航事件如何才能不再发生？公司与劳动者在许多问题上具有不同的利益和看法。解决这一问题需要从劳动关系的基本理念着手，分析劳动关系的内部机制和外部环境。

  对于绝大多数劳动者来说，工作是最重要的财富来源之一，工作不仅是物质财产的主要来源，同时也是社会地位和个人心理获得满足的主要源泉。对企业来说，劳动者的忠诚度、工作绩效、薪酬福利水平是影响劳动力成本、生产效率、生产质量的重要因素，甚至会影响企业的生存和发展。对整个社会而言，劳动关系还会影响经济增长、通货膨胀和失业状况、社会财富和社会收入的总量和分配，并进一步影响全体社会成员的生活质量，劳动关系的和谐发展是社会孜孜以求的目标。

第一节 劳动关系概述

一、劳动关系的含义及内容

(一)劳动关系的含义

"劳动关系"由英文"Labor Relations"翻译而来。它是雇员与雇主之间在劳动过程中形成的社会经济关系的统称。"雇员"是指劳动力的提供者。劳动关系在不同的国家或不同的体制下，又称为劳资关系、劳工关系、雇员关系等，这些概念明显的含有价值取向，不同的称谓是从不同角度对于特定劳动关系的性质和特点的表述。

"劳资关系"是资本与劳动之间的关系，其主体明确、关系清晰，含有对立的意味，旨在强调劳资双方的界限分明，包含了一致性与冲突性的展开关系。

"劳工关系"在中文的表述中更强调以劳动者为中心展开，着重于劳动者，以劳动者为本位进行思考，强调劳动者组成的团体，也比较强调工会与雇主之间的集体谈判的过程。

近年来，管理学界习惯使用"雇员关系"(Employee Relation)和"雇佣关系"(Employment Relation)。原因在于，"雇员关系"意味着一个更加广泛的雇佣关系领域。在这个领域中，无工会的雇佣制度和白领的工作受到同样的重视。因而，用"雇员关系"更能体现雇佣关系在情景与内涵上的转变。

在我国，劳动关系作为一个更加通用的概念，已经被广泛接受，它包括了上述各种概念的内涵。本书把劳动关系定义为劳资关系、雇佣关系，是指社会生产中，劳动者与用人单位(包括各类企业、个体工商户、事业单位等)在实现生产劳动过程中所结成的一种必然的、不以人的意志为转移的社会经济利益关系。

劳动关系有广义和狭义之分，从广义上讲，生活在城市和农村的任何劳动者与任何性质的用人单位之间因从事劳动而结成的社会关系都属于劳动关系的范畴；从狭义上讲，现实经济生活中的劳动关系是指依照国家劳动法律法规规范的劳动关系，即双方当事人是被一定的劳动法律规范所规定和确认的权利和义务联系在一起的，其权利和义务的实现，是由国家强制力来保障的。

根据劳动法调整的劳动关系来概括主要有以下几个法律特征：

(1) 劳动关系是在实现劳动过程中发生的关系，与劳动有着直接的联系。

(2) 劳动关系的双方当事人，一方是劳动者，另一方是提供生产资料的劳动者的所在单位。

(3) 劳动关系的一方劳动者要成为另一方所在单位的成员，并遵守单位的内部劳动规则。现在人们对劳动力(或称人力资源、人力资本)在现代经济发展和社会繁荣中所起的重要作用有了更深刻的认识。人们深刻地认识到，企业劳动关系状况的好坏是企业能否在日益复杂的产品市场上赢得竞争优势的关键。

(二)劳动关系的内容

劳动关系的内容是指劳动关系双方依法享有的权利和承担的义务。

我国《劳动法》第 3 条规定劳动者享有的主要权利有：①劳动权；②民主管理权；③休息权；④劳动报酬权；⑤劳动保护权；⑥职业培训权；⑦社会保险权；⑧劳动争议提请处理权等。劳动者承担的主要义务有：①按质、按量完成生产任务和工作任务；②学习政治、文化、科学、技术和业务知识；③遵守劳动纪律和规章制度；④保守国家和企业的机密。用人单位的主要权利有：①依法录用、调动和辞退职工；②决定企业的机构设置；③任免企业的行政干部；④制定工资、报酬和福利方案；⑤依法奖惩职工。

劳动者的主要义务有：①依法录用、分配、安排职工工作；②保障工会和职代会行使其职权；③按职工的劳动质量、数量支付劳动报酬；④加强对职工思想、文化和业务的教育、培训；⑤改善劳动条件，搞好劳动关系和环境保护。

二、劳动关系的类型

一个国家或地区劳动关系的性质和特点，不仅受该国或地区所有制结构以及经济体制和政治体制的影响，而且受到国家或地区的历史传统、经济发展和文化积淀的影响。劳动关系的性质，主要是关于劳动关系双方利益关系的性质。由于劳动关系双方利益关系的性质和利益关系的处理原则不同，劳动关系分成了不同的类型。目前世界各国的劳动关系大致可分为以下三种类型：

(1) 利益冲突型的劳动关系，又称传统型的劳动关系。
(2) 利益一体型的劳资关系。
(3) 利益协调型的劳动关系。

三、劳动关系的主体

劳动关系主体，是指劳动关系中劳动力的所有者和劳动力的使用者，即拥有劳动力的雇员(劳动者)和使用劳动力的雇主(用人单位)。其中，劳动者也称劳动主体，用人单位亦称为用人主体。在世界各国，哪些公民、社会组织能够成为劳动关系主体，一般由劳动法律法规予以确定和认可。

从狭义上讲，劳动关系的主体包括两方，一方是雇员以及工会为主要形式的雇员团体，另一方是雇主以及雇主协会。由劳动关系主体双方组成的组织，可以称为就业组织，也就是我们通常所说的用人单位，它可以是营利性的，也可以是非营利性的。从广义上讲，劳动关系的主体还包括政府。在劳动关系发展过程中，政府通过立法介入和影响劳动关系，其调整、监督和干预作用不断加强，因而政府也是广义的劳动关系的主体。

(一)雇员

雇员是指在就业组织中，本身不具有基本经营决策权力并从属于这种权力的工作者。雇员又称为员工、劳动者，包括所有从事体力或脑力劳动而获得工资或报酬的工作者。

雇员的范围相当广泛，包括蓝领工人、医务人员、教师、警察、社会工作者，以及其

第九章 劳动关系管理

他在西方被认为是中产阶级的从业者和低层管理者。因为低层管理者只负责监督和分配，无权命令或奖惩下属，因而也属于雇员的范畴。雇员不包括自由职业者、自雇佣者。从产业部门来看，雇员的范围包括第二产业和第三产业，即工业和服务业中所有不具有基本经营决策权的劳动者。第一产业中的农业劳动力，尤其是从事种植业和畜牧业的农民，一般不属于雇员的范畴，因为土地所有者与农民之间的关系与我们研究的雇主(管理方)与雇员之间的关系在总体上存在很大区别。

劳动关系中的雇员指具有劳动权利能力和行为能力，由雇主雇用并在其管理下从事劳动以获取工资收入的法定范围内的劳动者。劳动关系中的雇员一般具有以下含义：①雇员是被雇用的人员；②雇员是在雇主管理下从事劳动的人员；③雇员是以工资为劳动收入的人员；④有些国家的劳动法规定某种或某几种人员不属于雇员，如公务员、军事人员、农业工人、家庭佣人、企业的高层管理者。

(二)雇员团体

雇员团体是指因为共同利益、兴趣或目标而组成的雇员组织，包括工会和类似于工会组织的雇员协会和专门的职业协会。

工会的主要目标是代表并为其成员争取利益和价值。在我国和世界上许多国家，工会是雇员团体的最主要形式。截至2016年，我国基层工会组织有282.9万个，覆盖职工会员3.02亿人，其中农民工会员1.39亿人。我国已成为当今世界上工会会员人数最多的国家。中华全国总工会是一个统一的全国性群众团体，是各地方总工会和产业工会全国组织的领导机关。

非工会组织通常指独立于工会的雇员协会和职业协会。雇员协会往往是一个就业组织内部形成的，如基于某一兴趣而组织的员工俱乐部、员工体育运动协会等，也包括由员工组成的非正式组织。职业协会是由跨企业、跨行业从事某种特定职业的雇员组成的组织，其主要目标是为其成员争取更多的特定职业方面的利益。

【案例】SQ汽车股份有限公司的工会组织充分发挥工会在企业劳动关系中的协调作用

SQ汽车股份有限公司是一家合资企业。但是在这家企业里面，并没有人们想象的劳资关系紧张，原因就是有一支精明强干的工会队伍，在公司的发展中起到积极作用，对于稳定职工队伍、紧密公司管理层和职工的关系、创造良好的工作和生活氛围作出重要贡献。

多年来，工会一直致力于以下工作：

(1) 履行好"双维护"职能。维护好企业和员工双方的权益，维护企业的稳定，为企业发展创造良好的环境，既是工会维护工作的重点，也是代表先进生产力和代表最广大员工的根本利益。

员工利益与公司的发展息息相关，只有公司发展了，员工的利益才得到保障。工会维护企业的总体利益，就是依法行使职能，做好民主管理和监理工作，使公司得到健康稳步快速的发展，在市场竞争中立于不败之地。通过动员、组织和带领员工积极参与公司的各项管理，投身公司的生产经营、改革和发展工作，完成公司的生产经营目标，促进公司经济效益的提高。

另外，工会积极主动地与公司行政部门进行沟通，反映员工的意见和要求，兼顾好公司与员工的利益，主动参与公司有关规章制度制定的讨论，尤其是涉及员工切身利益的重大事项，使公司的决策更加准确，使员工的利益在决策的过程中得到维护。

(2) 履行好建设职能。工会围绕公司各个时期的发展目标和经营活动的重点和难点，积极组织开展以业务技术创新为主要内容、形式多样的劳动竞赛，如员工合理化建议、技术革新和发明创造等活动，推进公司的技术进步，推进"用户满意工程"建设，提高经济效益，促进公司发展。

(3) 履行好参与职能。加强工会自身建设，提高参与的水平。健全和完善各级工会组织，要筹备建立基层分会组织。工段、班组建立工会小组，从而健全和完善公司三级工会组织网络，为履行参与职能提供组织保证。

(4) 履行好教育职能。教育员工不断提高思想道德素质和科学文化素质，是工会应尽的职责，也是工会的重要任务。工会要通过不断引导和教育，使员工树立强烈的市场意识和观念，正确看待劳动价值、劳动关系和利益分配，尤其要加强员工对企业忠诚度教育。

工会要配合做好员工的培训工作，维护员工的学习权利，支持和鼓励员工参加各种形式的技能培训和学习，开展丰富多彩的群众性文化体育活动，寓教于乐。

(5) 加强企业精神文明建设。加强公司精神文明建设，是建设适应公司发展的高素质员工队伍的重要手段。工会要努力配合，积极探索开展精神文明建设的新路子，积极引导广大员工认真推行公民道德建设规范纲要，开展职业道德、社会公德和家庭伦理道德教育，充分利用典型事例、先进事迹来教育和激励员工，努力提高员工队伍的整体素质。

(三)雇主

雇主一般是指由于拥有法律赋予的对组织的所有权(一般称产权)，而在就业组织中具有主要经营决策权的人或团体。在国际上，一般把招用劳动者并将劳动者纳入劳动组织中的自然人或法人称为雇主。雇主可以包括雇用劳动的业主、经营负责人或代表业主处理有关劳动事务的人。雇主处于管理方地位，其最重要的意义在于享有对员工的劳动请求权和指示命令权，以及决策权。在就业组织中，只有一个或少数几个人具有比较完全的决策权，而其他管理层级的决策权是逐级递减的，每一级都要在服从上级权力的情况下行使其权力。所以，管理方是分层级的，权力分布是不均衡的，多集中于管理方的上层。也就是说，除了最高层管理者之外，其他管理者都会同时处于服从上级和指挥下级这两种关系中。低层管理者是负责监督和分配，而无权命令或奖惩下属，因而他们属于雇员的范畴，而不属于雇主方。

(四)雇主组织

雇主组织的主要形式是雇主协会，它们以行业或贸易组织为纽带，一般不直接介入雇员与雇主的具体劳动关系事务之中。雇主组织的主要任务是与工会或工会代表进行集体谈判，在劳动争议处理程序中向其成员提供支持，通过参与同劳动关系有关的政治活动、选举和立法改革来间接影响劳动关系。

(五)政府

政府在劳动关系中的角色有以下几种：一是劳动关系立法的制定者，通过立法介入和影响劳动关系，为劳动关系的调整提供法律保障的依据，切实保障劳动者的结社权、集体交涉权和争议权；二是公共利益的维护者，通过监督、干预等手段促进劳动关系的协调发展，切实保证相关政策、制度的有效执行，并建立一整套执法与司法制度和程序，包括加强劳动监察、对违法者实行严厉的制裁，建立解决集体谈判和集体协议纠纷的司法制度和程序等；三是公共部门的雇主，以雇主身份直接参与和影响劳动关系；四是有效服务的提供者，重点是加强对劳资双方的培训，并为劳资双方的谈判提供高质量的信息服务和指导。

四、处理劳动关系的原则

正确处理劳动关系应遵循以下原则：
(1) 兼顾各方利益的原则。
(2) 协商为主解决问题的原则。
(3) 以法律为准绳的原则。
(4) 劳动争议以预防为主的原则。

五、和谐的劳动关系是实现企业人力资源管理目标的保证

(1) 只有切实保障企业与职工的互择权，才能实现生产要素的优化配置。要发展社会生产力，就必须使各种生产要素在适当的流动中获得最佳组合，如果员工不能选择企业，企业不能选择职工，势必造成人力资源的浪费，阻碍生产力的发展。

(2) 只有保障企业各方面的正当权益，才能调动各方面的积极性。合理的投资回报可以吸引更多的资金流入企业，合理的工资、福利可以吸收和稳定企业所需人才，合理的企业利润留成有利于企业的长远发展。

(3) 只有改善企业内部劳动关系、维护安定团结，才能确保企业改革和转换经营机制的顺利进行。只要企业各方面相互信任、相互尊重、互助合作，就能创造出一个令人心情舒畅的工作环境，有利于安定团结。只有调整好各方面利益，才能保证企业改革的深入进行。

六、劳动关系的特点

劳动关系具有以下特点。

(一)法律的平等性

劳动者与企业签订劳动合同时，双方法律地位平等，均须履行各自的义务并享有权利。在劳动法律法规中，劳动者与企业的权利义务也是并列的。在正常合理、双方未受到胁迫的情况下，劳动合同的签订与执行在法律上具有平等性。

(二)经济的依赖性

劳动者以劳动交换企业的薪酬福利，以满足其经济与精神上的需求。企业则需要将劳动者的劳务转换成产品与服务，以满足顾客的需求，创造投资的经济效益。劳资双方在经

济上虽相互依赖，但在一般实务上，劳动者对企业的依存度较高，而企业对劳动者的依存度则较低。

(三)管理的从属性

企业基于生产与服务的需要，必须安排劳动、指挥人员、行使管理权，劳动者则要服从指挥调度，依企业需求提供劳务。劳动关系一经确立，劳动者就要服从雇主的指挥和安排，完成一定的工作，双方之间存在管理与被管理、指挥与服从的关系。劳动者提供的是从属性劳动，基于明示、默示，或依劳动之本质，在一定时间内，对自己的作息时间不能自行支配。"除法律、团体协会、经营协定、劳动契约另有规定外，在雇主指挥命令下，由雇主单方决定劳动场所、时间、种类等。"管理的从属性主要表现在四个方面：一是劳动者要服从用人单位的工作规则，劳动者绝对自由的权利受到一定限制。二是劳动者要服从用人单位的指示和命令。在劳动关系存续期间，劳动者的工作内容会不断发生变化，劳动合同难以做到穷尽全部工作内容，因此，用人单位有指挥和命令的权力，劳动者有服从的义务。三是接受监督、检查的义务。劳动者在工作中要接受用人单位的考察和检查，以确定是否遵守工作规则和雇主的指示。四是劳动者有接受制裁的义务。劳动者应对自己的错误行为承担责任，用人单位对违反工作规则的行为享有惩处权，惩处方式可以从口头申诫到解雇。

(四)权益的冲突性

基于人性，绝大多数劳动者希望能以较少的劳务交换最高的薪酬福利，但为了创造最大经济效益与利润，企业则竭尽所能降低劳动成本，激发出最大、最高产值的劳务。劳资双方为争取各自最大的权益，常常会引起许多隐性与显性的冲突，冲突结果虽然依劳资双方的实力、冲突议题、协商策略而定，但基于实力上的差异，企业常常是劳资冲突中占据优势的一方。

(五)实力的差异性

劳资双方拥有和可行使的权力的程度有相当大的差异。实力的差异受到工作性质、雇佣时间和雇佣关系有效期的影响，它也是劳动者在劳动力市场议价能力的体现。权力是劳资关系中的基本要素，对劳资关系的管理及其结果都有重大影响。实践中，企业的经济实力是其在劳资冲突中最重要的筹码，通过经济力量的发挥，个别劳动者几乎难以对抗雇主在法律、管理权上的优势地位，唯一的策略是整合多数劳动者的力量与企业抗衡。不过，即使面对集体劳动者的力量，在许多冲突中，拥有较多经济资源的企业，其实力仍强于集体劳动者的力量。

(六)冲突的影响性

劳资冲突的影响并非仅局限于企业内部，常常会波及劳动者家属、顾客、社会大众权益，加之劳动者占有较高的人口比例，劳资冲突的议题常常衍生为社会重大问题，全球化的趋势也有机会扩大劳资冲突的影响，如航空公司、港口公司的劳资冲突波及范围更为广泛。

(七)互动的复杂性

基于人的心理特质,个人之间的互动关系本身就有其复杂性,而集体劳动者之间的互动、集体劳动者与企业之间既有竞争又有合作的互动关系,其复杂性常常超出一般人的想象。劳动者、企业与政府不能低估劳资互动的复杂性。

因此,劳资关系可以说是另一种人际关系或社会关系。了解劳资关系的特点,有利于构建正面的劳资互动机制,也有利于体会良好的劳资关系对经济发展和社会安定的影响。

七、劳动关系的实质:冲突与合作

劳资之间的矛盾和问题是普遍存在的。虽然劳动关系非常复杂,但最终都可以归纳为冲突和合作两个根本方面。对劳动关系深层次的理解,需要对冲突的根源以及阻碍这些冲突继续发展的合作的根源有全面的了解,弄清冲突与合作的根源及其相互作用方式。

(一)合作的根源

合作,是指组织中,管理方与雇员要共同产生产品和服务,并在很大程度上遵守一套既定制度和规则的行为。这些制度和规则是经过双方协商一致的,协议内容非常广泛,涵盖双方的行为规范、员工的薪酬福利体系、对员工努力程度的预期、对各种违反规定行为的惩罚,以及有关争议的解决、危机处理和晋升提拔等程序性规定。

劳动关系理论一般认为,合作的根源主要包括两方面,即"被迫"和"获得满足"。

"被迫"是指雇员迫于压力而不得不合作,即雇员如果要谋生,就得与雇主建立雇佣关系。如果他们的行为与雇主的利益和期望不符或矛盾,就会受到各种惩罚,甚至失去工作。即使雇员能够联合起来采取集体行动,但长期的罢工和其他形式的冲突,也会使雇员的收入受到损失,还会引起雇主撤资不再经营,或关闭工厂,或重新择地开张,最终使雇员失去工作。事实上,劳动者比雇主更依赖于这种雇佣关系的延续。而且从长期而言,他们非常愿意提高工作的稳定性、获得加薪和增加福利的机会。从这个角度讲,利益造成的合作与冲突同样重要。

"获得满足"主要包括以下内容:

(1) "获得满足"主要建立在雇员对雇主的信任基础之上,这种信任来自对立法公正的理解和对当前管理权力的限制措施。西方劳动关系领域对这种信任产生的原因主要有三种解释。一是认为工人在社会化的过程中处于一种接受社会的状态,雇主可以通过宣传媒体和教育体系向工人灌输其价值观和信仰,减少工人产生"阶级意识"的可能习性,把工人塑造成"团队成员",而非"麻烦制造者"。二是认为大多数工人都是很现实的,他们明白没有其他可行的选择可以替代当前的制度安排,并认为从整体上看,当前体系运行得还不错。三是认为工人的眼界有限,他们总是与那些具有相似资格的其他人进行比较,并且相信只要他们在这个圈子里过得不错,就没什么好抱怨的,因此那些从事"较差"工作的工人往往很乐于工作。

(2) 大多数工作都有积极的一面,这是劳动者从工作中获得满足的更重要的原因。调查显示,当今欧美国家大多数雇员对其工作都有较高的满意度,认为自己已经"融入"工作中,并且觉得自己的工作不但有意义,而且从本质上说也是令人愉快的。所以,虽然优势会感受到工作压力，或者工作超负荷，或者对工作缺乏指挥权，但他们仍然乐于工作。劳动者认识到工作的价值，因而产生某种自我价值的满足。具有工作责任感的雇员认为，只要雇主没有破坏心理契约，他们自己就有必要遵守这些契约。

(3) 管理方也努力使雇员获得满足。管理主义学派提倡的"进步的"管理手段，以及雇主出于自身利益考虑向员工作出的让步，都在一定程度上提升了雇员的满意度。这些措施减少了冲突的根源的影响，加强了合作的根源的影响。

(二)冲突的根源

劳资双方的利益、目标和期望不可能总是保持一致，相反经常会出现分歧，甚至背道而驰。冲突的根源可以分为"根本根源"与"背景根源"。前者是指由劳动关系的本质属性造成的冲突；后者是指由那些更加可变的，取决于组织、产业、地域、国家等因素的属性造成的冲突。

1. 异化的合法化

目前世界上主要的经济体制是资本主义经济体制，私营经济在多数国家经济中占绝对优势地位，其理论基础源自于 1776 年亚当·斯密的《国富论》。亚当·斯密将英国描绘成"业主的国家"，认为这样的国家存在的主要规律是，当人们是为自己而不是为他人工作时，就会更加努力。以私有为基础的自由市场经济就是在这一规律的基础上繁荣发展起来的。但问题是大多数人并不是在为自己工作。在亚当·斯密的著作出版大约一个世纪以后，马克思指出，资本主义市场经济存在资产阶级和无产阶级的分化，前者拥有并控制生产工具，而后者一无所有，只能靠出卖劳动力谋生。这种阶级地位的差别决定了现代资本主义社会的主要特征是，大多数劳动力市场的参与者都在为他人工作，实际上这也是目前资本主义经济中劳动关系最主要的特征。因为工人并非为自己劳动，在法律上既不拥有生产资料、产品以及生产收益，也不能控制生产过程，从而造成了劳动者与这些生产特征的分离。工人为了保住工作，可能会认同这种工作安排，并尽力工作。但在其他条件不变的情况下，工人缺乏努力工作的客观理由，因为生产的资料、过程、结果、收益在法律上都不归自己所有。这本身就是一个管理难题。

2. 客观的利益差异

市场经济更深层次的原则是企业的利润最大化目标，这一目标有利于企业提高效率和不断创新，并最终实现过敏财富的最大化。然而，效率和创新并不是追求利润最大化的唯一途径，雇主还可以通过剥削工人追求利润最大化。这一思想同样可以追溯到马克思的著作中。西方研究劳动关系的学者认为，无论是否接受剥削的论点，对利润的追求都意味着雇主和工人之间的利益存在根本的、本质上的冲突。在其他条件不变的情况下，雇主的利益在于支付雇员报酬的最小化，以及从雇员那里获得收益的最大化。同样，在其他条件不变的情况下，雇员的利益在于工资福利的最大化，以及在保住工作的前提下尽量少工作。毋庸置疑，雇主与雇员之间的利益是直接冲突的。从这个角度来说，冲突已经超出了工作设计本身包括的工资福利问题，因为工作设计的目标是使工作组织中非技术工人的比重加大(这样可以少付工资)，并使工人工作努力程度和产出最大化。在雇主看来，工作设计无疑是提高效率的有效手段，但从工人的角度来看，却意味着为保住工作不得不付出更加辛苦的劳动。

3. 雇佣关系的性质

管理方的权力在组织中是以一种等级分层的形式逐级递减的。这种权力来源于所有者的产权，在法律没有特别规定的情况下，雇员无权选举组织中直接的管理者或更高职位的人，而且管理者也无须对下属负责。虽然雇员拥有退出、罢工和岗位的力量，并能够与管理方协商有关管理规则，但由于雇员难以真正形式参与管理的权利，所以雇员力量的作用在很大程度上是负面的。在多数情况下，他们对抗管理权力的方法只有退出、罢工、投诉，或参加其他形式的冲突。很多西方发达国家有着比较广泛的产业民主观念和相当完善的市场体系，法律对管理者的权力做出了很多限制，但雇员权利与法律上应该具有的权利之间仍有很大差距，只能通过集体协商等产业民主制度来弥补。这说明即使在西方发达国家，产业民主化仍是不充分的，雇佣关系的性质仍然是冲突产生的深层根源。

劳动者与管理方之间之所以存在冲突，更深层次的原因是：在一个崇尚个人自由和民主的社会，劳动者不愿意处于从属地位；更重要的是，管理权力的分布不是雇员的利益之所在，而是资本所有者的利益(利润)之所在。例如，在现代企业中仍不断出现的信任危机就反映了这种管理者利益导向带来的冲突：管理方可能希望获得雇员的信任，但只要雇员认识到管理方的决定最终是倾向于企业所有者利益，而不是员工利益的，这种表面的雇佣关系之下就会潜藏着种种不信任。另外，如果雇主和员工个人之间签有详细的劳动合同，在合同中明确规定了员工应当完成的工作任务、质量和数量、工作职责和范围，以及相应的报酬，那么从理论上说，只有在任何一方没能履行合同时，冲突才会出现，需要重新协商变更或订立合同。但实际上，由于工作内容要求很难界定清楚，工作产出优势难以测量，因而劳动合同不可能非常详细周到，不产生任何歧义，且考虑到变化的因素。实际上，从全球劳动力市场看，劳动契约并不普遍，合同条款和内容不可能包罗万象，有的甚至没有正式的书面合同。劳动关系的一些内容，比如对工作的预期和理解等，并不完全是书面形式进行约定，有时它是建立在一种"心理"契约的基础之上，即建立在双方对"工资与努力程度之间的动态博弈"结果之上。或者说，在心理契约形成之后，可以从薪酬水平如雇员对工作保障晋升机会、工作任务分配的预期，雇主对员工忠诚度和认同感的预期等。由于这种理解和期望的复杂性和模糊性，因此在日常工作中经常会产生对于"公平合理安排"的不同看法。即使在雇员个人与雇主签有正式书面合同的情况下，也会因对合同条款内涵的理解和解释不同而产生冲突。在管理方单方引入新的管理规则，变更、破坏心理契约时，这种冲突更为明显。

(三)冲突与合作

冲突与合作具体表现在企业和工会的具体目标设定上，企业与工会的目标在某些情况下是相似一致的，而在另一些情况下又存在着潜在冲突。潜在冲突的目标可能会导致一种对抗性的劳资关系，而一致性目标又可能产生劳资合作与和平。在绝大多数情况下，工会与管理方能够不诉诸停工斗争而解决其分歧与矛盾。集体谈判过程本身就是由劳资双方设计的解决分歧的首选方式。

劳资双方都希望企业能够长期生存并保持竞争力。工会赞同这个目标是因为如果企业不存在，雇员将会失去工作，而工会没有企业也将无法生存。与此类似，工会希望能够长期作为企业雇员的代表，并且将采取行动以保持这种代表权。但当某一家企业希望保持非工会状态或者希望工会丧失其代表权时，矛盾又会不可避免地出现。

企业也希望发展和繁荣，这是企业管理成功的一个标志。工会赞同并支持这一目标，因为它能够为雇员创造更多的工作机会与福利，增加工会会员的数量，从而使工会有更多的资金用于工会运动，加强工会的力量。同样，劳资双方都希望企业能够从投资中获得有利的回报。虽然劳资双方可能对"有利"的含义存在不同看法，但双方都能理解企业在财务方面的状况。然而，工会还要为雇员的努力、投入和贡献争取一个有利的或者"公平"的回报。这时，对于什么对投资者是一个有利的回报以及对雇员是一个"公平"的回报，劳资双方可能会产生不同意见。

企业两个相互关联的目标是有效地使用人力资源以及留住和激励雇员。只要企业能够遵守劳资双方谈判达成并且包含在集体谈判合同之中的规定，工会就能接受企业的这两个目标。企业希望拥有自主决策权，保持决策的灵活性以更好地经营业务，而工会的哲学则是，某些决策权由管理方独立行使会更好，比如产品的类型、价格、财务政策、客户关系、广告和营销决策、产品设计以及企业规划，同时，另一些决策权，诸如工作转包、资历条款的使用、工作转换和晋升等事项，则可以由工会代表雇员通过谈判达成协议的方式确定，以便更有效地保障雇员的利益和工作安全。企业希望获得工会的承诺，即在特定期限内不举行罢工或中断工作，以保证稳定的劳动力数量，并使企业能够对顾客作出产品承诺。这种工会承诺在集体合同中以一种"非罢工"条款的形式出现。与此同时，工会可能想从管理方获得的承诺则是，雇员有权使他们的申诉获得管理方的处理，并在必要时可以将申诉提交给一个中立的第三方"仲裁者"处理。

第二节　劳动关系的历史和制度背景

【案例】国际劳动节的起源和发展

每年5月1日是"国际劳动节"（International Labor Day）。劳动节是劳动者、工会与工人运动者的一个重要日子，它主要是希望借此节日表彰劳动者在经济和社会建设中所作的贡献，劳动者以其脑力和体力的付出，促进了一个国家的建设和繁荣。

5月1日劳动节有其渊源。1884年，美国、加拿大两个劳工团体在美国芝加哥聚会，决议自1886年起每年5月1日举行示威运动，要求实施每日8小时工作制。这一运动随即传遍欧洲大陆。1889年，"第二国际"在法国巴黎举行国际劳工大会，为了纪念美国在1886年5月1日争取8小时工作制的胜利，决议以每年5月1日为国际劳动节。

"第二国际"成立于1889年，结束于1916年，这一国际组织是延续马克思和恩格斯所推行的"第一国际"，是一个由社会主义和工人运动人士组成的国际组织，其目的主要是促成国际社会主义信仰与行动者的团结，进而保障与争取劳工大众等弱势者的权益。"第二国际"最重要的行动就是在1889年宣布5月1日为"国际劳动节"。

世界各国庆祝劳动节的日期并不一样，美国的劳动节是每年9月的第一个星期一。根

第九章 劳动关系管理

据美国劳工部的资料，美国第一次庆祝劳动节是1882年9月5日(星期二)，但是是由纽约市中央工会发起主办的。1884年，正式确定为9月的第一个星期一为美国的劳动节。美国各大工业城市的劳工组织争相庆祝。1894年，美国国会正式将这一天定为法定假日。

加拿大的劳动节与美国一样，是每年9月的第一个星期一。新西兰和澳大利亚的劳动节则是每年10月的第一个星期一。我国劳动节是每年的5月1日。

从案例中可以了解到，早在19世纪上半叶，劳资矛盾就已经是工业社会非常重要的社会问题，劳动者通过集会、游行表达抗议和不满。事实上，在一个弹性化、自由化、民营化和全球化的情境中，劳动者可能面临更大的不确定性。无论政府的劳工政策还是企业的经营策略，通常都会将劳动者的权益和福祉置于企业竞争、效率与利润之后，尤其在物价上涨、薪资停滞的时代。资本主义国家劳资问题在经历了数百年的发展之后，发生了很大的变化，了解这些变化对于全面理解劳动关系具有重要意义。

本节主要讲述以发达资本主义经济为代表的经济发展史以及在这段历史中所蕴含的劳动关系的内涵。其一，当前的制度安排和发展状况并不是一成不变的，当前的劳动关系也并不是劳动关系仅有的状态，而是复杂而漫长的历史演进过程中的一个片段。为了更好地理解劳动关系的现在和未来，有必要以史为鉴，了解劳动关系的起源和过去的发展。其二，当前的劳动力市场各项制度不是凭空产生的，它们的产生和发展都与当时的经济社会背景有关。历史分析方法可以帮助我们了解当前的劳动法、工会、管理规章等制度的产生原因和内部机理。

一、早期工业化时代的劳动关系

劳动关系是管理方与劳动者之间的关系，表现为劳动者在管理方的安排和指挥下劳动，管理方支付劳动报酬。这种关系是随着资本主义生产方式的产生而出现的。劳动关系的历史可以追溯到工业革命，从工业革命开始到19世纪中叶是劳动关系发展历史的第一个阶段。

(一)时代背景

18世纪中期，以蒸汽机的发明为标志的工业革命从英国开始，席卷欧洲、美洲，全球进入了一个新的时代——资本主义工业化时代。在这个时代，经济制度发生了本质变化，机器取代了手工工具，大机器生产取代了手工作坊。一方面，新技术的采用和生产规模的扩大，提高了劳动生产率，带来了产量的飞跃，推动了生产的发展和社会的进步。另一方面，工业社会带来的最大变化，就是工业生产逐渐取代了农业生产而占据经济发展的主导地位，市场经济取代了小农经济，社会结构日益复杂。

在资本主义发展初期，资本主义社会处于原始积累阶段，对内表现为对本国劳动者的剥削，对外表现为对殖民地的掠夺。大批劳动者被迫离开土地，不得不依靠出卖劳动力为生。这些劳动者具备了成为工人阶级的两个基本条件：一是他们是自由的；二是他们除了自身以外一无所有。资本与劳动相结合，新型的雇佣关系就这样产生和发展起来。在这一时期，不但形成了现代意义上的雇佣关系，而且雇员人数逐渐增多，成为社会阶层结构中的主体。

工业革命的直接成果是工厂制度的建立，它是资本主义发展的微观基础。由于手工业技术得到广泛应用，因此工程能够进行社会化大生产。为了提高效率，在亚当·斯密分工思想的指导下，企业实行了高度的专业化分工。高速的经济发展使人口很快涌向工业集中地，不久就在交通便利和资源丰富的地区形成了工业化城市。更重要的是，大工业产生了资产阶级和无产阶级，从此，劳动关系成为资本主义社会的一种基本关系。

由于大企业的建立，雇主和工人之间形成了相互对垒的态势。在早期的工厂制度下，管理的特点是军队式的严密组织，并且大量使用童工。由于当时熟练工人严重缺乏，工人队伍起初都是由农民、退伍军人等组成的。为了提高生产效率，资本家就派各类监工，使工人按照资本家的要求像机器一样劳作。工头通过罚款、解雇，甚至残酷地鞭打来强迫工人服从。这样，工人就视机器为仇敌，认为由于机械化而使其受到非人的待遇，因而工人最早的反抗就是破坏机器。尽管为了制止各种骚乱，英国在1769年制定了法律，但并不能完全杜绝骚乱的发生。这给当时的工业发展和生产力造成了严重的破坏。当时资本家的主要兴趣是出售商品，并不关注形成一个良好的制度。

(二)亚当·斯密的管理思想

亚当·斯密是英国古典经济学家，他的管理思想也成为当时的主流管理思想。斯密认为，劳动是国民财富的源泉，各国人民每年消费的所有用品都来源于本国人民每年的劳动，劳动创造的价值是利润的源泉，工资越低，利润就越高；工资越高，利润就越低。在斯密管理思想盛行的年代，企业将追求利润最大化作为唯一目标，雇主极力压低工人工资，延长工时，提高劳动强度，以获得更多的利润。斯密主张以市场"看不见的手"来自动调节市场的供求，政府应该仅仅作为"看门人"，不干涉市场的供求和经济的发展。在政府不干涉政策的影响下，雇主具有相当大的雇用、使用和解雇员工的权力。

(三)早期工业化时代的劳动关系

在早期工业化进程中，工人的生活状况没有随着经济的发展而改善。相反，雇主为了获得更多利润、花费更少的劳动成本，往往采用延长工时、提高劳动强度、压低工人工资、不改善工作条件和劳动保护措施，以及完全控制工人工作等办法剥削工人。由于过度竞争、贫富分化、商品和货币对劳动者的异化，工人的劳动条件和生活状况急剧恶化。在早期工业化时代，雇主对工人的剥削是残酷的。

各国政府普遍信奉古典主义的"自由竞争"理论，认为市场是最有效率的，政府不干预劳资关系，完全交由劳动力市场自由调节。正如前面理论中所述，资方在劳动关系中具有优势，劳动者在缺乏制度保证时处于绝对劣势。关于劳动和保障方面的法规非常少，1802年英国通过的《学徒健康与道德法》被视为第一部具有现代意义的劳动法规。

18世纪末19世纪初，西欧各国爆发了各种工人反抗斗争，他们通过破坏机器、烧毁厂房、停工怠工、罢工游行等形式，要求雇主改善劳动条件和提高工资。这些斗争都是自发的和分散的行动，没有周密的组织和计划，因此往往以失败告终。正是从这些失败中，工人开始认识到，只有联合起来，获得成倍的力量，才有可能与组织抗衡，达到运动的目的。所以，在一些行业中出现了最初的工人组织，即早期的工会。

在同一时期的美国，也产生了早期的工会，只是产生的原因与欧洲有所不同。在美国，大部分工会是在技术工人和半技术工人内部发展起来的，工会的目的是以其意志来规范所从事的职业。所以，美国早期的工会具有中世纪同业互助会的性质。随后，全国性工会在各个行业中出现。19世纪70年代早期，美国的全国性工会发展到大约30个，会员总数大约有30万人。

面对早期的工人组织，雇主进行了激烈的抵制，政府也采取了法律上不承认或严格限制的态度。当时各国的立法都禁止工人结社、罢工和示威。英国1799年颁布的《结社法》和法国1791年颁布的《夏勒里埃法》就是这类法律的典型代表。政府甚至动用军队来对付工人罢工，例如，在美国，1834年安得鲁总统在马里兰州镇压了爱尔兰裔工人的罢工。

(四) 该时期劳动关系的特点

早期工业化时代劳动关系的表现形式是激烈的对抗，劳动关系处于不稳定和对立中。一方面，雇主或资方通过压低工资、延长工时、威胁压迫工人，以及对恶劣的工作条件的漠不关心来获取更多的利润；另一方面，工人或劳动者在争取工资、工时、就业和劳动条件的改善上进行了不懈的斗争，但是，这种工人运动总体上处于分散、个别和局部的状态，即使产生了工会，这一时期的工会也很不完善。

因此，在该时期的劳动关系中，资方占有绝对的优势地位。政府在表面上采取自由放任的态度，对于劳资纠纷采取不干涉的方式，然而实际上，政府的立法和政策倾向于雇主一方。

二、管理时代的劳动关系

(一) 时代背景

19世纪中期到20世纪初期，资本主义经济开始从自由竞争向垄断过渡。这一时期经济发展的基础是从19世纪中期开始、在19世纪末20世纪初达到高潮的第二次技术革命。科学技术的巨大进步、工业生产的迅速发展使企业的规模越来越大，财富逐步聚集到少数资本家精英手中，生产和资本高度集中为少数大资本家的联合和实行垄断创造了条件。垄断组织在各个部门陆续建立，并发展为工业资本与银行资本相融合的金融资本的统治。

新技术革命也带来了生产组织的变革。由于使用了电，原来以蒸汽机为基础的机器体系现在连成了一体，由此引发了生产工艺组织的变革。过去由于动力和传动装置限制而将同种机器并列的工艺组织，已被按产品加工工艺组成的流水线代替。在这个阶段，贫富差距不断扩大，社会矛盾日益尖锐。从19世纪70年代到第一次世界大战爆发的40多年里，主要资本主义国家先后经历了五次世界经济危机的打击，每次经济危机都使资本主义国家的生产急剧下降，企业大批破产，资本贬值，工资削减，失业人数增加，生产力遭到破坏。同时，资本主义制度暴露出越来越多的问题，遭到社会有识之士的不断抨击。政府也认识到，为了稳固政权，巩固统治，就不得不要求雇主方作出一些让步，同时也要对劳动者的工作保障等方面加以管理。

(二) 科学管理理论

随着技术革命和流水线作业为基础的生产的发展，产生了新的劳动组织和现代管理体系,这就是"泰勒制"。以弗雷德里克·泰勒为主要代表人物的科学管理理论以提高生产率为目标,以科学管理方法代替传统的经验管理,提出通过建立各种明确的规定、条例、标准,使一切科学化、制度化,是提高管理效能的关键。科学管理理论的内容包括劳动定额原理、激励性的工资报酬制度,等等。

科学管理思想对这一时代产生了深刻的影响,各企业纷纷以此为依据制定新的管理方法。管理的改进不但提高了劳动生产率,而且为工人创造了更加公平合理的竞争环境。

哈罗德·孔茨指出:"尽管看起来过分关注车间一级的生产率,然而恰恰相反,贯穿在泰勒著作中的主旋律却是强烈的人道主义。他认为,要精心选人、用人并加以培训,让他们做能够干得更好的工作。他还认为,工人、主管人员和工厂主的利益,是能够也应该能够协调一致的。此外,泰勒还强调了主管人员精心制订先进计划的重要性以及主管人员有责任设计工作制度,认为计划和制度可以帮助工人把工作做得最好。但是,他在谈到管理时从来没有忽略过这样的事实:雇主与工人之间的关系无疑是形成这种艺术的重要部分。"

但在同时,流水线生产和泰勒制也成为资本家提高劳动强度、加强剥削的重要手段。泰勒制加强了资本家对工人的实际的隶属,使工人进一步附着在工作岗位上。

(三)该时期的劳动关系

在雇主改变管理方式、加强剥削的同时,工人运动有了进一步的发展。1886年2月,美国劳动关系工人联合会(AFL)成立,它是一个以熟练工人为主的在不同职业的基础上组织起来的全国性总工会,目的是为工人谋取更多的利益。1905年,在美国芝加哥,世界产业工人联合会诞生。在欧洲,各国政府相继废除了禁止结社的法律,各国的工会组织获得了空前的发展。到19世纪末,工会在各国已经相当普遍。

各国政府改变了早期工业化时期对工人运动和工会或放任或压制的政策,采取了所谓的"建设性"干预政策,开始对改善工人状况进行国家干预,力图建立稳定的劳动关系。

建设性干预政策首先体现在立法上。各国相继通过了有关保护妇女和儿童就业、减少工时,以及以社会援助的形式发放各种津贴和失业补助的一些法律和条例。到19世纪末20世纪初,各国的工厂法、劳动保护法、劳动保险法、工会法、劳动争议处理法等法律大量出台,相应的劳动行政管理机构也开始出现。1871年,英国颁布了世界上第一部工会法,1875年又颁布了《企业主和工人法》,允许工人团体和企业主签订契约和合同。到1904年,新西兰出现了较规范的集体合同法,从此,集体谈判制度得到了国家法律的承认和保护。

(四)该时期劳动关系的特点

管理时代的劳动关系的特点主要表现在以下几个方面。

(1) 工人运动继续发展,工会组织广泛建立,队伍逐渐壮大,并且形成层次,工人力量开始不断增强。

(2) 资方或雇主在工人运动不断加强的情况下,开始出现让步,从最早对工人的直接剥削和压迫转变为通过改进管理,增加在工作中科学的分析和对工人的激励,来追求利润最大化的目标。

(3) 劳资矛盾的目标没有变化，仍然是争取更好的工作和生活条件，但是其激烈程度有所下降，表现形式出现多元化方向，集体谈判制度得到了确认。

(4) 政府的政策发生了变化，从不干预到出台大量的法律、建立相应的机构干预劳资关系，劳动关系向更加稳定、有序的方向发展。

三、冲突的制度化

(一)背景

20世纪上半叶，世界经济经历了两次世界大战和历史上最严重的经济危机的严峻考验。战争期间，资本主义国家的经济与政治均陷于动荡之中，生产和贸易遭到了严重的破坏。由于民族矛盾突出，劳资矛盾相对退居次要地位。20世纪二三十年代，西方资本主义国家发生了空前严重的经济危机，大量的企业破产和工人失业，使劳资关系重新紧张起来。受苏联社会主义革命和经济危机的影响，各主要资本主义国家相继爆发了以整治要求为目标的较大规模的罢工。例如，英国的罢工在1919年达到1352次，法国在1919年罢工次数多达2026次。1938年美国的产业工人联合会(CIO)成立，形成了与劳联竞争的局面。

面对劳资关系再度紧张，政府不得不直接干预经济。这一方面表现在劳动部门的就业管理职能得到扩大和加强，政府开始对劳动力市场进行宏观干预，这种对经济的干预以美国的"罗斯福新政"为主要代表。为了减少大萧条造成的失业，缓和劳资矛盾，罗斯福政府颁布了《产业复兴法》。该法律规定：工人有组织工会、参加自己选择的任何工会和通过自己的代表与资方签订集体合同的权利。该法律还规定了最低工资和最高工时等。政府还通过执行公共工程计划，吸收失业者就业。1935年通过的《国家劳动关系法》进一步确认了工会的权利。另一方面，各国都进一步发展了社会保障制度，提高了社会保障水平。1935年罗斯福政府通过了《社会保障法》，标志着现代社会保障制度从社会保险制度向综合性社会保障制度的转变。

(二)行为科学理论

行为科学理论的产生与科学管理理论的年代基本一致，但发展比后者晚。直到1949年在美国芝加哥大学召开的会议上，该理论才被正式命名为"人际关系"学说，后来又被称为"行为科学"。与科学管理学派偏重对工作进行科学分析不同，行为科学理论侧重于对人的心理活动的研究。探究人们行为的规律，从中寻找管理员工的新方法和提高劳动效率的途径。

在行为科学发展的过程中，与组织中劳动者有关的三个最重要的方面是：工业心理学的出现、霍桑实验、社会系统理论。

1. 工业心理学的出现

"工业心理学之父"雨果·芒斯特伯格在他的经典著作《心理学和工业效率》中提出，研究的目标是：寻求如何使人们的智能与他们所从事的工作相匹配；在何种心理条件下，才能从个人的工作中获得最多且最令人满意的产出；企业如何影响工人，以便从他们那里获得好的结果。与泰勒一样，他对劳资之间的共同利益感兴趣。但是，他强调他的方法更侧重于工人，希望以此来缩短工作时间、增加工资和提高"生活水平"。

2. 霍桑实验

霍桑实验是指在 1924—1932 年间由美国人梅奥和罗特利·斯伯格所进行的一系列分析改变照明和其他一些条件对工人和生产率的影响的试验。他们发现，照明强度和其他的工作条件都无法解释生产率变化的原因。他们认为，在试验中生产率的提高是由于存在士气、劳动集体成员之间的满意的相互关系(一种归属感)，以及有效地管理等一系列社会因素。因此，管理者要了解人的行为，特别是了解集体行为，并且用好激励、劝导、领导和信息交流等手段。霍桑试验的重要之处在于，把人当作社会的人，从而要更多地考虑岗位上的人的情感、心理、期望等。

3. 社会系统理论

社会系统理论的代表人物是切斯特·巴纳德，他将管理工作纳入一个社会系统之中，并认为高级管理人员的任务就是在正式组织内尽力维护好一个协作系统。

(三)劳动关系的制度化

在两次世界大战期间，劳动关系有了进一步发展，世界大战和经济危机影响了各国政治和经济的稳定，加快了各国政府干预劳动关系的步伐，各国从初期的国家干预向制度化、法制化过渡。

由于战争和危机对生产和就业带来的震荡，劳资矛盾一度非常尖锐，同时也引发了很多社会问题。为了缓解劳资矛盾，促进经济的复苏，各国依据新的行为科学管理理念，开展了"产业合理化"运动。该运动是以工人参与企业管理为主要内容的产业民主化运动。

在该时期，三方性原则开始出现。最初的形式是，由政府的劳动部门安排雇主和工人代表或工会代表参加会议，共同讨论一些双方都关心的问题。经过一段时间的发展，逐步演变成政府在制定产业政策时主动征求双方的意见，政府参与调整双方关系，使双方的矛盾能够控制在一定范围内。三方合作的方式在当时主要有两种。第一种方式是，在政府的主持和法律的约束下，以集体方式处理劳资关系。这种集体谈判和集体协议制度逐渐在各国兴起，并广泛地传播。在集体谈判制度中，管理方与劳动者集体按照事先规定的程序通过讨价还价来共同决定工资和其他工作条件，而政府在谈判过程中作为第三方，除了帮助制定程序和规则之外，还承担调节和仲裁双方纠纷以及提供其他服务的责任。第二种方式是，在政府制定劳动立法的过程中，政府也从原来只听取雇主方的意见转变为邀请雇主和工人代表共同参与协商。一些国家还为此成立了由三方共同参与的机构。当然，这一时期三方性原则在工业企业中还不普遍、不完善。

(四)该时期劳动关系的特点

(1) 该时期的劳动关系受重大历史事件的影响比其他时期更明显。两次世界大战和大萧条使劳资矛盾在缓解和激化之间反复震荡，从客观上促进了劳动关系的加速发展。

(2) 政府进一步放弃了原来不干预的政策，不但加强了劳动保障方面的立法，而且对产业发展和劳动力市场等诸多领域进行了宏观调控。

(3) 企业的管理方更加关注员工的社会性特征，如士气、满意度等，客观上缓和了劳动关系的紧张状态。

(4) 该时期冲突逐步制度化，产业民主化和三方性原则首次被提出，集体谈判的范围进一步扩大，使调整劳动关系的渠道更宽，选择余地更大。

四、成熟的劳动关系

(一)背景

成熟的劳动关系时期是从第二次世界大战结束后直至20世纪八九十年代。在这一阶段，世界经济发展出现了很多新变化：科学知识技术蓬勃发展，计算机的发明和应用，自动化控制领域的突飞猛进。在科技快速发展的情况下，世界各国经历了一个经济快速增长的时期，企业的资本密集度不断增加，对工人的技术水平要求不断提高。同时，企业的规模也由于规模收益而不断扩大，所有这些都对企业管理提出了新要求。

随着第二次世界大战后全球经济的快速发展，出现了像英国、瑞典这样的福利国家。福利国家以社会保障制度完善、社会保障水平高而著称。在其他西方国家，社会保障制度也有了不同程度的完善。现代社会保障制度在20世纪四五十年代进入了成熟阶段。社会保障制度的发展对于改善劳动关系具有相当重要的意义。

(二)现代管理学的发展——"管理理论的丛林"

在科技进步和企业组织变化的背景下，原有的管理理念已经不再适应企业的需要，许多新理论应运而生。这些理论思想庞杂，内容广泛，因而被著名管理学家哈罗德·孔茨称为"管理理论的丛林"。

在管理理论的丛林中，各派不但观点各不相同，而且在分析方法、研究具体对象等方面也各有所长。这里仅列举几个相对重要的学派，并简单介绍他们的观点中与劳动关系有关的内容。

1. 经验主义学派

该学派的代表人物彼得·德鲁克认为，管理科学阶段侧重于以工作为中心，忽视人的一面；而行为科学又侧重于以人为中心，忽视与工作的结合。目标管理则是综合以工作为中心和以人为中心的方法，实现工作与人的完美结合。

2. 经理角色学派

经理角色学派产生于20世纪70年代，主要代表人物是加拿大的亨利·明茨伯格、乔兰、科斯廷等，该学派因以对经理角色的职务和工作为研究对象而得名。该学派认为，经理提高工作效率的方法是：与下属共享信息；有意识地克服工作的表面性；处理好对组织施加影响的各种力量的关系，这些力量有股东、学者、政府、工会、公众、职工等。

3. 权变理论学派

权变理论，也称Y理论，主要代表人物是约翰·莫尔斯和杰伊·洛希。该理论认为，在企业管理中要根据企业所处的内部和外部条件随机应变,没有一成不变的、普遍适用的"最好"的管理理论和方法。权变理论还认为,人们加入工作组织的目标和需要是互不相同的,他们对管理方式的要求也有差别,员工的培训和工作分配、工资报酬和对其的控制程度等管理政策应该随着工作性质、工作目标等因素而变化;当一个目标达到后,可以继续激发员工的胜任感,甚至为新的更高目标而努力。

这些新的学派的出现不仅反映了新的经济、技术环境下管理思想的变革,也反映了对已有的上一个比较特殊的历史时期的管理思想与传统的管理思想之间的某种整合。

(三)成熟的劳动关系

劳动者重新返回劳动力市场和战后重建,都为经济的复苏和经济在一个较长时期的发展提供了重要支持。经济发展的新要求和持续不断的工人运动,使政府采取了更多的产业民主化政策。

在这些产业民主化政策中,最重要的是工人参与企业管理,主要体现在三方性原则的广泛推广上,即政府、企业和员工三方合作,共同制定产业政策和劳动政策。具体形式各国又有所不同。有的在全国一级的产业层次上由政府主持下的雇主协会与企业工会谈判;也有的仅按照政府的法律规定,在企业层次上由雇主与企业工会谈判;还有一些国家成立了由三方参加的民主决策机构,劳资议会就属于这样的机构。国际劳工组织也是一个由三方组成的组织,它积极倡导劳动关系领域的三方性原则,在制定劳动法规、调整劳动政策、处理劳动争议等方面,政府、企业(雇主)和员工三方代表共同参与决策,相互影响、相互制衡。

另外,集体谈判制度也进一步完善,并且被西方国家普遍采用。雇主与工会或工人代表通过相对公平的谈判来决定工资和工作条件等内容,所有员工——工会会员以及非工会会员,都可以享受谈判带来的福利的增加。集体谈判逐渐成为处理管理方与员工之间日常问题的主要手段。

政府对劳动关系影响的方式也从不干涉、直接干预转变为通过立法规范间接干预。在这一时期,西方国家形成了一整套规范化、制度化的法律体系和调整机制。

在美国,1947年通过了《劳资关系法》(也称《塔夫托-哈特利法》),对工会的权利进行了规范和限制。1955年劳联和产联合二为一,结束了两大工会力量长期竞争的局面。合并之后的劳联产联的运作更加具有效率,并对内部各工会之间的冲突进行调整,使之控制在非暴力合法化的范围内。一方面,工会的数量不再像"二战"期间那样迅速增加,而多是旧有工会的延续;另一方面,参加工会的人数不断增加。

各国公共部门的工会发展壮大起来。从1972年开始,美国的制造业和建筑业蓝领工人中的工会组织数量骤减,同时,从1960年起,公共部门的工会组织,尤其是在州、地方和联邦政府雇员中的工会组织,则维持了较长时间的增长。在其他国家中也有相似的过程:1985年,公共部门中,工会代表的比例在美国为36%,德国为58%,英国为81%;而在私营部门中,工会代表的比例在美国为14%,德国为28%,英国为38%。

在欧美国家,虽然员工中工会会员的比例有所上升,但是冲突的形式却变得并不剧烈,劳动关系表现得更加成熟,因为双方找到了解决冲突更有效的办法,这就是法律规范下的由劳资协议制度、集体谈判制度等组成的制度体系。

(四)该时期劳动关系的主要特征

成熟时期的劳动关系的特征主要表现为以下几个方面:

(1) 经过前几个时期劳动关系的发展,政府不但认识到了调整劳动关系的重要性,而且调整手段也已经相当完备,立法体系完善,社会保障制度健全,保障水平随着经济的发展不断提高,为劳资双方有效沟通提供的各种服务也比较完备。

(2) 在政府立法、服务体系的干预下,管理方与员工都愿意通过相对缓和的形势来解决冲突,使双方都得到好处,因此,从总体上看,冲突的激烈程度在不断下降,合作成为劳动关系的主流。

(3) 经过长期的发展,"三方格局"形成,员工参与管理的产业民主制度、集体谈判制度等已相当完善。解决劳资矛盾、劳资争端的途径趋于制度化和法律化。

五、新的矛盾和问题

(一)经济和组织的发展的背景

近年来,一些学者从社会学和人类学角度对泰勒式的工作组织提出了挑战。他们认为,泰勒式组织具有成本高、制度僵化的缺点,不适应新时代高新技术和通信技术的发展,因为这些新技术在销售、生产、设计和生产重组等方面,要求更具柔性的专业特征,从而使工作组织和工作设计发生了根本性变化。计算机的广泛应用和人工智能技术的发展,使传统的蓝领和白领的界限变得越来越模糊。工作组织的制度也从多等级的官僚制转变为由网络化供应、团队工作、多种技术支持,以及向组织扁平化和弹性工作制这类形式多样、富于变化和适应环境的制度。由于全球经济一体化带来的更为激烈的全球性竞争,世界经济进入"微利"时代,这就要求劳动关系双方改变传统的调整冲突的方式和渠道。

(二)发展中国家面临新问题

全球经济一体化的必然趋势不但会对主动加入的国家产生巨大的影响,也会对那些"被迫"加入的国家的劳动关系和社会政策产生冲击。各个国家,尤其是发展中国家,都面临着一个严峻的选择:是降低劳动条件和福利水平以压低劳动成本从而在全球竞争中获取优势,还是积极遵守各国统一的劳动标准,以实现对工人的工作和生活水平的保障?这确实是一个需要各国慎重考虑的问题。目前,我国也面临着劳动标准水平的选择问题,这个问题直接影响到我国企业劳动关系的状况和参与国际竞争的能力。

(三)发达市场经济国家的工会也面临着知识经济的挑战

工会的产生与发展总是与制造业和建筑业的发展相联系。西方国家第三产业的比重大于第二产业的比重,工会的范围和力量有不断缩小的趋势。例如,在美国,工会会员的人数占工作人数的比重在不断下降,而且,在代表未来经济发展趋势的美国高科技企业中,工会的力量十分微弱。20世纪末,工会会员在美国劳动力中所占比例从第二次世界大战后的35%下降到10%左右,为第二次世界大战以来的最低水平。可以预见,在未来知识经济时代,具有知识的劳动者和具有资本的雇主之间的劳动关系会出现全新的变化。虽然工会在某些国家或某些产业中呈现倒退和没落的现象,但无论是在发达国家或者发展中国家,工会仍然是代表劳动者集体声音最重要的机制。其原因主要是各国通常都有劳动法律规定保障劳动者的团结权和集体协商的权利。另外，工会会员在各国的劳动人口中至少仍占10%～30%的比例，其涵盖人数仍然相对众多，集体行动力量不可忽视。

第三节　劳动法——调整劳动关系的法律

> 【案例】14年同工不同酬，75名"集体工"诉大唐电厂
>
> 　　2008年6月11日，河北张家口市劳动仲裁委员会开庭审理张家口下花园发电厂75名集体工要求同工同酬案。38岁的王宏(化名)和他的集体工工友们没有想到，无意之间，他们成为《劳动合同法》实施后，国内涉及人数最多的一起劳动者要求同工同酬待遇的劳动仲裁和诉讼案件的主角。1994年，刚走出校门的王宏通过考试进入了地处河北张家口下花园区的大唐国际发电股份有限公司(下称"大唐")下花园发电厂(当时是集体企业，目前已变更为外商投资的股份制企业)。当时王宏被分配到下花园发电厂下属的劳动服务公司，用工性质是有固定期限的"集体工"。在20世纪90年代初期，由于国有企业招工有指标限制，在需要用工却没有指标的情况下，招收"集体工"成为一些企业变通的方式。
>
> 　　王宏等集体工自入厂至今一直与全民工混岗工作，集体工所做的工作与全民工一样，都是电厂的主营业务。集体工的岗位配置和工作去向都由电厂统一安排。但是，在同样岗位，同样工龄，同样在发电厂工作的情况下，工资收入和待遇却与全民工有很大的差别。尤其2005年之后，全民工的基本工资为每月500元，而集体工分别是193元，177元，仅此一项相差300余元，工龄津贴、孕龄津贴、夜餐费等也都存在一定的差别，而住房公积金和补充养老保险更是成为全民工的"专利"，集体工根本享受不到。2008年1月1日，随着《劳动合同法》的实施，王宏改变现状的想法似乎变得"可行"起来。根据《劳动合同法》第14条的规定，劳动者在该用人单位连续工作满10年的，用人单位应当与其订立无固定期限劳动合同。其实这不仅仅是王宏一个人的愿望，其他集体工的愿望也极其强烈。他们迅速行动起来，给单位写信表达了他们的愿望——签订无固定期限的劳动合同，实现同工同酬，并补偿入厂以后的住房公积金和补充养老保险。但是，单位的反应让他们失望了。"下花园发电厂的领导表示，企业有困难，解决不了。"王宏说。无奈之下，他们把希望寄托在那本薄薄的《劳动合同法》上。2008年5月初，包括王宏在内的75名集体工正式向张家口劳动仲裁委员会递交了劳动仲裁申诉，诉请下花园发电厂与他们签订无固定期限劳动合同，并且要和全民工实现同工同酬待遇，补偿入厂以来的住房公积金和补充养老保险。

　　这是我国《劳动合同法》实施后，国内涉及人数最多的一起劳动者要求同工同酬待遇的劳动仲裁和诉讼案件。同工同酬是《劳动合同法》中具有突破性的制度规定。"同工同酬"是指用人单位应当对从事相同工作、付出等量劳动、具有相同技能要求并且取得相同劳动业绩的劳动者同等地支付劳动报酬。同工同酬须具备以下条件：一是劳动者工作岗位、工作内容相同；二是在相同的工作岗位上付出了同样的工作量；三是取得了相同工作业绩；四是劳动者能力、素质大致相同。简言之，就是同样岗位、同样工作任务、同样工作量和技能要求、同样实际贡献，获得同样报酬。反之，不同工就应不同酬。实行同工同

酬的前提：一是科学的岗位价值评估，即采用科学方法，对岗位的职责大小、工作强度、工作难度、任职条件、工作条件等特性进行评价，确定岗位的相对价值评价系统，以确定是否"同工"；二是完善绩效考核体系，即采用科学手段收集、分析、评价有关劳动者在其工作岗位上的能力、业绩、工作状态和适应性等方面的信息情况，科学测量工作绩效，以决定相同岗位的劳动者是否应该"同酬"。

一、劳动法与劳动关系

(一)劳动法的概念和功能

1. 概念

法律是社会关系的调整器。对劳动关系进行调整和规范的法律主要是劳动法。劳动法是一个独立的法律部门，是调整特定劳动关系及其与劳动关系密切联系的社会关系的法律规范的总称。劳动条件、报酬和保险福利决定着劳动者的生活基础，在劳动管理领域，劳动者、工会和用人单位深受法律的制约和规范。20世纪90年代以来，我国的劳动争议数量在总体上一直呈上升态势，劳动关系双方都希望从仲裁、审判以及国家立法中获得利益。有些集体争议使用了暴力，破坏了社会的安定，甚至威胁到重要的社会公共服务，政府不得不加以干涉。因而，劳动关系越来越多地受到法律的调整和监控。

劳动法的本质是由劳动法的内容所反映并决定和影响劳动法存在和发展的内在联系，这种联系主要体现在两个方面：一是劳动法的主旨是保护雇员即劳动者的利益；二是劳动法确定的劳动条件和劳动标准是劳动关系双方所遵循的最低条件和标准。劳动法保护劳动者权益，是通过制定最低劳动条件和标准来实现的。劳动关系双方只能在法定条件以上协商订立劳动合同，而不能低于法定条件，否则没有法律效力。而且，最低劳动条件和标准并不是一成不变的，随着社会的发展，通过一定的法定程序，其标准水平呈逐步提高的趋势。

现代劳动法起源于19世纪初的"工厂立法"，其产生以1802年英国国会通过的《学徒健康与道德法》为标志。20世纪初，在实行市场经济的西方国家，劳动法已成为一个独立的法律部门。现代意义上的劳动法是在工业社会发展到一定阶段，国家为维护和保障劳动者的利益而制定的调整劳动关系的法律。虽然各国根据自己的社会背景指定的劳动法不尽相同，如德国劳动立法强调保障劳动者权利、美国劳动立法重视协调劳动关系、日本劳动立法侧重规定劳动标准，但世界各国均认为劳动法是保护劳动者合法权益和调整劳动关系的法律规范。

2. 功能

法律的主要功能就是解决纠纷。一旦劳动者与用人单位之间发生了纠纷，申诉各方都希望赢得诉讼并且得到最起码的公正对待。可以说，法律的功能就是维持公正。劳动关系方面的法律具有以下三个主要功能。

(1) 保护劳动关系双方的自愿安排并为之提供保护，如劳动合同、集体合同制度。

(2) 解决纠纷。劳动法不仅赋予劳动者劳动权和保障权，而且规定了保证这些权利实现的司法机制，这是民主法制的基本要求。

(3) 确定基本劳动标准，如最低工资、最低就业年龄、工作时间和休息休假、社会保险以及安全卫生标准等。

3．劳动法如何调整劳动关系

劳动法通过平衡雇员和雇主双方之间的权利、义务关系达到调整劳动关系的目的，通过规定雇员和雇主双方的权利、义务关系，将其纳入法治的轨道。我国《劳动法》规定，劳动者享有平等就业和选择职业的权利、取得劳动报酬的权利、休息休假的权利、获得劳动安全卫生保护的权利、接受职业技能培训的权利、享受社会保险和福利的权利、提请劳动争议处理的权利以及法律规定的其他劳动权利。同时，劳动者应当完成劳动任务，提高职业技能，执行劳动安全卫生规程，遵守劳动纪律和职业道德。权利和义务是一致的、相对应的。劳动者的权利即是用人单位的义务；反之，劳动者的义务即是用人单位的权利。为了强调用人单位的义务，我国《劳动法》《劳动合同法》都规定，用人单位应当建立和完善规章制度，保障劳动者享有劳动权利和履行劳动义务。

(二)劳动法律的类型及主要法案

在我国，与劳动关系有关的法律类型主要包括以下几种：

(1) 宪法。宪法是法的最高形式，其他所有法律法规都必须与宪法的精神保持一致。宪法是劳动立法的最高法律依据，具有最高的适用效力。

(2) 法律。全国人民代表大会的立法及其全国人大常委会制定或批准发布的规范性法律劳动文件，都属于法律的范畴。如1994年的《劳动法》，1992年的《中华人民共和国工会法》，2007年的《劳动合同法》《就业促进法》等。

(3) 劳动行政法规。由国务院制定、国务院总理签署发布的，以条例、规定、办法命名的有关劳动方面的规范性文件，如《劳动合同法实施条例》《女职工劳动保护的规定》《企业劳动争议处理条例》等。劳动行政法规是依据宪法和法律制定的，是劳动法律的具体化，是人民法院审理劳动案件的依据，属于法的范畴。

(4) 地方性法规。由省、自治区、直辖市和较大的市的人民代表大会及其常务委员会制定的规范性文件。地方性法规不得与宪法、法律、行政法规相抵触。

(5) 行政规章。包括国务院各部委的部门规章和省级任命政府制定的规章，是国务院各部委及省、自治区、直辖市人民政府制定的规范性文件、人民法院审理劳动争议案件，对行政规章是"参照"而不是"依照"。

(6) 法律解释。有解释权的国家机关对劳动法律规范的含义以及所使用的概念、术语、定义所作的说明和解释，包括立法解释、司法解释和行政解释。如最高人民法院2010年9月13日《最高人民法院关于审理劳动争议案件适用法律若干问题的解释(三)》等。

(7) 国际劳工公约和建议书。劳工公约和建议书共同构成国际劳工标准。截至2009年，我国批准加入和签订了《经济、社会和文化权利国际公约》《公民权利和政治权利国际公约》《准予就业最低年龄公约》《就业政策公约》《就业及职业歧视公约》等26个国际劳工公约，内容涉及平等就业、劳动安全、最低工资等领域。凡是我国批准的劳工公约，即产生与国内法同等的法律效力。

(三)劳动关系的调整机制

1. 法律调整机制

劳动关系在社会关系体系中居于重要地位，对劳动关系进行规范和调整，是各国劳动法的重要任务，也是劳动法产生的社会条件。劳动立法在各国都是调整劳动关系的主要机制。日本武藏大学山川一隆教授把日本的劳动立法分为三类，即个别劳动关系法、集体劳动关系法和劳动市场法。个别劳动关系法主要是最低劳动标准方面的立法，如《劳动基准法》《劳动安全卫生法》《最低工资法》《劳灾保险法》《育儿休业法》等。集体劳动关系法是关于劳资双方团体之间的法律，如《工会法》《劳动关系法》等。劳动市场法是在劳动者就业之前对政、劳、资及社会中介机构的一些行为的立法，如对劳动力的开发培训、职业介绍等法律。

2. 企业内部调整机制

企业内部调整劳动关系的机制主要有：①集体协商和谈判机制。包括集体谈判和集体合同制度，但更重要的内容是指劳动关系双方经常性的、多层次的、内容广泛的相互协商。谈判比较正规、严肃，一旦破裂容易形成争议，协商则比较灵活，气氛融洽，有缓冲的余地，它可以在多层次开展，如车间、分厂、总厂，协商的内容可以从日常生活到企业经营活动，无所不包，这种经常性的交流、沟通式的协商是融洽、稳定劳动关系的重要制度。②工人参与管理机制。在企业内部建立雇主组织，参与企业管理的部分事务，以协调企业内部的劳动关系。③重视劳动协约和就业规则的作用，建立合法、完善的企业内部规章。④注意对劳动关系双方进行法制"企业共同体""伙伴关系"等意识的培育和教育，为劳动关系的稳定奠定良好的基础。

3. 劳动争议处理机制

通过处理劳动争议案件和不当劳动行为案件来调整劳动关系，是各国普遍采用的一种比较成熟的劳动关系调整机制。因为劳动争议是劳动关系双方发生冲突、矛盾的表现，争议的有效解决就是使劳动关系双方由矛盾、冲突达到统一、和谐。

4. 三方协商机制

在制定劳动法规、调整劳动关系、处理劳动争议和参与国际劳工会议方面，政府、雇主和雇员代表共同参与决定，相互影响和制衡，是在调整劳动关系的实践中形成的有效机制。三方协商是国际通行的做法，也是国际劳工组织着重推行的基本原则。三方协商机制基于一定的组织形式，协调劳动关系事务，通过社会对话，建立社会合作协议，创造和谐、稳定的社会生活秩序。它要求明确雇主、雇员和政府在市场经济中的地位，规范三方的主体活动，确定三方的活动规则、活动范围和活动程序。坚持三方性原则，有利于促进政、劳、资三方合作，共同改善劳动状况，坚持社会正义。1999年，国家经贸委发布了《关于明确各地企业家协会代表企业参与劳动关系协调工作的通知》，明确了中国企业家协会作为企业方的代表参与劳动关系协调工作的地位，作为三方协调机制中的企业一方的代表，具体负责参与劳动立法、企业劳动争议的协调和处理工作，其职责应是维护企业群体和整体利益。同时，也要明确工会的市场地位，使工会成为三方原则中坚实的一方。确立政府协调劳动关系的法律地位，政府是三方中的一方，是协调人、仲裁人，而不是直接的管理者、命令者。

5．惯例调整

惯例是在长期的实践中形成的调整劳动关系的重要机制，如日本的"春斗"工资、"秋斗"劳动条件、被称为日本劳资关系保持相对稳定重要原因的终身雇佣制和年功序列制，也是企业界自然形成的惯例制度。

(四)国际劳动立法

国际劳动立法主要包括国际劳工公约和建议书。它们涉及劳动者的基本权利、就业、劳动报酬、工作条件、劳动关系、社会保障等各个领域，形成了一部完整的国际劳动法典，对协调、指导会员国国内劳动立法，调整劳动关系，促进社会公平和维护劳动者权益发挥着重要作用。从总的方面看，劳工公约可分为三类：

(1) 基本人权类，包括第87号《结社自由和保护组织权利公约》(1948年)、第98号《组织权利和集体谈判权利公约》(1949年)、第29号《强迫劳动公约》(1930年)、第105号《废除强迫劳动公约》(1957年)、第100号《男女同工同酬公约》(1951年)、第111号《就业和职业歧视公约》(1958年)、第138号《准予就业最低年龄公约》(1973年)、第182号《禁止和立即行动消除最恶劣形式的童工劳动公约》等8个公约。

(2) 劳动专业类，包括促进就业、社会政策、劳动行政、劳动关系、工作条件、职业安全卫生、社会保障等方面的公约。

(3) 特定人群类，包括关于妇女、童工、未成年工、老年人、残疾人、移民工人、海员、渔民、码头工人、家庭工等特定人群的公约。

国际劳工公约一经会员国批准，即具有与会员国国内立法相同的法律效力。建议书无须批准，只供会员国在进行本国立法和制定或修订劳动及社会政策时参考。不少国家都在较短时间内批准了较多的国际劳工公约，或直接将国内立法与国际劳工公约相衔接。正是从这一意义上讲，劳动立法更具有国际性。我国劳动立法要与国际接轨或参照国际惯例，劳动立法不应仅局限于国内，而应放眼全球，吸收外国劳动法的新成果，这是对我国劳动立法顺应全球经济一体化发展的要求。

二、工资的法律保障

(一)工资的法律意义

工资是劳动者及其家庭生活的主要来源，支付工资是雇主与劳动者劳动义务相对应的一项重要义务。劳动法中，工资是雇主依据国家有关规定或劳动合同约定，以货币形式直接支付给劳动者的劳动报酬。我国法律法规规定，工资是用人单位依据劳动合同规定，以货币形式支付给劳动者的工资报酬。工资包括计时工资、计件工资、奖金、津贴和补贴、加班加点工资、特殊情况下支付的工资。工资的种类可以是货币工资、实物工资和混合工资，其形式包括计时工资、计件工资、奖励工资、津贴、佣金和分红等。工资的给付水平直接决定了劳动力成本，它是由劳动生产率、通货膨胀率和市场竞争强度决定的。在市场经济条件下，工资作为劳动合同的重要条款，是由劳动者和用人单位定期协商决定的。法律要求用人单位应按照劳动合同约定的支付标准、支付时间和支付方式，按时足额支付劳动者工资。劳动部《关于贯彻执行〈中华人民共和国劳动法〉若干问题的意见》(劳部发〔1995〕309号)明确规定，劳动者的以下劳动收入不属于工资范围：①单位支付给劳动者个人的社会保险福利费用，如丧葬抚恤救济费、生活困难补助费、计划生育补贴等；②劳动保护方面的费用，如用人单位支付给劳动者的工作服、解毒剂、清凉饮料费用等；③按规定未列入工资总额的各种劳动报酬及其他劳动收入，如根据国家规定发放的创造发明奖、国家星火奖、自然科学奖、科学技术进步奖、合理化建议和技术改进奖、中华技能大奖等，以及稿费、讲课费、翻译费等。根据法律法规规定，我国工资的具体形式包括以下几种。

1．计时工资

计时工资是指按计时工资标准和工作时间支付给劳动者个人的工资报酬。计时工资标准是根据劳动者的技术熟练程度、劳动繁重程度等标准确定的。在相同的工作时间内，从事同种工作，并具有基本相同的劳动技能的劳动者的工资是相同的。按照工资支付时间不同，计时工资可以分为年薪工资、月工资、周工资和日工资，即按照年、月、周和日计算和发放的工资。在现实生活中，使用最广泛的报酬支付形式是计时工资。美国86%的雇员按小时或月领取工资。目前，我国全日制用工形式一般实行月工资制，非全日制用工以周或天计算工资，并规定月工资制与小时工资制、日工资制之间可以相互转换。

2．计件工资

计件工资是指根据劳动者提供的合格产品的数量和规定的计件单价支付工资的一种形式。与计时工资不同，计件工资不是按照劳动者劳动时间的长短支付工资，而是按照劳动者在单位时间内完成的合格产品的数量来计算工资报酬的形式。在我国，计件工资有很长的历史，主要形式有全额计件工资、实物量计件工资和超额计件工资，其中实物量计件工资是对原计件工资办法的改进。对于产量、质量、物耗等指标能考核到个人的工种，可以实行个人计件工资。计件工资制实际上是按产品数量支付工资，它是一种最普遍的以个人为单位的基本奖励形式，能更好地体现按劳分配的工资支付原则。

3．奖金

奖金作为一种工资支付形式，是指为奖励劳动者的超额绩效而支付的劳动报酬，其目的是奖励目标完成者和激励追求者。奖金是基于按绩效付酬的历史背景而产生的报酬形式，对于激励员工绩效能够起到重要作用。根据员工绩效来支付报酬，是20世纪西方发达国家薪酬实践的一个里程碑，它强调薪酬与绩效表现之间的联系。奖金的具体形式有很多，从奖励对象看，可以包括个人奖励计划、团队激励计划和组织激励计划；从奖励时间看，可以包括月度奖、季度奖和年度奖；从奖励项目看，可以分为成本奖、质量奖、安全奖和超产奖。无论具体形式如何，奖金都是劳动者工资的一部分。

4．津贴和补贴

津贴作为一种辅助形式，是对劳动者额外劳动付出的一种补偿，一般是指补偿劳动者在特殊条件下的劳动消耗及生活费额外支出的工资。津贴的种类很多,主要有矿山井下津贴、高温津贴、野外工作津贴、林区津贴、艰苦气象台站津贴、基础设施建设工程流动施工津贴、保健津贴、医疗卫生津贴等。补贴是为了补偿物价变动而设置的补偿,主要有生活费补贴、价格补贴等。

5. 延长工作时间的工资报酬

劳动者在法定工作时间以外提供劳动,加班加点的,用人单位应当按照法定标准支付高于劳动者正常工作时间工资的工资报酬。劳动者延长工作时间的报酬也属于其工资的构成部分。

6. 特殊情况下支付的工资

劳动者在法定工作时间内依法参加社会活动期间,用人单位应视同其提供了正常劳动而支付工资,这些工资属于劳动者在特殊情况下用人单位支付的报酬,也属于劳动者工资的构成部分。

(二)工资支付的原则

1. 协商同意原则

工资的给付标准和数额由劳动力市场最终决定。工资应当由雇员和雇主平等地决定。当事人协商确定工资标准,是工资支付的一般原则。工资集体协商是与市场经济相适应的工资决定和制衡机制,在工资问题上实行平等协商,可以使最敏感的问题由"模糊"变为公开,员工的意见通过工会与企业协商,及时得到沟通,矛盾得以化解;协商可以集思广益,使工资分配更加合理,从源头上避免矛盾和争议的产生;经协商确定的工资集体合同具有法律效力,双方都要依法履行,一旦发生争议,也能依法调解。实行工资集体协商制度,带来的是双赢,是企业发展、员工权益的保障。

2. 平等付酬原则

在许多国家,因职业、产业、种族、性别、年龄、受教育程度的不同,工资高低差距很大,其中男女同工不同酬和种族歧视问题表现最为突出。第二次世界大战后,世界多数国家确立了平等付酬原则。美国 1963 年修改《公平劳动标准法》时,增加了男女同工同酬的规定。英国 1970 年制定了专门的《同工同酬法》,1975 年制定了《性别歧视禁止法》。日本《劳动标准法》第 3 条和第 4 条规定:"雇主不得以工人的国籍、信仰和社会地位为理由,而在工资、工作时间和其他劳动条件方面规定不同的待遇。""雇主不得以受雇者是女工为理由,而在工资方面规定与男工不同的待遇。"我国政府已批准加入的第 100 号《国际劳工公约》也规定:"对男女工人同等价值的工作给予同等报酬。"男女同工同酬是我国《劳动法》始终坚持的原则,该法第 46 条规定:"工资分配应当遵循按劳分配原则,实行同工同酬。工资水平在经济发展的基础上逐步提高。国家对工资总量实行宏观调控。"2008 年实施的《劳动合同法》也明确规定了同工同酬问题,规定了劳务派遣的劳动者与用工单位的劳动者实行同工同酬,没有签订劳动合同的劳动者与本单位相同岗位的劳动者实行同工同酬。同工同酬是我国工资分配的一个基本原则,同等价值的工作应当给予同等的报酬。用人单位在制定薪酬制度时，必须遵循同工同酬原则，保障劳动者在工资分配上享有平等权利，禁止歧视。

3．依法支付原则

依法支付原则是指要按照法律规定或合同约定的标准、时间、地点、形式和方式发放工资。根据我国《劳动法》《劳动合同法》和《工资支付暂行规定》，工资支付应符合如下规定。

(1) 工资应当以法定货币支付，不得以实物及有价证券替代货币支付。

(2) 工资应当按时支付。我国《劳动法》规定工资按月支付，即按照企业规定的每月发放工资的日期支付工资。工资必须在用人单位与劳动者约定的日期支付。如遇节假日或休息日，则应提前在最近的工作日支付。工资至少每月支付一次，实行周、日、小时工资制的，可按周、日、小时支付。《劳动合同法》第 72 条规定，非全日制用工劳动报酬结算支付周期最长不得超过 15 日。对完成一次性、临时性或某些具体工作的劳动者，用人单位应按有关协议或合同规定在其完成劳动任务后支付工资。用人单位只要与劳动者约定了发薪日期，每月必须在约定之日发薪，不得任意变动，过了约定日期发薪，就构成拖欠工资。劳动者与用人单位在依法解除或终止劳动合同时，用人单位应同时一次付清劳动者工资。用人单位依法破产时，应将劳动者的工资列入清偿顺序，优先支付。

(3) 工资须直接支付。工资应当直接支付给劳动者本人，劳动者因故不能领取工资时，可由亲属或委托他人代领。用人单位可委托银行代发工资。支付工资时，用人单位必须书面记录支付劳动者工资的数额、时间、领取者的姓名以及签字，并保存两年以上备查，应向劳动者提供一份其个人的工资清单。劳动者工资处理不受干涉。任何人不得限制和干涉雇员处理其工资的自由。雇主不得以任何方法要求甚至强迫雇员到雇主或其他任何人的商店购买商品，亦不得强迫雇员接受雇主提供的劳务服务。任何限定工资使用地点和方式的协议都是非法的、无效的。

(三)禁止克扣和无故拖欠劳动者工资

1．不得克扣劳动者工资

任何组织和个人无正当理由不得克扣和拖欠劳动者的工资。克扣和拖欠劳动者工资，是一种侵权行为。我国《劳动法》第 50 条规定，不得克扣或者无故拖欠劳动者工资。所谓克扣劳动者工资，是指在正常情况下，劳动者依法律或者合同规定完成了生产工作任务，用人单位无正当理由扣减劳动者应得工资，或借故不全部支付劳动者工资。克扣劳动者的工资不包括以下减发工资的情况：①国家法律、法规中有明确规定的，如法院判决、裁定中要求代扣的抚养费、赡养费；②依法签订的劳动合同中有明确规定的，用人单位代扣代缴的个人所得税和应由劳动者个人负担的各项社会保险费用；③用人单位依法制定并经职代会批准的厂规厂纪中有明确规定的；④企业工资总额与经济效益相联系，经济效益下浮时，工资必须下浮的；⑤因劳动者请事假等相应减发工资等。为保证劳动者的最低生活水平，各国法律多规定对工资的扣除要有一定比例，或者规定工资的扣除要保持在一定限度内，低于一定限度的工资不得扣除。我国《工资支付暂行规定》指出，因劳动者本人原因给用人单位造成经济损失的，用人单位可按照劳动合同的约定要求其赔偿经济损失。

经济损失的赔偿可从劳动者本人的工资中扣除，但每月扣除部分不得超过劳动者当月工资的 20%。若扣除后的剩余工资部分低于当月最低工资标准，则按最低工资标准支付。有些国家规定，对工资的扣除要在一定限度内，如日本为年薪 3 万日元。任何人不得直接或间接用武力、偷窃、恐吓、威胁、开除或其他任何办法，不经雇员同意，扣除其任何数量的工资，或引诱其放弃部分工资。雇员赊贷雇主的财物一般不得在工资项目中扣除，但以原价供给的生活品、房屋租金或取暖费，以及为雇员利益而设立的储蓄互助金、统筹金等除外。

2. 不得拖欠劳动者工资

所谓拖欠劳动者工资，是指用人单位在规定时间内未支付劳动者工资。通常，劳动者和用人单位在一个工资支付周期内会事先商量具体付薪时间，并形成制度，超过商定付薪时间未能支付工资，即为拖欠工资。根据法律规定，除用人单位遇到非人力所能抗拒的自然灾害、战争等原因，或用人单位确因生产经营困难，资金周转受到影响，并征得本单位工会同意可以延期支付工资外，其他情况下拖欠工资均属无故拖欠。法律规定不属于无故拖欠劳动者工资的具体情形包括：①用人单位遇到非人力所能抗拒的自然灾害、战争等原因，无法按时支付工资；②用人单位确因生产经营困难、资金周转受到影响，在征得本单位工会同意后，可暂时延期支付劳动者工资，延期时间的最长限制可由各省、自治区、直辖市劳动保障行政部门根据各地情况确定。此外，其他情况下拖欠工资均为无故拖欠。

(四)特殊情况下工资的支付

特殊情况下的工资，是指依法或按协议在非正常情况下，由用人单位支付给劳动者的工资，主要包括以下几种。

1. 履行国家和社会义务期间的工资

我国法律规定，劳动者在法定工作时间内依法参加社会活动期间，用人单位应视其提供了正常劳动而支付工资。社会活动包括：依法行使选举权或被选举权；当选代表出席乡(镇)、区以上政府、党派、工会、共青团、妇女联合会等组织召开的会议；出任人民法庭证明人；出席劳动模范、先进工作者大会；不脱产工会基层委员会因工会活动占用的生产或工作时间；其他依法参加的社会活动。

2. 年休假、探亲假、婚假、丧假工资

根据我国《劳动法》及相关规定，劳动者依法享受年休假、探亲假、婚丧假期间，用人单位应当按劳动合同规定的标准支付工资。劳动者享受年休假、探亲假、婚假、丧假就视同提供了正常劳动，用人单位应当支付工资，不能以劳动者休假未上班为由扣发其工资。实践中，一些企业随意扣发劳动者享受以上假期时的工资，这种做法是违法的。

3. 停工期间的工资

根据《工资支付暂行规定》，非因劳动者原因造成单位停工、停产在一个工资支付周期内的，用人单位应当按劳动合同规定的标准支付劳动者工资。超过一个工资支付周期的，若劳动者提供了正常劳动，则支付给劳动者的劳动报酬不得低于当地最低工资标准；若劳动者没有提供正常劳动，应按国家有关规定办理。职工因本人过失造成停工的不发给

第九章 劳动关系管理

过失者津贴；非因本人过失造成停工的，一般按照本人标准计时工资的75%发给停工津贴。试用新机器、新工具、试行先进经验及合理化建议期间，非因本人过失造成的停工，停工津贴按照本人标准工资的100%发放。停工期间，职工享受的地区津贴、野外津贴、生活补贴，按照依法确定的停工津贴的比例发放。

4．病假、事假工资

病假工资应按不低于最低工资标准的80%支付。对于患病或非因工负伤的员工住院治疗，未能在法定工作时间内履行正常劳动义务的职工，可以不受最低工资标准的保护，但应以最低工资标准为依据发放工资报酬。劳动部《关于贯彻执行〈中华人民共和国劳动法〉若干问题的意见》中相关规定称："职工患病或非因工负伤治疗期间，在规定的医疗期内由企业按有关规定支付其病假工资或疾病救济费，病假工资或疾病救济费可以低于当地最低工资标准支付，但不能低于最低工资标准的80%。"医疗期是指企业职工因患病或非因工负伤停止工作治病休息不得解除劳动合同的时限。企业职工因患病或非因工负伤，需要停止工作医疗时，根据本人实际参加工作年限和在本单位工作年限，给予3~24个月的医疗期。

劳动者在事假期间，用人单位可以不支付其工资。

5．破产时工资的清偿权

2007年6月1日实施的《企业破产法》重新界定了企业破产清偿顺序，法律的公布时间2006年8月27日是界定劳动债权和担保债权清偿顺序的分水岭。该法公布前出现的破产，破产人应优先清偿职工工资和其他福利；破产人无担保财产不足以清偿职工工资的，要从有担保的财产中清偿。该法公布后，破产人将优先清偿企业担保人，职工工资和其他福利仅能从未担保财产中清偿。《企业破产法》第113条规定，破产财产在优先清偿破产费用和共益债务后，依照下列顺序清偿：①破产人所欠职工的工资和医疗、伤残补助、抚恤费用，所欠的应当划入职工个人账户的基本养老保险、基本医疗保险费用，以及法律、行政法规规定应当付给职工的补偿金；②破产人欠缴的除前项规定以外的社会保险费用和破产人所欠税款；③普通破产债权。破产财产不足以清偿同一顺序的清偿要求的按照比例分配。破产企业的董事、监事和高级管理人员的工资按照该企业职工的平均工资计算。

(五)工资的诉讼保护

《劳动合同法》第30条规定："用人单位应当按照劳动合同约定和国家规定，向劳动者及时足额支付劳动报酬。用人单位拖欠或者未足额支付劳动报酬的，劳动者可以依法向当地人民法院申请支付令，人民法院应当依法发出支付令。"支付令是人民法院依照《民事诉讼法》规定的督促程序，根据债权人的申请，向债务人发出的限期履行给付金钱或有价证券的法律文书。针对拖欠工资问题，为使劳动者获得劳动报酬的权利及时实现，《劳动合同法》对用人单位不及时、足额支付劳动报酬的，规定劳动者可以依法向当地人民法院申请支付令，并规定人民应当依法发出支付令，其目的是为劳动者劳动报酬权的救济提供更便利迅速的救济途径。

根据《民事诉讼法》的规定，劳动者在申请支付令时，应当向用人单位所在地人民法院或者劳动合同依法约定的人民法院提出申请，并在申请书中写明请求给付的数量和所根据的事实、证据。人民法院应当在 5 日内通知劳动者是否受理。人民法院受理申请后，依法对劳动者提供的事实、证据进行审查。对债权债务关系明确、合法的，应当在受理之日起 15 日内向用人单位发出支付令；申请不成立的，裁定予以驳回。用人单位应当自收到支付令之日起 15 日内清偿债务，或者向人民法院提出书面异议。用人单位在法定期间不提出异议又不履行支付令的，劳动者可以向人民法院申请执行。用人单位在法定期间提出异议的，人民法院收到用人单位提出的书面异议后，应当裁定终结督促程序，支付令自行失效，劳动者可以向人民法院起诉。

对用人单位非法扣除劳动者工资或拖延支付应发工资的，法律规定了严格的责任。《劳动合同法》第 85 条规定："用人单位有下列情形之一的，由劳动行政部门责令限期支付劳动报酬、加班费或者经济补偿；劳动报酬低于当地最低工资标准的，应当支付其差额部分；逾期不支付的，责令用人单位按应付金额 50%以上、100%以下的标准向劳动者加付赔偿金：①未按照劳动合同的约定或者国家规定及时足额支付劳动者劳动报酬的；②低于当地最低工资标准支付劳动者工资的；③安排加班不支付加班费的；④解除或者终止劳动合同，未依照本法规定向劳动者支付经济补偿的。"劳动行政部门有权监察用人单位工资支付情况。劳动者与用人单位因工资支付发生劳动争议的，当事人可依法向劳动争议仲裁机关申请仲裁。对仲裁裁决不服的，可以向人民法院提起诉讼。

(六)最低工资法律制度

1. 最低工资的法律含义

最低工资是指劳动者在法定工作时间或依法签订的劳动合同约定的工作时间内提供了正常劳动的前提下，用人单位依法应支付的最低劳动报酬。最低工资包括基本工资和奖金、津贴、补贴，但不包括加班加点工资、特殊劳动条件下的津贴、国家规定的社会保险和福利待遇。法定工作时间是指国家规定的工作时间。劳动者依法享受带薪年休假、探亲假、婚丧假、生育(产)假、节育手术假等国家规定的假期期间，以及法定工作时间内依法参加社会活动期间，均视为提供了正常劳动。正常劳动指劳动者按照劳动合同的有关规定，在法定工作时间内从事的劳动。根据相关法律法规，用人单位支付给劳动者的下列费用不包括在最低工资的范围之内：①延长工作时间工资；②中班、夜班、高温、低温、井下、有毒有害等特殊工作环境、条件下的津贴；③法律、法规和国家规定的劳动者福利待遇等，例如用人单位通过补贴伙食、住房等支付给劳动者的非货币收入亦不包括在最低工资标准内。相对于正常情况下的劳动，劳动者从事中班、夜班、高温、低温、井下、有毒有害等特殊情况下的津贴是其从事特殊劳动的报酬，不能作为最低工资的组成部分。企业管理者一定要清楚最低工资的范围，以免因此引发争议。

最低工资法是国家制定的最低工资标准的法律。国家通过立法制定最低工资标准，确保用人单位支付劳动者的工资不得低于最低工资标准。最低工资立法的目的在于保证工资劳动者的最低收入，使其得以维持生活、改善劳动条件，有利于安定工人生活，提高劳动力素质，确保企业公平竞争，同时有助于社会经济发展。最低工资法本身具有救济、援助最低工资收入者的重要作用，同时对确保社会公正也十分必要。维持最低工资制与社会性成本的平衡将是一个重要的课题。我国《劳动法》第 48 条明确规定，国家实行最低工保障制度，用人单位支付劳动者的工资不得低于当地最低工资标准。《劳动合同法》第 72 条也规定，非全日制用工小时计酬标准不得低于用人单位所在地人民政府规定的最低小时工资标准。这从法律上保证了劳动者享有的最低工资保障权。国际劳工组织也先后于 1928 年、1951 年和 1970 年以国际劳动立法的形式，分别制定了关于最低工资的第 26 号、第 99 号和第 131 号三个公约和第 30 号、第 89 号、第 135 号三个建议书，其中第 131 号公约和第 135 号建议书是专为发展中国家制定的。最低工资立法已成为世界通行的做法。

2．最低工资的确定和发布

1) 最低工资的确定

最低工资标准是指单位劳动时间的最低工资数额。我国《劳动法》第 48 条规定，最低工资的具体标准由省、自治区、直辖市人民政府规定，报国务院备案。也就是说，我国不实行全国统一的最低工资标准，由各地根据具体情况确定最低工资标准。最低工资标准一般按月确定，也可以按周、日、小时确定。各种单位时间的最低工资标准可以互相转换。一般来说，最低工资标准应高于社会救济金和失业保险金标准，低于当地平均工资水平。

2) 最低工资标准的发布

省、自治区、直辖市人民政府劳动行政主管部门将确定的最低工资标准及其依据、详细说明和最低工资范围报国务院劳动行政主管部门备案。国务院劳动行政主管部门在收到备案后，应召集全国总工会、全国企业家协会共同研究。如其报送的最低工资率及其适用范围不妥的，有权提出变更意见，并在 15 日之内以书面形式给予回复。省、自治区、直辖市人民政府劳动行政主管部门在 25 日之内未收到国务院劳动行政主管部门提出变更意见，或接到变更意见对原确定的最低工资率及其适用范围作出修订后，应当将本地区最低工资率及其适用范围报省、自治区、直辖市人民政府批准，并且在批准后 7 日内发布。省、自治区、直辖市最低工资率及其适用范围应当在当地政府公报上和至少一种全地区性的报纸上发布。

3) 最低工资标准的调整

最低工资标准发布实施后，当最低工资标准制定时参考的各种因素如当地最低生活费用、职工平均工资、劳动生产率、城镇就业状况和经济发展水平等发生变化，或本地区职工生活费用价格指数累计变动较大时，应当适时调整。

3．最低工资的效力

最低工资是法定的最低报酬。企业支付给劳动者的工资不得低于其适用的最低工资率。实行计件工资或提成工资等工资形式的企业必须进行合理的折算，其相应的折算额不得低于按时、日、周、月确定的相应的最低工资率。当事人在劳动合同中约定的劳动报酬低于最低工资额时，其工资部分应视为无效。其无效部分应改按法定的最低工资执行。

三、工作时间和休息休假

(一)工作时间立法

工作时间是法律规定的，劳动者在工作场所为履行劳动义务而消耗的时间，即劳动者每天工作的时数或每周工作的天数。作为法律范畴，工作时间既包括劳动者实际完成工作的时间，也包括劳动者从事生产或工作所必需的准备和结束的时间、从事连续性有害健康的工作的间歇时间、工艺中断时间、女职工哺乳未满一周岁婴儿的哺乳时间以及因公外出等法律规定限度内消耗的其他时间。工作时间可以依小时、日、周、月、季和年来计算，用人单位必须按规定支付劳动者的劳动报酬。

工作时间的规定是工作场所的重要规则，也是现代劳动立法率先规范的领域。1919年国际劳工组织大会通过了第1号国际劳工公约《工业工作时间每日限为八小时及每周限为四十八小时公约》，1921年通过了第14号国际劳工公约《工业企业中实行每周休息公约》，1935年又通过了第47号国际劳工公约《每周工作时间减至四十小时公约》。我国《劳动法》及有关法规规定，劳动者每日工作8小时，每周工作40小时，实行统一标准。

工作时间是最重要的劳动条件之一，工作时间制度是否优良，不仅影响劳动者工作权益的保障，也高度影响企业的日常经营活动，甚至企业的竞争力。全球化时代的来临、高新技术的普遍应用，以及知识经济的发展，对落实劳动者权益的保障提出了新的要求，工时制度弹性化的调整是国际发展潮流，也是主要发达国家工时制度的发展趋势。

(二)工作时间的种类

1. 标准工作日

标准工作日是国家统一规定的，在一般情况下，是劳动者从事工作或劳动的时间。我国的标准工作日为每日工作8小时，每周工作40小时。标准工作日是计算其他工作日种类的依据，如实行综合计算工作时间的用人单位，其平均日工作时间和平均周工作时间应与法定标准工作时间基本相同。对实行计件工作的劳动者，用人单位应当根据标准工作日制度，合理地确定其劳动定额和计件报酬标准。

2. 缩短工作日

缩短工作时间是指法律规定的少于标准工作日时数的工作日，即每天工作时数少于8小时或者每周工作时数少于40小时。我国实行缩短工作日的情况主要有：从事矿山井下、高山、有毒有害、特别繁重体力劳动的劳动者；夜班工作；哺乳期工作的女职工。

3. 不定时工作日

不定时工作日是指没有固定工作时间限制的工作日，主要适用于因工作性质和工作职责限制，不能实行标准工作日的劳动者。主要包括：企业的高级管理人员、外勤人员、推销人员、部分值班人员和其他工作无法按标准工作时间衡量的职工；企业中的长途运输人员、出租汽车司机和铁路、港口、仓库的部分装卸人员以及因工作性质特殊需机动作业的职工；其他因生产特点、工作特殊需要或职责范围的关系，适合实行不定时工作制的职工。实行不定时工作制，应履行审批手续。经批准实行不定时工作制的职工，不受《劳动法》规定的日延长工作时间和月延长工作时间标准的限制，其工作日长度超过标准工作日的，不算做延长工作时间，也不享受超时劳动的加班报酬，但企业可以安排适当补休。对于实行不定时工作制的职工，企业应根据《劳动法》的有关规定，在保障职工身体健康并充分听取职工意见的基础上，采取集中工作、集中休息、轮休调休、弹性工作时间等适当方式，确保职工的休息休假权利和生产、工作任务的完成。

4．综合计算工作日

综合计算工作日是指用人单位根据生产和工作特点，分别采取以周、月、季、年等为周期综合计算劳动者工作时间的一种工时形式。一般适用于从事受自然条件或技术条件限制的劳动，主要包括交通、铁路、邮电、水运、航空、渔业等行业中因工作性质特殊需连续作业的职工；地质及资源勘探、建筑、制盐、制糖、旅游等受季节和自然条件限制的行业的部分职工；其他适合实际综合计算工时工作制的职工。实行综合计算工时工作制，应履行审批手续。经劳动行政部门批准执行综合计算工时工作制的，其工作时间可分别以月、季、年为周期，综合计算工作时间，但其平均日工作时间和平均周工作时间应与法定标准工作时间基本相同，超过法定标准工作日部分，应作为延长工作时间计算，并应按规定支付职工延长工作时间的工资报酬。在法定节日工作的，用人单位应按规定支付法定节日工作的工资报酬；实行综合计算工时制，企业要按劳动行政部门审批的相应的周期时间安排劳动者工作和休息，无权随意安排劳动者的工作时间。无论实行何种工时制度，都要做到保护劳动者的身心健康，不能以实行综合计算工时制或其他工时制为借口侵犯劳动者的休息权。

【案例】

原告：赵某、陈某、陆某、周某，均系某省灯泡厂工人。

委托代理人：胡某，某市律师事务所律师。

被告：某省灯泡厂。

法定代表人：朱某，该厂厂长。

原告方 4 人均系灯泡厂工人。被告自法定代表人朱某于 1994 年 5 月接任厂长职务后，从 1995 年 7 月 5 日起，以生产任务紧，工厂人手不足为由，将原来由 7 人承担的灯泡装箱入库工作改由原告方 4 人承担。一个星期后，原告方 4 人向厂长朱某提出灯泡装箱入库工作由原告方 4 人承担工作量太大，4 人每天得多干两个多小时才能完成任务，要求厂长再给增加一个人。厂长不同意加人，但提出 4 人的超时超量工作可以给加班费。3 个月后，原告方 4 人均感到身体已极度疲乏，无法再坚持长时间的超量劳动。因而，又一次向厂方反映情况，要求解决问题，但厂长朱某却说："干不了，可以不干，不想在灯泡厂干，可以走嘛。在这里就是这个干法。"双方遂为此发生争议。

思考题：厂方的做法是否违反了《劳动法》的有关规定？工人的权益是否受到了侵犯？

5．弹性工作时间

弹性工作时间是指在标准工作时间的基础上，每周的总工作时间不变，每天的工作时间在保证核心时间的前提下可以调节。弹性工作时间制度是 20 世纪 60 年代末在德国率先发展起来的，目前发达国家已普遍实行，我国在个别地区和行业开始试行。

6．计件工作时间

计件工作时间是指以劳动者完成一定劳动定额为标准的工作时间。《劳动法》规定，对实行计件工作的劳动者，用人单位应当根据标准工时制度合理地确定其劳动定额和计件报酬标准。实行计件工作的用人单位必须以劳动者在一个标准工作日或一个标准工作周的工作时间内能够完成的计件数量为标准，合理地确定劳动者每日或每周的劳动定额。

(三)加班加点

1．加班加点的概念

加班加点，即延长劳动时间，是指劳动者的工作时数超过法律规定的标准工作时间。加班，是指劳动者在法定节日或公休假日从事生产或工作。加点，是指劳动者在标准工作日以外继续从事劳动或工作。劳动者的工作权和休息权是宪法赋予的基本权利，为维护劳动者的身体健康和合法权益，国家法律、法规规定：劳动者每日工作时间不超过 8 小时、平均每周工作时间不超过 40 小时，并严格限制加班加点。《劳动法》第 43 条规定："用人单位不得违反本法规定延长劳动者的工作时间。"《劳动法》严格限制加班加点，规定了企业在生产需要的情况下，实施加班加点的条件、时间限度和补偿方式。

2．加班加点的条件和限制

(1) 一般条件。

用人单位由于生产经营需要，可以延长工作时间。《劳动法》第 41 条规定："用人单位由于生产经营需要，经与工会和劳动者协商后可以延长工作时间，一般每日不得超过一小时；因特殊原因需要延长工作时间的，在保障劳动者身体健康的条件下延长工作时间每日不得超过三小时，但是每月不得超过三十六小时。"这一规定明确了加班加点的条件。

(2) 特殊条件。

当出现特殊情况或紧急事件时，如救灾、抢险或威胁公共利益时，用人单位延长工作时间不受《劳动法》第 41 条的限制，即不受一般情况下延长工作时间的条件和法定时数的限制，既不需要审批，也不必与工会和劳动者协商。

3．延长工作时间的工资支付

用人单位须严格遵守劳动定额标准，不得强迫或者变相强迫劳动者加班。无论哪一种情况安排劳动者延长工作时间，用人单位都应当支付高于劳动者正常工作时间的工资报酬。因为加班加点，劳动者增加了额外的工作量，付出了更多的劳动和消耗，所以法律规定用人单位应当严格限制加班加点，并对劳动者的加班劳动支付额外报酬。

《劳动合同法》第 31 条规定，用人单位应当严格执行劳动定额标准，不得强迫或者变相强迫劳动者加班。用人单位安排加班的，应当按照国家有关规定向劳动者支付加班费。

劳动定额，是指在一定的生产技术组织条件下，对生产单位合格产品或者完成一定任务的劳动消耗所预先规定的标准。劳动定额包括时间定额(工时定额)、产量定额、看管定额、服务定额等。工时定额，是生产单位产品或完成一定工作量所规定的时间消耗量。产量定额，则是在单位时间内(如小时、工作日、班次或航次)规定的应生产产品的数量或应完成的工作量。劳动定额标准，是指在典型的技术条件下通过技术测定，制定的典型劳动作业或代表性产品的工时消耗产量标准的数据。根据劳动定额标准所确定的劳动消耗水平应当是在正常的技术组织条件下，多数人可以达到或接近的水平。劳动定额标准一经批准发布，即具有法律效力。用人单位制定劳动定额，应当以劳动定额标准为依据和参考。我国《劳动法》明确规定，国家实行劳动者每日工作时间不超过 8 小时，平均每周工作时间不超过 40 小时的工时制度，并规定实行计件工作的劳动者，用人单位应当根据每日工作时间不超过 8 小时，平均每周工作时间不超过 40 小时的工时制度，合理确定其劳动定额。如果劳动者进行了超过劳动定额标准的工作，就是延长了工作时间，即进行了加班。用人单位不得通过压低计件工资单价等方法，变相强迫劳动者加班。

对于加班费的具体支付数额，根据法律法规的规定，用人单位在劳动者完成劳动定额或规定的工作任务后，根据实际需要安排劳动者在法定标准工作时间以外工作的，应按以下标准支付工资：用人单位依法安排劳动者在日法定标准工作时间以外延长工作时间的，按照不低于劳动合同规定的劳动者本人小时工资标准的 150%支付劳动者工资；用人单位依法安排劳动者在休息日工作，而又不能安排补休的，按照不低于劳动合同规定的劳动者本人日或小时工资标准的 200%支付劳动者工资；用人单位依法安排劳动者在法定休假节日工作的，按照不低于劳动合同规定的劳动者本人日或小时工资标准的 300%支付劳动者工资。

实行计件工资的劳动者，在完成计件定额任务后，由用人单位安排延长工作时间的，应根据上述规定的原则，分别按照不低于其本人法定工作时间计件单价的 150%、200%、300%支付其工资。

经劳动行政部门批准实行综合计算工时工作制的，其综合计算工作时间超过法定标准工作时间的部分，应视为延长工作时间，并应按规定支付劳动者延长工作时间的工资。

关于劳动者日工资的折算。由于劳动定额等劳动标准都与制度工时相联系，因此，劳动者日工资可统一按劳动者本人的月工资标准除以每月制度工作天数进行折算。根据《全国年节及纪念日放假办法》规定，全体公民的节日假期由原来的 10 天增设为 11 天。职工全年月平均制度工作天数分别调整为年工作日 250 天、季工作日 62.5 天、月工作日 20.83 天。《劳动法》第 51 条规定，法定节假日用人单位应当依法支付工资，即折算日工资、小时工资时不剔除国家规定的 11 天法定节假日。据此，日工资、小时工资的折算为：

日工资=月工资收入÷月计薪天数

小时工资=月工资收入÷(月计薪天数×8 小时)

月计薪天数=(365 天-104 天)÷12 月-21.75 天

国家调整职工全年月平均工作时间和工资折算办法，厘清了制度工作日和制度计薪日两个概念，制度工作日主要用于工时管理，是判断超时加班的标准。制度计薪日则直接体现在日工资、加班工资的计算中。

【案例】加班工资计算基数可以自行约定吗？

北京中关村科技园区两家日资电子、电工企业互为关联企业，生产同样品牌的电子产品零部件。两家企业制造部的助理工程师的薪酬结构相同，均为基本工资 2000 元+岗位补贴 1000 元+浮动绩效工资。两家企业有关加班工资的计算方式也相同，即按照基本工资 2000 元作为加班费的计算基数。电子企业与制造部操作工约定加班费计算基数为基本工资

2000元，而电工企业与制造部操作工则没有此种约定。之后，两企业分别有一名员工离职，并同时对企业加班费计算方式表示异议，均向公司主张加班费计算基数至少应当按照基本工资2000元加上岗位补贴1000元之和即3000元来计算。两名员工同时向当地劳动监察部门进行投诉，当地劳动监察部门责令电工企业按照3000元基数标准重新计算加班费，并向该员工补发了加班费的相应差额，而对电子企业则未作处理。

加班费计算基数一直是劳动争议中的焦点问题。根据我国工资支付办法，确定加班工资的计算基数时，劳动合同中对工资有约定的，按不低于劳动合同约定的工资标准确定；劳动合同对工资没有约定或者约定不明的，按照企业集体合同的相关规定确定；集体合同没有规定的，按照劳动者正常劳动应得工资计算。案例中，电子企业由于已与劳动者约定计算加班工资的基数，而且此约定符合法律规定，因而劳动监察部门支持企业的做法。

为防范和减少因加班费引发的纠纷，企业应在薪酬制度中明确薪酬的结构，规定加班费的计算基数，可以将工资结构中相对固定部分作为计算加班工资的基数。对不同类型员工，可以实行综合计算工时制和不定时工作制。对于季节性生产和比较特殊的行业，可以实行综合计算工时制，将加班时间平摊到淡季等其他区间，以有效控制加班费的开支。对于管理人员，必要时可以实行不定时工作制，不定时工作制不存在加班费问题。此外，实行加班审批制度，规定员工在工作时间之外进行劳动，需要提前征求上级主管或特定部门的意见，经过审批后加班方为有效。对一些经常需要加班而又无法申请不定时工作制的企业，如对从事研发、精算等高知识含量工作的人员等，可以实行加班费的预发制度，即员工每月实得收入为应发工资和月工资加班费预发，一旦员工提出加班费异议，可首先用加班费预发部分冲抵，这样可以直接减少加班费的计算基数。

(四)休息休假

休息休假，是指劳动者在国家规定的法定工作时间以外自行支配的时间。休息休假的规定是劳动者休息权的体现。世界各国普遍在宪法或劳动法中明文规定了休息权。我国《宪法》第43条规定："中华人民共和国劳动者有休息的权利。国家发展劳动者休息和休养的设施，规定职工的工作时间和休假制度。"

根据劳动法律法规，劳动者的休息时间主要包括：

(1) 工作日内的间歇时间，即一个工作日内给予劳动者休息和用膳的时间。

(2) 两个工作日之间的休息时间，即一个工作日结束后至下一个工作日开始前的休息时间。

(3) 公休假日，工作满一个工作周以后的休息时间。我国劳动者的公休假日为两天，一般安排在周六和周日。

(4) 法定休假日，即国家法律统一规定的用于开展庆祝、纪念活动的休息时间。

(5) 年休假，即法律规定的劳动者工作满一定年限后，每年享有的保留工作带薪休假。《劳动法》第45条规定："国家实行带薪年休假制度。劳动者连续工作一年以上的，享受带薪年休假。具体办法由国务院规定。"2008年1月1日实施的《职工带薪年休假条例》对年休假制度作出了具体规定。

(6) 探亲假，即劳动者享有的探望与自己分居两地的配偶和父母的休息时间。探望配偶的，每年给予一方探亲假一次，假期 30 天。未婚职工探望父母的，原则上每年给假一次，假期 20 天；两年探亲一次的，假期 45 天。已婚职工探望父母的，每四年给假一次，假期 20 天。《职工带薪年休假条例》对年休假制度作出了具体规定。

【案例】丁某 2012 年进入上海某设计院工作，2013 年 7 月 23 日结婚，其妻就职于深圳一家房地产公司，二人两地分居。2014 年年初，丁某向领导提出要休探亲假，领导未同意，两人发生争吵。2014 年 8 月，丁某再次提出休探亲假，领导劝其缓一段时间。同年 11 月丁某第三次提出休假探亲，恰逢设计院承接了一项紧急工程，工作十分紧张，因此又未获同意。丁某认为，个别领导故意刁难自己，按国务院的规定，其应当享有每年 30 日探望配偶的假期。加之探亲假一般不能跨年度使用，于是丁某留下一纸说明便赴深圳。因丁某的擅自出走，设计院的工程受到了一定影响，未能在规定时间内完成。因此，设计院决定给予丁某行政警告纪律处分，并扣发探亲假期间的工资，探亲往返路费不予报销。对此，丁某不服，多次与单位交涉未果。2015 年 4 月，丁某向当地劳动争议仲裁委员会申请仲裁。

试分析：
(1) 丁某因用人单位多次不批准自己探亲假，擅自离岗探望配偶，是否可以享受探亲假待遇？
(2) 本案应如何处理？

(五)年休假制度

为了保护职工的休息休假权利，充分调动劳动者工作积极性，国务院颁布《职工带薪年休假条例》(以下简称《条例》)，并于 2008 年 1 月 1 日起实施。2008 年 9 月 28 日，人力资源和社会保障部公布实施《企业职工带薪年休假实施办法》(以下简称《实施办法》)，对《条例》作出进一步细化规定，其内容主要包括：

(1) 享受年休假的条件。根据《条例》和《实施办法》，劳动者连续工作满 12 个月以上的，享受带薪年休假。用人单位应当保证职工享受年休假。企业、民办非企业单位、有雇工的个体工商户等单位和与其建立劳动关系的职工，均适用这一规定。

(2) 年休假天数的规定。职工累计工作已满 1 年不满 10 年的，年休假 5 天；已满 10 年不满 20 年的，年休假 10 天；已满 20 年的，年休假 15 天。年休假天数根据职工累计工作时间确定。职工在同一或者不同用人单位工作期间，以及依照法律、行政法规或者国务院规定视同工作期间，应当计为累计工作时间。职工新进用人单位且符合享受年休假待遇的，当年度年休假天数按照在本单位剩余日历天数折算确定，折算后不足一整天的部分不享受年休假。具体折算方法为：(当年度在本单位剩余日历天数÷365 天)×职工本人全年应当享受的年休假天数。

(3) 年休假不得冲抵法定节假日。国家法定休假日、休息日不计入年休假的假期。职工依法享受的探亲假、婚丧假、产假等国家规定的假期以及因工伤停工留薪期间不计入年休假假期。

(4) 年休假与寒暑假、事假、病假关系。根据《条例》，职工有下列情形之一的，不享受当年的年休假：职工依法享受寒暑假，其休假天数多于年休假天数的；职工请事假累计 20 天以上且单位按照规定不扣工资的；累计工作满 1 年不满 10 年的职工，请病假累计 2 个月以上的；累计工作满 10 年不满 20 年的职工，请病假累计 3 个月以上的；累计工作满 20 年以上的职工，请病假累计 4 个月以上的。

《实施办法》进一步规定，职工享受寒暑假天数多于其年休假天数的，不享受当年的年休假。确因工作需要，职工享受的寒暑假天数少于其年休假天数的，用人单位应当安排补足年休假天数。职工已享受当年的年休假，年度内又出现《条例》规定的累计病假、事假超过法定期限不享受年休假的情形的，职工不享受下一年度的年休假。

(5) 年休假的安排。用人单位根据生产、工作的具体情况，并考虑职工本人意愿，统筹安排年休假。年休假在一个年度内可以集中安排，也可以分段安排，一般不跨年度安排。单位因生产、工作特点确有必要跨年度安排职工年休假的，可以跨一个年度安排。确因工作需要不能安排职工年休假或者跨一个年度安排年休假的，应征得职工本人同意。

(6) 年休假待遇。职工在年休假期间享受与正常工作期间相同的工资收入。单位确因工作需要不能安排职工休年休假的，经职工本人同意，可以不安排职工休年休假。用人单位经职工同意不安排年休假或者安排职工年休假天数少于应休年休假天数，应当在本年度内对职工应休未休年休假天数，按照其日工资收入的 300%支付未休年休假工资报酬，其中包含用人单位支付职工正常工作期间的工资收入。用人单位安排职工休年休假，但是职工因本人原因且书面提出不休年休假的，用人单位可以只支付其正常工作期间的工资收入。

(7) 合同解除或终止时年休假规定。用人单位与职工解除或者终止劳动合同时，当年度未安排职工休满应休年休假的，应当按照职工当年已工作时间折算应休未休年休假天数并支付未休年休假工资报酬，但折算后不足一整天的部分不支付未休年休假工资报酬。具体折算方法为：(当年度在本单位已过日历天数÷365 天)×职工本人全年应当享受的年休假天数—当年度已安排年休假天数。用人单位当年已安排职工年休假的，多于折算应休年休假的天数不再扣回。

(8) 劳务派遣劳动者的年休假。劳务派遣单位的职工符合年休假规定条件的，享受年休假。被派遣职工在劳动合同期限内无工作期间由劳务派遣单位依法支付劳动报酬的天数多于其全年应当享受的年休假天数的，不享受当年的年休假；少于其全年应当享受的年休假天数的，劳务派遣单位、用工单位应当协商安排补足被派遣职工年休假天数。

(9) 如何处理法定标准与单位规定的关系。劳动合同、集体合同约定的或者用人单位规章制度规定的年休假天数、未休年休假工资报酬高于法定标准的，用人单位应当按照有关约定或者规定执行。

(10) 休假监督机制的规定。地方劳动保障部门应当依据职权对单位执行年休假的情况主动进行监督检查。用人单位不安排职工休年休假又不依照规定支付未休年休假工资报酬的，由县级以上地方人民政府劳动行政部门依据职权责令限期改正；对逾期不改正的，除责令该用人单位支付未休年休假工资报酬外，用人单位还应当按照未休年休假工资报酬的数额向职工加付赔偿金；对拒不执行支付未休年休假工资报酬、赔偿金行政处理决定的，由劳动行政部门申请人民法院强制执行。工会组织也应依法维护职工的年休假权利。

四、劳动安全与卫生

【案例】李某于2001年6月在某市化学纤维厂工作。2004年12月突然病倒,被送疗养院治疗,2005年6月再次发病。同年年底,某市化纤厂将其调入某市仪表厂,档案中没有患职业病的记载。2006年8月,李某丧失劳动能力,医院确认为"三硫化碳中毒后遗症"。2007年3月,李某在某化纤厂补办了职业病有关手续。现在某仪表厂虽然承认李某有职业病,但晋升工资时将李某列入病假之列不给晋升工资。2006—2008年三次住院不给报销医疗费,2007年停发了李某的保健费。2009年10月李某申诉到仲裁委员会,请求享受职业病有关待遇,补发2007年至今的工资差额、补报医疗费、保健费等。

试分析:
李某的前后两个用人单位谁应该对其患职业病承担责任?

针对劳动过程中的不安全和不卫生因素,《劳动法》规定了劳动者有获得劳动安全卫生保护的权利,以保障劳动者在劳动过程中的安全和健康。国际劳工公约和建议书中涉及劳动安全卫生内容的约占一半。我国《劳动法》《劳动合同法》对劳动安全卫生也做了专门规定。此外,还有一系列与《劳动法》相配套的劳动安全卫生法规和安全卫生的国家标准,如国务院1991年发布的《企业职工伤亡事故报告和处理规定》、1992年全国人民代表大会通过的《中华人民共和国矿山安全法》、劳动部1994年颁布的《矿山安全监察员管理办法》、2002年全国人民代表大会通过的《中华人民共和国安全生产法》等。

(一)劳动安全卫生管理法规

为保障劳动者在劳动过程中的安全和健康,用人单位应根据国家有关规定,结合本单位实际制定有关安全卫生管理的制度。《劳动法》第52条规定:"用人单位必须建立、健全劳动安全卫生制度,严格执行国家劳动安全卫生规程和标准,对劳动者进行劳动安全卫生教育,防止劳动过程中的事故,减少职业危害。"《安全生产法》第4条规定:"生产经营单位必须遵守本法和其他有关安全生产的法律、法规,加强安全生产管理,建立、健全安全生产责任制度,完善安全生产条件,确保安全生产。"相关法规的内容包括以下几个方面:

(1) 企业管理者、职能部门、技术人员和职工的安全生产责任制,如规定单位主要负责人对安全生产工作全面负责,应当建立、健全本单位安全生产责任,并组织制定本单位安全生产规章制度和操作规程;保证安全生产投入的有效实施督促、检查安全生产工作,及时消除生产安全事故隐患;组织制定并实施生产安全事故应急救援预案;及时并如实报告生产安全事故等。

(2) 安全技术措施计划制度,如规定用人单位应当保证安全生产条件所必需的资金投入,对由于安全生产所必需的资金投入不足导致的后果承担责任;建设项目安全设施的设计人、设计单位应当对安全设施设计负责。

(3) 安全生产教育制度,如规定用人单位应当对从业人员进行安全生产教育和培训,保证从业人员具备必要的安全生产知识,熟悉有关的安全生产规章制度和安全操作规程,掌握本岗位的安全操作技能;未经安全生产教育和培训合格的从业人员,不得上岗作业;

特种作业人员必须按照国家有关规定经专门的安全作业培训,取得特种作业操作资格证书,方可上岗作业。

(4) 安全生产检查制度,如规定工会对用人单位违反安全生产法律、法规侵犯从业人员合法权益的行为,有权要求纠正;发现单位违章指挥、强令冒险作业或者发现事故隐患时,有权提出解决的建议;发现危及从业人员生命安全的情况时,有权向单位建议组织从业人员撤离危险场所等。

(5) 安全卫生监察制度,如工会有权对建设项目的安全设施与主体工程同时设计、同时施工、同时投入生产和使用进行监督,提出意见。

(6) 伤亡事故报告和处理制度。

> **【案例】新星林业机械厂的劳动安全管理**
>
> 新星林业机械厂在劳动安全管理工作上积极推行厂长、车间主任"一把手工程",贯彻执行"安全第一,预防为主"方针,充分发挥职能部门作用,大力投入资金改善工作环境和条件,改造设备,全厂上下齐心协力,使安全管理工作取得了斐然的成绩,连续6年无死亡、重伤和轻伤事故,使安全生产工作登上了一个新台阶。
>
> 在"一把手工程"的实施过程中,该厂还注重安全管理工作的开展。实施过程中,厂长、车间主任亲自过问、亲手抓的同时,充分发挥安全管理机构的作用,定目标、定职责,给权力,这是实施"一把手工程"的重要内涵。定目标、定职责是指把安全防火目标、职责落实到各职能部门,再分解到科室成员,并与职务和工资挂钩。给权力是指给事故处置权、奖罚权、工人上岗操作考核权、建议权和安全工作一票否决权,对事故进行调查处理,对违章单位、人员进行处罚,对不重视安全的基层单位领导撤销职务,对工厂安全生产工作提出改进意见和合理化建议,年终评比对严重违规单位实行一票否决。
>
> 林业机械厂加大资金投入力度确保"一把手工程"安全工作落实。实施安全"一把手工程"以来,对安全工作上的历史欠账加大了资金投入,生产安全得到保障,企业效益得到提高。大量投入确保了安全管理"一把手工程"的实施和生产经营上的良性循环,起到了积极的推动和促进作用。
>
> 全体员工认真实施安全管理"一把手工程",主动自觉地去实施,防微杜渐,及时消除隐患,把事故消灭在萌芽之中,林业机械厂不断稳定、发展和壮大。

(二)劳动安全技术规程

劳动安全技术规程,是防止和消除生产过程中的伤亡事故,保障劳动者生命安全和减轻繁重体力劳动强度,维护生产设备安全运行的法律规范。《劳动法》第53条规定,劳动安全卫生设施必须符合国家规定的标准。《安全生产法》第24条规定,生产经营单位新建、改建、扩建工程项目的安全设施,必须与主体工程同时设计、同时施工、同时投入生产和使用。安全设施投资应当纳入建设项目概算,劳动安全技术规程的内容主要包括以下几个方面:

(1) 技术措施,如机器设备、电气设备、动力锅炉的装置,厂房、矿山和道路建筑的安全技术措施;

(2) 组织措施，即安全技术管理机构的设置、人员的配置和训练，以及工作计划和制度。

(三)劳动卫生规程

劳动卫生规程，是防止有毒有害物质的危害和防止职业病发生所采取的各种防护措施的规章制度。包括各种行业生产卫生、医疗预防、健康检查等技术和组织管理措施的规定。职业危害主要有：①生产过程中的危害，如高温、噪声、粉尘、不正常的气压等；②生产管理中的危害，如过长的工作时间和过强的体力劳动等；③生产场所的危害，如通风、取暖和照明等。

(四)伤亡事故报告和处理制度

伤亡事故报告和处理制度是对劳动者在劳动过程中发生的伤亡事故进行统计、报告、调查、分析和处理的制度。《劳动法》第 57 条规定："国家建立伤亡事故和职业病统计报告和处理制度。县级以上各级人民政府劳动行政部门、有关部门和用人单位应当依法对劳动者在劳动过程中发生的伤亡事故和劳动者的职业病状况，进行统计、报告和处理。" 1991 年国务院颁布的《企业职工伤亡事故报告和处理规定》具体规定如下：

(1) 伤亡事故的种类。伤亡事故是指职工在劳动过程中发生的人身伤害和急性中毒事故。伤亡事故按伤亡程度和伤亡人数的不同，可分为轻伤、重伤、死亡事故、重大伤亡事故和特大伤亡事故。

(2) 伤亡事故的报告和调查。伤亡事故发生后，负伤者或事故现场有关人员应立即直接或逐级报告企业负责人；企业负责人接到重伤、死亡、重大伤亡事故报告后，应当立即报告企业主管部门或当地劳动部门、公安部门、检察部门和工会；企业主管部门和劳动部门接到死亡、重大伤亡事故报告后，应当立即按系统逐级上报，死亡事故报至省、自治区、直辖市企业主管部门和劳动部门，重大伤亡事故报至国务院有关主管部门。伤亡事故发生后，必须进行调查，查明事故发生原因、过程、人员伤亡和经济损失情况；确定事故责任者；提出事故处理意见和防范措施的建议；写出调查报告。伤亡事故调查工作依事故的伤害程度和人数，采取不同的方式，由不同的人员进行。

(3) 伤亡事故的处理。《安全生产法》第 13 条规定："国家实行生产安全事故责任追究制度，依照本法和有关法律、法规的规定，追究生产安全事故责任人员的法律责任。"伤亡事故由发生事故的企业及其主管部门负责处理。对于因忽视安全生产、违章指挥、玩忽职守或者发现事故隐患、危险情况而不采取有效措施，以致造成伤亡事故的，由企业主管部门或者企业按照国家有关规定，对企业负责人或者直接责任人给予行政处分；构成犯罪的，由司法机关依法追究刑事责任。在伤亡事故发生之后隐瞒不报、谎报、故意延迟不报、故意破坏事故现场，或者无正当理由拒绝接受调查或拒绝提供有关情况和资料的，由有关部门按照国家有关规定，对有关单位负责人和直接责任人给予行政处分；构成犯罪的，由司法部门依法追究刑事责任。在调查、处理伤亡事故中玩忽职守、徇私舞弊或者打击报复的，由其所在单位按照国家有关规定给予行政处分；构成犯罪的，由司法部门追究刑事责任。伤亡事故处理工作应当在 90 天内结案，特殊情况不得超过 180 天。伤亡事故处理结案后，应当公开宣布处理结果。

(五)劳动者的权利和义务

劳动者在劳动过程中必须遵守安全生产规章制度和操作规程，服从管理，正确佩戴和使用劳动防护用品，接受安全生产教育和培训，掌握本职工作所需的安全生产知识，提高安全生产技能，增强事故预防和应急处理能力，发现事故隐患或者其他不安全因素，应当立即向现场安全生产管理人员或者本单位负责人报告。

用人单位与劳动者订立的劳动合同应当载明有关保障劳动安全、防止职业危害的事项、依法为劳动者办理工伤社会保险的事项。用人单位不得以任何形式与劳动者订立协议，免除或者减轻其对劳动者因生产安全事故伤亡依法应承担的责任。

劳动者有权了解其作业场所和工作岗位存在的危险因素、防范措施及事故应急措施，有权对用人单位的安全生产工作提出建议，有权对安全生产工作中存在的问题提出批评、检举、控告，有权拒绝违章指挥和强令冒险作业。用人单位不得因此而降低其工资、福利等待遇或者解除与其订立的劳动合同。《劳动合同法》第32条规定："劳动者拒绝用人单位管理人员违章指挥、强令冒险作业的，不视为违反劳动合同。劳动者对危害生命安全和身体健康的劳动条件，有权对用人单位提出批评、检举和控告。"明确了在存在危害安全生产情形时，劳动者拒绝履行劳动合同的法律后果和所享有的权利的规定。

1. 劳动者在危及安全生产的情况下拒绝履行劳动合同的法律后果

安全生产在劳动合同履行中至关重要。在劳动过程中，劳动者有权拒绝违章指挥和强令冒险作业。用人单位不得因为劳动者拒绝违章指挥、强令冒险作业而降低其工资、福利等待遇或者解除劳动合同。《劳动法》也明确规定，劳动者对用人单位管理人员违章指挥、强令冒险作用，有权拒绝执行。为确保劳动者拒绝违章指挥、强令冒险作业权利的实现，防止安全事故的发生，《劳动合同法》规定，劳动者拒绝用人单位管理人员违章指挥、强令冒险作业的，不视为违反劳动合同。违章指挥，是指用人单位管理人员违反规章制度，指挥劳动者进行生产活动的行为。强令冒险作业，是指用人单位管理人员置劳动者人身安全于不顾，强迫劳动者进行可能危及劳动者生命安全和健康的作业。在这里，用人单位管理人员包括用人单位的负责人、生产管理人员和工程技术人员等。在用人单位管理人员违章指挥、强令冒险作业的情形下，劳动者不提供劳动是其法定的权利，其拒绝提供劳动的行为不被认为是不履行劳动合同义务，不承担任何违反劳动合同的法律后果。

2. 劳动者对危害生命和身体健康的劳动条件所享有的权利

劳动者有权对本单位安全生产工作中存在的问题提出批评、检举、控告。《劳动合同法》进一步规定，劳动者对危害生命安全和身体健康的劳动条件，有权对用人单位提出批评、检举和控告。即劳动者认为对生命安全和身体健康会产生危害时，有权向用人单位提出批评意见，也有权向主管部门和司法机关进行检举和控告。保障劳动者在工作过程中的安全与健康是用人单位的重要义务，法律赋予劳动者相应的权利，以达到平衡双方权利义务、保障劳动者安全与健康的目的。

【案例】实习学生劳动发生工伤如何赔偿

张某系某职业技术学校的学生。为使张某得到实践工作经验，学校经信函与某有限责任公司取得了联系,该公司表示同意接收张某到公司进行实践操作。2015年1月,该公司与张某签订了一份临时劳动合同。同年6月14日,张某在该公司车间进行车床工作时不慎受伤,致使左手缺失。同年7月27日,该公司与张某就工伤事宜达成了赔偿协议,约定:某有限责任公司对张某因工伤事故致残所造成的医疗费、护理费、误工费、交通费、假肢安装及维护费、工伤津贴、一次性伤残补助金、一次性伤残就业补助金、二次手术所需的费用等予以一次性补偿人民币97000元,不得反悔。当即,张某及其父亲、所在学校的校长及带队老师、某有限责任公司的代表均在该协议上签了字,当地法律服务所为该协议出具了见证书。此后,该公司即按协议向张某给付了97000元的赔偿款,张某也离开某有限责任公司回当地老家。同年8月24日,张某向发案地的市劳动和社会保障局提出工伤认定申请。次月15日,市劳动和社会保障局作出工伤认定:张某所受的事故伤害为工伤。同年11月14日,某有限责任公司因对市劳动和社会保障局作出的工伤事故认定决定书不服而向市人民政府提出行政复议。2016年1月4日,市人民政府作出行政复议决定书,维持了该工伤认定决定书的具体行政行为。同年1月20日及5月15日,南通市劳动能力鉴定委员会分别发出劳动鉴定结论通知书,鉴定结论为张某的伤情构成伤残五级且符合安装假肢。2016年5月24日,张某以该协议违反规定应认定为无效,且由某有限责任公司赔偿其各项损失费用为由向法院提起诉讼。

2016年5月24日,市法院立案受理了原告张某与被告某有限责任公司劳动保险合同纠纷一案,依法适用简易程序公开开庭进行了审理。审理中,经法院调解,双方自愿达成调解协议:一、原、被告在履行2015年7月27日所签协议书的基础上,被告某有限责任公司自愿于2006年7月17日前一次性补偿原告张某医疗费等费用合计人民币63000元。二、就本起工伤事故,原告张某放弃向被告某有限责任公司主张其他任何要求的权利。本案受理费等合计3060元(原告已预交),由原告张某负担。

五、工作场所的规则

(一)劳动就业标准

1. 禁止歧视

1958年的《就业和职业歧视公约》(第111号),其目标是促进就业和职业方面的机会与待遇平等。实效性条款共6条,主要是要求消除在就业和职业方面因种族、肤色、性别、政治见解、民族血统或社会出身等原因造成的歧视,并要求为此制定和执行专门的国家政策。目前,国际劳工组织强调的重点是防止和消除对妇女的性别歧视和劳动者因政治见解不同而受到的歧视。我国《劳动法》第12条明确规定:"劳动者就业,不因民族、种族、性别、宗教信仰不同而受歧视。"除政治见解未提及外,与公约的规定是一致的。2007年8月30日十届全国人大常委会第二十九次会议通过的《就业促进法》要求各级政府调整就业政策,创造公平的就业环境,消除就业歧视。用人单位违反规定,存在就业歧视的,劳动者可以向人民法院提出诉讼。新法规于2008年1月1日正式生效。《就业促进法》第3条规定:"劳动者依法享有平等就业和自主择业的权利。劳动者就业,不因民族、种族、性别、宗教信仰等不同而受歧视。"第25条规定:"各级人民政府创造公平就业的环境，消除就业歧视，制定政策并采取措施对就业困难人员给予扶持和援助。"第26条规定："用人单位招用人员、职业中介机构从事职业中介活动，应当向劳动者提供平等的就业机会和公平的就业条件，不得实施就业歧视。"《就业促进法》明确规定：①国家保障妇女享有与男子平等的劳动权利。②各民族劳动者享有平等的劳动权利。用人单位招用人员，应当依法对少数民族劳动者给予适当照顾。③国家保障残疾人的劳动权利，各级人民政府应当对残疾人就业统筹规划，为残疾人创造就业条件。用人单位招用人员，不得歧视残疾人。④用人单位招用人员，不得以是传染病病原携带者为由拒绝录用。但是，经医学鉴定传染病病原携带者在治愈前或者排除传染嫌疑前，不得从事法律、行政法规和国务院卫生行政部门规定禁止从事的易使传染病扩散的工作。⑤农村劳动者进城就业享有与城镇劳动者平等的劳动权利，不得对农村劳动者进城就业设置歧视性限制。

2. 禁止强迫劳动

1930 年的《强迫劳动公约》(第 29 号)、1957 年的《废除强迫劳动公约》(第 105 号)，其目的都是禁止强迫劳动。两个公约具体、明确规定了因兵役、公益事业、自然灾害、法院判决等形成的非自愿的劳动或服务不属强迫劳动；不得因政治见解、发展经济、劳动纪律、惩罚罢工、种族、民族、宗教歧视等原因使用强迫劳动。我国《劳动合同法》第 38 条规定，用人单位以暴力、威胁或者非法限制人身自由的手段强迫劳动者劳动的，劳动者可以立即解除劳动合同，无须事先告知用人单位。第 88 条规定："用人单位有下列情形之一的，依法给予行政处罚；构成犯罪的，依法追究刑事责任；给劳动者造成损害的，应当承担赔偿责任：(一)以暴力、威胁或者非法限制人身自由的手段强迫劳动的；(二)违章指挥或者强令冒险作业危及劳动者人身安全的；(三)侮辱、体罚、殴打、非法搜查或者拘禁劳动者的；(四)劳动条件恶劣、环境污染严重，给劳动者身心健康造成严重损害的。"

3. 禁止使用童工

《禁止和立即行动消除最恶劣形式的童工劳动公约》(第 182 号)于 1999 年 6 月经国际劳工大会通过，其目的是突出国际反对童工劳动的重点，先解决最急需解决的问题，将禁止和消除最恶劣形式的童工劳动作为一项紧迫任务加以贯彻执行。所谓最恶劣形式的童工劳动，主要是指强迫和奴役童工劳动、童妓和儿童制毒贩毒等利用童工的违法犯罪行为，以及在特别危险和恶劣条件下的童工劳动。我国《劳动法》规定的最低就业年龄为 16 周岁。

(二)女工保护标准

根据女性的生理特点，对女性劳动者在劳动过程和劳动市场中实施特殊保护，是保证人类健康繁衍生存和劳动力再生产质量的大事。国际劳工组织先后制定了对女职工进行特殊保护的公约和建议书。如 1919 年的第 4 号建议书、1921 年的第 13 号公约、1935 年的第 45 号公约、1960 年的第 114 号建议书、1967 年的第 172 号公约等。我国也制定了一系列关于女职工特殊保护的法律、法规，如 1992 年 4 月全国人民代表大会通过的《中华人民共和国妇女权益保障法》、1988 年 7 月国务院发布的《女职工劳动保护规定》、1990 年劳动部颁布的《女职工禁忌劳动范围的规定》以及 1980 年批准的联合国《消除对妇女一切形式歧视公约》等。主要内容包括以下几个方面：

1. 就业权利的保障

我国劳动法律规定，妇女享有同男子平等的就业权利。《就业促进法》第27条规定，用人单位招用人员，除国家规定的不适合妇女的工种或者岗位外，不得以性别为由拒绝录用妇女或者提高对妇女的录用标准。用人单位录用女职工，不得在劳动合同中规定限制女职工结婚、生育的内容。法律的主要规定有：①凡适合妇女从事劳动的工作，不得以性别为由拒绝录用妇女或者提高对妇女的录用标准；②不得以结婚、怀孕、生育、哺乳等为由辞退女职工或者单方面解除劳动合同；③男女同工同酬，同等劳动应领取同等报酬，不得因女工怀孕、生育、哺乳而降低其基本工资。女职工生育期间，享受法律规定的产假和医疗待遇，产假期间应由所在单位按法律规定支付工资。

2. 女职工禁忌从事的劳动

禁止女职工从事不利于身体健康的工作。《劳动法》第59条规定："禁止安排女职工从事矿山井下、国家规定的第四级体力劳动强度的劳动和其他禁忌从事的劳动。"《女职工禁忌劳动范围的规定》明确了女职工禁忌从事以下范围的劳动：①矿山井下作业；②森林业伐木、归楞及流放作业；③《体力劳动强度分级》标准中第四级体力劳动强度的作业；④建筑业脚手架的组装和拆除作业，以及电力、电信行业的高处架线作业；⑤连续负重每次超过20千克，间断负重每次超过25千克的作业。

3. 四期保护

针对女职工生理机能的变化，劳动法律、法规对女职工经期、孕期、产期和哺乳期规定了特殊保护：①经期保护。不得安排女职工在经期从事高处、低温、冷水作业和国家规定的第三级体力劳动强度的劳动。②孕期保护。不得安排女职工在怀孕期间从事国家规定的第三级体力劳动强度的劳动和孕期禁忌从事的劳动。对怀孕7个月以上的女职工，不得安排其延长工作时间和夜班劳动。③产期保护。女职工生育享受不少于90天的产假。难产的增加产假15天。多胞胎生育的，每多生育一个婴儿，增加产假15天。女职工怀孕流产的，也应给予一定时间的产假。④哺乳期保护。不得安排女职工在哺乳未满一周岁的婴儿期间从事国家规定的第三级体力劳动强度的劳动和哺乳期禁忌从事的其他劳动，不得安排其延长工作时间和夜班劳动。对有不满一周岁婴儿的女职工，其所在单位应当在每班劳动时间内给予其两次哺乳(含人工喂养)时间，每次30分钟。女职工每班劳动时间内的两次哺乳时间可以合并使用，哺乳时间和本单位内哺乳往返中的时间算作劳动时间。

4. 保护设施和保健措施

女职工较多的单位，应当逐步建立卫生室、浴室、哺乳室等设施。女职工保健的内容包括月经期保健、婚前保健、孕前保健、孕期保健、产后保健、哺乳期保健、更年期保健等。女职工保健以预防为主，注意女性生理和职业特点，认真执行国家有关法规。

【案例】某乡镇服装厂聘用的职工中80%为女性，为了企业生产的正常进行，2015年，经与部分职工协商，并征求了半数职工的意见，制定了该厂的有关劳动规章。该规章规定，本厂职工带薪假为60天，生育双胞胎的假期延长10天。同年10月6日，女工周某产下一对双胞胎，国庆节开始一直休假。产后身体恢复较慢，到该厂规定的产假期满也没有上班,为此,该厂从 12 月 16 日起停发了周某的工资。周某不服,向当地劳动争议仲裁委员会申请仲裁。

试分析:
(1) 该厂规章是否合法?为什么?
(2) 劳动争议仲裁委员会应如何裁决?

(三)未成年工保护标准

未成年工,指年满 16 周岁未满 18 周岁的劳动者。对未成年工,国际劳工公约最早是根据不同行业的就业年龄分别制定不同标准,涉及的公约有近 20 个。1984 年,我国政府批准了国际劳工组织《确定准许使用儿童从事工业劳动的最低年龄公约》。我国劳动法律对未成年工的特殊保护做了专门规定,主要内容包括:

(1) 最低就业年龄的规定。禁止用人单位招用未满 16 周岁的未成年人,文艺、体育部门需招收未满 16 周岁的未成年人的,必须严格依据法律规定办理。禁止任何单位使用童工或为未满 16 周岁少年、儿童介绍职业。

(2) 禁止未成年工从事有害健康的工作。不得安排未成年工从事矿山井下、有毒有害、国家规定的第四级体力劳动强度的劳动和其他禁忌从事的劳动。

(3) 定期体检。用人单位应当对未成年工定期进行健康检查。

(4) 实行登记制度。用人单位招收使用未成年工,除符合一般用工要求外,还须向所在地的县级以上劳动行政部门办理登记。

【案例】彭某原系志光中学的学生,1998 年 5 月出生,2013 年 3 月因故辍学。经某职业介绍所介绍,彭某于 2013 年 9 月到当地张某开的一家小煤矿工作,当时双方说好是招用临时工,故张某与彭某未签订劳动合同。2014 年 4 月,彭某在工作中发生劳动安全事故,煤窑塌陷,致使彭某下身瘫痪。彭某的家人要求煤矿按照工伤进行赔偿,但被张某以双方并未签订劳动合同为由拒绝。彭某的父母遂诉至法院。

试分析:
(1) 张某的行为是否合法?是否应当支付彭某的医药费?
(2) 用人单位违法招收童工应当承担怎样的法律责任?
(3) 为彭某介绍工作的某职业介绍所是否应当承担法律责任?

第四节 劳动合同管理

一、劳动合同概述

(一)劳动合同的含义及特征

劳动合同,也称劳动契约、劳动协议,它是指劳动者同企业、事业、机关单位等用人单位为确立劳动关系,明确双方责任、权利和义务的协议。根据协议,劳动者加入某一用人单位,承担某一工作和任务,遵守单位内部的劳动规则和其他规章制度;企业、事业、机关、团体等用人单位有义务按照劳动者的劳动数量和质量支付劳动报酬，并根据劳动法律、法规和双方的协议，提供各种劳动条件，保证劳动者享受本单位成员的各种权利和福利待遇。

劳动合同作为合同的一种，具有合同的一般特征：

(1) 合同是法律行为。
(2) 合同以在当事人之间产生权利义务为目的。
(3) 合同是当事人双方或多方相互的意思表示一致，是当事人之间的协议。

(二)劳动合同的种类

按照不同的标准劳动合同可以划分为不同的种类，常见种类包括以下几种：

(1) 聘用合同。
(2) 录用合同。
(3) 借调合同。
(4) 停薪留职合同。

(三)劳动合同的内容

劳动合同的内容分为法定内容和约定内容。

(1) 劳动岗位。
(2) 劳动合同期限。
(3) 劳动报酬。
(4) 社会保险。
(5) 上岗培训。
(6) 劳动纪律。
(7) 违约责任。

二、劳动合同的订立

(一)劳动合同订立的原则

(1) 平等原则。
(2) 自愿原则。
(3) 协商一致原则。
(4) 合法原则。

(二)劳动合同的订立程序

按照《劳动法》的规定，建立劳动关系应当订立劳动合同。用人单位录用的职工，有的属于干部，有的属于工人，因此订立劳动合同的程序是不完全相同的。根据劳动法及有关法规的规定，订立劳动合同的主要程序有：

(1) 自愿报名，提交证明文件。
(2) 全面考核，择优录用。

(3) 填写新职工审批表，报请市、县人民政府劳动部门审批，并由审批部门发给新职工录用通知书。

(4) 被录用者提交报到文件和其他证明文件。

(5) 用人单位向被录用者介绍拟订劳动合同的内容和要求。

(6) 双方协商一致，签订劳动合同。

(7) 工会对录用职工实行必要的监督。

(8) 办理法定手续。

(三)订立劳动合同时应注意的问题

(1) 订立前的知情权。

(2) 劳动合同应由双方各执一份。

(3) 一方拒绝或拖延签约。

(4) 用人单位收取抵押物。

在我国，强调用人单位与劳动者建立劳动关系应签订劳动合同，然而在现实生活中，尤其是广大农民工，大多数都没能和用人单位签订劳动合同，如果用人单位与劳动者之间虽然没有劳动合同，但却存在着劳动关系，我们就称为事实劳动关系。

具体而言，事实劳动关系，指的是用人单位招用劳动者后不按规定订立劳动合同，或者用人单位与劳动者以前签订过劳动合同，但是劳动合同到期后用人单位同意劳动者继续在本单位工作却没有与其及时续订劳动合同的情形。

【案例】

案情回放

王先生是河南郑州人，来沪打拼多年。2015 年 12 月他应聘进入一家房产公司，从事销售工作。该公司正好在郑州有房产业务，王先生也有回老家继续发展的想法，双方一拍即合，企业就派王先生到郑州担任房产销售经理。

2016 年 7 月王先生回到上海，向单位提出辞职，双方也办妥了离职手续。这时，王先生向企业提出，因工作期间企业一直未与他签订劳动合同，所以企业应当支付二倍工资。企业却说，之前早已与他签过合同，并已把合同交给了王先生本人，所以不同意其要求。

王先生感到不解，自己从没拿到劳动合同，企业怎么会说已经签过了呢。于是他向劳动争议仲裁委员会提出仲裁申请，要求企业支付未签订劳动合同期间的二倍工资。

双方观点

仲裁委员会在开庭审理时，王先生称：劳动合同法规定，企业应当和劳动者签订劳动合同，而他工作了半年多，企业却一直不与他签订劳动合同，严重损害了他的权益，所以企业应当赔偿不签订劳动合同的二倍工资。

企业答辩时提出：王先生进入企业后，立即被派往外地工作，直到 2016 年 1 月中旬才首次回沪，当时企业就把已经盖好章的合同交给王先生签字。王先生说要核对一下条款再签字，于是带走了两份劳动合同，没几天就又回到了郑州工作。由于人事人员疏忽，一直未发现，后来整理人事档案时，发现少了王先生的劳动合同，才向王先生提出交还劳动合同一份，或者双方再次补签一份。但是直到王先生离职，企业仍没有追回劳动合同，也没有补签新合同。其实并不是单位不与王先生签订劳动合同，所以认为责任不在单位，单位无须支付二倍工资。

仲裁裁决

劳动争议仲裁委员会经审理后认为，企业对劳动合同等人事资料有留存义务，对签订劳动合同负有举证义务。企业若主张已经将劳动合同盖章，并交给了王先生，即视作已签订劳动合同，那么应当提供相关证据，证据不足的应当承担不利后果。

另外，根据劳动合同法明确规定，单位未与劳动者订立书面劳动合同的，应当向劳动者每月支付二倍的工资。所以，企业应当承担未签订劳动合同的赔偿责任，支付王先生二倍工资。

最后，在仲裁委员会的调解下，双方就赔偿金额达成一致。

三、劳动合同的履行

劳动合同的履行，是指劳动合同当事人依据合同规定的条件，享有各自权利，承担各自义务的法律行为。

根据《劳动法》的规定，我国劳动合同的履行必须坚持以下原则：

(1) 全面履行的原则，就是按照劳动合同规定的全部内容履行，不能以部分代替全部。

(2) 实际履行的原则，就是按照劳动合同规定的标准去履行，不得以其他内容代替。

(3) 不得擅自变更、解除的原则，就是在不具备法律规定的双方当事人约定的条件下，未经对方同意，不得单方随意改变或提前终止劳动合同。

(4) 在履行劳动合同发生争议时应及时协商、调解和仲裁的原则。这样做的目的是避免更大的损失。

四、劳动合同的变更与续订

(一)劳动合同的变更

1. 劳动合同变更的含义

劳动合同的变更，是指劳动合同内容的变化，不包括劳动合同主体的变化。劳动合同的变更是在原有的劳动合同内容已经不能全部适应客观情况的需要，有必要对双方当事人的权利和义务加以改变的情况下发生的。具体包括工作内容的变更、工作地点的变更、工资福利的变更等。

2. 劳动合同变更的原则

(1) 平等自愿，协商一致的原则。

(2) 合法的原则。

3. 劳动合同变更的条件

(1) 双方协商变更，变更劳动合同，应当遵循平等自愿、协商一致的原则，不得违反法律、行政法规的规定。

(2) 劳动合同订立时所依据的客观情况发生重大变化，致使原劳动合同无法继续履行，变更劳动合同。所谓"客观情况"指，发生不可抗力或出现致使劳动合同全部或部分条款无法履行的其他情况。例如，企业迁移、被兼并、企业资产转移等。但排除用人单位濒临破产进行法定整顿期间或者生产经营状况发生严重困难，确需裁减人员的情况。

(3) 订立劳动合同所依据的法律、行政法规发生了变化，为保持劳动合同的法律效力，需要变更劳动合同相关的内容。

变更劳动合同，应当采取书面形式记载变更的内容，注明变更的时期，由当事人双方签字盖章后成立。

(二)劳动合同的续订

劳动合同续订，是指合同期限届满，双方当事人均有继续保持劳动关系的意愿，经协商一致，继续签订劳动合同的法律行为。

续订劳动合同应按下列程序进行：

(1) 一般在合同到期前一个月左右，用人单位应书面了解劳动者的意向。

(2) 对有续订合同意向的员工，用人单位应及时确定是否与其续订的意向。

(3) 双方当事人协商要约和承诺，实际是对原合同条款审核后确定继续实施还是变更部分内容。

(4) 协商一致后，双方签字或盖章。实际操作中可以重新签一份，也可以填写续签合同单(该续签单一般附在劳动合同后面)。

另外，《劳动法》第20条第二款规定："劳动者在同一用人单位连续工作满10年以上，当事人双方同意续延劳动合同的，如果劳动者提出订立无固定期限的劳动合同，应当订立无固定期限的劳动合同。"

五、劳动合同的解除和终止

(一)劳动合同的解除

劳动合同的解除，是指提前终止劳动合同的法律行为。劳动合同的解除有以下几种情形：

1. 用人单位单方解除

(1) 随时提出，不承担经济补偿：

① 劳动者在试用期间被证明不符合录用条件的。

② 劳动者严重违反劳动纪律或用人单位规章制度的。

③ 劳动者严重失职、营私舞弊，对用人单位利益造成重大损失的。

④ 劳动者被追究刑事责任的。

(2) 提前30天书面通知，承担经济补偿(每满1年发放1个月，最多不超过12个月，工作时间满6个月不满1年的按1年的标准发放。未按规定发放，支付50%额外经济补偿金)：

① 劳动者患病或非因公负伤、医疗期满后，不能从事原工作也不能从事用人单位另行安排的工作；(除支付经济补偿外，还需支付不低于劳动者6个月工资收入的医疗补助费)

② 劳动者不能胜任工作，经过培训或调整工作岗位，仍不能胜任工作的。

③ 合同订立时所依据的客观情况发生重大变化，致使原合同无法履行，经协商不能达成一致协议。

2. 劳动者单方解除

(1) 随时提出：
① 试用期内。
② 用人单位未按照劳动合同的约定支付劳动报酬或者提供劳动条件。
③ 用人单位以暴力、威胁、非法限制人身自由的手段强迫劳动。
(2) 劳动者辞职的：
必须提前 30 天通知用人单位，否则，造成损失的，应作如下赔偿：
① 用人单位招收录用所支付的费用；
② 用人单位支付的培训费用；
③ 对生产经营和工作造成的直接经济损失；
④ 劳动合同约定的其他赔偿费用。

此外，第三方招用未与原单位解除劳动合同的劳动者对原单位造成损失的，除该劳动者承担直接赔偿责任外，该用人单位承担连带赔偿责任。

【案例】员工辞职，企业能否"拖"着不办？

小刘大学毕业后便开始在北京一家刚刚成立的广告公司工作，琐碎的事务让他应接不暇，工作状况与职业规划相去甚远。久而久之，小刘厌倦了这份工作。2009 年春节后，小刘悄悄应聘另一家稍有名气的广告公司，很快得到了新公司的录用通知书。2009 年 2 月 27 日，小刘向原公司递交了辞职信。时间很快到了 3 月底，公司照常安排小刘工作任务，一点办理离职交接的意思都没有。小刘开始着急了，他找到公司人力资源管理部门，却得到了意想不到的答复——因为没有找到合适的人选接替小刘，公司决定不批准小刘辞职，也不能为小刘出具离职证明。超过了录取通知书的入职时间，新公司取消了小刘的录用资格。小刘找公司讨要说法，要求公司立即为他出具离职证明，并支付一个月的工资作为损失赔偿。公司能否以尚未批准小刘的辞职申请为由，而拒绝小刘的上述要求呢？

(二)劳动合同的终止

劳动合同的终止，是指劳动合同期限届满，双方当事人权利、义务履行完毕，结束劳动合同法律关系的行为。

1. 劳动合同终止有如下情形

(1) 劳动合同期满的。
(2) 当事人约定的劳动合同终止条件出现的。
(3) 用人单位破产、解散或者被撤销的。
(4) 劳动者退休、退职、死亡的。
(5) 劳动合同当事人实际已不履行劳动合同满三个月的，劳动合同可以终止。
(6) 劳动者患职业病、因工负伤，被确认为部分丧失劳动能力，用人单位按照规定支付伤残就业补助金的，劳动合同可以终止。

(7) 劳动者患职业病或者因工负伤，被确认为完全或者大部分丧失劳动能力的，用人单位不得终止劳动合同，但经劳动合同当事人协商一致，并且用人单位按照规定支付伤残就业补助金的，劳动合同也可以终止。

2. 劳动合同不得终止的情形

劳动合同期满或者当事人约定的劳动合同终止条件出现，劳动者有下列情形之一的，同时又未严重违反劳动纪律或者用人单位规章制度，也无严重失职，营私舞弊，对用人单位利益造成重大损害；也未被依法追究刑事责任，劳动合同期限顺延至下列情形消失：

(1) 患病或者负伤，在规定的医疗期内的。
(2) 女职工在孕期、产期、哺乳期内的。
(3) 法律、法规、规章规定的其他情形。

> 【案例】
>
> 小李经朋友介绍，2013 年 3 月入职某广告公司，双方签订了为期一年的劳动合同。合同约定小李的工作岗位为市场开发部业务员，工资形式为底薪加提成，并未约定试用期。由于小李刚从学校毕业，缺少工作经验，虽然工作兢兢业业，但业绩总是不佳，几个月下来几乎没有给公司创造多少利润。2013 年 8 月，人力资源部按照公司总经理的指示向小李发出一份辞退通知书，辞退理由为：工作能力不能适应岗位需要。小李不服，于是向当地的劳动争议仲裁委员会申请仲裁，要求公司向其支付一个月工资的代理通知金及解除劳动合同的经济补偿金。那么，本案中公司能否以小李的工作能力不能适应岗位需要为由解除劳动合同？公司解除劳动合同的程序是否符合法律规定？如果劳动合同的解除不符合法律规定的，又会给用人单位带来怎样的法律后果？

(三)劳动合同解除和终止的经济补偿

按照劳动部的有关规定，劳动合同解除或终止要给予劳动者以相应的经济补偿，具体如下：

(1) 对劳动者的经济补偿金，由用人单位一次性发给。

(2) 用人单位克扣或者无故拖欠劳动者工资的，以及拒不支付劳动者延长工作时间工资报酬的，除在规定的时间内全额支付劳动者工资报酬外，还需加发相当于工资报酬 25% 的经济补偿金。

(3) 用人单位支付劳动者的工资报酬低于当地最低工资标准的，要在补足低于标准部分的同时，另外支付相当于低于部分 25% 的经济补偿金。

(4) 经劳动合同当事人协商一致，由用人单位解除劳动合同的，用人单位应根据劳动者在本单位工作年限，每满一年发给相当于一个月工资的经济补偿金，最多不超过 12 个月。工作时间不满一年的按一年的标准发给经济补偿金。

(5) 劳动者患病或者非因工负伤，经劳动鉴定委员会确认不能从事原工作，也不能从事用人单位另行安排的工作而解除劳动合同的，用人单位应按其在本单位的工作年限，每满一年发给相当于一个月工资的经济补偿金，同时还应发给不低于 6 个月工资的医疗补助费。患重病和绝症的还应增加医疗补助费，患重病的增加部分不低于医疗补助费的 50%，患绝症的增加部分不低于医疗补助费的100%。

(6) 劳动者不胜任工作，经过培训或者调整工作岗位仍不能胜任工作，由用人单位解除劳动合同的，用人单位应按其在本单位工作的年限，工作时间每满一年，发给相当于一个月工资的经济补偿金，最多不超过12个月。

(7) 劳动合同订立时所依据的客观情况发生重大变化，致使原劳动合同无法履行，经当事人协商不能就变更劳动合同达成协议，由用人单位解除劳动合同的，用人单位按劳动者在本单位工作的年限，工作时间每满一年发给相当于一个月工资的经济补偿金。

(8) 用人单位濒临破产进行法定整顿期间或者生产经营状况发生严重困难，必须裁减人员的，用人单位按被裁减人员在本单位工作的年限支付经济补偿金。在本单位工作的时间每满一年，发给相当于一个月工资的经济补偿金。

(9) 用人单位解除劳动合同后，未按规定给予劳动者经济补偿的，除全额发给经济补偿金外，还须按该经济补偿金数额的50%支付额外经济补偿金。

(10) 本办法中经济补偿金的工资计算标准是指企业正常生产情况下劳动者解除合同前12个月的月平均工资。

用人单位依据以上第(5)条、第(7)条、第(8)条解除劳动合同时，劳动者的月平均工资低于企业月平均工资的，按企业月平均工资的标准支付。

六、员工离职管理

1．离职

离职是指企业员工流出企业的过程。

离职率是指在一定时期内，离职员工的数量占员工总数的比率。通过对离职率的考察，可以了解企业对员工的吸引力和员工的满意度，也可以发现企业潜在的不利因素。人员的流动在企业中是正常现象，不应过分抑制。将离职率保持在正常的、可接受的范围内，对企业而言，利大于弊。

2．离职的分类(见图9-1)

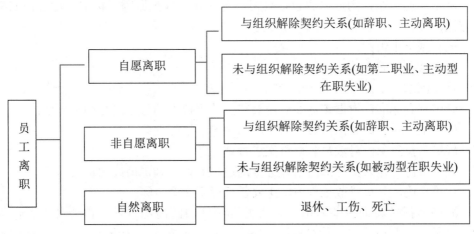

图9-1　员工离职的分类

3．自愿离职管理

对自愿离职员工的管理分为四个步骤：

(1) 分析员工自愿离职的原因并进行归类提炼。

造成员工自愿离职的因素主要可以归结为三点：个人因素、组织因素、报酬因素。

分析员工离职的原因所使用的方法包括：离职人员访谈法、员工主管座谈法、员工工作满意度调查、员工意见箱制度、倾听工会的声音等。其中，离职人员访谈与工作满意度调查是最常用的两种方式。

(2) 查找导致员工离职原因产生的组织制度因素。

(3) 进行旨在减少自愿离职员工数量的政策改进。

(4) 评估变革实施的结果并加以修正。

4．裁员管理

裁员是非自愿离职的典型形态，在企业经营出现困境或遭遇经济危机时期，裁员是企业降低人工成本、提高劳动生产率和竞争力的重要手段。

裁员并不只是降低了企业的人力成本，同时在某种程度上也会增加企业的管理成本，如招聘成本、培训成本、对员工的补偿成本，等等。如果裁员不当，在经济好转时，还必须要付出更大的成本重新招聘、培训等。

裁员一定要有规划，不能盲目裁员。在面临裁员时，可以对一些替代方案进行比较，如冻结招聘、停发奖金、限制加班、工作分享、弹性工作日等，选择对公司长远发展最为有利的方式。

一般而言，企业的裁员分为如下几个步骤。

(1) 裁员计划阶段，需要经过5个步骤：

① 明确企业战略及目标，充分考虑企业的现实和未来，对裁员的商业价值进行评估，列出具体裁员岗位和数目及依据；

② 计划制定过程，具体包括：筛选被裁员工的依据、确定遣散费、补偿费及相关法律依据，制定保留或重新雇用战略；

③ 制定沟通策略，沟通内容包括公司经营现状、裁员原因、标准和过程说明等，确定沟通方式；

④ 成立裁员小组；

⑤ 制定裁员时间表。

(2) 裁员筛选，主要有以下4个步骤：

① 确定筛选标准，依据该标准对需要裁员的岗位上的员工进行初步评估；

② 确定最优秀和最应保留员工名单，并对名单进行评估；

③ 确定裁员对象，对裁员名单再次进行评估；

④ 人力资源工作人员与部门主管进行沟通和商讨，确定最终的裁员名单。

(3) 裁员实施，人员遣散过程中，主要包括以下3个步骤：

① 面谈并提供咨询帮助，由公司人力资源部门的高层领导与被裁员工进行裁员面谈，沟通裁员结果并充分解释裁员原因，态度真诚，站在员工的立场上，表示感同身受；

同时为员工提供咨询服务，提高他们对劳动力市场的了解，帮助他们寻找下一份工作。

② 确定遣散费用方案，包括遣散费用的计算依据、计算公式以及审定福利授予方案，处理相关的法律问题和手续。

③ 与保留员工进行深度沟通，消除他们对于裁员的恐惧心理，安抚他们的情绪，鼓励他们尽快投入正常的工作状态。

(4) 裁员评估，事后需要对裁员进行评估，评估内容包括以下几个方面：
① 裁员计划和裁员方案的完整性和周全性。
② 裁员工作是否按规划进行，时间掌控、使用成本、最终效果是否都达到预期。
③ 员工的不满情绪是否得到很好的平复，裁员过程中是否出现与员工矛盾的激化和诉讼问题。
④ 裁员名单的确定是否科学、合理，有没有裁掉不应该被裁的员工或保留不该保留的员工。根据评估结果，改进方案，在以后的裁员过程中汲取经验，改进完善。

5. 离职管理的注意事项

(1) 人力资源管理人员和部门管理者在平时应加强对下属员工的观察和关心，及时与员工进行沟通，随时了解员工的需求和心理变化，帮助员工排遣压力和对工作的不良情绪，让员工体会到上级的关心，能够有效降低员工的离职意愿。

(2) 按照《劳动合同法》的规定，员工提前 30 日以书面形式通知用人单位，可以解除劳动合同；试用期内，提前 3 天通知用人单位，可以解除劳动合同。在员工递交辞职信后，管理者应该及时与员工进行沟通，了解其辞职原因，对于优秀的员工和组织的核心员工，人力资源管理者应该与其直接上级进行沟通，尽力帮助其解决问题，在条件允许的范围内满足其需求，加以挽留。如果挽留不成功，也尽量不能恶化与该员工的关系，不能故意克扣员工应得的工资和证件，保持友好的方式，按照公司的规章制度对各项事宜进行处理。对于属于竞业限制的人员，企业应进行后续的跟踪调查，以确定其是否违反禁业协定。

(3) 在接受辞呈后，由直接上级监督离职员工完成其理应完成的任务，人力资源管理者及时与部门主管协商、沟通，寻找合适的员工接替离职员工的工作，如果内部没有合适人选，人力资源管理人员应立即着手从外部招聘，争取不使工作出现断层，影响部门工作的正常运转。

(4) 员工正式离职前，人力资源管理人员应该再次与该员工进行深度沟通，询问其对公司的看法和意见。离职员工将不再有自身利益的牵涉，一般会真实地表达自己的看法，同时也能够说出很多在职员工中普遍存在的不满和问题。人力资源管理人员应该深入了解这些问题和员工的心声，在未来的工作中，采取措施加以解决。

七、集体合同

(一)集体合同的概念

集体合同是指用人单位与本单位职工根据法律、法规、规章的规定，就劳动报酬、工作时间、休息休假、劳动安全卫生、职业培训、保险福利等事项，通过集体协商签订的书面协议。

集体合同通常由工会代表职工与企业签订，没有成立工会组织的，由职工代表代表职工与企业签订。我国集体合同体制以基层集体合同为主导体制，即集体合同由基层工会组织与企业签订，只对签订单位具有法律效力。

(二)集体合同订立原则

根据我国 2003 年 12 月 30 日颁布实施的《集体合同规定》第五条进行集体协商，签订集体合同或专项集体合同，应当遵循下列原则：

(1) 遵守法律、法规、规章及国家有关规定。
(2) 相互尊重，平等协商。
(3) 诚实守信，公平合作。
(4) 兼顾双方合法权益。
(5) 不得采取过激行为。

(三)劳动合同与集体劳动合同的关系

(1) 目的不同。
(2) 主体不同。
(3) 内容不同。
(4) 法律效力不同。

【案例】2007 年 3 月 5 日，某纺织公司工会代表全体职工与公司签订了集体合同。合同规定：职工工作时间为每日 8 小时，每周 40 小时，周六、周日为公休日。如果在周六、周日安排职工加班，便在加班后的一周内安排补休；在上午和下午连续工作 4 个小时期内安排工间操各一次，每次时间为 20 分钟，此 20 分钟计入工作时间之内；职工的工资报酬不低于每月 800 元，加班加点的工资及其他实物性福利不包括在内；工资于每月 5 日前支付；合同的有效期为自 2007 年 4 月 1 日至 2008 年 4 月 1 日，双方对于集体合同都要严格遵守，任何一方都不能违反，否则要赔偿对方所造成的损失。此合同于 2007 年 3 月 20 日被劳动行政部门确认。2007 年 8 月 1 日，纺织公司从人才市场上招聘了一批女工，去充实新建立的一个纺织分厂。2007 年 8 月 3 日，纺织公司与这批女工签订了劳动合同。其内容包括：本合同有效期为 1 年，自 2007 年 8 月 5 日至 2008 年 8 月 5 日；工人工作时间为每周 40 小时，每天 8 个小时，上、下午各 4 个小时；没有工间休息时间；工作实行每月 850 元的工资制度。双方签字盖章后合同生效。当 2007 年 8 月 1 日招聘的工人到纺织公司下属的纺织分厂上班后，发现车间细尘很多，连续工作 4 小时头昏脑涨，以陶某为首的分厂职工就向分厂领导提出工作期间休息一会儿，换换空气。分厂领导答复说，在上班时间不休息是劳动合同中已经规定了的，集体合同中规定职工报酬是每月 800 元，你们的报酬是每月 850 元，就是因为取消了 20 分钟的工间休息时间。集体合同中规定职工的中间休息 20 分钟是与其报酬数量少相对应的；在公司与你们签订的劳动合同中把工资提高到 850 元/月，所以，取消了 20 分钟的工间休息。

试分析：

(1) 陶某等人在集体合同生效后进入某纺织公司的，公司的集体合同是否适用于陶某等人？

(2) 陶某等人与某纺织公司约定的劳动合同的工作时间的内容低于集体合同的标准，该内容是否有效？

(3) 陶某等人能否在不减少工资的情况下得到 20 分钟工间操的活动时间？

第五节　当代劳动关系的发展和问题

随着经济全球化的发展，各国之间的贸易和经济交往日益增多，了解跨国公司内部劳动关系和其他国家的劳动关系制度变得非常必要。本节将首先简要讨论跨国公司在经济全球化趋势下的运行情况，以及工会在和跨国公司交涉谈判时所使用的方法及面临的问题，然后关注全球化和自由贸易，讨论主要国家劳动关系制度的特征、劳动关系在当代的发展演变，以及我国劳动关系面临的挑战和发展趋势。

一、跨国公司的劳动关系

(一)跨国集体谈判

随着不同国家之间经济相互依赖程度的不断增强，跨国公司的建立已成为经济生活中非常重要的方面。虽然跨国公司已有 150 多年的历史，但近年来跨国公司的数量以及在世界经济总产值中所占的高份额，仍极大提高了人们对跨国公司重要性的关注程度。

现在，跨国公司不仅在本国，而且在世界各国生产、销售它们的产品，跨国公司在其他国家生产、销售产品时，也遇到了越来越多的问题。在世界最大的一些跨国公司中，已有许多被贴上了"无国界公司"的标签，在这些跨国公司所销售的产品和所拥有的财产中有相当高的比例并不是来自本国，如美国非常有名的跨国公司 IBM、NCR、可口可乐、道氏化学公司等，其超过 50%的销售额来自美国之外。

跨国公司规模巨大，对一些国家的经济发展形成了很大的威胁。如在爱尔兰，有一半的就业岗位和 2/3 的产品几乎都是外国公司提供的。在澳大利亚，十家最大的跨国公司当中，每一家公司的年销售额都高于澳大利亚政府的年度税收总额。通常，跨国公司在其东道国雇用的劳动力占公司雇员总数的 2/3，也比竞争对手支付更丰厚的工资，能更快地创造工作岗位。在土耳其，外国公司支付的工资是当地平均工资的 124%，雇员总数每年以 11.5%的速度增长，而土耳其本国公司的雇员总数每年的增长速度只有 0.6%。跨国公司通过在一个国家制造零部件、在另一个国家进行组装产品的方式，创造机会绕过一些国家设置的保护性关税。美国跨国公司倾向于把工厂建在实行分散型谈判结构的国家，因此工会密度和罢工强度之类的劳动关系特征对它们来讲，似乎并不是那么重要，建立工厂最重要的原因是该国的国力。通常，跨国公司通过威胁把生产转移到其他国家的方式，迫使工会作出让步，从本质上说，它能够使某一特定群体的雇员与另一群雇员相互竞争。例如，某汽车生产商在俄亥俄州设立了一个工厂，并试图引进新的生产技术，但工会因担心其成员失去工作岗位而反对引进新技术。这时，公司可能会将工会领导人带到该公司在墨西哥建立的一个新工厂内，告诉工会领导在该工厂所使用的生产技术，并指出："这就是你们的选择,要么你们在集体合同谈判方面让步,要么我们就把在俄亥俄州的工作岗位转移到墨西哥。"跨国公司通常采用这种方式达到自己的目的,虽然这种做法并不违法,但很容易被认为是不道德的。

工会通常会批评跨国公司对本国就业和劳动关系的影响,例如,跨国公司因向外国投资而减少了国内投资,从而影响了本国经济增长,减少了国内新增岗位的数量;跨国公司通过剥削外国低收入劳动者,使国内雇员不能够享受技术进步带来的正当利益和报酬;跨国公司从低工资国家设立的工厂进口商品以替代本国商品,破坏了工资标准,使国内经济状况变得萧条,并降低了本国的就业水平和工资水平等。

随着跨国公司的迅速成长,其管理行为和就业行为与本国企业越来越相似,劳动关系行为和决策也日益倾向于本地化和高度分散化。美国工会已经感到,在外国的跨国公司内组建工会和在本国的跨国公司内组建工会一样困难。为避免工会进入,跨国公司在东道国设立的工厂也使用本质上和母国公司一样的策略和技巧,这些策略和技巧包括广泛使用律师和管理咨询师,采用积极的人力资源管理方法和策略,制定策略时征询雇员意见,运用国家规定的法律程序,获得当地政府支持等,同样工会也使用本质上一样的策略和技巧来组建工会,最终的投票结果并没有什么明显的不同——工会最终获胜的概率在一半左右。

在某些情况下,跨国公司把它们的管理行为照搬到国外的分厂。近年来,日本的跨国公司已经成功地把公司总部的经验照搬到工会化工厂。在加利福尼亚州的弗里蒙特,美国通用汽车公司和日本丰田公司的合资企业新联合汽车制造公司虽然劳动关系纪录很差,但该工厂的工作绩效却是汽车行业中最好的。日本公司的经验包括:取消行政人员的特权(例如特别停车区域、特别自助餐厅),由 6~8 个可以轮换工作的雇员组成工作团队,重点关注管理人员与雇员之间的相互信任,创造和谐的工作氛围,管理人员把更多的时间和精力放在工厂基层,与雇员一起交流、沟通,按时举行会议,告知雇员公司生产和财政状况,让管理人员和雇员身穿写有"团队"字样的夹克,分配工作任务时增强灵活性,以及让每个雇员对生产的产品质量负责。

然而,并不是所有管理经验的照搬都能取得积极效果,尤其当销售额下降,外国经理不懂当地的语言,或者雇员反对公司强制实施一项新的政策时,需要特别谨慎。例如,在阿肯色州福瑞斯特市,电视机和微波炉生产商日本三洋公司仅有一名日本经理会说英语,每次开会时都需要一名翻译。当销售额下降的时候,三洋公司要求降低医疗保险费用,改变资历制度,以及能够有权把雇员从一个工作岗位调换到另一个岗位。工会则通过罢工三个星期的方式作出回应,并在罢工期间发生了一系列的事件,如投掷石块、焚烧轮胎,以及试图使用汽油弹等,最终导致39人被捕,该工厂从此被关闭。

(二)工会应对跨国谈判的方法和雇主的反应

目前,发达国家工会不断寻求跨国谈判,寻求跨国公司内部劳动条件的标准化,其首要动机是减少来自低工资地区的竞争以及保护其已有的标准,也就是说,不让工资的高低成为竞争条件。为了抗衡跨国公司的力量,同时也为了达到对工会和工会成员双方都有利的目的,工会领袖通常使用两种方法:一是集体谈判;二是制定法令。如果是通过集体谈判,工会或试图直接与跨国公司谈判,或寻求与其他国家工会合作,通过共享信息和相互支持的行动方式,协调彼此间的谈判活动。由于在跨国谈判过程中工会已遇到了很大挫折，因此工会集中精力通过制定行为公约形式来约束跨国公司的行为。国际劳工组织是由来自170个国家的政府、雇主和工会组成的一个三方组织，它通过制定国际劳工公约和建议书方式，提供规范的劳动条件和标准，供参考遵循。《国际劳工公约》规定，跨国公司应该优先考虑人权、就业、职业安全、职业发展、社会正义以及当地的发展和进步，同时应该提供稳定的就业，以及支付具有可比性的工资。经济合作与发展组织(OECD)作为一个国际性组织，也制定了关注劳资关系行为的"跨国公司指导原则"。这些指导原则包括一些劳动者的特定权利，如集体结社权和集体谈判权，有权获得谈判所需数据，接受培训的权利，以及有权提前获得关于公司运营变化的通知。同时，倡导跨国公司的子公司能够采取与总部所在国家具有可比性的就业标准；期望跨国公司不要威胁把生产转移到其他国家，以影响劳资谈判或者阻止工会化；认为跨国公司应该向当地管理层的代表授权，使他们能够代表公司进行劳资谈判。

工会，包括一些国家的政府也认为，在面对跨国公司的强大力量时，建立在单个国家基础上的劳资谈判存在相当大的局限。这种观点是基于这样一种理念，即跨国公司已经采取全球性战略，因此工会仅仅在一个国家内单独行动就不能有效地应对跨国公司的挑战。与此类似，一些政府对无法轻易使跨国公司对其国家经济和社会政策负责的事实感到不安。此外，人们还担心，如果没有其他国家的工会或者政府支持，仅靠某个国家的工会或者政府单独行动，它将不得不承担跨国公司把生产和运营转移到另外一个更加友善、热情的国家的风险。

欧盟的创立使人们对跨国集体谈判的前景比较乐观。但是，最近出现的措施是在跨国级别上采取联合磋商的形式，而不是采取真正的集体谈判的形式。在欧洲，已经出现了一些关于跨国磋商的案例。例如，汤姆森格兰特公共公司(TGP)和欧洲金属制造工人联合会(EMF)成立了欧洲工厂委员会(EWC)。欧洲金属制造工人联合会的工会成员包括来自法国、德国、意大利、西班牙以及英国的雇员。大众汽车和来自大众、奥迪以及塞亚特(Seat，西班牙的汽车品牌)的员工代表成立了欧洲级别的工厂委员会。但是，所有这些措施中没有一项考虑或者体现了跨国集体谈判，而且这些谈判仅仅局限于信息交换和磋商。现实是，跨国集体谈判仍然是一个遥远的梦。

虽然某种形式的跨国谈判看起来是不可避免的，但绝大多数跨国公司认为，这还是一个遥远的目标，而且不那么容易被管理方接受。管理方的反对立场部分源于工会可能会在全球范围内停止公司的生产。另外，跨国谈判将导致一种三层的谈判结构：跨国级别的谈判、国家级别的谈判，以及地方级别的谈判。这种附加的级别将提高谈判的复杂性，而且当工会在跨国级别举行罢工行为时，将暴露跨国公司的弱点，而在国家级别和地方级别，跨国公司就无须担心这些。

在某些情况下，发展中国家为了刺激经济增长，提高就业水平，增加国民收入，最终实现本国的全面发展，要努力寻求跨国公司来投资设厂。而跨国公司也发现这些国家非常有吸引力，具有极有利的优势，如工资水平较低、税收优惠以及政治保障等。对于那些要在充分竞争的产品市场上经营的跨国公司来说，这样的优势极具诱惑力。然而，当工会通过跨国谈判的形式施加压力，要求获得更高的工资、福利和工作条件时，就会成为与该国短期国民经济目标背道而驰的力量。如果跨国公司不在该国建立和发展工厂，那么跨国公司可能给该国带来的经济增长就无法实现。因此，跨国公司可以很好地利用这些因素，作出决策,避开那些进行跨国谈判的高工资、高福利国家。

1. 工会在与跨国公司谈判时遇到的障碍

目前,各国工会之间确实已采取了一些实际行动,来实现跨国的合作和协调。自由工会国际联盟(ICFTU)和国际贸易秘书处(ITS)已提议,联合国应该制定针对跨国公司的章程,强调跨国公司的责任和义务,如承认工会、遵循公正的劳动标准、遵循主要的工资率水平、努力改善社会条件、把在发展中国家获得的利润继续投资于这些国家、在全世界范围内成立工厂委员会,以及在尽可能的情况下使用劳动密集型的技术。在西欧,工会已经支持欧盟制定一些法令,要求雇员享有参与管理的权利,公司在诸如招聘、职业发展、解雇、培训、卫生和安全、福利和社会计划、支付方法以及节假日等方面取得工厂委员会的同意等。

但是,工会在试图组织跨国谈判时面临着艰难的任务,它们必须成功地调节和平衡跨国公司、跨国公司的雇员、工会领袖以及政府之间的利益冲突。实际上,在跨国谈判的障碍中,有些障碍来自工会本身。工会只有克服这些障碍,才能够把注意力转向影响谈判的外部因素,这些障碍包括以下几个方面:

(1) 劳动关系法律之间的差异。不同国家劳动关系的法律制度有很大不同。在决定工会代表权、工会权限和工会结构以及谈判主题等方面,存在许多不同的做法。

(2) 缺乏一个中央权力机构。工会缺乏一个负责跨国事务的强有力的、集权化的决策机构,而且绝大多数全国性工会的工会领袖不愿意让某个跨国组织来制定影响他们的决策。

(3) 文化差异,在许多复杂的因素中,不同文化之间宗教信仰和意识形态的差异对谈判的影响很大。例如,自由贸易主义工会和社会主义工会之间就存在明显的文化差异。这种差异使得发达国家的工会和其他地方的工会之间几乎不可能制订任何联合计划。

(4) 缺乏协调一致的行动。在协调跨国谈判、联合抵制以及罢工行为等方面,工会并没有取得很大的成功。

(5) 不同国家之间对不同因素的考虑顺序不同。对于跨国谈判来说,面临的另一个障碍是不同国家之间的经济、社会、法律以及政治差异。没有一个国家会愿意为了建立一个劳动关系的国际体系而牺牲本国的发展。

(6) 雇主的反对。目前,雇主的反对还没有其他的障碍那么明显,这主要是因为工会还没有能力解决它们面对的其他障碍。一旦工会克服了上述障碍,毫无疑问,雇主对跨国集体谈判的意见和态度就将显现。

2. 工会对跨国公司的影响

这方面的研究主要是在欧洲国家进行的。研究结果表明,工会对跨国公司的投资政策和生产配置政策几乎没有产生过直接的影响。但是,工会能够产生相当大的间接影响,因为工会和雇主的关系有助于营造一个国家的投资环境和投资氛围。迄今为止,跨国公司很少能够使用把生产转移到其他国家这种威胁方法作为一种谈判手段或者胁迫工会的手段,因为转移生产涉及的成本实在太高。如果劳动争议使工厂的生产停止,而且生产转移在经济上具有可行性,同时实际情况也允许生产转移,那么毫无疑问,跨国公司会把生产转移到另外一个国家。但是，这种决策在很大程度上受到了限制，因为公司必须具备足够的生产能力，而且管理层必须在进行生产转移之前预期目前的劳动争议将持续足够长的时间，以证明生产转移的决策是正确的。

总之，在那些有跨国公司业务运营的国家，几乎没有证据证明，跨国公司对这些国家的劳动关系产生了实质性的消极影响。由于某些原因，跨国公司通常提供主流的或者更高的工资标准，并且提供具有可比性的工作条件。各个国家工会的力量、劳动关系体系中高度一体化和制度化的本质，以及社会、经济、政治状况明显地减弱了跨国公司潜在的直接不利影响。

3．对跨国谈判的预测

对跨国集体谈判的系统性调查研究表明，目前仍然不存在任何实质形式的跨国谈判，而且跨国谈判在不久的将来也不太可能出现，跨国公司通常都反对跨国谈判，而且工会对跨国谈判并不都抱有同样的想法。虽然已经出现了国际工会之间相互交流信息的情况，同时出现了一些劳资双方进行磋商的现象，但是只有一个工会秘书处——国际运输工人工会联合会——已经通过谈判达成一个实质性的劳动合同(与一些运输公司)。另外，只有在美国和加拿大两国特殊的环境中，才能够出现一些实质性的跨国谈判。

在美国、欧洲和日本，关于工会和跨国公司之间的跨国集体谈判并没有任何明显、确定的趋势。一些人认为，在不远的将来不可能出现有效的跨国集体谈判。但是，其他一些人却相信这样的跨国集体谈判是不可避免的。跨国集体谈判有可能首先在欧盟、北美或者中美洲发展起来，并且最初只能处理一些共同的主题，例如，就业保护、投资政策以及公平劳动行为的公约，然后才能逐步扩展到其他谈判主题。

(三)工会在处理跨国公司劳动关系时遇到障碍的原因

工会在应对跨国公司劳动关系问题时，存在诸多困难，其原因主要包括以下几个方面：

(1) 如果罢工发生在跨国公司的母国，由于工会并不能阻止公司的财务活动，跨国公司在其他国家的工厂可以继续生产并获利，从而减轻管理层在谈判过程中的压力，并能够减少工会罢工带来的损失。

(2) 如果跨国公司产品来自公司在其他国家设立的工厂，则公司可以利用这个条件，在谈判时要求工会降低工资、福利以及其他就业条件。如果某个工厂发生罢工，跨国公司就在另外一个工厂提高产量，消除罢工产生的压力和威胁。如通用汽车公司通过让德国的工会相信为了保持竞争力必须延长工作时间的方式，把每个星期的工作时间从37.5小时延长到40个小时。作为公司做出工资让步要求的一部分，通用汽车公司已经考虑在巴西和墨西哥的工厂提高汽车生产量。而当加拿大工会拒绝做出工资让步时，通用汽车公司考虑把加拿大的生产基地搬回美国。虽然谈判中可以使用生产转移作为谈判手段来施加压力，但很明显，公司并不在海外设立工厂，这样做的首要目的就是避免母国工会举行的罢工。

(3) 跨国公司管理层级多而复杂，通常并不授予当地管理层制定劳动关系决策的权力，这就使谈判过程变得复杂，因为工会不知道到底是谁负责劳资谈判。经验表明，在同本国跨国公司以及外国的跨国公司打交道时，绝大多数工会并没有遇到不同的对待，但是在仲裁之前的申诉处理、谈判过程中的地方自主权以及谈判第一个集体合同的困难程度等方面，跨国公司之间的差异似乎比只在一个国家经营的公司要大。然而，因为预算和投资决策是由跨国公司的母国总部做出的，地方劳资谈判自然会受影响。

(4) 工会在谈判过程中，通常会寻求必要证据加强谈判力量，而跨国公司则通过把利润转移到不同工厂的做法，操纵内部交易价格，改变营销重点，故意迷惑工会。

通常，工会为了进行劳资谈判，有权依法了解公司的工资和财务信息，以评估判断雇主的支付能力。跨国公司可能只提供一些法律规定的必要信息，而拒绝向工会提供诸如在外国设立的工厂以及这些工厂的运营数据之类的资料，这也会加大工会在谈判中的难度。

(四)劳动关系发展面临的挑战

1. 劳动关系的发展演变

劳动关系问题起源于工业革命，工业革命初期的劳动问题产生在制造业的工厂内，主要包括工资、工时、童工、女工、工作环境等，这些问题围绕着个别劳工的低劣劳动条件。工业革命之后的200多年来，由于劳动者意识逐渐觉醒、人类观念日益进步、技术与产业发展日新月异，劳动关系问题的内涵也随之演变。总的来说，劳动关系朝着三个方向演变：从个别劳动关系向集体劳动关系发展、从工厂内延伸到工厂外、从单纯变得复杂。

(1) 从个别发展到集体。

个别劳动者由于经济与人格上的从属性而处于相对弱势地位，难以凭借个人力量争取权益。劳动者逐渐意识到只有团结起来，共同向雇主争取权益，才能改善待遇。另外，当工厂制度发展到某种程度，聚集在同一工厂中的工人产生了集体意识，提供了成立组织的有利条件。因此，经过时间的变迁，工会应运而生。然而，受到自由放任思想的影响，普遍认为，经济领域的事情应当由个人与个人之间的契约来决定，任何人如果试图联合他人来扭曲劳动力市场的供需运作，就会阻碍交易秩序，影响经济发展。因此，劳动者的团结行动不仅受到雇主的打压，也被政府严加禁止。例如，政府通过制定法律，禁止、限制工人结社，对结社工人以"共谋罪"论处。如英国将普通法规定的共谋罪照搬到劳动关系领域，规定共谋是两人或两人以上合谋侵犯他人权益或损害社会的行为，如拒绝工作或要求高工资。其重要特征是，单个人的合法行为由一群人共同实施时，就成为不合法的行为。这一规定后来广泛地适用于英国、美国、法国、德国等国家的劳动关系领域。雇主为限制工会发展而使用的其他策略还有"禁止令"和"黄狗协议"。所谓"禁止令"，是指雇主拥有的禁止某些工会运动的法定权力，包括罢工和联合行动。所谓"黄狗协议"，是指由劳资双方共同签订的禁止员工以个人名义参加工会及其活动的书面协议。

有关集体劳动关系问题，比如劳动者组织保障、集体协商的制度、劳资争议的处理、争议行为的合法性等，仍是当今世界各国争论的问题。

(2) 从工厂内延伸到工厂外。

传统劳动关系的研究领域大多局限在工作场所，而工资、工时、福利和安全卫生是劳动者主要关心的议题，雇主则强调成本、利润、生产力和竞争力。但这种单纯的劳资之间的交换关系在20世纪末21世纪初已逐渐改变，劳动者个人生活或家庭生活方面的需求变得越来越重要。不论从企业组织层面还是从国家的政策层面，劳动关系事务都应跨越工厂的范围，必须将部分关注放在员工的婚姻、子女和父母身上。劳动者的压力源不仅仅是工作，生活和家庭压力同样也会成为压垮员工的最后一根稻草，而劳动者越来越在乎工作与家庭之间的平衡与和谐。

此外，围绕劳动者结社等种种问题，不仅影响劳资双方，有时也脱离了工作场所的范围，涉及政府，例如劳动者能否组织与参加工会、有无权利与雇主协商工资与劳动条件、可否罢工等，往往与政府的态度有关。当劳动者对劳动条件不满，进行罢工或抗争，自然会波及社会治安，甚至整个国家的经济发展。工会最主要的作用在于使劳资冲突得以制度化，使劳动争议能够以一种成本最低的方式得到解决。通过集体协商确定劳动条件和标准，不仅具有减少罢工所引起的潜在经济损失的作用，还能对稳定社会发挥作用。因而，工会被看作民主社会不可缺少的一个重要组成部分。工会的作用体现在：解决了工人的结社自由问题，确定了工会代表维护员工权益的地位；解决了工会代表如何维护员工合法权益的问题，主要包括：参加国家立法、集体协商签订集体协议、建立企业委员会、建立企业安全委员会、作为一方参加社会保险的管理和运作、参与社会对话、举行罢工等；解决了国家对工会的保护支持问题，包括对工会组织、工会干部、工会行为以及雇主拒不执行法律法规时的约束等。

(3) 从单纯变得复杂。

随着社会变迁、技术革新、思想进步、产业变迁，劳动关系问题已由单纯变为复杂。20 世纪人类社会的变化远比十八九世纪大，尽管过去的劳动问题仍然存在，不过内涵已大不相同，例如工资问题已由工资过低演变成最低(或基本)工资应如何制定问题；工时问题已由工时过长逐渐演变为弹性工时问题。许多新的劳动问题不断出现，影响劳动问题的因素也在持续改变。20 世纪 30 年代，受到经济不景气的影响，工业国家出现严重的失业问题。60 年代，人权观念普及，福利、工资场所的种族与性别歧视问题逐渐受到关注。70 年代，随着发达国家服务业的崛起，知识工作者人数越来越多，白领劳动者的工作时间、结社权利等成为新的问题。80 年代，由英国开始推行的国有企业民营化变革导致许多劳动者因组织变革而失业，工人的遣散费、经济补偿以及退休金补偿问题相当复杂。90 年代，派遣员工、外包、临时工等弹性劳动力的使用开始流行，这些新型的雇佣关系如何规范，引起广泛讨论。21 世纪，每个国家都面临全球化的新挑战，劳动关系问题已经从国内问题演变为跨国性的问题。

总之，在不同时代，受不同因素影响，劳动关系展现出不同的面貌和内涵。今天我们所面对的不仅有个别劳动关系问题，也有集体劳动关系问题；劳动关系问题不仅存在于企业内部，也存在于整个政治系统中。劳动关系问题越来越复杂，如果不加以妥善处理，不但影响劳资双方、家庭、社区，也会影响整个国家、社会的安定与经济发展，甚至波及国际关系。

2．劳动关系面临的问题

(1) 工会密度降低，会员人数减少。

近年来，全球范围内工会会员人数每年以 5%～7%的速度减少。例如，法国五大全国性工会组织之一的法国总工会(CGT)的会员人数 2001 年还不到 80 万人，面临着较严重的组织建设问题。美国工会会员人数自 20 世纪 60 年代开始减少，1980 年工会组织率降至

22%，1989年继续降至16%，目前工会会员人数仅为员工总数的10%左右。日本工会会员比例1975年为34%，1995年降至24%。工会化比例较高的部门从制造业变成了公共机构部门。工会会员人数减少的主要原因是：产业结构发生重大变化，制造业萎缩，第三产业迅速发展。而传统上，制造业工会会员比例较高，第三产业工会会员比例则较低；年轻员工更关注高收入和良好的工作保障，较少关心工会的保护；国际竞争的日益加剧使工人认识到和雇主团结的重要性，不同企业员工之间的团结已经被各企业内部雇主与部分员工的信任取代；非全日制工人数量增加，而他们加入工会的意愿淡薄。如美国近年来非全日制工人数量是20年前的3倍。劳动力市场分割的趋势可能是工会权限及其国际影响力下降的信号。

(2) 失业率上升。

随着全球经济竞争的加剧，近年来失业率一直较高。1995年，欧盟15国劳动力的10.7%没有工作，人数达到1800万。法国近年经济徘徊不前，全国就业的员工有2000万人左右，而登记失业的工人有225万人，失业率在11%左右。失业率上升，促使劳资双方进行合作，工会理解资方为刺激就业所需要的财政基础，放慢了提出增加工资要求的速度，通过降低员工工资增长率来减少失业率，而雇主则在减少每周工作时数上作出让步。

(3) 经济全球化的冲击。

经济全球化和国际贸易把世界连成一个经济体，为了提高竞争力，各国都十分重视建立新型劳动关系。为了在经济不景气时能减轻企业的压力并保持就业率，欧盟许多国家政府改变了过去长期实行的对雇员劳动报酬严格保障的制度，通过劳资谈判冻结工资，或者延缓工资的增长速度，使国家经济不因为劳动成本过高而丧失竞争力。在政府的干预下，劳资双方通过谈判而不是对抗来解决经济纠纷，以合作代替对抗的做法进一步加强。

经济全球化使劳资谈判和工会已突破一国范围，成为全球性问题。如法国现有的关于保障员工合法权益的法律规定，要优于欧盟各国共同承认的法律，这使法国工会原有的有利于员工的法律面临怎么办的问题。对企业而言，不仅要研究其他国家的生产制度，还要研究其劳动关系制度。近年来，日本和欧洲(尤其是德国)企业在国际竞争中表现出的优势，已引起广泛的关注。通常认为，导致其企业成功的重要因素之一是欧洲、日本的劳动关系制度体系。

(4) 知识员工的出现。

随着工人结构的白领化、干部化，工会会员人数急剧下降，工会面临着是否"终结"的挑战。知识社会出现了大量的高知识、高技能员工，工人结构发生了巨大变化，而工会在吸引他们入会方面至今仍未找到好的办法，传统上体力劳动者的入会率大大高于脑力劳动者。如法国总工会巴黎冶金系统有体力劳动者10万人，其中5800人加入法国总工会，入会率为5.8%；干部有10万人，有1800人加入法国总工会，入会率为1.8%；工程师等白领人员10万人，有200人加入了法国总工会，入会率为0.2%。知识员工的大量出现、工人结构的巨大变化，是会员人数急剧减少的一个重要社会背景。在我国，尽管工人总量仍然很高，但知识社会和工人阶级知识化的影响也开始显露，特别是在高新技术领域，组建工会难、加入工会难的问题比较突出。

二、主要国家劳动关系制度的发展

随着国家之间的相互依赖性不断增强,国家之间的沟通交流日益频繁,跨国公司扮演的角色也越来越重要,这些都使我们必须更多地了解世界上其他国家的劳动关系制度。本节将主要讲述世界主要国家劳动关系制度中的一些独特性,讨论其相似性和特征,以获得劳动关系制度方面更多、更全面的知识。

任何两个国家的劳动关系制度在实质上都不是完全相同的。关于解雇雇员是否必须具有正当理由,就是一个例证,不同国家法律对在没有正当理由的情况下解雇雇员的就业保护程度是不同的。在美国,大约只有 20%的雇员享有这样的保护,换句话说,大部分美国雇员可以在没有正当理由的情况下被解雇,除非解雇行为违反了契约协议的规定,如违反集体谈判合同或者触犯法律。而 50%的加拿大雇员能够得到这种保护。在澳大利亚和英国,90%的雇员能够得到保护。在比利时、法国、德国、意大利和西班牙,所有雇员都能得到保护,不会在没有正当理由的情况下被解雇。

与典型的美国劳动关系行为相比,欧洲的工会与政党之间有着更密切的关系,日本通常在公司级别上组建工会,拉丁美洲的工会按照意识形态的界限划分为不同派别。与此形成对比的是,美国劳动关系制度的基础是多数决定原则、工会的排他谈判代表权以及政治独立性。美国和其他国家劳动关系制度的另一个显著不同是,雇员参加工会的比例较低,美国与哥伦比亚、埃及、法国、墨西哥、葡萄牙以及西班牙一样,同处工会化程度最低的国家之列。而丹麦、芬兰以及瑞典则是工会化程度最高的国家,80%以上的劳动力都是工会成员。

(一)美国

1. 工会拥有排他的谈判代表权

在美国,工会获得承认需要由相关谈判单位大部分成员投票决定,一旦获得承认,即具有排他的谈判代表权。排他谈判代表权意味着工会对所有雇员的谈判拥有垄断权,而且法律要求雇主只能与获得合法授权的某个特定工会进行谈判。

2. 多数决定原则

工会要获得承认,享有集体谈判资格,必须获得多数雇员的授权,授权工会代表他们与雇主进行集体谈判。同时,集体谈判达成的协议需要多次广泛征求会员的意见,经全体会员无记名投票,得到多数同意,才能生效。

(二)加拿大

加拿大劳动关系制度受到国外的影响,以及两大主要语言和文化群体的影响,其独特性主要表现在以下几个方面:

1. 受到来自美国的工会和公司的影响

在加拿大六个最大的工会组织中,有四个将总部设在美国。加拿大的两个最大的工会

——加拿大汽车工人工会和加拿大文书工作者工会以前也附属于美国工会。美国公司对加拿大的渗透已经对加拿大劳动关系产生了显著的影响，许多关键、重要的决策仍是在美国制定的。1956 年，加拿大和美国的工会会员大约占劳动力总数的 1/3。现在，加拿大工会仍能够维持大约和以前一样的力量，但美国工会的力量已经受到严重削弱。1980 年以来，美国工会已经招募不到足够的工会成员以弥补失去的工作岗位和工会成员，而且工会成员的数量已经下降到不足劳动力总数的 14%。而同期，加拿大工会招募了 70 万名工会成员，增长比例达到 20%。加拿大工会已开始通过自己的力量来实现主要的谈判目标，并产生了相当大的政治影响，而美国工会则处于一种防守型的谈判和政治地位。

加拿大工会的成功和美国工会的困境形成了鲜明对比，这可以归因于几个相互关联的因素：有利的劳动法律制度安排，更有效的工会组建行动，较少的雇主反对，以及公共政策的支持。加拿大的劳动法律有助于工会开展组建活动并获得成功，工会组建成功率约为 70%，而美国约为 50%。加拿大的法律限制雇主对工会的抵制活动，这有利于工会数量的增加。由于工会拥有较多的会员，能够调动的资源增多，例如，财政资源、工会干事、成员参与和投票表决等，从而能在组建工会和集体谈判等方面取得更大的成果，同时获得更强的政治影响力。

2．两个主要的语言和文化群体

加拿大分为英语族群和法语族群，这一特殊国情产生了两种截然不同的劳动关系运动。加拿大的管理人员绝大部分会讲英语，而工人则主要讲法语，因此劳资关系一直都不理想。

3．分散型和零碎型的集体谈判

加拿大国土广阔，资源和生产区域性集中，这导致了分散型和零碎型的集体谈判。加拿大的集体谈判仍保持高度地方化，且绝大多数谈判单元都是单独组建的工会，60%以上覆盖 500 名或者更多雇员的集体合同采用这种谈判方式，而且这种谈判方式覆盖了 50%以上的加拿大工会成员。在铁路、广播、民航以及通信行业中，通常采用公司级别的谈判。

4．集体协议只在本地区发挥作用

在集体谈判公共政策方面，加拿大和美国之间差别显著。在加拿大，集体谈判从来就不存在强制性谈判主题和自愿性谈判主题之分，也没有诸如工作权利法案之类的规定。集体谈判达成的协议只在本地区发挥作用，而且每个省的规定也不尽相同。如英属哥伦比亚省和马尼托巴省要求集体谈判合同应该包括"正当理由"的规定，且马尼托巴省将试用期的雇员排除在集体协议的覆盖范围之外。在罢工期间，英属哥伦比亚省、安大略省和魁北克省要求雇主不得招聘罢工替代者(不管是暂时还是永久的替代者)，而且这一规定并没有导致更多或者时间更长的罢工行为。

(三)英国

英国传统的劳动关系制度的显著特点是自愿的集体谈判，法律不强制执行那些由数量众多的多工会—多雇主型谈判委员会谈判达成的协议。英国存在将近 600 个工会，是美国工会的 3 倍多，一个制造业企业通常需要与大约 7 个工会进行劳资谈判。在英国，最重要的谈判之一是工程雇主联合会(EEF)与造船和工程工会联合会(CSEU)之间的谈判。工程雇主联合会代表了 5000 家公司，而造船和工程工会联合会代表了 34 家工会以及超过 200 万的雇员，双方达成的协议为其他工厂级别的劳资谈判提供了指导原则，确定了谈判基础。通常谈判在工厂级别举行，但谈判达成的协议并不具有法律的强制执行效力，雇员申诉也属私人仲裁的范围。

工会干事是志愿者，在提供服务时没有报酬。英国工会管理层不能开除工会干事，工会干事经常能在工厂获得很高的权威和影响，而且他们对地方工会事务的控制力超过任何全国性工会官员。在英国劳动关系制度中，来自不同工会的工会干事组成的干事委员会以及代表不同部门成员的工厂委员会扮演着非常重要的角色。

工厂级别的劳动合同经常由全国性工会代表、干事委员会以及工厂委员会谈判达成。这些劳动合同通常没有固定的形式和内容，通常包括备忘录、短会以及口头谅解。虽然没有谈判义务，但工会还是获得了广泛的权利，控制了工作岗位，因而工会如果发现任何雇主持反工会立场，就会拒绝同这些雇主合作。

1979—1999 年，在保守党执政领导下，工会成员的数量几乎下降了一半(下降到 32%)。1979 年，90%的劳动者的工资是由集体谈判决定的，而现在只有不到 40%的劳动者被集体合同覆盖，与此同时则出现了大量新的工资分配方式，如利润分享计划、雇员持股计划以及基于雇员价值的工资分配计划。劳资关系的责任主要在公司这一级别，任何集体谈判合同只覆盖单个公司。管理方可以自由地决定是否承认工会。劳动争议被限制在特定方面，从事第二职业的行为受到禁止。工会官员号召举行罢工之前，必须通过雇员投票进行表决。强制性的工会成员资格制度被认为不符合法律规定，工人可以不服从民主方式表决的罢工决定而继续工作。1998 年，新工党提出了自己的产业关系计划，其特点是：①1999 年 4 月在英国历史上第一次提出了最低工资制度；②认为劳资关系的天平已向雇主倾斜太多，支持更公正的工作环境、工会承认以及个人权利的法令获得通过；③接受欧盟基本社会权利章程，支持限制最高周工作时间的立法，鼓励建立工厂委员会以扮演咨询和信息提供的角色。

新工党的产业关系政策推进了工会的集体权利和雇员的个人权利。新的集体谈判规定了工会承认的法定程序，雇员的个人权利则包括不公平解雇、产假期间工资以及工会代表权等。政府的目标是在法定承认程序的基础上促进劳资双方的良好合作关系，为此政府建立了一个与国家劳动关系委员会相似的机构，即中央仲裁委员会。如果工会能够证明工厂中大部分雇员属于工会成员，那么工会承认将是自动的。根据新工党的政策，个体雇员在 1 年服务期限后适用《不公平解雇法》。在案件进入产业法庭(Industrial Tribunal)之前，雇员有权获得听证会听证。如果产业法庭认为雇员受到不公平解雇，则该雇员可获得高达 50000 英镑的赔偿金。此外，雇员享有长达 18 个星期的产假福利，父母在孩子 5 岁前可享有长达 3 个月的停薪留职时间。允许雇员(不管是工会会员还是非工会会员)在提起申诉程序或者纪律处罚程序期间，获得工会代表和同事的帮助。布莱尔政府签署了欧盟《基本社会权利章程》，其中包括《工作时间指导意见》和《欧洲工厂委员会指导意见》，明确了每周工作时间为 48 个小时，每周有 1 天休息时间，每年有 4 周带薪休假时间，夜班工作时间不得超过 8 小时等规定，并要求大的跨国公司建立工厂委员会，提供更多信息，对影响雇员和企业的各种事项问题进行交流和磋商。

(四)德国

德国劳动关系制度的显著特点是雇员代表权的两种严格的级别和机制。在德国,16 个主要的工会通常每年都要与雇主协会谈判签订高度综合的集体谈判合同,这些综合协议为地方级别劳动合同的制定和执行提供了一个大的框架。地方级别的劳动合同一般更注重公司和工作场所的工厂委员会的特定环境和情况。

德国工资谈判最重要的正式形式是地区产业级别的谈判,然后是公司级别或工厂级别的谈判。因为德国工会是基于某个产业而组建的,通常不需要为了工会成员而进行竞争。德国最大的工会是工程工会,覆盖了 35%的雇员,其主要目标是提高机械制造业的就业水平,并保证工资增长水平不会损害机械制造业在世界上的竞争力。在劳资谈判中,需要花费许多时间讨论国际机械价格、出口前景、成本发展趋势、劳动生产率未来的预期发展速度以及汇率变化等。因此,根据每个企业具体情况以及工厂委员会制度运行情况,综合性的集体合同最终形成了不同形式和内容。产业工会与雇主协会之间的集体谈判覆盖了诸如劳动成本和人力资源管理事项,避免各个公司在这些事项方面恶性竞争。

1. 工资决定集体谈判

德国统一后,为消除东西部在工资福利方面的差异,西部的劳动关系制度扩展到了东部。到 1998 年,东部的工资水平相当于西部的 90%。但对绝大多数东部人来说,其休假时间更短了,工作周数更长了,而且奖金和红利更少了。

德国工资水平由集体谈判合同或者个体雇员的劳动合同决定。虽然法定每周最长工作时间是 48 个小时,但实际工作时间通常由集体谈判决定。德国法律规定,劳动者休假时间每年不得低于 3 周,但实际通过集体谈判可以将休假时间由 3 周扩展到 6 周。在西部,90%的工薪阶层处于集体谈判合同的覆盖范围。同时几乎所有雇主也都属于某个雇主协会成员,且通常以雇主协会成员身份参加集体谈判。一旦谈判达成协议,则该协议将对雇主协会的所有成员都具有法律约束力。如果集体合同覆盖了该领域超过 50%的工人,且符合公共利益,劳工部通常将宣布该合同具有"普遍的约束力",这时,不管雇主是否置于雇主协会会员,都必须遵守该协议。2000 年,德国总理帮助雇主与代表 340 万会员的工程工会达成了一个新协议,将工人工资增长幅度限制在生产力增长速度的范围之内,并且使劳资双方签署了一个持续数年的集体合同,而不仅限于一年。同时,合同维持了每周 35 小时工作制的规定,高于工会提出的每周只工作 32 小时的要求。

2. 工厂委员会

第二次世界大战以后,工会和雇主协会想重塑其社会、经济和政治制度,包括集体谈判制度。德国社会逐渐形成了一个广泛的统一意见,即经济集中不是德国社会所需要的,甚至对德国的健康发展来说是非常危险的,市场经济能够平稳、安全运行的唯一途径就是允许自由的集体谈判制度以及在管理中实施雇员参与或劳资协同经营制度(codetermination),通过这种方式调节、缓和私营企业的劳资冲突。1951 年 5 月通过的《煤炭——钢铁协同经营法》(Coal-steel Codetermination)规定,大煤炭和钢铁公司的监察委员会实行劳资双方完全对等的代表权。1952 年通过的《工作宪法》(Works Constitution Act)在伙伴关系的理念和传统的工厂委员会制度基础上,建立了新的工厂委员会制度,在人事、经济以及社会事务方面承认广泛的咨询、磋商权利和伙伴关系权利。1972年修改的《工作宪法》进一步扩展了工会的权利。工会领袖被赋予实质上不受限制的参与工厂管理的途径，可以以顾问身份参与工厂会议，且有权提前获得有关会议议程的通知。1976年通过的《协同经营法》(Codetermination Act)将劳资协同经营的权利扩展到钢铁产业之外的大企业，规定雇用满6个月的雇员有资格参与工厂委员会的选举。由于80%～90%的当选工厂委员会成员属工会成员，因而工会对雇员参与的手段方式具有牢固的、实质性的控制权。工厂委员会有权参与企业决策，如企业在实施变革时，对人事计划、休假、培训以及新工作方法等事项变革要告知并咨询工厂委员会。工厂委员会享有的咨询权利覆盖了公司的组织结构变革、影响工作岗位要求的设备技术和工作方法改变、所有人力规划决策以及解雇雇员的决定。如果管理方在解雇某一雇员时没有与工厂委员会磋商，那么该解雇决定将被视为无效。工厂委员会在法律规定的一系列事项上完全拥有与雇主协同经营的权利，这些权利包括工作时间的开始和结束安排、规章制度、用以检查雇员表现的技术设备的引进以及使用、奖金比率以及职业安全卫生措施。双方对这些事项不能达成协议时，由调解委员会作出裁决。

关于解雇事项，工厂委员会并不能阻止公司解雇雇员，但当工厂委员会对管理方的决定提出质疑时，被解雇的员工有权继续工作直至法院作出最后判决。因此，德国的产业关系制度是由一系列促进劳方在特定事项上与公司分享权利的强制性机制以及双层谈判制度构成。在工厂级别，劳方的代表权和参与权是通过监督委员会中的雇员成员来实现的。监督委员会有权任命、监督执行委员会，执行委员会则控制公司的日常管理行为。在煤炭和钢铁行业，监督委员会由相同数量的雇员代表和雇主代表以及中立的第三方构成。小公司及中等规模的公司(不超过2000名雇员)，法律规定雇员在监督委员会中拥有1/3的代表席位，在较大规模的公司(拥有2000名以上的雇员)，劳方在监督委员会中拥有与股东代表对等的代表席位。

雇主反对平等协同经营制度，且对1976年《协同经营法》提出了控诉，但被联邦宪法法院驳回，法院裁决1976年《协同经营法》符合基本法。长期以来，工会一直渴望将其权利扩展到煤炭、钢铁产业之外的其他产业，并且已经取得成功。虽然工会和管理方都有自己的盘算，劳资双方存在差异，但双方都认可雇员参与管理有利于形成稳定的产业关系制度。

(五)日本

日本劳动关系制度具有四个显著特征：劳资磋商和团队工作、终身雇佣、基于资历的工资制度以及企业工会或者公司工会。

1. 双方之间的磋商和团队工作

在日本，管理者和雇员之间的沟通和交流比世界上大多数国家要多得多。90%的日本企业存在某种形式的劳资磋商。信息的流动相当广泛，如管理者向雇员报告公司的财务状况、公司存在的问题、公司的预期以及计划，并且在实施技术革新之前向雇员报告预期的技术革新计划等。有关就业、培训、纪律、工作条件以及雇员福利的所有方面都是公开的，并接受雇员的检查，共同磋商的主题甚至包括一些国家管理者视为管理方特权的事项。研究成果表明，当公司提高公司和工会之间的信息分享程度时，劳资谈判所需要的时间就会更短，谈判也会变得更轻松容易，工会倾向于要求和接受较低的工资增长，而利润率和生产率得到了提高。在日本，团队工作和协商一致是一种文化传统。日本雇员对这种方法感觉很舒服，而且劳资双方强调共同承担责任和预期目标，以及共同分享获得的回报。劳资双方沟通途径包括工作中的正式途径，如公司会议、时事通信和布告栏、工会以及劳资委员会等。

2．大企业实施终身雇佣制

终身雇佣(lifetime employment)是日本 20 世纪 50 年代以来普遍实行的一项行为准则。20 世纪 50 年代，雇主为结束劳资关系动荡局面，开始接受并实施终身雇佣制。终身雇佣标准已普遍适用于大雇主(拥有 500 名或以上雇员)的所有正式雇员，这些雇员的数量约为非农业劳动力总数的 1/3。这些正式雇员是在完成高中或大学学业后被公司聘用的，他们普遍存有这样一种预期，即他们将一直被公司聘用，直至 60 岁强制退休。虽然劳资双方并没有签订法律上的书面协议，但在雇员出现不可接受的行为时，则可能导致暗含的自愿辞职或者"潜在的解雇"。终身雇佣制带来的结果是，雇主热心于对长期雇员进行投资培训，雇员也会积极适应雇主实施的培训计划，而且雇员愿意接受技术创新和技术进步，因为他们知道自己不会因此受到下岗失业的消极影响。

20 世纪 90 年代以来，日本经济持续低迷，一些日本公司开始重新考虑改变传统的终身雇佣政策以及基于资历的工资制度。松下电器公司向新雇员提供更高的工资，并向他们提前支付雇员退休金，但这些雇员在退休时将不再获得传统的一次性付清的报酬，而且在该年度将不能够获得奖金收入。富士通公司也宣布，雇员对公司的价值将决定雇员的报酬水平。

当日本公司在美国设立工厂的时候，它们极有可能不采取终身雇佣的概念和政策。虽然超过一半的日本工厂拥有明确的"不裁员"政策，但其在美国设立的工厂中却只有 5%的企业采用了与此类似的政策。日本工厂使用临时雇员作为缓冲器，以提高工厂核心劳动力的就业安全，而美国公司则采用裁员手段调节劳动力需求。例如，当工厂设备需要重装以满足新客户具体要求时，汽车零部件工厂通常让雇员下岗一个月。在日本，公司通过忍受一段时间的不充分就业来达到避免裁员的目的。实际上，一些日本公司在暂时困难时期会让它们的雇员去从事社区服务。

在金融风暴所导致的经济衰退时期，为了避免美国式的大量裁员，丰田汽车公司和三菱电气公司等日本制造公司已经陆续采用欧洲的工作分享方式。工作分享是一种由两人或两人以上分享一个全员工作的安排，工作分享者以部分时间的方式工作。这种工作分享的安排可以提供更多的弹性，而这种工作方式可能是工作组织、工作分享者或工作本身的需求。在经济低迷时期，工作分享也成为雇主避免解雇员工的做法之一，雇主通过降低员工工时和薪资，让两三人共同分担原来一个人的工作。例如，日本的一家机械公司 ASKK Ltd.有 50 名员工，原来每人工作 6 天，现在减少为每周工作 4 天，至今该公司没有裁减任何一名员工。当然，员工的薪水大约减少了 1/4。日本的经济在过去十几年一直都不景气，而工作分享的做法在 21 世纪初就已经在企业施行。工作分享其实是用社会稳定与经济效率作交换。企业和雇主也支持这一工作分享的做法，因为这是裁员解雇的替代方案，在经济恢复之前让员工至少可以保有一个部分工时的工作。但是，工作分享者与一般的非全日制工作者的工作性质有所不同，工作分享者的工作技术、强度与责任仍维持原来的水准，只不过工作时间减少了，而非全日制工作者只是一种补充性的工作者，其工作技术、强度与责任往往都低于一般的工作者。日本的工作分享已引起了学术界和实务界的讨论，因为工作分享暂时缓解了裁员、解雇的问题，但这也衍生了一些劳动法令和管理实务方面的争议，例如工作分享者的劳动权益要保护到何种程度，这些都是日本劳、资、政三方需要面对的课题。

3．特别重视资历的工资制度

日本工资制度具有以下几个显著特征：①工资按月支付，即使该雇员已经脱离工作岗位(有正当理由)；②正式流水线生产工人和一般职员之间的工资差异很小，这些雇员都是同一工会成员；③基于工作(如效率产出)的收入与基于雇员资格的收入(如房屋补贴、交通补贴以及类似项目)之间存在差别；④雇员工资收入是永久性的，工资收入将持续该雇员的整个职业生涯，包括一个最低的年度增长率以及雇员退休时获得的一笔报酬。在日本，雇员的年龄和在企业的服务年限同工资水平的紧密程度要高于其他工业化国家。例如，40～50 岁的雇员的工资水平要比 21～24 岁的雇员高 67%，而在美国年龄较大雇员的平均工资仅比年轻雇员高 23%。日本雇员在职业生涯收入顶峰时期获得的收入比刚进入公司时获得的收入高 243%，而在美国这种收入差距只有 110%。

4．企业级别的工会组织

在日本，企业工会占工会总数的 90%，而且覆盖了企业所有从事技术工作的雇员，终身雇佣制和基于资历的工资制度为企业工会的发展提供了相当大的支持。与许多西方国家的典型雇员相比，日本雇员与公司建立了更加紧密的联系。

企业工会在国家级别上是相互关联的，而且在纺织、电力、造船、汽车、钢铁、器械以及化学产业中存在全国性工会。虽然工会之间也举行会议讨论产业政策，但并不涉及诸如工资、工作条件以及就业政策之类的问题，这些问题通常在企业工会内部讨论。在国家级别上，通常讨论一些宏观产业问题，例如经济增长、就业预测、退休年龄以及如何在劳资之间展开更好的沟通与合作。

在日本，工会代表的会员约占劳动力总数的 1/4，这一比例要比美国高 10 个百分点。在过去的几年中，工会获得了微弱的工资增长，而且正变得更加具有对抗性，因罢工而失去的工作日平均比加拿大、澳大利亚和美国要少，但多于瑞典、挪威、德国、奥地利和荷兰等实行工厂委员会制度的国家。

在私营部门，集体谈判几乎覆盖了劳资关系每一个方面，集体谈判的结果被格式化，形成一个"全面劳动合同"，并影响公司的管理和生产事项，诸如新工厂的开业、新设备的采用以及合同转包，通常都要由工会与管理方定期举行密切磋商会议来处理解决。通常"全面劳动合同"并不包括工资事项，因为工资是在"春斗"期间举行的单独年度谈判上决定的，在产业工会协商的基础上，各企业与其工会举行工资谈判。公共部门的工资、就业条件由法律规定，国家人事权力机构(NPU)在工资调查的基础上，为制定公共部门雇员工资增长计划提供年度报告，由国家立法机构作出最终决定。

(六)韩国

韩国劳动关系制度在 1987 年发生了戏剧性变化。在此之前的 40 多年中,政府实行独裁和高压统治,集体谈判和罢工仅仅存在于文字中,集体谈判权利从来没有作为一种强调产业公正、收入分配或工作条件的可行机制公开赋予雇员,因此 20 世纪 80 年代末集体谈判制度获得政府承认时,劳资双方在谈判决策方面缺乏基本的专门技术。因此,在 1987 年,韩国出现了 3749 起停工斗争事件,是上一年的 10 倍。从 1987 年起,停工斗争事件逐年减少,1996 年只发生了 85 起。

在承认工人和工会的谈判和罢工权一年之后,雇主通常向罢工雇员支付罢工期间的工资,但到 1990 年大多数雇主已经停止了这种做法,赞同"不工作,没有报酬"的罢工政策。

1953 年,韩国颁布基本劳动法时,这个国家正陷于朝鲜战争的泥潭。为了针对朝鲜的共产主义宣传,韩国向雇员提供了慷慨的福利,如几乎保证雇员终身雇佣。向所有女雇员提供每月一天的休息时间等。韩国虽然比较繁荣,却受到了低工资亚洲国家(例如中国、印度尼西亚)和拥有高技术先进国家(例如日本)的夹击。为避免工作机会持续流向亚洲和拉丁美洲的低工资国家,提高国际竞争力,获得国际货币基金组织一笔价值不菲的合同,韩国政府通过新立法,赋予公司能够更容易解雇冗员、在罢工时有权雇用替代雇员的权利。在新法框架下,公司提前 60 天通知工会后可以解雇公司雇员。

韩国有 7656 个工会和 161 万名工会成员,占韩国劳动力总数的 19%,产业联合会有 20 个,每个联合会都在其产业范围内拥有排他的代表权。全国性工会以及 20 个产业联合会之中的大多数属于韩国工会联合会(FKTU)。韩国工会联合会因为与中央政府保持紧密联系而受到很多批评。《工会法》是管理劳动关系的主要法令,它允许工会拥有组建工会的权利和进行谈判的权利,提供第三方的僵局解决程序,并规定了工会举行罢工前要遵循的程序。《工会法》允许地方工会将自己的谈判委托给产业联合会,而且劳资关系的发展也趋于这个方向。

韩国劳动力的特征是年轻、受教育程度高以及有工作动力。按美元计算,韩国雇员平均每个月的收入(固定工资、工资等级提高、加班费、奖金和津贴)大约是 1000 美元。韩国雇员每周工作 54 个小时,这一数字高于产业劳工组织(IBO)报告的其他任何国家。在韩国,对女性存在着实质性的就业歧视。女性占韩国劳动力总数的 40.7%,但她们的平均工资仅仅是男性雇员的 61%。即使是最近的女性大学毕业生也发现她们的起始工资要比男性大学毕业生低 40%。虽然韩国通过了《平等权利法》(Equal Rights Law),但韩国女性并没有在工作中享受到平等的权利。另外,《劳动标准法》(Labor Standards Law)禁止雇用 13 岁以下的童工,但如果 18 岁以下的孩子能够从他们的父母或者监护人手中获得书面许可,就可以获得工作。在纺织、服装、鞋类以及电子工厂中,妇女和儿童是主要的劳动力。

三、中国劳动关系的发展趋势

(一)计划经济体制下劳动关系的建立

在计划经济体制下,企业劳动关系的建立受到国家计划经济和相关政策的严格制约,劳动者与用人单位建立劳动关系的方式主要表现为统包统配式。国家采用全国统一招收的办法，把每年新成长的劳动力"包下来"，然后再按计划统一分配到企业、事业单位和国家机关。国家为每个人安排职业、就业单位，限定就业地域等。用人单位与劳动者之间的依附关系在形式上表现为一种行政管理关系，呈现出固定、单一、行政化的特点。企业实行以固定工为主的用工制度。1952年7月，政务院第146次政务会议通过的《中央人民政府关于劳动就业问题的决定》规定，一切私营企业对于因实行生产改变、合理地提高劳动效率而多余出来的职工，均应采取包下来的政策，且由原企业单位发给原工资，不得解雇。1956年对资本主义工商业社会主义改造后的公私合营企业的职工也全部包下来。对于所有包分配的人员，都成为用人单位的固定职工，不许随便辞退。1957年4月，国务院在《关于劳动力调剂工作中的几个问题的通知》中规定，各单位对于多余正式职工和学员、学徒，应积极设法安置，如果没有做好安置工作，不得裁减。至此，我国统包统配建立劳动关系的方式形成，这种方式一直延续到20世纪80年代初期。这种建立劳动关系的方式被称为计划经济劳动关系。其主要表现和基本特征如下：

1. 劳动关系类型的单一性

在全国范围内，只有一种单一的公有制经济劳动关系，这种公有制经济劳动关系主要表现为劳动关系主体一方的用人单位的经济性质为全民所有制和带有全民所有制性质的集体所有制，劳动者也都是全民所有制职工。其他非公有制经济劳动关系一般不存在。从劳动关系的存续来看，短期性、季节性、临时性劳动关系范围很窄，一般不允许形成兼职劳动关系。

2. 劳动关系内容的国家计划性

劳动关系各个方面都由国家统一计划、统一部署、统一实施。用人单位无权自行招用劳动力，而要由国家下达用工指标，在指标内招工；劳动者也无权自由选择职业，要由国家统一分配安置就业。劳动关系建立后，工资分配、保险福利等都由国家统一制定政策，统一进行调整。

3. 劳动关系运行规则的行政性

用人单位和劳动者建立劳动关系是通过政府的行政指令来实现的。劳动关系一旦建立，没有政府的行政指令，终身保持不变，直至退休。人员流动受到严格限制，劳动关系一方的劳动者身份不可转换。如果需要，也是由国家以行政方式进行调配。

4. 劳动关系主体利益的一体性

在劳动关系中，企业是国家的企业，职工是国家的职工，全体劳动者都是国家的主人，都是生产资料的占有者，劳动者和劳动力的使用者都没有独立的主体身份，双方没有形成相对独立的利益主体，劳动者对用人单位实际上是一种依附关系。

(二)转轨时期我国劳动关系的特征

在向市场经济的过渡时期，作为社会经济转型的一种标志，劳动关系发生了较大变化。企业劳动关系除了契约化、市场化、法制化等市场条件下劳动关系的一般特征外，还具有以下时代特征。

1. 经济利益仍然是劳动关系的核心

转型时期经济利益仍然是劳动关系的核心问题,是劳动关系形成和调节的杠杆,而工资报酬又是企业劳动关系中经济利益的最直接体现。从转型时期劳资冲突的性质来看,绝大多数是由于劳动者的基本劳动经济权益被侵犯,又长期得不到解决而产生的。

2. 劳动关系主体双方力量不均衡

从转型时期我国劳动力市场的供求现状来看,劳动力买方市场导致劳动者缺少谈判能力,资方在劳动力市场占有相对优势地位。由于转型时期我国劳动力市场人口禀赋的特殊性,导致劳动力供给长期大于需求,特别是在劳动密集型产业对劳动力素质要求不高、劳动力的可替代性很强的情况下,资方有绝对的谈判优势。

3. 劳动关系存在某些制度障碍

转型时期我国企业劳动关系存在多方面的制度障碍,既有外部环境因素,也有内部管理问题;既有历史遗留的老问题,也有改革深化产生的新问题。转型时期我国劳动关系存在劳动力市场不完善、相关法律政策不健全等制度障碍。

4. 劳动关系协调机制有效性不够

转型时期由于政府行政权力从传统劳动关系中退出后对劳动关系的引导和监管弱化,而现代市场经济应有的制衡劳动关系的工会组织和雇主组织尚未形成对等的谈判实力,因此我国企业劳动关系三方协调机制在实施过程中的有效性不够。

5. 劳动争议案件急剧增长

转轨时期除了企业劳动冲突形式发生显著变化外,劳动争议案件数量也出现逐年递增的特点。自2008年《劳动合同法》实施以来,争议案件出现"井喷"态势。同时,在劳动争议仲裁委员会处理的案件中,调解结案的比例逐渐下降,裁决结案的比例不断上升,转型时期企业劳动争议处理的难度日益加大。

(三)我国劳动关系发展趋势

随着我国经济体制改革进一步深入,世界经济环境不断发展变化,我国企业劳动关系的发展呈现如下趋势。

1. 劳动关系类型从多元化走向复杂化

改革开放以来,计划经济体制下单一的公有制劳动关系发生了根本变化,出现多种类型的劳动关系,个体经济、私营经济、外资经济劳动关系等迅速增多,劳动关系的类型从单一化逐步走向多元化。在未来的发展中,劳动关系类型将越来越复杂,非全日制就业、临时性就业、派遣就业、远程就业、自我雇佣等就业形式将吸纳大量就业者,劳动者与用人单位之间的劳动关系呈现出模糊、松散、多样的复杂态势。

2．劳动关系运行方式从行政化走向市场化

计划经济体制下国家完全以行政指令来运行劳动关系。随着市场机制的建立和完善，市场对劳动力资源配置的作用不断增强，企业用工紧紧围绕降低用工成本、提高企业竞争力展开，用工数量随着市场需求波动而变化。随着改革的持续深入、劳动力市场的逐步完善，我国企业劳动关系将以劳动合同为载体、以市场价格为导向进行市场化运行。国家在劳动关系方面的职能主要是通过劳动立法制定劳动标准，并对劳动关系的运行过程进行宏观指导和监督。劳动关系的直接处理权利主要由劳动关系主体双方按照市场规则，运用市场机制自行决定。劳动力的供需、流动，劳动关系的建立、变更、终止及劳动关系存续期间的各项事务、各个环节，都通过市场机制来调控。

3．劳动关系主体利益从差别化走向协调化

随着市场经济体制改革日趋深入，劳动力市场逐渐形成，劳动法律法规不断完善，企业劳动关系的主体利益将从劳资利益一体化到劳资利益差别化，最终在调整的过程中实现主体利益走向劳资利益协调化。

4．劳动关系主体地位从单极化走向均衡化

在转变经济增长方式、调整产业结构的过程中，劳动力供求双方实力不均衡的现象将日趋严重，劳动关系主体地位的单极化态势越来越明显。但是从劳动关系本身的特征和演变历程可以看出，劳动关系所有者及其使用者双方力量的博弈结果必然使双方力量趋于均衡、建立自由平等与互助合作的和谐劳动关系。从长远来看，劳动关系主体双方的地位会逐渐走向均衡化调整。

5．劳动关系调整机制从人治化走向法制化

随着市场经济的不断完善、劳动法律法规的不断健全，劳动关系的调整机制必将走向法制化。劳动关系双方主体的身份、地位、权利义务的确定，劳动关系运行过程和争议处理都将逐渐步入法制轨道。转型时期企业劳动关系的失衡和调整机制的不健全一定程度上必须靠政府介入加以调整。实现劳资自治与国家强制之间的平衡是未来我国企业劳动关系调整机制的发展趋势。

6．劳动冲突从隐性化走向显性化

目前，我国企业劳动关系市场化运行的基础已基本奠定，但市场机制和法律制度有待进一步健全完善，法制体系滞后和法治基础的缺失导致目前有法不依的现象大量存在。由于劳动者迫于就业压力没有将侵权行为公开化，以及受时效、程序等制度性因素影响，导致劳动关系存在大量潜在冲突因素，劳动冲突没有进入制度化争议处理渠道，表现为一种隐性化冲突。然而，随着市场经济体制改革的深化，劳动者的维权意识进一步觉醒，传统劳动关系体制中的深层次矛盾及改革过程中产生的利益冲突和侵权现象不断涌现，劳动冲突逐渐从隐性化走向显性化，劳动冲突呈现社会化趋势。

总之，目前我国已进入经济社会转型的关键时期，劳动冲突、劳动争议正处于一个迅速上升的阶段，只有平稳渡过这个时期，我国的劳资纠纷才有可能处于相对稳定的状态。虽然转型时期我国企业劳动关系的变革带来内在的社会紧张，但是一直没有出现结构性、

全局性、长期性的社会冲突，说明我国企业劳动关系内部功能的协调是趋向和谐的。

(四)完善我国劳动关系调整的对策思考

1．加强对我国劳动关系运行、变化及其特点的理论研究

与过去相比，我国的劳动关系发生了巨大变化。劳动关系的发展变化迫切需要理论的创新和指导。研究、把握市场经济条件下劳动关系变化的特点与规律，针对不同时期经济发展给劳动关系带来的变化，寻找劳动关系双方合作的方式，及时调整相应对策，推动双方以合作方式解决冲突和矛盾，是摆在我们面前的一大课题。合作式劳动关系的关键不是利益冲突的消失，而是把冲突减少到最低限度。劳动关系的问题不在于是否应该有冲突，而在于冲突的大小和形式。要把双方的冲突控制在一定范围和一定期间，使冲突不会影响双方总体上的合作。

2．重视对劳动关系调整模式的研究

(1) 劳动力成本比较优势下的劳动关系模式——集体协商谈判制度。

劳动力市场供大于求，劳动力成本具有比较优势，是我国劳动力市场的基本特点。在这一劳动关系模式下，企业普遍规模小，劳动力技术水平较低，以劳动密集型为主，劳动力流动性较高，组织工会的可能性较小。相应存在的突出问题是，员工工资水平偏低，克扣、拖欠工资现象严重，随意延长工作时间，不缴纳社会保险费，忽视安全生产，恶性事故不断发生，甚至采取各种非法手段，任意打骂、侮辱、处罚员工。这些问题集中反映了企业员工的主体资格得不到承认，劳资双方权利、义务不对等，劳动者处于弱势的劳动关系体制。推行集体协商谈判制度，建立企业和员工的自主协商机制，是调整这类劳动关系的主要手段和模式。协商、谈判的过程就是劳动关系双方求同存异、逐步达成共识的过程。劳动关系的许多矛盾可以通过双方的平等协商来解决。协商谈判是签订集体协议的前提和基础，它决定了集体协议的质量。协商谈判不仅是签订集体协议必经的法定程序，也是履行集体协议过程中处理矛盾和问题的重要手段，建立和有效运用集体协商谈判制度是调整劳动关系的主要手段和机制。

(2) 一体化国际生产战略下的劳动关系调整模式——人力资源管理。

大型企业、跨国公司及一些高新企业是以市场规模和发展潜力、高素质劳动力、发达的交通通信等基础设施、网络以及高效运转的管理体制为特征的，其劳动关系的模式是：要求员工工作范围更广，弹性更大，更多地发挥以协作为基础的员工能力；生产组织灵活而非官僚化，中间层次少，实施更紧密的职能一体化；劳动报酬与业绩挂钩，保险福利水平一般高于同行业其他企业；企业与员工进行广泛磋商，注重与员工进行直接交流和沟通，强调企业管理不仅自上而下，还应当吸引员工自下而上地参与。

20世纪60年代发展起来的企业人力资源管理是调整劳动关系的一种新型模式。在这一模式下，员工自身素质是决定其利益实现的重要尺度。企业会向那些核心层员工提供高水平的收入和工作保障，以保持他们最大限度的合作，同时也削弱其加入工会的动力。管理弹性的增强、收益共享和员工参与，开创了劳资合作的新时代。通过发展员工参与和员工代表参加决策过程等新型合作关系，实现劳资一体化，促进企业提高竞争力。

(3) 关注经济全球化对劳动关系的影响。

全球化使劳资关系更加复杂。关注全球化对劳动关系的影响，制定积极的劳工政策，促进劳资关系的协调与稳定，达到促进经济和社会的平衡与发展，是摆在我们面前的新课题。全球化所引起的劳资关系的变化，不仅直接表现为雇主和雇员之间的冲突，而且表现在劳动者与政府、发达国家的工会与发展中国家的工会，以及不同国家的政府之间的利益差别和矛盾。如何适应全球化条件下劳动关系的新变化，制定积极的劳动政策，加强对弱势劳动群体的扶助，促进经济的持续健康发展，是我国当前面临的紧迫问题。

(4) 研究转型时期我国劳动关系的现实问题。

由于我国劳动力市场长期供大于求，劳资双方在谈判、要价能力方面存在明显差别，劳动合同签约率低、劳动合同短期化、滥用试用期和劳务派遣等问题一直存在，劳动关系失衡、失范以及劳动者权益受损现象普遍。研究社会转型时期劳动关系的现实问题，规范和调控市场经济体制下劳动关系的发展和运行，解决劳动合同制度推行以来在用工领域存在的突出问题，是一项重要的任务。《劳动合同法》有助于缓解劳资矛盾，建立和促进规范有序、合法合理、和谐稳定的劳动关系。

本 章 小 结

本章对劳动关系的实质和内容进行了阐述，对我国劳动合同法和劳动争议的处理进行了较为详细的解释说明，并对未来劳动关系的发展趋势进行了展望。

复 习 思 考 题

1. 什么是劳动关系？劳动关系管理的意义有哪些？
2. 我国对劳动合同的规定有哪些？
3. 如何处理劳动争议？
4. 如何进行员工离职管理？

推 荐 阅 读

《中华人民共和国劳动法》和《中华人民共和国劳动合同法》。

【章末案例】农民工采矿受伤失明，矿主否认劳动关系不赔偿

农历正月十五一过，王万邦和几个同乡就出门了。和往常一样，他们赴500多千米外的青海省祁连县双岔沟石棉矿从事手选块棉。

4月12日上午，不幸降临。王万邦在手扶钢钎劈矿石时，钢钎上的铁渣子溅入眼睛。"哎哟"一声，王万邦捂住眼睛趴在了地上。

事发后，王万邦先后在矿区医疗室、祁连县医院进行检查，后被转至青海医学院附属医院住院治疗，被诊断为：左眼球内磁性异物、左眼球破裂伤、左眼球外伤性白内障、左

眼玻璃体出血并机化、左眼视网膜脱离。住院花去医疗费6000多元，5月12日，王万邦因无力支付医疗费用，被迫出院，医院建议他转省外医院继续治疗。因为无力支付继续治疗的费用，王万邦只好选择在家疗养。现在，王万邦的左眼已基本失明，受左眼影响，右眼开始出现模糊现象。

事发后，祁连纤维材料有限责任公司不承认与王万邦存在劳动关系，并以此为由，拒绝认定工伤，也不承担相关医疗费用及责任。

"去年就干了八个月，今年事发前也干了两个月。出了事就想一脚踢开？"王万邦对这家国有企业的答复表示不满。王万邦是青海省互助土族自治县五峰乡北沟村村民。2014年春，王万邦跟随同村村民雷有文(包工头)去祁连干活，主要从事手选块棉工作。

据雷有文介绍，2013年春，他们经别人介绍，到祁连石棉矿(现祁连纤维材料有限责任公司)采矿。当时的矿长在双岔沟矿区划定了一片采矿区，由他负责组织10名家乡的民工进行采矿作业。

双岔沟石棉矿海拔在4800米，该矿生产的用于消防服等产品的块棉，纤维品位高，市场价每吨2800元。纤维公司在矿山只有十几个职工，无能力生产块棉，块棉生产主要依赖农民工。2014年，原祁连石棉矿被石棉行业"龙头老大"茫崖石棉矿收购。

2014年12月21日，祁连纤维材料有限公司与采矿队签订劳务生产合同协议书。协议书规定，所有季节性合同工必须在当地保险公司办理人身保险，否则不予办理合同或不予结账，时间从2014年12月21日至2015年12月30日止。在此之前，该公司并未与雷有文签订劳务合同，只有口头协议。这期间，每吨矿石以550元支付。2014年，矿石结算价提高到了每吨750元。2016年再未续签劳务生产合同，但采矿队的采矿作业依旧如前。

纤维公司要求采矿队买保险，并告知，若不买保险，出了事故公司概不负责。雷有文将这一规定告知大家，要求每个民工自己购买保险，因为要个人出钱(除去材料、伙食等费用，每吨矿石每人仅能得70元)，因此这一要求遭到大家的一致反对。因为没有完成买保险的任务，公司不予结账。为了能顺利结账并稳住人心，2015年年初，雷有文个人掏钱，给从事打眼、放炮工作的4名民工买了保险。

"如果当初买了保险，就不会出现今天的纠纷。"王万邦住院期间，雷有文先后有10天在医院陪护，并为王万邦支付了4800元医疗费。雷有文说，自己作为一个农民，难以承担全责。

祁连纤维公司副总经理白国昌说，王万邦与公司没有劳动、劳务关系。他认为，只有在公司劳动人事部门备案的，有用工协议的，长期的、技术型的工人，才与公司存在劳动关系。白国昌强调，即使是作为采矿队负责人的雷有文，与公司也不存在劳动关系。包工头与公司都没有劳动关系，他组织的民工自然也就不可能与公司存在劳动关系。白国昌说，纤维公司与农民工的关系是"你砸棉，我付钱"的关系。

讨论题：

1. 你认为祁连纤维公司的说法是否正确？为什么？
2. 作为受害者的王万邦在这起事故中应如何去做？

参考文献

[1] 董克用. 人力资源管理概论[M]. 4版. 北京：中国人民大学出版社，2014.
[2] 刘昕. 人力资源管理[M]. 2版. 北京：中国人民大学出版社，2015.
[3] 秦志华. 人力资源管理[M]. 4版. 北京：中国人民大学出版社，2014.
[4] 彭剑锋. 人力资源管理[M]. 2版. 上海：复旦大学出版社，2011.
[5] 劳伦斯•S.克雷曼. 人力资源管理：获取竞争优势的工具[M]. 北京：机械工业出版社，2009.
[6] 加里•德斯勒. 人力资源管理[M]. 北京：中国人民大学出版社，2012.
[7] 邹艳春. 人力资源管理理论与实务[M]. 北京：中国人民大学出版社，2014.
[8] 廖泉文. 招聘与录用[M]. 3版. 北京：中国人民大学出版社，2015.
[9] 杜映梅. 职业生涯管理[M]. 北京：中国发展出版社，2011.
[10] 葛玉辉. 员工培训与开发实务[M]. 北京：清华大学出版社，2011.
[11] 魏钧. 绩效考核指标设计[M]. 北京：北京大学出版社，2010.
[12] 曾湘泉. 薪酬管理[M]. 北京：中国人民大学出版社，2014.
[13] 方振邦，徐东华. 战略性人力资源管理[M]. 北京：中国人民大学出版社，2010.
[14] 孙健敏. 人力资源管理[M]. 北京：中国人民大学出版社，2015.
[15] 唐镳. 劳动关系管理概论[M]. 北京：中国人民大学出版社，2012.
[16] 尚珂，左春玲. 劳动关系管理[M]. 北京：中国发展出版社，2011.
[17] 唐镳. 人力资源与劳动关系管理[M]. 辽宁：东北财经大学出版社，2014.
[18] 刘素华. 劳动关系管理[M]. 杭州：浙江大学出版社，2012.
[19] [美]德斯勒. 人力资源管理[M]. 北京：中国人民大学出版社，2012.
[20] Reaser, Jess Dalton. CEO and Average Employee Pay During the 1980s; Firm Level Determinants, Developments, and Effects, Michigan State University, 2000.